［基金项目］北京市教育委员会共建项目专项资助"北京市区县间基础教育差异性研究"和北京市社会科学基金研究基地项目"北京市各区县基础教育发展指数"的支持

北京市基础教育发展报告

杨娟　王骏　著

知识产权出版社
全国百佳图书出版单位

图书在版编目(CIP)数据

北京市基础教育发展报告/杨娟，王骏著. — 北京：知识产权出版社，2018.6
ISBN 978-7-5130-5551-2

Ⅰ.①北… Ⅱ.①杨… ②王… Ⅲ.①基础教育—教育事业—发展—研究报告—北京 Ⅳ.①G639.21

中国版本图书馆 CIP 数据核字（2018）第 090924 号

内容摘要

本书由上篇"基础教育发展的宏观视野"和下篇"北京市基础教育发展的微观视野"两部分组成。上篇主要从北京市各区县基础教育发展概况、北京市基础教育财政投入变动趋势、北京市各区县基础教育财政投入指数等几个方面进行分析。下篇根据北京市义务教育发展状况调查、教育生产过程中的户籍身份差异、北京市儿童的学业补习与学生发展、非认知能力发展与学业成绩分布的性别差异，以及重点高中对学生学业成绩的影响几个维度进行分析。

责任编辑：王　辉　　　　　　　　责任出版：孙婷婷

北京市基础教育发展报告
杨娟　王骏　著

出版发行：	知识产权出版社有限责任公司	网　址：	http://www.ipph.cn
电　话：	010-82004826		http://www.laichushu.com
社　址：	北京市海淀区气象路 50 号院	邮　编：	100081
责编电话：	010-82000860 转 8381	责编邮箱：	wanghui@cnipr.com
发行电话：	010-82000860 转 8101	发行传真：	010-82000893
印　刷：	北京中献拓方科技发展有限公司	经　销：	新华书店及相关销售网点
开　本：	720 mm×1000 mm　1/16	印　张：	22.75
版　次：	2018 年 6 月第 1 版	印　次：	2018 年 6 月第 1 次印刷
字　数：	390 千字	定　价：	96.00 元
ISBN 978-7-5130-5551-2			

出版权专有　侵权必究
如有印装质量问题，本社负责调换。

前　言

我国是一个社会经济和教育发展很不平衡的大国,地区之间教育发展水平存在巨大差距。北京市作为全国经济政治文化中心,教育发展总体水平在全国居于前列,但是北京市各区县的教育发展并不平衡,生均经费、生均教师数、生均示范性高中数等指标均存在较大差距。《国家中长期教育改革和发展规划纲要》提出,到2020年要"建成覆盖城乡的基本公共教育服务体系,实现基本公共教育服务均等化,缩小区域差距"。缩小区域教育发展差距,推进教育公平,是未来10年我国教育政策的基本取向。2014年4月,北京市教育委员会出台了《关于2014年义务教育阶段入学工作的意见》,推出"小升初取消共建生,小学实行免试就近入学,扩大优质教育资源在区域内覆盖面"等政策,试图构建一个均衡的教育体系,出台一部教育的新版图。但各区县由于历史、功能定位和地理位置等多方面的原因,教育资源分布非常不均衡。要缩小北京市各区县教育发展差距,首先需要科学地计量和比较北京市各区县教育发展差距。特别是各区县公共财政在教育的投入水平、教育机会方面的差异。利用北京市教育经费数据和相关的调查数据,我们可以比较最近十几年北京市各区县(基础)教育的差距,并分析内在原因,提出相关的政策建议。

国际上比较权威的教育发展指数包括联合国教科文组织(UNESCO)的全球教育统计、世界银行和OECD的教育发展指标,这些教育指标从教育公平、投入、效率和质量等方面比较全面地评估了某个国家的教育发展水平。但这些指标体系不能评估国家内或省内地区教育水平差距较大的情况。Yadav(2008)等设计的教育发展指数考虑了印度各个邦,以及邦内学区的义务教育发展水平和存在的问题,通过对各个三级指标进行标准化处理,解决差异化的问题。Jhingran、Sankar(2009)也设计了一个可以考虑地区差异化的指数,从教育投入、教育公平和教育产出几个方面评估了印度各邦或邦内各学区的教育发展水平。但这两个指数都具有鲜明的印度特点,很多指标不适用于中国的实际情况。

国内学者对教育发展的差异性研究不是很多,相关的研究主要集中在教育发展的含义和内容、国际教育指标的介绍、教育发展指标的设计,以及教育发展指标与地区教育发展水平的比较等方面。其中比较有代表性的教育发展指标有谈松华和袁本涛(2001)设计的教育现代化评价指标体系,楚江亭(2002)设计的和谐社会教育发展指标体系,袁桂林(2009)设计的农村义务教育发展指标体系。此外,吴玉鸣和李建霞(2004)对全国31个省、自治区和直辖市的教育竞争力进行比较,岳昌君(2006)参照联合国开发计划署设计的人类发展指数提出了一个教育发展指数,并根据这个指数对全国31个省、自治区和直辖市的教育发展水平进行了比较,倪鹏飞(2009)研究设计了一个城市教育竞争力指数,比较了全国15个副省级城市的教育竞争力,但还没有学者对北京市各区县教育发展水平进行衡量。

国际上较为权威的教育统计指标有UNESCO的教育统计指标、世界银行世界发展指标中的教育统计指标、OECD教育指标和UNDP每年发布的人类发展指数(HDI)。但到目前为止,我国还没有一个得到广泛认可的反映区县间教育财政公平的指数。我国县级间的差距大于省级间的差距,且省级政府在教育领域的职责不清晰。我们的研究可以在一定程度上弥补理论研究的空白。

本书由上下两篇构成,上篇由五章构成,从北京市基础教育发展的宏观视野讨论了北京市各区县基础教育的投入和财政均衡情况,下篇由五章构成,利用学校调查数据从基础教育发展的微观视野研究了北京市学生认知能力和非认知能力的现状和影响因素。具体而言,第一章为北京市基础教育发展概况,描述分析了北京市过去二十年各区县普通中小学校数量的变化情况,普通中小学在校学生数量变化情况,以及普通中小学生师比和班级规模。并分析了各区县非京籍学生的占比。

第二章研究了北京市基础教育财政投入的变动趋势。考察了2007—2015年北京市及市属各区县生均教育经费支出和教育经费结构的变动趋势。研究发现,从生均教育经费支出的变动趋势看,随着教育层级的提高,生均教育经费支出呈现明显的增加趋势。从教育经费支出机构看,初等教育人员经费占比仅为55%左右,大幅度低于国际经验标准值。从教育经费收入结构看,财政性教育经费是北京市基础教育经费收入的主要来源,且呈现逐年增长的趋势,学前教育和普通高中事业收入和捐赠收入占比较低且持续下降。

第三章构建了北京市基础教育投入指数。为考察我国教育投入的地区差异及其变动趋势,了解北京市基础教育投入在全国各地区的排名,这章构建了包括2个二级指标(基础教育投入数指数和基础教育投入公平指数)、6个三级指标(财力投入数指数、人力投入数指数、物力投入数指数、财力投入城乡差异指数、人力投入城乡差异指数、物力投入城乡差异指数)和24个四级指标构成的基础教育投入指数。总体来看,北京的基础教育投入指数在2007年落后于上海位居全国第2位,2008年后北京的基础教育投入指数稳居第1位。无论是义务教育还是非义务教育,北京的教育投入指数均位于我国首位。但北京的基础教育人力投入和物力投入城乡差异指标排名相对靠后,普通高中教育投入城乡差异也有待缩小。

第四章分析了北京市基础教育财政的均衡发展。从横向公平和财政中立两个方面探讨了北京市基础教育财政投入的非均衡性。研究发现,2007—2015年,北京市区县间基础教育财政投入均衡程度整体得到巩固和加强,但北京市基础教育财政投入特别是公用经费支出仍然处于不均衡状态。从要素看,人员经费支出特别是工资福利支出增加会降低教育经费支出的差异。从组群看,人员经费支出的差异主要来源于功能区间的差异,而公用经费支出的差异则更多来源于功能区内的差异。学前教育和义务教育财政投入基本符合财富中立性和财政中立性,但普通高中尚不满足。公用经费支出对区县财富水平和自有财力的依赖程度有待提高。

第五章研究了北京市对各区县的义务教育转移支付。在促进义务教育均衡发展政策背景和"以县为主、省级统筹"的义务教育财政体制下,合理划分层级政府间义务教育经费分担责任是保障义务教育经费合理分配的重要举措。来自上级政府的义务教育转移支付对于促进区县间义务教育均衡发展意义重大。这章使用2007—2013年北京市教育经费统计数据,考察了义务教育转移支付制度及其实施效果。研究发现,转移支付资金分配因素、方式和结果既存在合理之处,又存在不合理之处。市级转移支付对缩小区县间普通中小学生均经费特别是公用经费的差异有明显作用,但尽管如此,各区县之间的教育经费的差异并没有明显变化。

第六章根据北京市义务教育发展状况调查介绍了北京市义务教育发展状况。"北京市义务教育发展状况调查"是针对北京市义务教育阶段学生群体的社会调查项目,目的是了解北京市义务教育阶段学校、教师、学生及其家长的基本状况,从而为北京市政府、市教委制定相关教育政策和教育规划提供依据。这章使用对北京市功能拓展区3个区县、16个学区的40位校领导、166位班主任、5697名学生及其家长的调查数据以及高质量的行政数据,主要得到如下研究发现:①从学生学习时间分配与参与补习教育的类型和时间看,学生的学习负担繁重;②从亲子是否同住、亲子关系、亲子沟通、亲子活动和家校互动等情况看,父母对子女教育的参与程度较低,父子沟通尤为欠缺;③从学业成绩、体质健康、非认知能力发展和行为表现看,学生发展欠全面、欠均衡;④从教师性别、年龄、教龄、是否师范类毕业、是否有事业编制等因素看,男教师和年轻教师有待补充;⑤从班主任任教学科、工作时间、学校满意度、职业倦怠和离职意愿等方面看,班主任工作相对沉重;⑥从学校基础设施质量、学校周边场所和学校经费来源看,学校的基本条件和管理水平有待提升。

第七章分析了教育生产过程的户籍身份差异。户籍制度与教育资源的公平分配密切相关。这章使用教育增值模型,发现不同户籍身份学生的教育生产过程存在一定差异。家庭资本和亲子关系对学生发展的影响对非京籍学生更加显著。学校投入给不同户籍身份学生带来的学生发展增值也存在明显差异。从学业表现看,除非京籍农业户口学生外的其他学生群体的学业成绩增值均为正,非京籍农业户口学生的学业成绩增值明显为负。更高质量的学校投入并没有给非京籍农业户口学生带来更多的学生发展增值。从体质健康看,绝大部分学校的体质测试成绩增值为负,而非京籍农业户口学生的体质测试成绩增值低于零的幅度最大。因此,教育工作者应关注非京籍学生家庭资本和亲子关系对各方面发展的影响,帮助其形成和谐的家庭关系,同时关注学校投入对非京籍农业户口学生的影响机制,保障这些学生获得与京籍学生相似的学生发展增值。

第八章考察了北京市学生补习教育的参与状况、影响因素和实际效果。研究发现,52%和75%的学生分别参与学术类和非学术类补习教育,66%和86%的学生分别参与校内和校外补习教育。家庭经济资本能够显著影响校外补习参与决策,但对校内补习的影响不显著。家庭文化资本和政治资本对补习教育参与决策的影响不大。补习教育能够帮助学生改善学业表现,提高体质健康水平,促进非认知能力发展。但校内外补习教育的效果存在明显差别,家庭资本对补习教育的效果具有微弱的调节作用。政府可通过在学校内开展补习教育以替代私人补习,或为家庭资本较为薄弱学生提供补习教育费用补贴的形式,缓解由家庭资本导致的学生发展的不平等。

第九章探讨了非认知能力发展与学业成绩分布性别差异的关系。研究发现,女生学业成绩存在明显的"地板砖效应"。对学业成绩性别差异的 FFL 分解结果表明,非认知能力的特征效应和报酬效应能够在很大程度上解释学业成绩分布的性别差异,但二者的方向和相对大小因不同学科和学业成绩分布的不同位置而有所不同。不同维度的非认知能力的特征效应和报酬效应也存在一定差异。因此,逐步提高男生的非认知能力,完善非认知能力对男生学业表现的影响机制,对缩小学业表现性别差异具有重要意义。

第十章讨论了重点高中能够提高学生的学业成绩吗？这章使用北京市 F 县两届普通高中学生全样本数据,利用普通高中招生录取方式对学生能否进入重点高中产生的外生影响,根据断点回归设计的原理,研究了重点高中对学生学业成绩的影响。估计结果表明,就理科生来看,重点高中学生的高考总成绩、数学和语文成绩都要高于一般高中,但从数值上看,这一差异并不大;就文科生来看,重点高中与一般高中无显著差别。这说明,重点高中对学生学业成绩仅产生了微弱的正面影响。

重点幼儿园、小学、初中和高中在北京 16 个区县中分布非常不均衡,基础教育公平问题是北京市社会经济发展的热点问题,而区县间的重点校分布,以及受教育机会公平问题,又是基础教育公平问题的核心问题。分析区县间在教育机会、教育投入等方面的差异,有助于政府更好地进行战略布局调整,促进基础教育的公平。目前北京重点小学的学区房价每平方米已高达 30 万元,大量农民工子弟无法就近入学等一系列社会问题都与教育公平问题相关。北京市每年在基础教育的投入显著增长,但教育公平问题仍然非常严重,特别是区县间的教育公平。本书旨在解决如何从财政的角度促进区县间教育的公平,这对于促进北京市经济的平稳发展,人口素质的整体提高和城市竞争力与凝聚力的增强都具有重要的意义。

作者感谢北京师范大学袁连生、孙志军、刘泽云、张雪对本书的贡献和支持。

目 录 CONTENTS

上篇 北京市基础教育发展的宏观视野

第一章 北京市基础教育发展概况 ··· 3
一、普通中小学校数量变化情况 ··· 3
二、普通中小学在校学生数量变化情况 ··· 5
三、普通中小学生师比和班级规模 ··· 7

第二章 北京市基础教育财政投入的变动趋势 ··· 9
一、北京市基础教育经费收入与支出的结构体系 ··· 9
二、北京市基础教育财政投入的变动趋势 ··· 10
三、北京市各区县基础教育生均教育经费的变动趋势 ··· 16
四、北京市各区县基础教育事业性经费结构的变动趋势 ··· 27
五、北京市各区县基础教育财政投入的影响因素 ··· 34
六、研究结论 ··· 39

第三章 北京市基础教育投入指数 ··· 40
一、教育指数的研究和设计实践 ··· 40
二、教育投入指标体系的构建 ··· 43
三、北京市教育投入指数的演变 ··· 59
四、我国发达省份教育投入指数的差异 ··· 66

第四章 北京市基础教育财政均衡发展分析 ··· 74
一、研究概述 ··· 74
二、研究方法 ··· 78
三、北京市基础教育生均教育经费支出的不均衡分析 ··· 81

四、研究结论与政策建议……………………………………… 98

第五章　北京市对区县义务教育转移支付研究………………… 102
　　一、北京市级义务教育转移支付责任、方式与相关研究…… 102
　　二、近年来北京市对区县义务教育转移支付分析…………… 107
　　三、市级转移支付对缩小区县义务教育经费差异的作用…… 117
　　四、研究结论与政策建议……………………………………… 126

下篇　北京市基础教育发展的微观视野

第六章　北京市义务教育发展状况调查概述…………………… 131
　　一、调查概况…………………………………………………… 131
　　二、学生层面特征……………………………………………… 133
　　三、家庭基本特征……………………………………………… 144
　　四、教师基本特征……………………………………………… 154
　　五、学校基本特征……………………………………………… 164
　　五、研究结论…………………………………………………… 169

第七章　教育生产过程的户籍身份差异………………………… 172
　　一、研究缘起…………………………………………………… 172
　　二、文献回顾…………………………………………………… 173
　　三、学生发展的差异…………………………………………… 175
　　四、个体特征的差异…………………………………………… 176
　　五、家庭特征的差异…………………………………………… 184
　　六、家长及教师对流动学生的态度…………………………… 189
　　七、教育生产过程的差异……………………………………… 191
　　八、结论………………………………………………………… 204

第八章　补习教育、学生发展与教育公平……………………… 208
　　一、引言………………………………………………………… 208
　　二、文献回顾…………………………………………………… 211
　　三、参与补习教育的影响因素………………………………… 216
　　四、补习教育对学生发展的影响……………………………… 219

五、研究结论与不足 ………………………………………… 231

第九章　非认知能力发展与学业成绩分布的性别差异 …………… 237
　　一、引言 ……………………………………………………… 237
　　二、文献回顾 ………………………………………………… 238
　　三、分解方法 ………………………………………………… 242
　　四、教育投入与产出的性别差异 …………………………… 244
　　五、非认知能力与学业成绩分布的性别差异 ……………… 248
　　六、结论与讨论 ……………………………………………… 255

第十章　重点高中能够提高学生的学业成绩吗 …………………… 264
　　一、引言 ……………………………………………………… 264
　　二、制度背景 ………………………………………………… 268
　　三、研究设计 ………………………………………………… 270
　　四、数据、变量与断点的识别 ……………………………… 274
　　五、研究结果 ………………………………………………… 279
　　六、分析与讨论 ……………………………………………… 285
　　七、研究结论与不足 ………………………………………… 289

附录一　中国各省市基础教育投入指数 …………………………… 294
附录二　北京市义务教育发展状况调查问卷 ……………………… 336

上篇

北京市基础教育发展的宏观视野

第一章　北京市基础教育发展概况

北京市作为首都,是全国的政治中心、文化中心和国际交往中心,尤其重视教育领域的发展,始终走在全国各城市的前列。自中华人民共和国成立以来,首都北京首先实现了教育大众化、普及化的历史性跨越。进入21世纪以来,北京市率先全面实施首都教育发展战略,用于教育领域的投入持续增加,市内各学校的办学条件显著改善,教育普及程度大幅度地提高。

一、普通中小学校数量变化情况

基础教育学校数量(总量及结构)的变化是基础教育布局宏观的反映。从研究义务教育学校数量的变化入手,可以从侧面了解基础教育资源的变化趋势及空间格局调整的情况。2001年以来,中小学布局调整发生了一系列变化,总体呈现出学校数量减少的趋势。2001年出台的《国务院关于基础教育改革与发展的决定》明确要求地方政府要"按照小学就近入学、初中相对集中、优化教育资源配置的原则,合理规划和调整学校布局。农村小学和教学点要在方便学生就近入学的前提下适当合并"。在此政策的指导下,2001—2005年,在整合乡镇教育资源、调整农村中小学布局的过程中,出现了盲目撤并学校的现象,造成学校数量明显减少,农村学生受教育的权利受到影响。

2006年《关于实事求是地做好农村中小学布局调整工作的通知》中明确指出,"要坚持以人为本、以学生为本,以方便和满足学生和家长的需求为出发点,合理规划,统筹安排学校的布局和建设",开始有意识地进行政策纠偏。2008年,城市义务教育阶段教育免费得以实现,"撤点并校"的动机逐渐复杂化,城镇化成为重要的驱动力量,有些地方明确将撤并农村学校进而带动农村人口向城镇集聚作为拉动城镇化的策略。"学校进城"的口号越来越响。2012年9月,国务院办公厅下发《关于规范农村义务教育学校布局调整的意见》，提出要"坚决制止盲目撤并农村义务教育学校"，"在完成农村义务教育学校布局专项规划备案之前，暂停农村义务教育学校撤并"，持续十年之久的"撤点并校"时代结束。

从图1-1中可以看出，从20世纪90年代中期的接近3000所，到21世纪初的2000所左右，一直到最近几年刚刚超过1000所，北京市普通小学校数逐年下降。虽然2013年是1995—2013年间普通小学校数唯一上升的一年，达到了1093所，但2014年普通小学校数继续下降到1040所。

图1-1　1995—2013年北京市普通小学校数变化情况

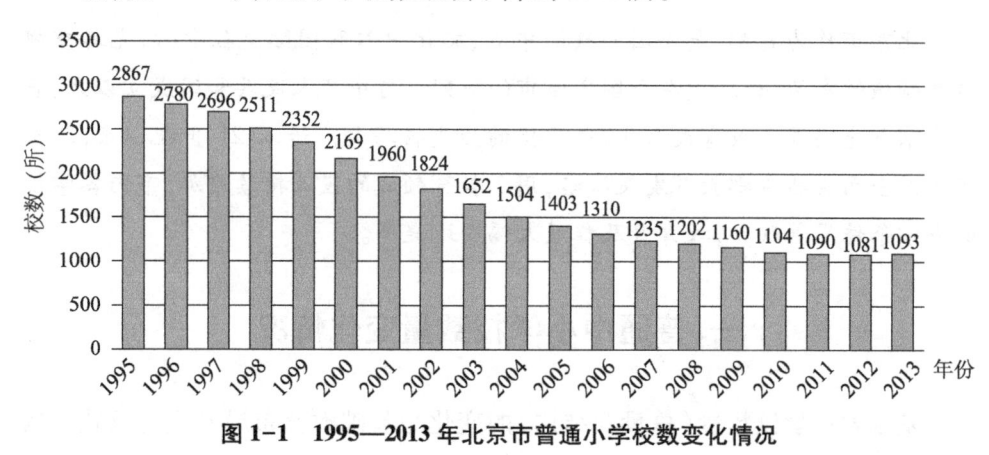

图1-2显示了1995—2013年普通中学校数的变化情况。其中，浅颜色的部分为普通高中和完中的数量，而深色的部分为普通初中加上九年一贯制学校的总数。可以看到，普通初中的学校数始终高于普通高中，但两者的差距在

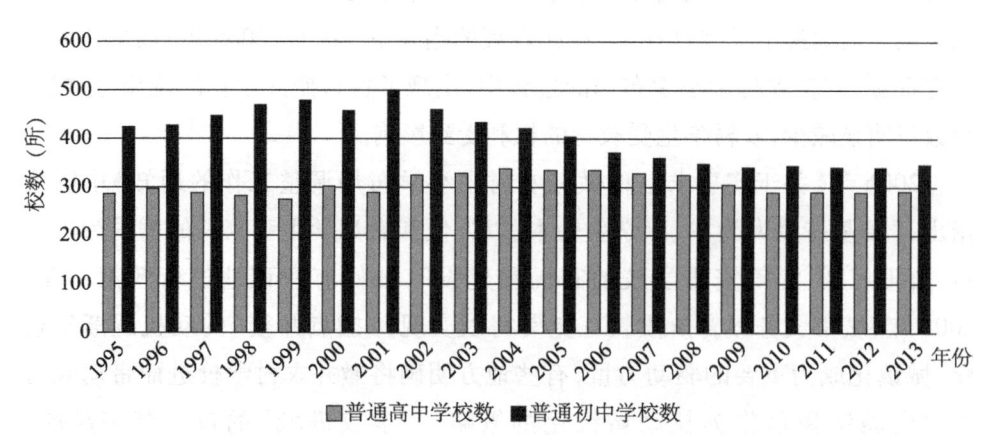

图1-2　1995—2013年北京市普通中学校数变化情况

缩小(2009年之后,差距又小幅扩大)。1995年以来,普通初中学校数持续上升,在2001年达到学校数量的极大值为502所。随后,其数量开始迅速下降。2008年以后,普通初中的数量逐渐稳定在340多所。普通高中也大致经历了学校数先上升后下降的过程。1995年,北京市共有普通高中(和完中)286所。在2004年,其数量达到了极大值338所。其后,普通高中学校数开始缓慢下降。2013年普通高中的数目为291所,又与20世纪90年代中期的水平接近了。

二、普通中小学在校学生数量变化情况

学生数量直接影响教育资源的配置。图1-3描绘了1995—2013年北京市中小学生数的变化情况。1995年,北京市普通小学中拥有北京市户籍的学生数有100万之多,但其后几年间数量持续降低,直到2010年之后才有所回升;初中生数量在2001年之前保持在50万名左右,随后则持续降低;高中生数量则经历了先上升后下降的变化,其极大值出现在2005年,为27.8万名,之后也开始缓慢下降。

城镇化是人类社会发展进步的必然途径,它对经济社会的各个领域都产生了重要的影响。教育作为与人口数量增减、迁移变化联系最为密切的社会公益事业,必然受到城镇化进程的巨大影响。这一影响的重要表现之一,就是各学段学龄人口快速向城镇流动和集聚。在城镇化进程加快和城乡教育原有差距影响下,基础教育阶段的中小学生快速向城镇、城市学校集聚,高中阶段学生已基本集中于县城及其以上的城市学校。

2007年后,学生总数统计中加入了非北京市户籍的中小学生。可以看出,加入了非北京市户籍的小学生,扭转了小学生总数下降的局面,使之大跨度上升。2013年,小学生总数达到约79万名。加入了非北京市户籍的初中生后,初中生总数也出现跳跃式变化,并在2010年后保持相对稳定;而高中生总数上升不多,加入了非北京市户籍高中生后,并未扭转其下降的趋势。因为高考制度等原因,大部分非京籍学生只能回原籍参加高考,因此外地学生来北京上高中的非常少。

2002年,根据北京市人民政府办公厅《关于对流动人口中适龄儿童少年实施义务教育暂行办法的通知》,流动人口子女在京居住半年以上的,需要提供

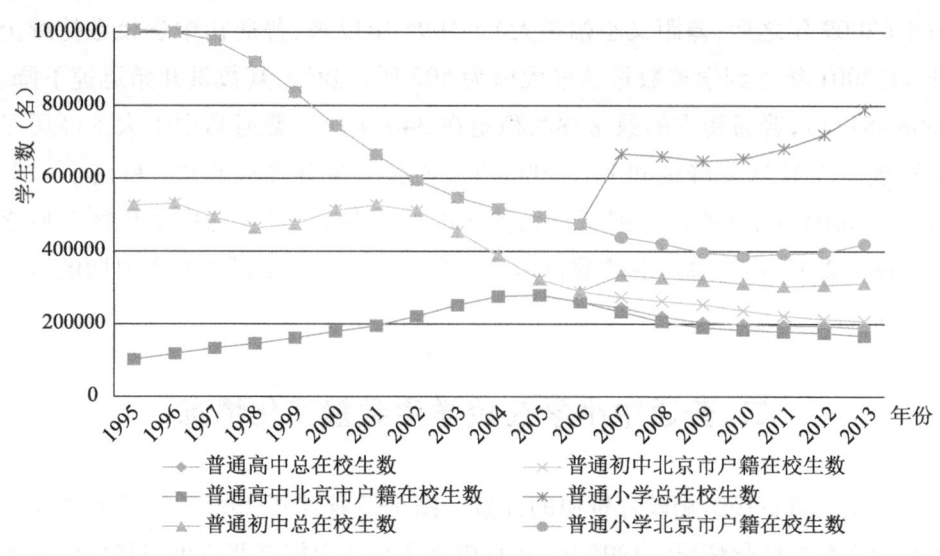

图 1-3 1995—2013 年北京市普通中小学生数变化情况

"四证",分别是家长就业证明、全家户口簿、父母身份证、暂住证,向暂住地街道办事处或乡(镇)人民政府提出申请核准通过后,换取"在京借读批准书"。2004年,根据北京市教委等 10 部门《关于贯彻国务院办公厅进一步做好进城务工就业农民子女义务教育工作文件的意见》,北京市首次提出"五证"要求,在 2002年基础上增加了居住证明。2010 年,北京市教委出台《北京市中小学生学籍管理办法》规定,流动儿童入学只需"三证",即家长在京居住证明、户口簿以及在京借读证明。但综合 2010—2013 年北京市教育委员会关于义务教育阶段入学工作的意见可以看出,在实际操作中,对流动儿童入学执行的仍旧是 2004 年"五证"的要求。2004—2013 年,尽管面对"五证"的入学门槛,据统计,北京市义务教育阶段非京籍在校学生人数依然持续上升,从 2004 年的 22.7 万人,上升至 2013 年的 47.3 万人,十年间累计增加 24.6 万人,平均每年增加 2.46 万人。

2007—2013 年,无论是普通小学、普通初中还是普通高中,非北京市户籍的在校生数都保持上升,占总在校生数的比例也逐年增加。非北京市户籍普通小学生所占小学生总数的比例从 2007 年的 34.3%上升至 2013 年的 46.8%,也就是说已经占到总数的将近一半。2013 年,北京市普通小学生共有 36.9 万名没有北京市户籍。普通初中上升幅度更大,从 2007 年的 18.1%上升至 2013 年的 33.3%。2013 年,共有 10.3 万名非北京市户籍初中生。对于普通高中而言,虽然在 2013 年非北京市户籍普通高中生数仅为 21365 名,但这已经占到全体高中

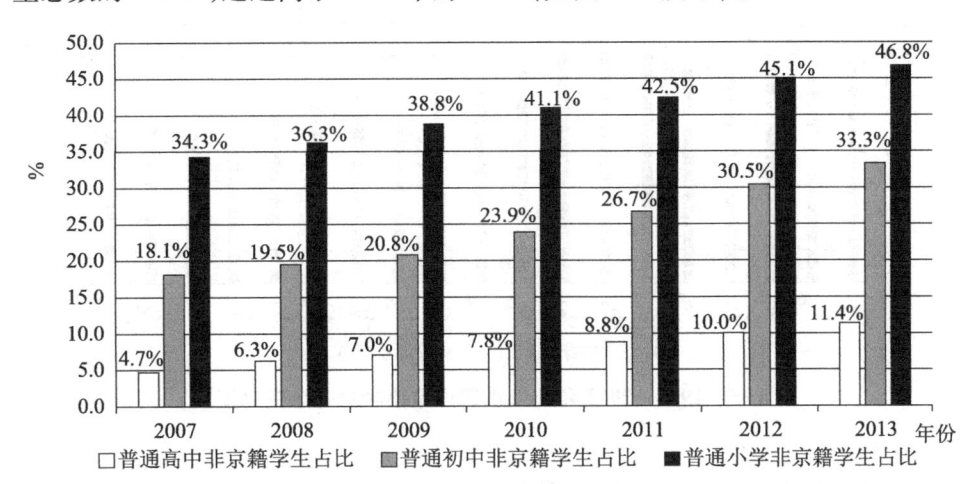

生总数的11.4%,远远高于2007年的4.7%(如图1-4所示)。

图1-4　2007—2013年北京市非京籍普通中小学生占总学生数比例变化情况

三、普通中小学生师比和班级规模

教师资源是学校人力资源的重要组成部分,具有人力资源的属性即数量和质量,教师资源的数量是指一定区域内教师的数量,本书用生师比这一指标考察。生师比,是指学校专任教师数与在校学生数的比例,是用来衡量学校办学水平是否合格的重要指标。由于教师在学校中的重要地位,"生师比"从来就是学校教学工作中的重要数据。它在一定程度上体现了学校教育规模的大小、学校人力资源利用效率,也从一个侧面反映了学校的办学质量。生师比低在一定程度上对应着"小班化"教学,"小班化"可以改善学生的学习环境,让他们得到教师更多的注意和照顾。

首先来看1995—2013年北京市普通中学和普通小学的生师比。由于2007年对学生数的统计中加入了非北京市户籍中小学生,因此以此年为界加以描述。2007年之前,普通小学生师比持续下降,从1995年的16.5下降至2006年的9.8。普通中学生师比则有升有降:在2001年之前以上升为主,2001—2006年则持续下降。2001年到达的极大值为14.3。1995—1999年,普通小学生师比一度高于普通中学,但是在2000年被普通中学超越。2007年后,由于非北京市户籍的小学生数量很大,普通小学生师比又重新高于普通中学。普通小学生师比经历先下降后上升的过程,而普通中学生师比却一直保持下降(如图1-5所示)。

— 7 —

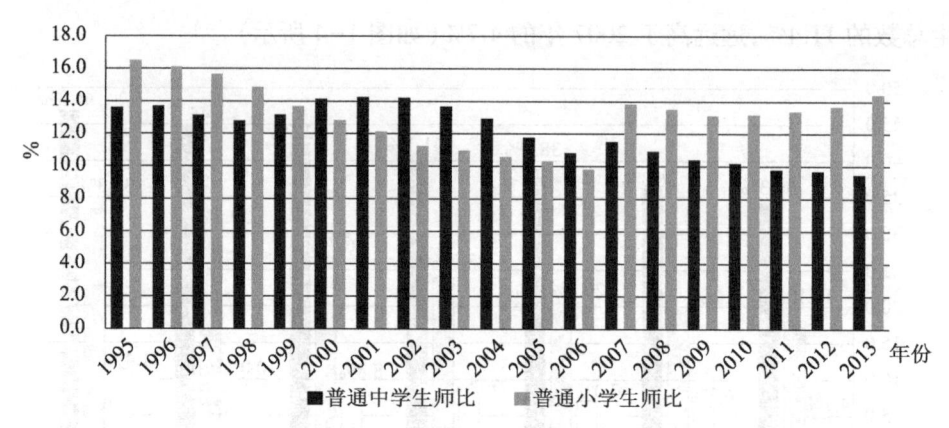

图 1-5　1995—2013 年北京市普通中小学生师比变化情况

下面再来看 1995—2013 年北京市普通中小学的班级规模（2002 年数据缺失，以前一年和后一年的平均值计）。从横向比较，普通高中大于普通初中，大于普通小学。各级教育的班级规模随时间的推移，大致趋势都是下降的。2007 年加入非北京市户籍学生后，普通高中和普通初中的班级规模仍然保持下降（除了普通初中在 2007 年由于统计口径变动导致的突增）。从 2009 年开始，小学的班级规模开始上升。在 2012 年，普通高中、普通初中和普通小学的班级规模已经非常接近（见图 1-6）。

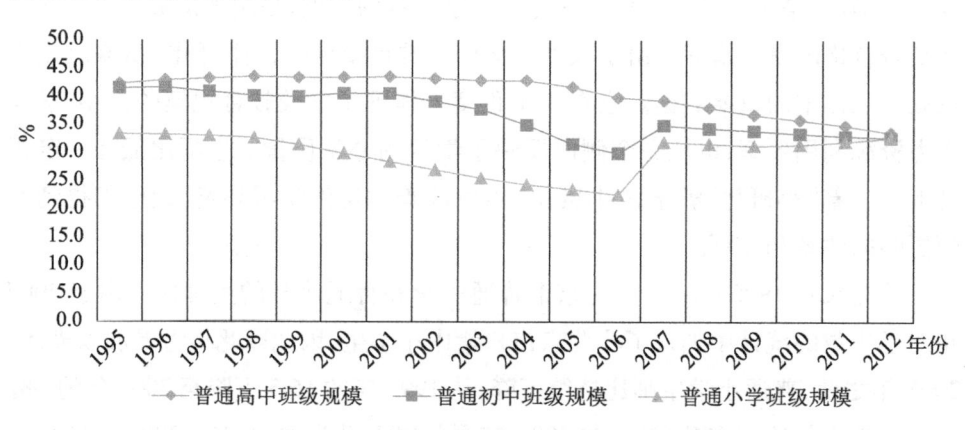

图 1-6　1995—2013 年北京市普通中小学班级规模变化情况

第二章 北京市基础教育财政投入的变动趋势

本章考察了2007—2015年北京市及市属各区县生均教育经费支出和教育经费结构的变动趋势。研究发现,从生均教育经费支出的变动趋势看,随着教育层级的提高,生均教育经费支出呈现除明显的增加趋势。但除普通高中外,各级生均教育经费支出均在2013年前后出现过不同程度的停滞和下降。生均公用经费支出的增长趋势较为稳定。从教育经费支出机构看,初等教育人员经费占比仅为55%左右,大幅度低于国际经验标准值。从教育经费收入结构看,财政性教育经费是北京市基础教育经费收入的主要来源,且呈现逐年增长的趋势,学前教育和普通高中事业收入和捐赠收入占比较低且持续下降。各区县生均教育经费支出和教育经费结构存在较为明显的差异,在各年份的波动剧烈,尚未形成教育经费长效增长机制和稳定的教育经费支出结构。区县各级教育财政支出水平不仅仅取决于区政府对整个教育事业发展的努力程度,更取决于区政府对各级教育事业的重视程度与发展偏好。

一、北京市基础教育经费收入与支出的结构体系

本章使用的数据为北京市教委财务部门提供的2007—2015年北京市分区县地方属教育和其他部门各级各类学校人员情况表、收入情况表和支出明细表。由于2014年后教育经费收入和支出统计项目出现较大变化,故本章重新对教育经费收入与支出的统计项目进行界定和说明。

教育经费收入包括国家财政性教育经费、民办学校中举办者投入、事业收入、捐赠收入和其他教育经费。国家财政性教育经费包括公共财政预算安排的教育经费、政府性基金预算安排的教育经费、企业办学中的企业拨款、校办产业和社会服务收入中用于教育的经费和其他属于国家财政性教育经费。由于公共财政预算安排的教育经费、政府性基金预算安排的教育经费的具体统计项目存

在较大变化,本章将这两个统计项目合并统称为"政府财政预算教育经费",包括教育事业费、基本建设经费、教育费附加(包括教育费附加和地方教育附加,2013年之前这两个项目均属于政府性基金预算安排的教育经费,2014年教育费附加属于公共财政预算安排的教育经费,2015年这两个项目均属于公共财政预算安排的教育经费)、科研经费、其他公共财政预算安排的教育经费及其他政府性基金预算安排的教育经费(主要包括从土地出让收益中计提的教育资金、彩票公益金等)。

教育经费支出包括事业性支出和基本建设支出。事业性支出由人员经费(即个人部分)和公用经费(即共用部分)组成。人员经费包括工资福利支出、对个人和家庭的补助支出。其中,工资福利支出包括基本工资、津贴补贴、奖金及绩效工资、社会保障缴费和其他人员经费支出(主要包括代课人员工资福利支出、外聘教职工工资福利支出、伙食补助费等);对个人和家庭的补助支出包括离退休费、医疗费、助学金(包括助学金、奖学金、学生营养午餐费、免费教科书费等)和其他对个人和家庭的补助支出(主要包括抚恤金、生活补助、救济费、奖励金、住房公积金、提租补贴、购房补贴等)。公用经费包括商品和服务支出及其他资本性支出。商品和服务支出包括办公费、水费、电费、邮电费、取暖费、差旅费、维修(护)费、培训费、专用材料费、劳务费、福利费和其他支出[主要包括印刷费、咨询费、手续费、物业管理费、因公出国(境)费、租赁费、会议费、公务接待费、专用燃料费、委托业务费、工会经费、公务用车运行维护费及其他交通费、学生活动费等]。其他资本性支出包括专项公用支出和专项项目支出。其中,专项公用支出包括办公设备购置、专用设备购置、信息网络及软件购置更新、公务用车购置、其他交通工具购置和其他支出,专项项目支出包括房屋建筑物购建和大型修缮。

为更加准确地比较北京市各区县基础教育财政投入的差异,需要对教育经费收支数据进行生均化处理。本章将教育经费收支数据除以对应年份和教育层级的年平均学生数得到生均教育经费收支数据。为剔除价格因素对教育财投入的影响,本章以2010年为基期对生均教育经费收支数据进行调整。

二、北京市基础教育财政投入的变动趋势

(一)基础教育生均经费的变动趋势

图2-1反映了2007—2015年北京市学前教育生均教育经费支出的变动趋

势。生均教育经费支出在2007—2011年保持在15000元左右,而后快速增长至2012年的23829元,2013—2015年保持在28000元左右。生均教育事业性经费与生均教育经费支出的变动趋势相同。分人员经费和公用经费看,生均人员经费从2007年的8792元波动增长至2015年的超过15000元,其中在2007—2009年出现小幅下降;生均公用经费在2007—2011年间保持在15000元左右,而后快速增长至2012年的超过15000元,之后又逐年减少至12419元。

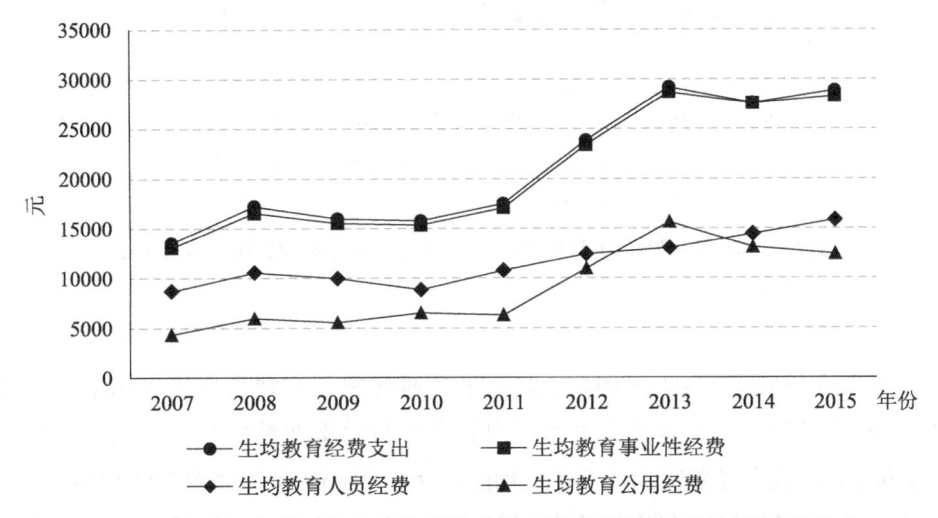

图2-1　2007—2015年北京市学前教育生均教育经费支出的变动趋势

数据来源:北京市教委财务部门提供的2007—2015年北京市分区县地方属教育和其他部门各级各类教育经费支出明细表。所有数据均为按照年平均学生数和价格水平(2010年为基期)调整的实际生均教育经费支出数。

图2-2反映了2007—2015年北京市普通小学教育生均教育经费支出的变动趋势。2007—2015年,生均教育经费支出从2007年的11326元增长至2014年的超过30000元。由于各年度生均基建经费均不超过千元,故生均教育事业性经费的折线图2-与之重合。分人员经费和公用经费看,生均人员经费从2007年的6618元持续增长至2015年的超过16237元,生均公用经费从2007年4104元增长至2014年的12020元。受到生均公用经费大幅度下降影响,生均教育经费支出和事业性经费支出在2015年后出现明显下降。

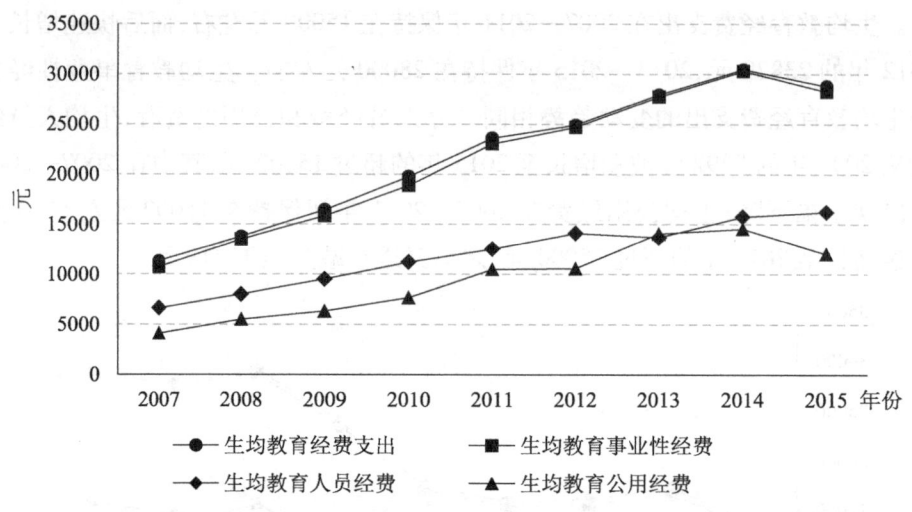

图 2-2 2007—2015 年北京市普通小学生均教育经费支出的变动趋势

数据来源：同图 2-1。

图 2-3 反映了 2007—2015 年北京市普通初中生均教育经费支出的变动趋势。2007—2015 年，生均教育经费支出和生均教育事业性经费呈现出持续增长的态势，生均教育经费支出从 2007 年的 17964 元增长至 2015 年的 51028 元，生均教育事业性经费从 2007 年的 16828 元增长至 2015 年的 49517 元。分人员经费和公用经费看，生均人员经费从 2007 年的 8949 元持续增长至 2015 年的接近 30000 元，生均公用经费从 2007 年 7879 元增长至 2015 年的超过 20000 元。

图 2-4 反映了 2007—2015 年北京市普通高中生均教育经费支出的变动趋势。2007—2015 年，生均教育经费支出从 2007 年的不足 20000 元增长至 2014 年的接近 60000 元。生均基建经费从 1224 元增长至 2010 年的 5593 元而后下降至 1665 元，但由于生均基建经费占比较低，故生均教育事业性经费的变动趋势与生均教育经费相同。从生均教育事业性经费的生均人员经费和生均公用经费看，生均人员经费从 2007 年的 9831 元持续增长至 2015 年的超过 30000 元，生均公用经费从 2007 年的 7304 元增长至 2014 年的 26975 元。受到生均公用经费大幅度下降影响，生均教育经费支出和事业性经费支出在 2015 年后出现明显下降。

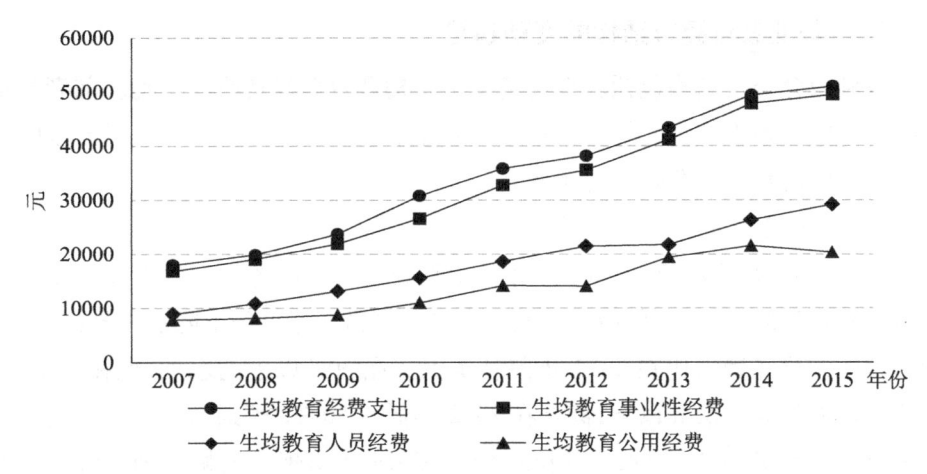

图 2-3　2007—2015 年北京市普通初中生均教育经费支出的变动趋势

数据来源：同图 2-1。

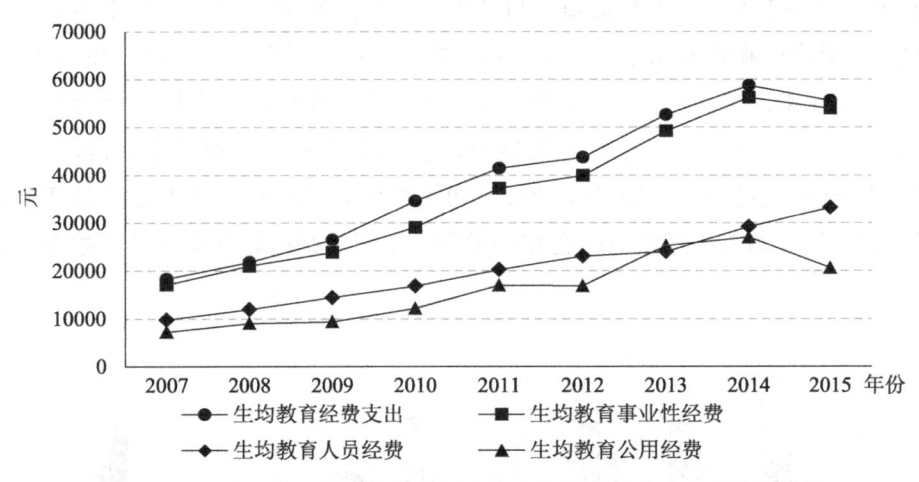

图 2-4　2007—2015 年北京市普通高中生均教育经费支出的变动趋势

数据来源：同图 2-1。

通过比较北京市基础教育阶段各教育层级教育经费支出及其变动趋势，可以看出，随着教育层级的提高，生均教育经费支出和生均教育事业性经费支出呈现增加的趋势。学前教育和普通小学生均教育经费支出基本相同，但明显低于普通初中。除普通高中外，各级生均教育经费支出均出现过不同程度的停滞和下降，这主要是由生均公用经费的波动导致的。生均人员经费呈现较为稳定的增长态势。

(二)基础教育经费结构的变动趋势

基础教育经费结构包括教育经费支出结构和教育经费收入结构。前者是指基础教育阶段各级教育人员经费占教育事业性经费的比例,后者是指国家财政性教育经费占教育经费收入的比例。

1. 教育经费支出结构

图2-5反映了2007—2015年北京市基础教育阶段各级教育人员经费占教育事业性经费的比例。可以看出,教育人员经费占比呈现先下降后上升的趋势。学前教育人员经费占比在2011年前基本保持在60%以上的水平,但在2011年后这一比例骤减至55%以下,甚至在2012年低于50%。普通小学人员经费占比基本保持在55%~60%的水平,但在2013—2014年出现较大幅度的下降。普通初中人员经费占比在2012年之前保持在50%~55%,普通高中人员经费占比略低于普通初中。2013年,普通高中和普通初中人员经费占比分别为45.62%和50.14%,达到近5年来的最低值。自2013年开始,普通中学人员经费占比快速增长,普通高中和普通初中人员经费占比在2015年分别达到59.85%和57.21%,达到近5年来的最高值。按照国际经验,教育是劳动密集型行业,中等教育人员经费占比约为60%,初等教育人员经费占比约为70%。然而近年来,虽然中等教育人员经费占比接近经验标准值,但初等教育人员经费占比大幅度低于经验标准值。偏低的人员经费占比会在一定程度上对教师的教学积极性产生消极影

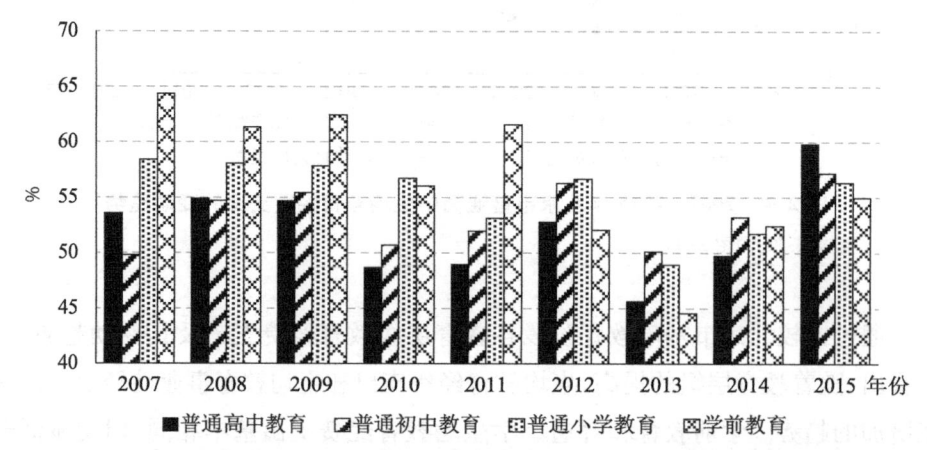

图2-5 2007—2015年北京市各级基础教育人员经费占事业性经费的比例

数据来源:北京市教委财务部门提供的2007—2015年北京市分区县地方属教育和其他部门各级各类教育经费支出明细表。

响,从而影响教学质量。因此,在保证学校正常运转的基础上,教育经费支出应尽量向人员经费倾斜。

2.教育经费收入结构

图2-6反映了2007—2015年北京市各级基础教育经费收入结构的变动趋势。对学前教育而言,财政性教育经费占比从2007—2011年的65%左右增长至2012—2015年的90%左右,但事业性收入则从20%以上的水平下降至不足10%,捐赠收入占比也从5%左右的水平下降至不足1%。普通小学和普通初中的情况类似。财政性教育经费占比在2007—2015年间保持在90%以上的水平,近年来接近100%。对普通高中而言,财政性教育经费占比从2007年的不足80%上升至2015年的95%以上,事业收入占比从2007—2015年间的10%以上下降至近年来的2%左右。由此可见,财政性教育经费是北京市基础教育经费收入的主要来源,且呈现逐年增长的趋势,义务教育阶段财政性教育经费在近年来接近100%。学前教育和普通高中事业收入占比较低且呈现明显下降的趋势。捐赠收入占比也呈现下降趋势,且始终保持在低水平。

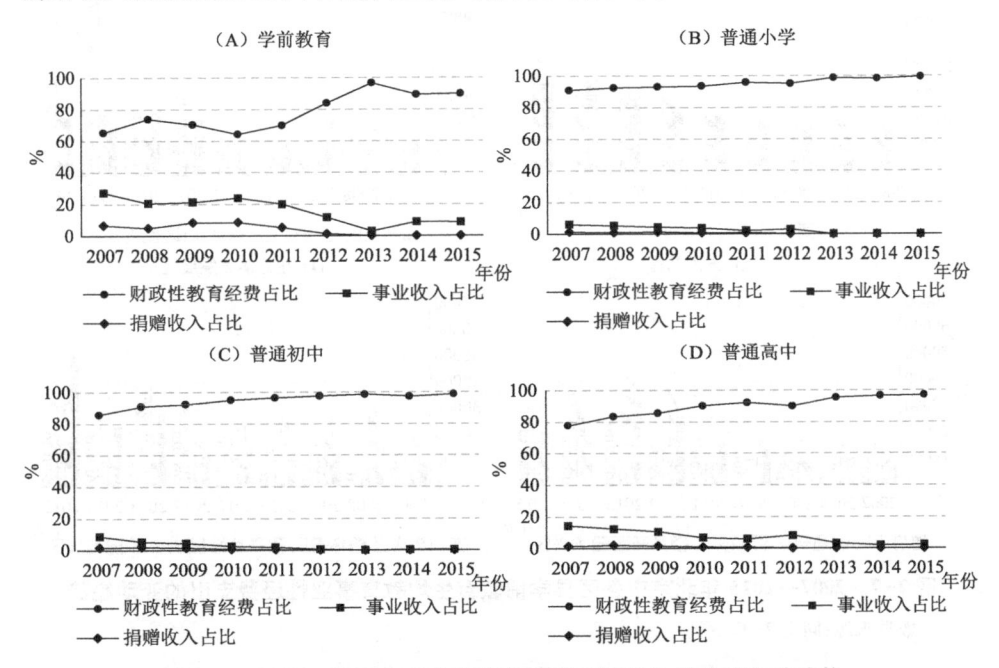

图2-6 2007—2015年北京市各级教育经费收入结构的变动趋势

数据来源:同图2-5。

三、北京市各区县基础教育生均教育经费的变动趋势

（一）生均教育事业性经费支出

1. 学前教育

图 2-7 反映了 2007—2015 年北京市各区县学前教育生均教育事业性经费支出的变动趋势。整体来看，首都功能核心区的生均教育事业性支出水平最高，且整体呈现逐年增长的趋势。而对其他三个功能区而言，除生态涵养发展区的怀柔区外，各区县生均教育事业性经费支出在 2011 年之前基本保持在 20000 元以下的水平，而在 2012 年之后出现了不同程度的增长，石景山区、海淀区、昌平区和密云区等生均事业性经费支出超过 30000 元。但截至 2015 年，通州区、大兴区和平谷区的支出水平仍然偏低。

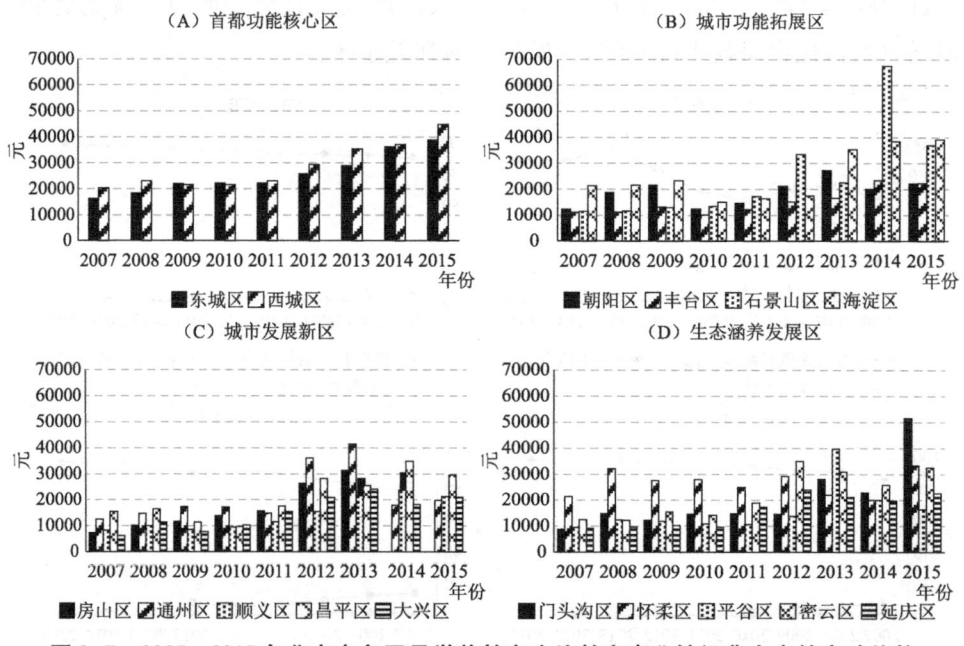

图 2-7　2007—2015 年北京市各区县学前教育生均教育事业性经费支出的变动趋势

数据来源：同图 2-1。

2. 普通小学

图 2-8 反映了 2007—2015 年北京市各区县普通小学生均教育事业性经费

支出的变动趋势。可以看出,相比于学前教育,各区县普通小学生均教育事业性经费支出的增长趋势更加明显。对于首都功能核心区,西城区的支出水平保持着较为稳定的增长态势,但东城区的支出水平在2014年以后大幅度增长并超过西城区。城市功能拓展区中朝阳区的生均教育事业性经费支出水平最高,石景山区和海淀区正在逐渐追赶朝阳区,而丰台区生均教育事业性经费支出始终保持较低的水平。城市发展新区中各区生均教育事业性经费支出水平最低,差异最小,增长相对稳定,其中房山区和昌平区的支出水平相对较高。生态涵养发展区生均教育事业性经费支出水平在2007—2015年间特别是近5年来最高,其中怀柔区近5年来始终保持在30000元以上的水平,其他区县在2013年后也实现了较大幅度的增长。到2015年,门头沟区、怀柔区和平谷区生均教育事业性经费支出超过40000元。

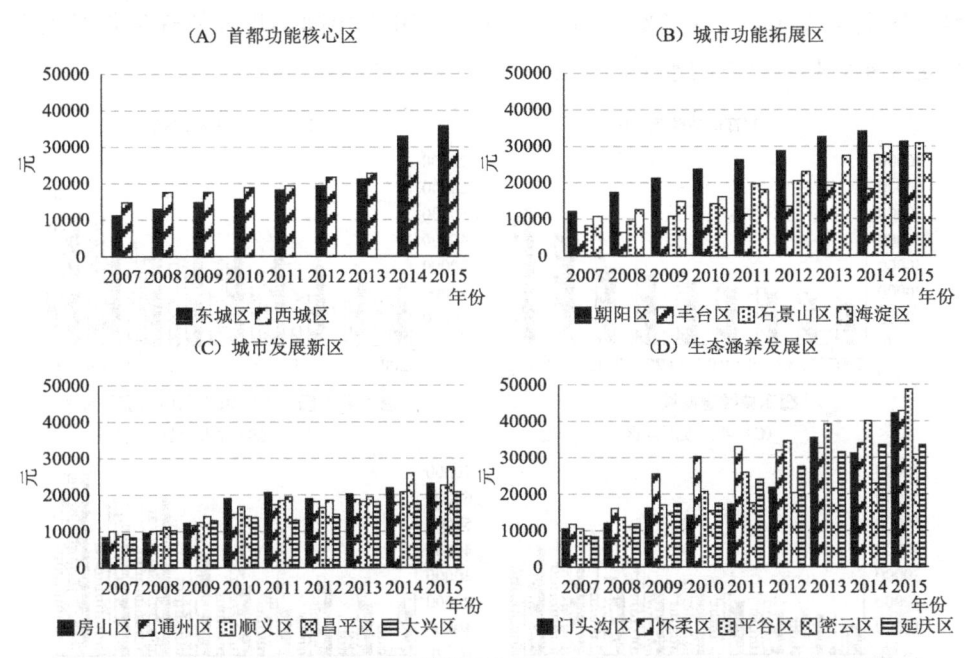

图2-8 2007—2015年北京市各区县普通小学生均教育事业性经费支出的变动趋势

数据来源:同图2-1。

3.普通初中

图2-9反映了2007—2015年北京市各区县普通初中生均教育事业性经费支出的变动趋势。可以看出,各区县普通初中生均教育事业性经费支出的增长趋势与普通小学相似。西城区生均教育事业性经费保持着较为稳定的增长态

势,但东城区的支出水平在2014年以后大幅度增长,其生均教育事业性经费支出水平超过西城区并超过30000元。城市功能拓展区中,朝阳区的生均教育事业性经费支出水平相对较高,石景山区的支出水平凭借近两年的快速增长超过了朝阳区,丰台区生均教育事业性经费支出水平始终保持较低的水平但增长相对平稳。城市发展新区中,各区县生均教育事业性经费支出水平最低,差异最小,增长相对稳定,其中昌平区支出水平的增长速度相对较快。生态涵养发展区生均教育事业性经费支出水平在2007—2015年间呈现出波动增长的态势:怀柔区的支出水平在2010年后基本保持在50000元左右的水平,相对比较稳定。门头沟区、平谷区和密云区的生均教育事业性经费支出的增长速度非常快,分别从2007年的16869.30元、12410.70元和11548.10元增长到2015年的77140.10元、100399.00元和63620.90元,年均增长率分别为20.93%、29.86%和23.78%。延庆区生均教育事业性经费支出水平2007—2013年间实现较快速度增长而后稳定在40000元以上的水平。

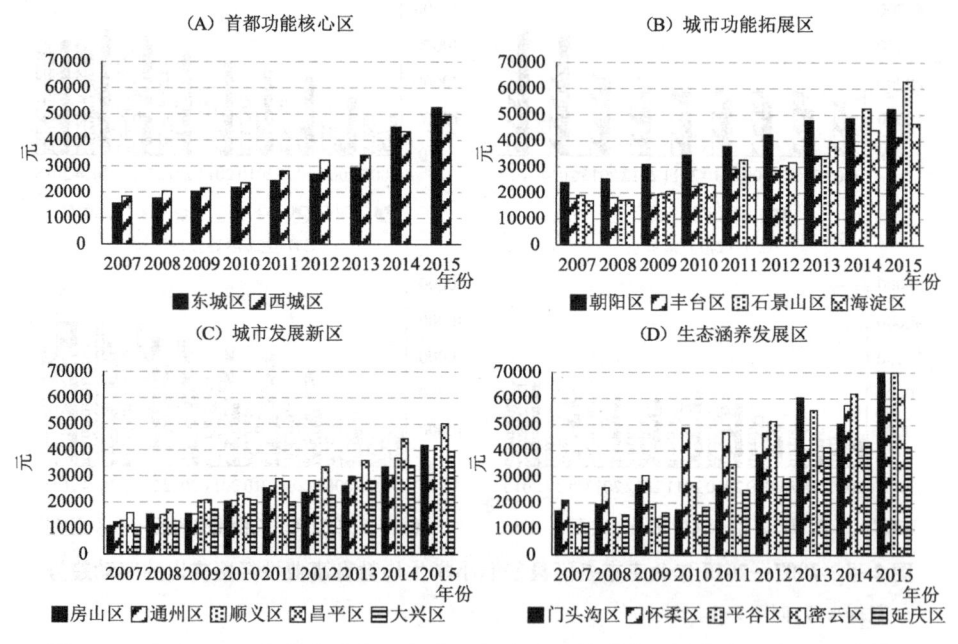

图2-9 2007—2015年北京市各区县普通初中生均教育事业性经费支出的变动趋势

数据来源:同图2-1。

4.普通高中

图2-10反映了2007—2015年北京市各区县普通高中生均教育事业性经费

支出的变动趋势。可以看出,首都功能核心区生均教育事业性经费支出最高,西城区生均教育事业性经费支出水平略高于东城区。城市功能拓展区的生均教育事业性经费支出水平仅次于首都功能核心区,其中朝阳区最高,其他三个区县生均教育事业性经费支出水平基本相同,增长也较为稳定。城市发展新区和生态涵养发展区的生均教育事业性经费水平大致相同。通州区和顺义区生均教育事业性经费水平相对较高,房山区和大兴区尽管保持逐年增长的态势,但经费支出水平依然较低。尽管怀柔区义务教育阶段生均教育事业性经费支出水平较高,但普通高中的支出水平却较低且增长缓慢。

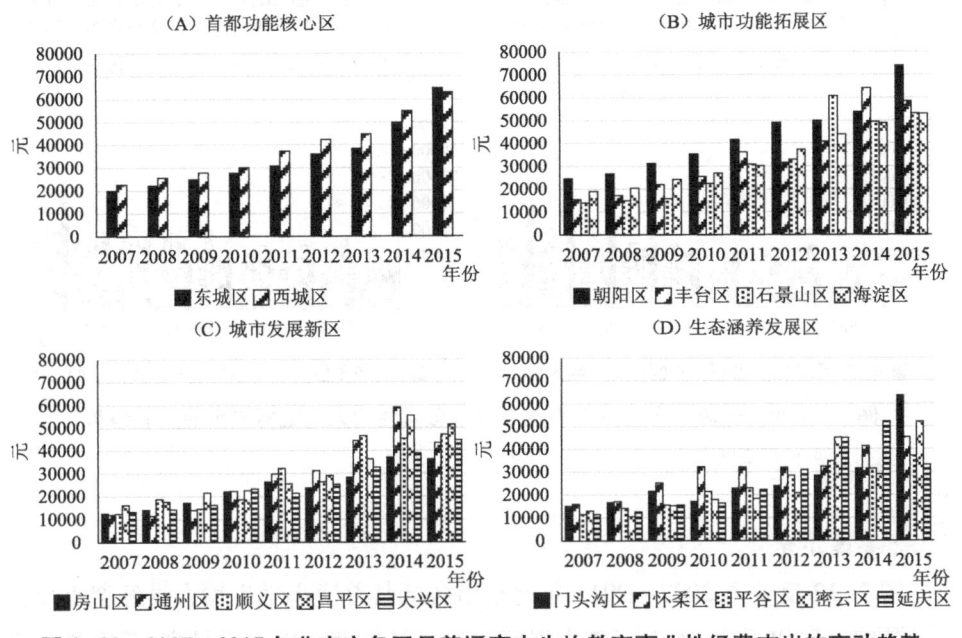

图 2-10 2007—2015 年北京市各区县普通高中生均教育事业性经费支出的变动趋势

数据来源:同图 2-1。

(二)生均人员经费支出

1. 学前教育

图 2-11 反映了 2007—2015 年北京市各区县学前教育生均人员经费支出的变动趋势。可以看出,首都功能核心区的生均人员经费支出水最高,且大幅度高于其他三个功能区。东城区和西城区生均人员经费支出水平在 2015 年分别为 24572.70 元和 31237.50 元。城市功能拓展区、城市发展新区和生态涵养发展区的生均人员经费支出水平大体相同。一些区县的生均人员经费支出水平实现了

明显增长,如石景山区、房山区、大兴区、昌平区、密云区和延庆区等;一些区的生均人员经费支出水平近年来基本保持不变甚至在某些年份下降,如海淀区、通州区和平谷区等。

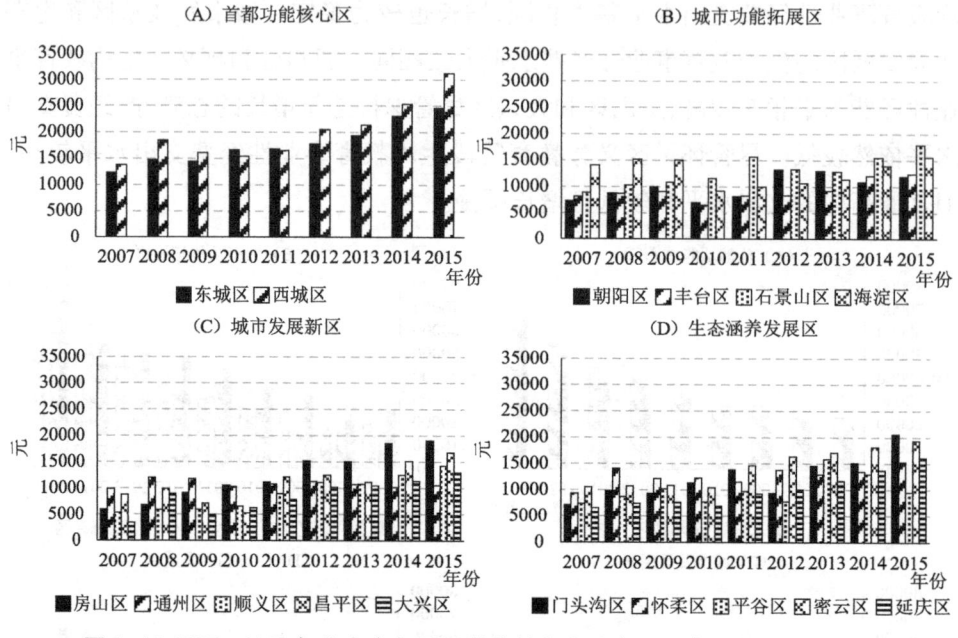

图 2-11 2007—2015 年北京市各区县学前教育生均人员经费支出的变动趋势

数据来源:同图 2-1。

2. 普通小学

图 2-12 反映了 2007—2015 年北京市各区县普通小学生均人员经费支出的变动趋势。可以看出,生态涵养发展区生均人员经费支出水平最高,其次是首都功能核心区,城市功能拓展区和城市发展新区的支出水平最低。东城区和西城区生均人员经费支出呈现稳定的增长趋势,2015 年均超过 20000 元。城市功能拓展区中,石景山区的生均人员经费支出水平最高,丰台区和海淀区相对较低。城市发展新区中,各区县的生均人员经费支出水平的差异较小,房山区、顺义区和昌平区的支出水平略高,但在 2015 年才超过 15000 元。生态涵养发展区不仅生均人员经费支出水平更高,各区县间的差异也非常大。平谷区的增长速度最快,近 3 年的生均人员经费支出水平均超过 25000 元。昌平区和延庆区生均人员经费支出的增长速度也较快。怀柔区的支出水平在 2011 年前增长很快,但 2012 年后处于增长停滞甚至下降的状态。

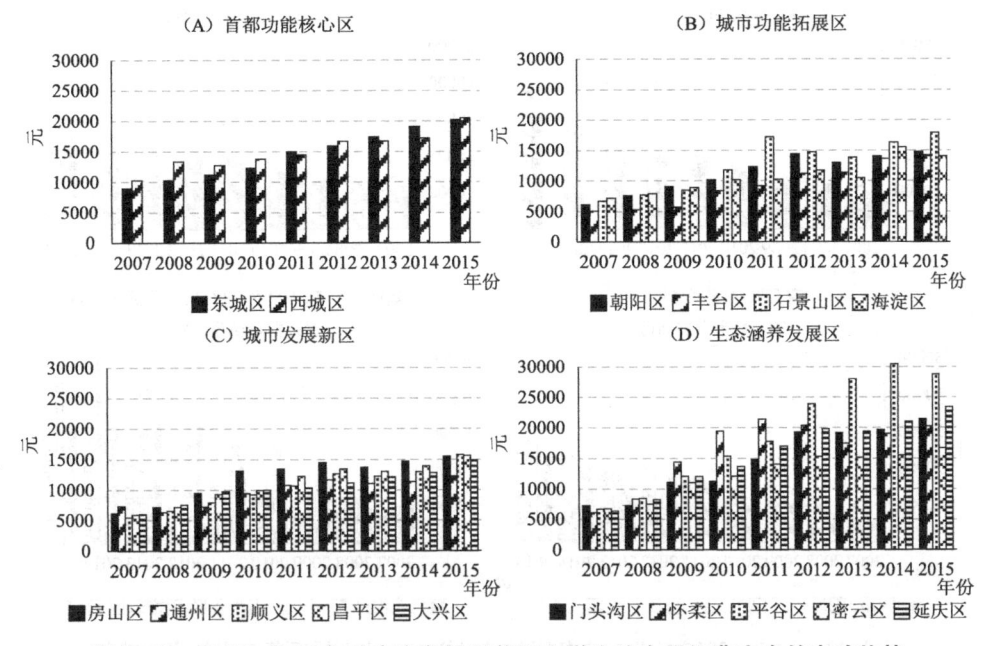

图 2-12 2007—2015 年北京市各区县普通小学生均人员经费支出的变动趋势

数据来源：同图 2-1。

3. 普通初中

图 2-13 反映了 2007—2015 年北京市各区县普通初中生均人员经费支出的变动趋势。可以看出，首都功能核心区的生均人员经费支出水平呈现稳定增长的趋势，且西城区的支出水平略高于东城区。城市功能拓展区的生均人员经费支出水平整体高于城市发展新区，但这两个功能区内各区县支出水平的差异较小。石景山区和丰台区的生均人员经费支出水平相对较高。生态涵养发展新区的生均人员经费支出水平虽然整体高于城市功能拓展区和城市发展新区，但功能区内各区县支出水平的差异明显更大。门头沟区和平谷区的生均人员经费支出在 2012 年后均超过 30000 元。密云区和延庆区的生均人员经费支出水平虽然呈现出逐年增长的态势，但近年来依然在功能区内最低。怀柔区的生均人员经费支出水平 2010 年后就保持在 30000 元左右的水平，在 2010—2013 年出现了一定程度的下降。

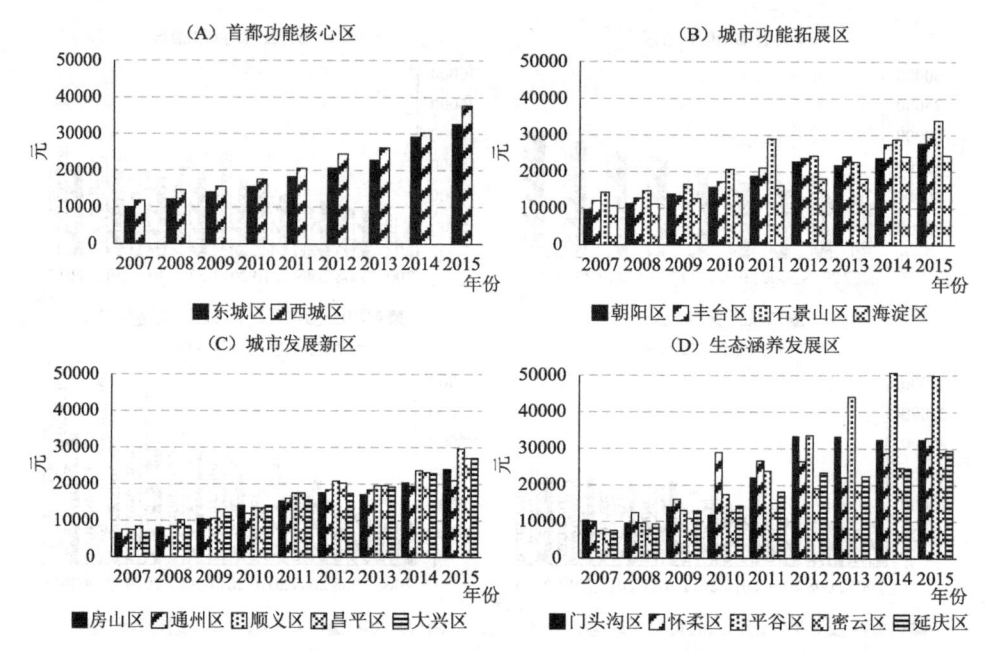

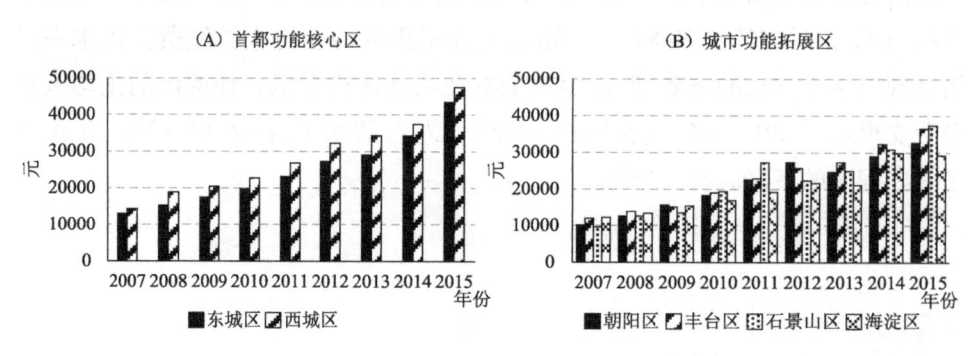

图 2-13 2007—2015 年北京市各区县普通初中生均人员经费支出的变动趋势

数据来源：同图 2-1。

4.普通高中

图 2-14 反映了 2007—2015 年北京市各区县普通高中生均人员经费支出的变动趋势。整体来看，生均人员经费支出从高到低依次为首都功能核心区、城市功能拓展区、城市发展新区和生态涵养发展区。各区县的生均人员经费支出水平均呈现出明显的增长趋势。西城区的生均人员经费支出水平最高，从 2007 年的 14355.30 元增长至 2015 年的 47472.10 元。密云区的生均人员经费支出水平最低，从 2007 年的 5631.76 元增长至 2015 年的 23583.80 元，仅为西城区的一半。

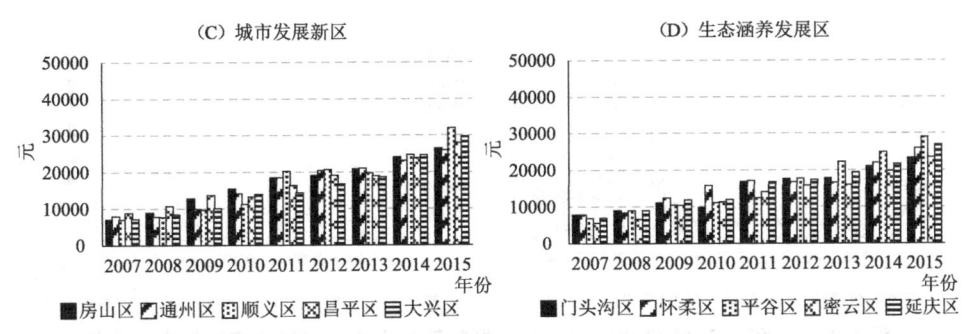

图 2-14　2007—2015 年北京市各区县普通高中生均人员经费支出的变动趋势

数据来源：同图 2-1。

(三) 生均公用经费支出

1. 学前教育

图 2-15 反映了 2007—2015 年北京市各区县学前教育生均公用经费支出的变动趋势。相比于人员经费，学前教育生均公用经费支出水平在各年份间的波动更大，在各区县间的差异也更大。首都功能核心区的生均公用经费支出从 5000 元左右增长至接近 15000 元左右的水平。城市功能拓展区中，海淀区和石景山区的生均公用经费支出水平从 5000 元左右的水平增长至接近 25000 元的水平。但朝阳区生均公用经费支出水平始终在 10000 元左右上下浮动。城市功能新区中各区县生均人员经费支出水平的变动趋势较为相似，在 2012 年和 2013 年均出现较为明显的增长，特别是对通州区而言。昌平区的生均公用经费支出水平在 2012 年后保持在 15000 元左右的水平。对生态涵养发展区而言，怀柔区的生均公用经费支出水平除 2013 年和 2014 年外的各年份均大幅度超过 10000 元。延庆区和密云区的生均公用经费支出水平在绝大多数年份（2012 年和 2013 年除外）均很低。2015年，门头沟区、怀柔区和密云区的生均公用经费支出水平在 2015 年的增幅巨大。

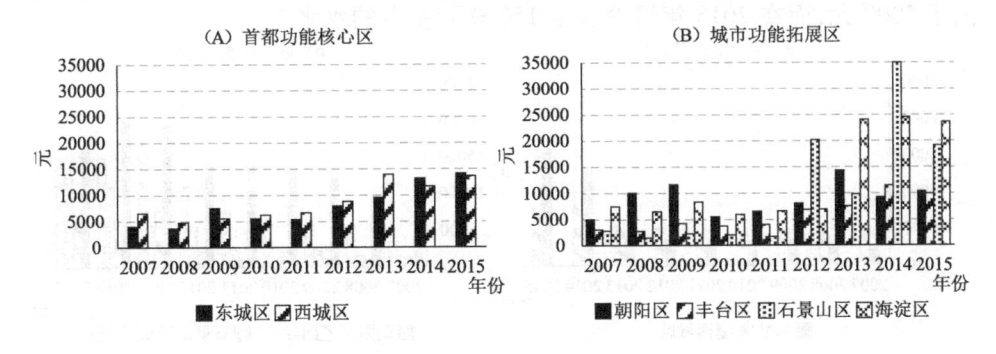

(C) 城市发展新区 　　　　　　(D) 生态涵养发展区

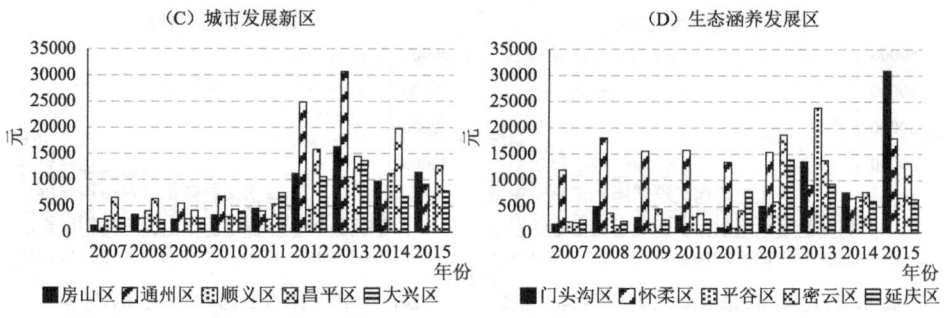

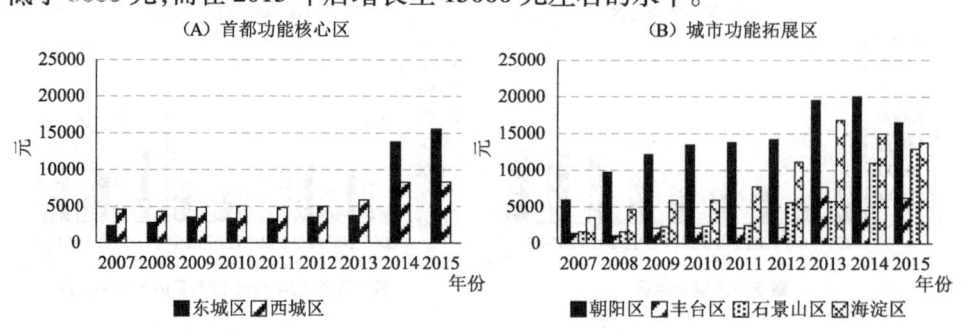

图 2-15　2007—2015 年北京市各区县学前教育生均公用经费支出的变动趋势

数据来源：同图 2-1。

2.普通小学

图 2-16 反映了 2007—2015 年北京市各区县普通小学教育生均公用经费支出的变动趋势。可以看出，首都功能核心区的生均公用经费支出水平在 2013 年前的增长较慢，且东城区的支出水平低于西城区，但东城区在 2014 年后的增长幅度更大并超过了西城区。城市功能拓展区呈现出两极分化的态势。朝阳区和海淀区的生均公用经费支出水平始终很高且在 2013 年前保持较为稳定的增长态势，但在 2014 年后呈现持续下降的趋势。石景山区生均公用经费支出水平的增长非常迅速且在 2015 年接近海淀区的支出水平。丰台区的生均公用经费支出水平虽然也在持续增长，但在城市功能拓展区中最低。除 2014 年和 2015 年的昌平区，城市发展新区中各区县的生均公用经费支出水平在各年份均低于 10000 元。同时，相比于其他功能区，城市发展新区内各区县的生均公用经费支出水平的差异明显更小。除门头沟区外，生态涵养发展区中各区县的生均公用经费支出水平均呈现明显的增长趋势。其中，怀柔区的支出水平最高，其次是平谷区和延庆区，密云区最低。门头沟区的生均公用经费支出水平在 2012 年前均低于 5000 元，而在 2013 年后增长至 15000 元左右的水平。

(A) 首都功能核心区 　　　　　　(B) 城市功能拓展区

第二章 北京市基础教育财政投入的变动趋势

(C) 城市发展新区　　　　　　　(D) 生态涵养发展区

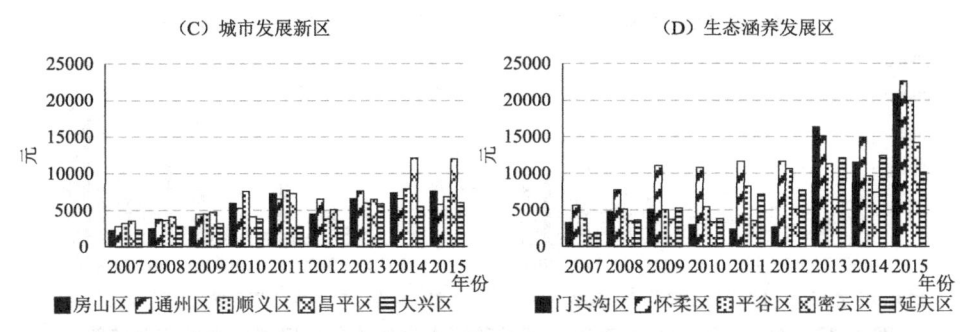

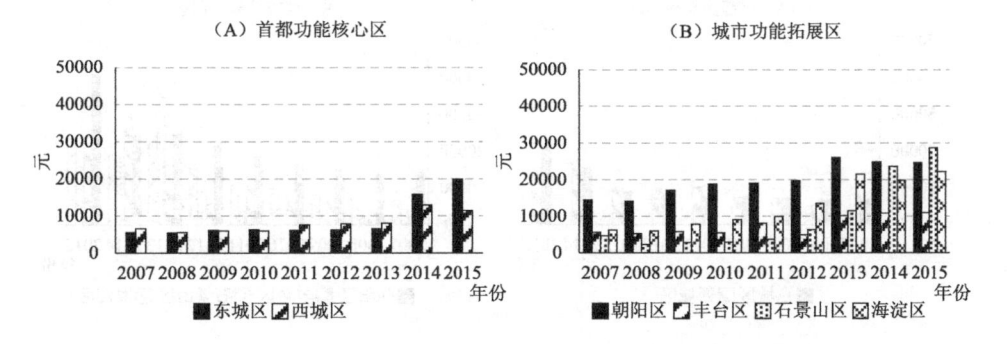

图 2-16　2007—2015 年北京市各区县普通小学生均公用经费支出的变动趋势

数据来源：同图 2-1。

3. 普通初中

图 2-17 反映了 2007—2015 年北京市各区县普通初中教育生均公用经费支出的变动趋势。可以看出，各区县普通初中生均公用经费支出的变动趋势与普通小学的情况类似。首都功能核心区的生均公用经费支出水平在 2013 年前的增长较慢且东城区的支出水平低于西城区，但东城区在 2014 年的增长幅度更大并超过了西城区，2015 年西城区生均公用经费支出出现下降。城市功能拓展区呈现出两极分化的态势。朝阳区的生均公用经费支出水平始终很高且在 2013 年前保持较为稳定的增长态势，但在 2014 年后呈现持续下降的趋势。石景山区和海淀区生均公用经费支出水平的增长非常迅速且在 2015 年达到与朝阳区相当的支出水平。丰台区的生均公用经费支出水平虽然也在逐年增长，但明显低于城市功能拓展区其他区县。城市发展新区县内各区的生均公用经费支出水平均呈现出增长的趋势。昌平区的增长速度最快，2014 年后超过 20000 元。对于生态涵养发展区，怀柔区的生均公用经费支出水平在近年来始终保持在 20000 元左右的水平。除平谷区外，其他区县均在 2013 年后实现了较大幅度的增长，门头沟区、平谷区和密云区的生均公用经费支出水平在 2015 年分别达到 44614.40 元、50570.50 元和 34632.80 元。

(A) 首都功能核心区　　　　　　(B) 城市功能拓展区

(C) 城市发展新区

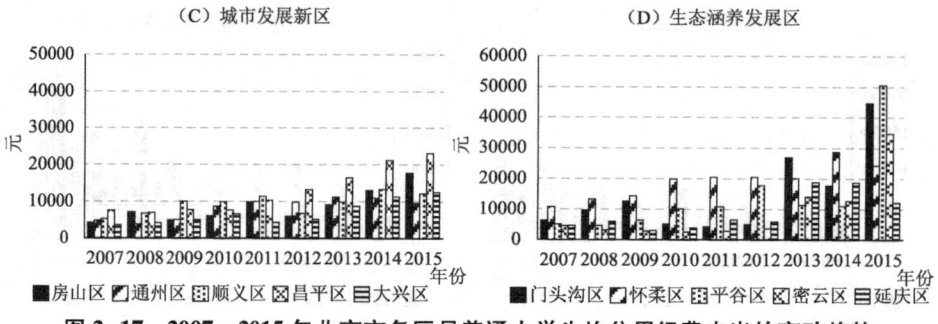

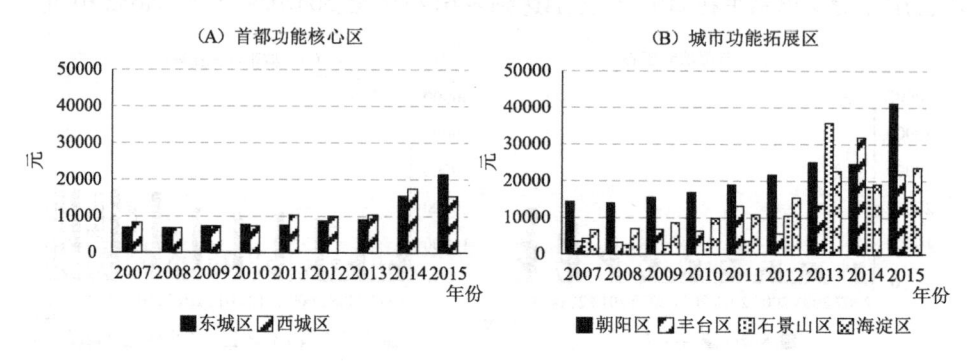

(D) 生态涵养发展区

图 2-17　2007—2015 年北京市各区县普通小学生均公用经费支出的变动趋势

数据来源：同图 2-1。

4.普通高中

图 2-18 反映了 2007—2015 年北京市各区县普通高中生均公用经费支出的变动趋势。首都功能核心区的生均公用经费支出在 2013 年前基本保持在 10000 元左右的水平，2014 年实现了较大幅度的增长，但西城区的支出水平在 2015 年有所下降。城市功能拓展区中朝阳区的生均公用经费支出水平最高且呈现稳定增长的趋势，其他三个区县在 2013 年也基本保持持续增长的态势但在大幅度增长后均出现了不同程度的下降，特别是石景山区 2014 年的支出水平仅为 2013 年的 50% 左右。对城市发展新区各区县而言，2013 年前生均公用经费支出在 10000 元左右且变化不大，但在 2013 年后除房山区外均出现了较大幅度的波动，大幅度的增长过后均伴随着大幅度的下降。生态涵养发展区内各区县生均公用经费支出的差异相对较大。怀柔区的支出水平呈现出稳定的增长趋势并基本保持在 15000 元左右。平谷区的支出水平在生态涵养区内最低，且增长缓慢甚至在 2014 年后出现下降。门头沟区的支出水平在 2014 年前非常低，但在 2015 年超过 40000 元，密云区的情况与之类似。延庆区的支出水平在 2014 年前均保持着快速增长的趋势，但在 2015 年迅速下降至 10000 元以下。

(A) 首都功能核心区

(B) 城市功能拓展区

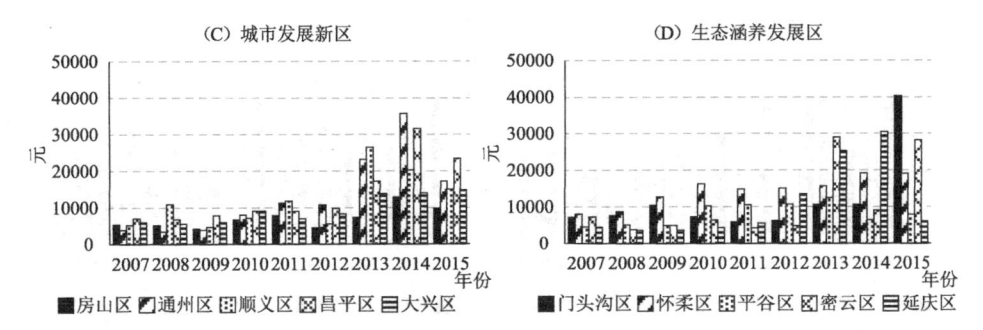

图 2-18 2007—2015 年北京市各区县普通高中生均公用经费支出的变动趋势

数据来源：同图 2-1。

四、北京市各区县基础教育事业性经费结构的变动趋势

(一)教育事业性经费支出结构

1.学前教育

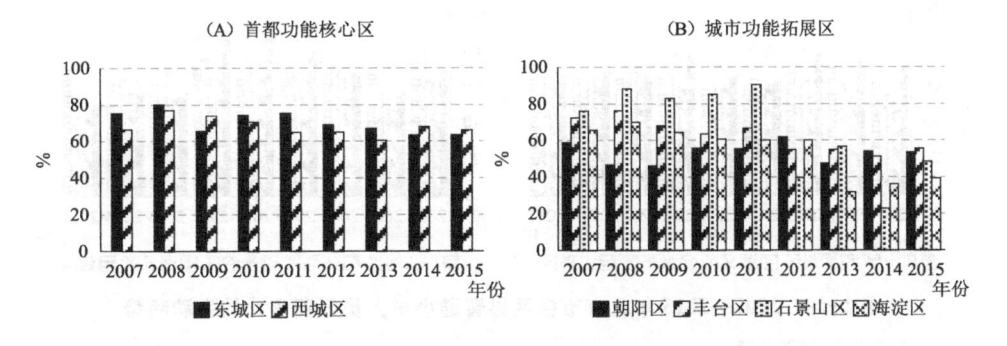

图 2-19 反映了 2007—2015 年北京市各区县学前教育人员经费占比的变动趋势。首都功能核心区人员经费占比在各年均超过 60%且呈现微弱的下降趋势。城市功能拓展区中朝阳区的人员经费占比基本保持在 50%左右的水平。丰台区和海淀区人员经费占比呈现明显的下降趋势,从超过 60%的水平下降到 50%以下的水平。石景山区的人员经费占比在 2011 年前超过 80%,但 2012 年后迅速下降至 40%左右的水平。城市发展新区各区县的人员经费占比呈现明显的下降趋势,且在 2012 年和 2013 年出现了较大幅度的下降,特别是对通州区和顺义区而言。生态涵养发展区各区县人员经费占比在各年份的波动非常大。有的年份超过 80%,但有的年份却低于 40%。

(C) 城市发展新区　　　　　　　　(D) 生态涵养发展区

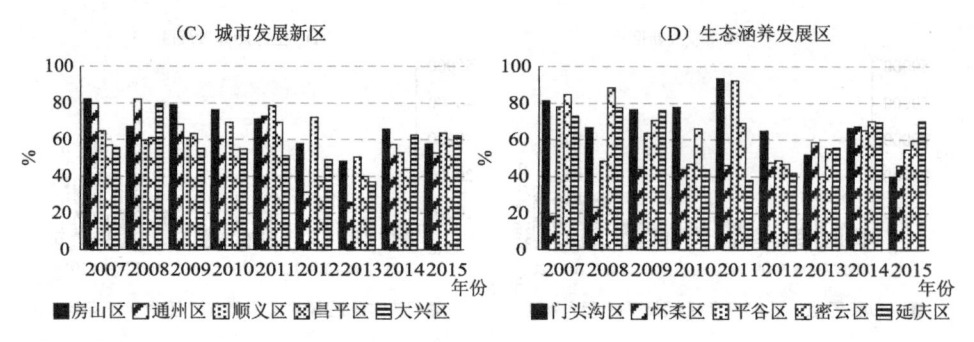

■房山区　□通州区　▨顺义区　▥昌平区　▦大兴区　　　■门头沟区　□怀柔区　▨平谷区　▥密云区　▦延庆区

图 2-19　2007—2015 年北京市各区县学前教育人员经费占比的变动趋势

数据来源：同图 2-5。

2. 普通小学

图 2-20 反映了 2007—2015 年北京市各区县普通小学人员经费占比的变动趋势。可以看出，普通小学人员经费占比的下降趋势不如学前教育明显。对于首都功能核心区，东城区人员经费占比在 2013 年前保持在 80% 左右的水平，但在 2014 年后迅速降至 60% 以下。西城区人员经费占比在各年份的波动较小。朝阳区人员经费占比最低，仅为 40% 左右。丰台区、石景山区和海淀区人员经费

(A) 首都功能核心区　　　　　　　(B) 城市功能拓展区

■东城区　▨西城区　　　　　　　■朝阳区　□丰台区　▨石景山区　▥海淀区

(C) 城市发展新区　　　　　　　　(D) 生态涵养发展区

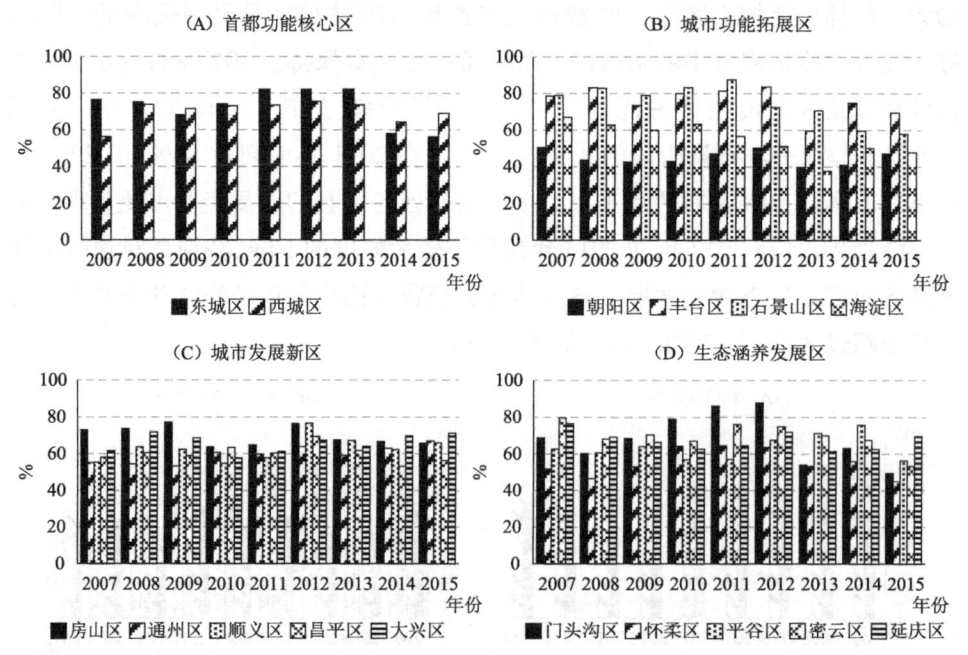

■房山区　□通州区　▨顺义区　▥昌平区　▦大兴区　　　■门头沟区　□怀柔区　▨平谷区　▥密云区　▦延庆区

图 2-20　2007—2015 年北京市各区县普通小学人员经费占比的变动趋势

数据来源：同图 2-5。

占比在2012年前变化不大,但在2012年后呈现出明显的下降趋势。城市发展新区和生态涵养发展区内各区县人员经费占比基本稳定在60%左右的水平,各年份的人员经费占比波动不大。

3.普通初中

图2-21反映了2007—2015年北京市各区县普通初中人员经费占比的变动趋势。对于首都核心功能区,东城区人员经费占比在各年份均保持在60%以上的水平,在2013年前保持逐年增长的趋势,但在2014年后出现明显的下降。西城区人员经费占比的波动更加剧烈,2010年从50%以上的水平下降到40%以下,但在此后呈现逐年增长的趋势,2015年达到70%左右并超过东城区。城市功能拓展各区县人员经费占比的差异很大。朝阳区、丰台区和海淀区人员经费占比分别稳定在50%、70%和60%左右,各年份波动不大。但石景山区人员经费占比从2012年前的80%左右迅速下降至2015年的50%左右。城市发展新区各区县人员经费占比的差异不大,大兴区人员经费占比相对较高,但昌平区人员经费占比相对较低。生态涵养发展区不仅各区县人员经费占比的差异很大,每个区县在各年份人员经费占比的波动也很大。比如门头沟区人员经费占比在

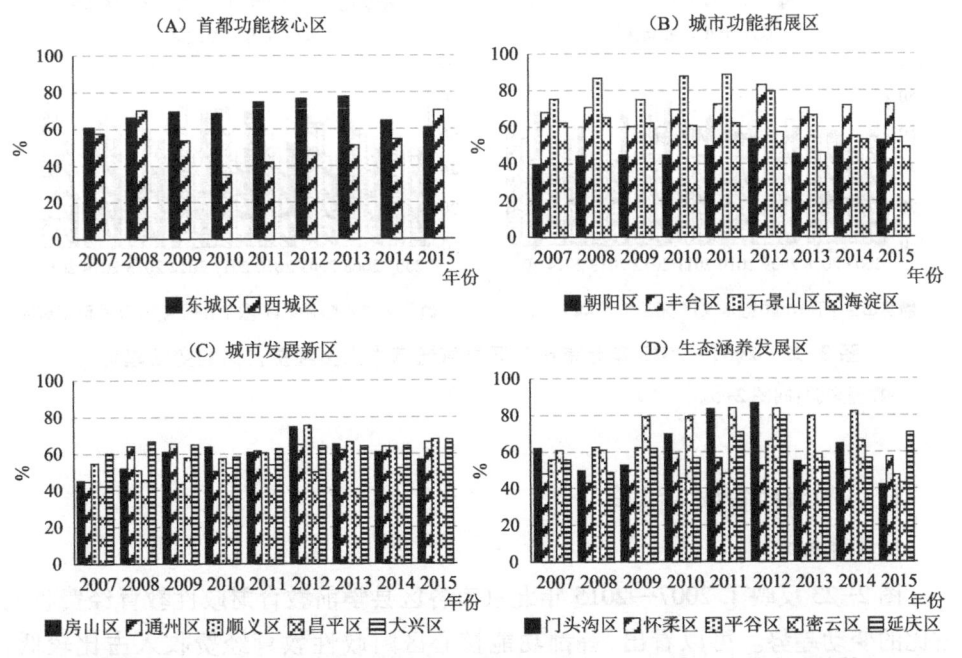

图2-21 2007—2015年北京市各区县普通初中人员经费占比的变动趋势

数据来源:同图2-5。

2008年不足50%,但2012年超过85%,在2015年又下降至42.16%。相比较而言,怀柔区人员经费占比在各年份间相对稳定。

4.普通高中

图2-22反映了2007—2015年北京市各区县普通高中人员经费占比的变动趋势。可以看出,首都功能核心区普通高中人员经费占比的情况与普通初中基本相同。对于城市功能拓展区,朝阳区和海淀区人员经费占比分别稳定在50%和60%左右的水平。丰台区和石景山区人员经费占比在各年份的波动较大。城市发展新区和生态涵养发展区各区县人员经费占比基本处于60%左右的水平,但在各年份的波动非常大。

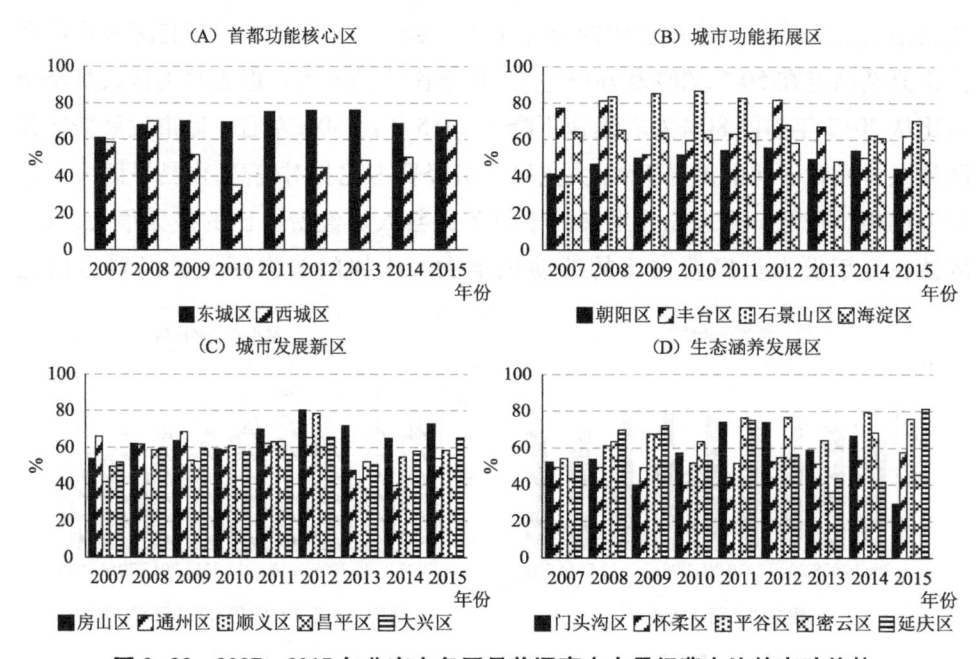

图 2-22 2007—2015年北京市各区县普通高中人员经费占比的变动趋势

数据来源:同图2-5。

(二)教育经费收入结构

1.学前教育

图2-23反映了2007—2015年北京市各区县学前教育财政性教育经费收入占比的变动趋势。可以看出,首都功能核心区财政性教育经费收入占比较低,2011年前东城区财政性教育经费收入占比仅为50%左右,但在2012年后快速增长到80%以上。西城区的变动幅度则相对更小些。城市功能拓展区各区县财

政性教育经费收入占比在各年份的波动较大,在2007—2009年保持基本稳定,在2010—2013年快速增长,2013年后出现不同程度的下降。其中波动幅度最大的是丰台区,2010年财政性教育经费收入占比不足30%,2013年接近100%,2015年又回落到70%左右。城市发展新区和生态涵养发展区各区县财政性教育经费收入占比相对较高,各年份基本保持在80%以上的水平,且在2011年前整体呈现出一定的增长趋势。昌平区、通州区和门头沟区财政性教育经费收入占比相对较低。怀柔区财政性教育经费收入占比则最为稳定,始终保持在90%的水平。

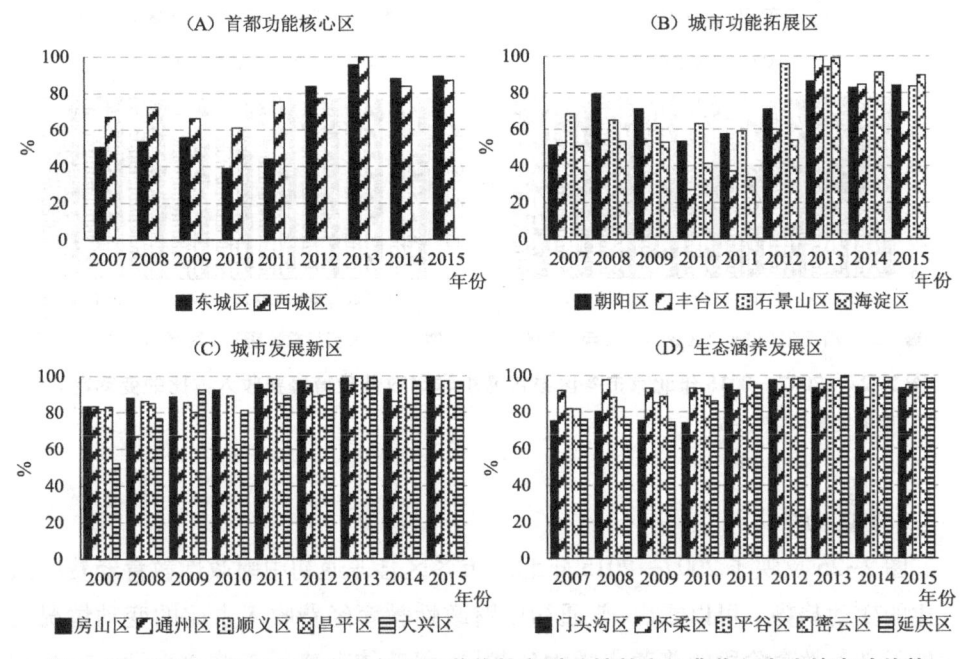

图 2-23　2007—2015 年北京市各区县学前教育财政性教育经费收入占比的变动趋势
数据来源:同图2-5。

2. 普通小学

图2-24反映了2007—2015年北京市各区县普通小学财政性教育经费收入占比的变动趋势。可以看出,由于普通小学处于义务教育阶段,其财政性教育经费收入占比明显高于学前教育。首都功能核心区财政性教育经费收入占比在2011年保持在90%左右的水平,而在2012年后接近100%。城市功能拓展区的情况与首都功能核心区大致相同。海淀区财政性教育经费收入占比在2012年

— 31 —

前明显低于其他区县,主要是由于普通小学生均事业收入较高。城市发展新区和生态涵养发展区财政性教育经费收入占比在各年份均接近100%。

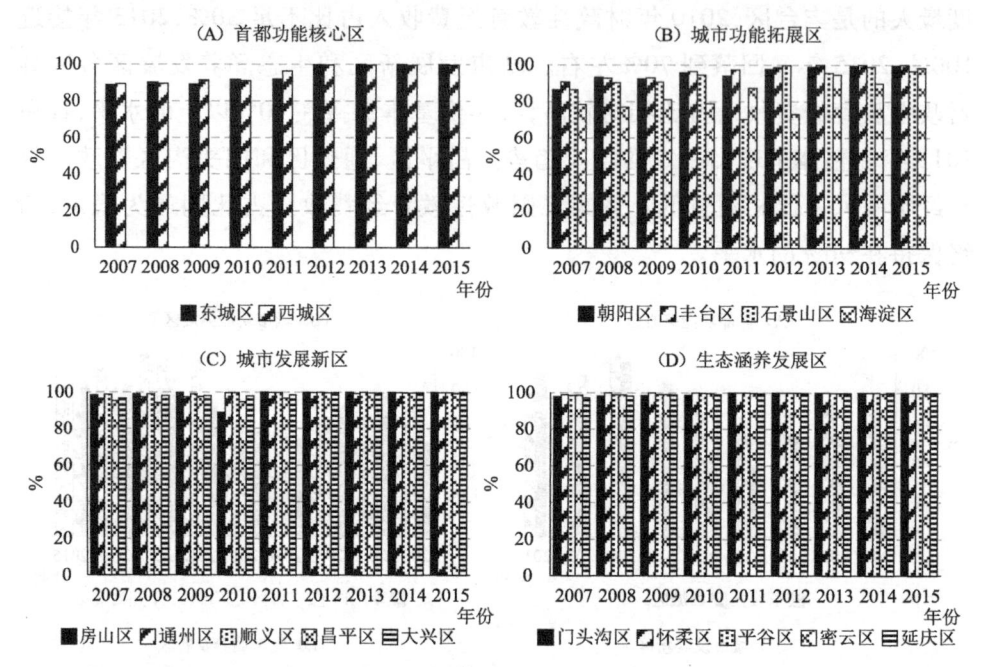

图2-24 2007—2015年北京市各区县普通小学财政性教育经费收入占比的变动趋势

数据来源:同图2-5。

3.普通初中

图2-25反映了2007—2015年北京市各区县普通初中财政性教育经费收入占比的变动趋势。可以看出,普通初中财政性教育经费收入占比的变动情况与同处于义务教育阶段的普通小学大致相同,但整体上略低于普通小学。首都功能核心区财政性教育收入占比在2011年前呈现明显的增长趋势,从70%左右的水平增长至90%以上的水平,并在2012年后保持在接近100%的水平。城市功能拓展区除海淀区外财政性教育经费收入占比基本保持在90%以上的水平。海淀区财政性教育经费收入占比由于生均事业收入较高基本保持在80%左右的水平。城市发展新区和生态涵养发展区财政性教育经费收入占比在各年份均接近100%。

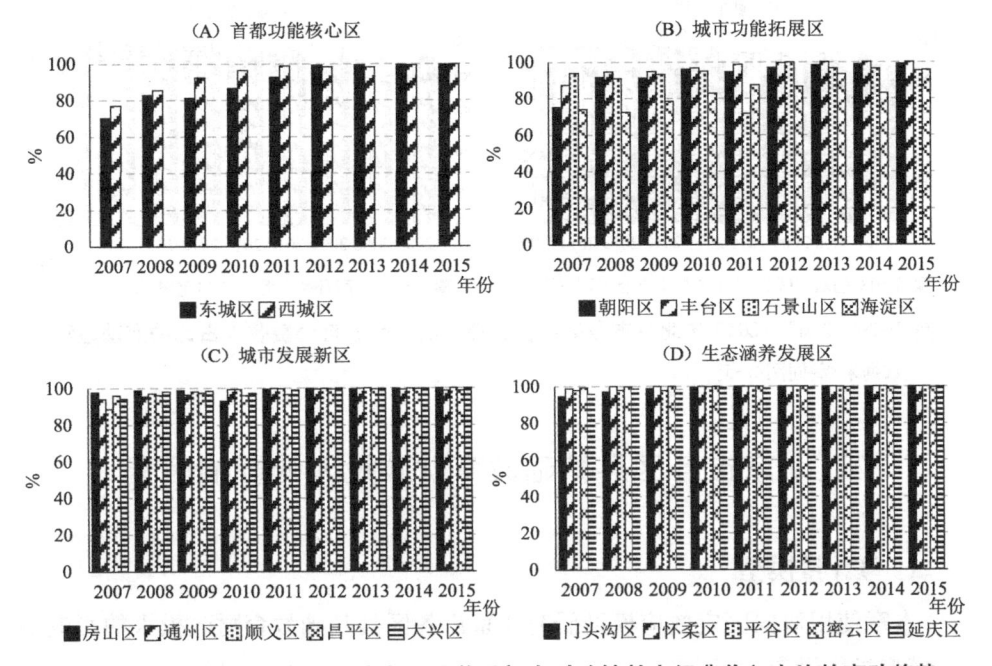

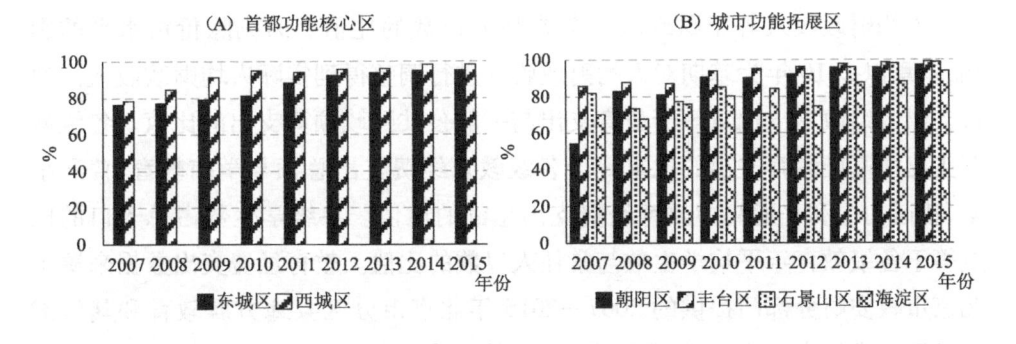

图 2-25　2007—2015 年北京市各区县普通初中财政性教育经费收入占比的变动趋势

数据来源：同图 2-5。

4. 普通高中

图 2-26 反映了 2007—2015 年北京市各区县普通高中财政性教育经费收入占比的变动趋势。各区县财政性教育经费收入呈现较为稳定的增长趋势。东城区、朝阳区、海淀区和密云区财政性教育经费收入占比的增长幅度最大。大兴区、延庆区、门头沟区和怀柔区的财政性教育经费收入占比始终保持在 90% 以上的水平。

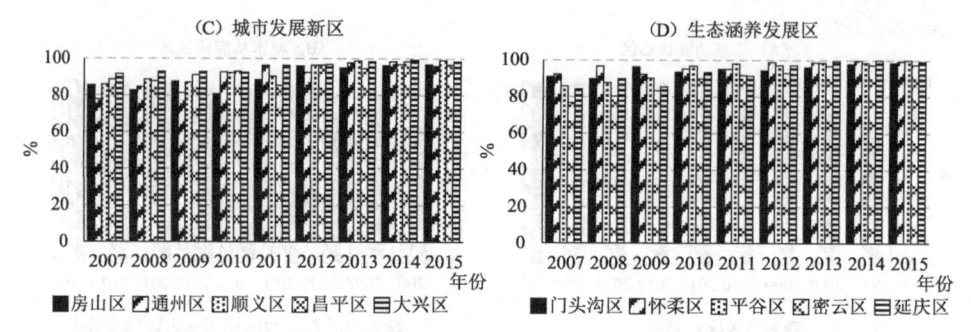

图 2-26　2007—2015 年北京市各区县普通高中财政性教育经费收入占比的变动趋势

数据来源：同图 2-5。

五、北京市各区县基础教育财政投入的影响因素

(一)计量模型

本章使用双向固定效应模型研究北京市各区县基础教育财政投入的影响因素，模型具体设定如下：

$$\ln(Y_{it}) = \alpha + X'_{it}\beta + \mu_i + \mu_t + \varepsilon_{it} \tag{2.1}$$

其中，Y_{it} 表示区 i 时期 t 的生均经费支出，包括生均教育经费支出、生均教育事业性经费支出和生均公用经费支出。X 表示生均经费支出的影响因素，包括取对数的人均财政收入、教育支出占财政支出的比重、各级教育支出占基础教育支出的比重和各级学生数占总人口的比重，分别衡量区县自有财力、区县政府对教育事业发展的重要程度、区县政府对基础教育中各级教育的重视程度和教育规模。μ_i 和 μ_t 分别表示区固定效应项和时间固定效应项。ε_{it} 表示随机误差项。

(二)变量与数据

人均财政收入等于财政收入与常住人口数的比值。为剔除价格水平的影响，本章以 2010 年为基期对人均财政收入进行调整得到实际人均财政收入。教育支出占财政支出比重等于教育支出与一般公共财政预算支出的比值。各级教育支出占基础教育支出的比重等于各级教育经费支出总额与学前教育、普通小学、普通初中和普通高中教育经费支出总额的比值。各级学生数占总人口的比重等于各级教育年平均学生数与常住人口数的比值。教育经费支出数据来源于北京市教委财务部门提供的 2007—2015 年北京市分区县地方属教育和其他部门各级各类教育经费支出明细表，其余数据来源于《北京区域统计年鉴》。最终,本章使用的是2007—2015年北京市16个区县的面板数据。

图2-27反映了2007—2015年北京市各区教育支出占一般公共财政预算支出比重的变动趋势。整体来看,各区县教育支出占一般公共财政预算支出比重的差异比较大,比重大的区高于20%,而比重低的区县低于15%甚至不足10%(如2015年的西城区)。对于首都功能核心区,东城区教育支出占比大幅度高于西城区,前者在20%左右,而后者在大多数年份不足15%。朝阳区教育支出占比在所有区中处于较高水平,基本保持在20%以上,但近3年来呈现明显下降的趋势。海淀区和丰台区教育支出占比大致稳定在17%左右,石景山区略低一些且在各年份的波动较为剧烈。城市发展新区各区教育支出占比在各年份的波动均非常大,房山区和大兴区尤为如此。对生态涵养发展区而言,门头沟区、怀柔区和延庆区教育支出占比分别为13%、12%和15%左右,平谷区和密云区教育支出占比在各年份的波动较大。生态涵养发展区虽然在2012年前教育支出占比总体水平不高,但各区县近3年来呈现明显的上涨趋势。因此,总体来看,朝阳区、东城区、丰台区和海淀区对教育事业发展的努力程度较高,密云区、门头沟区、通州区、顺义区和怀柔区对教育事业发展的努力程度较低。

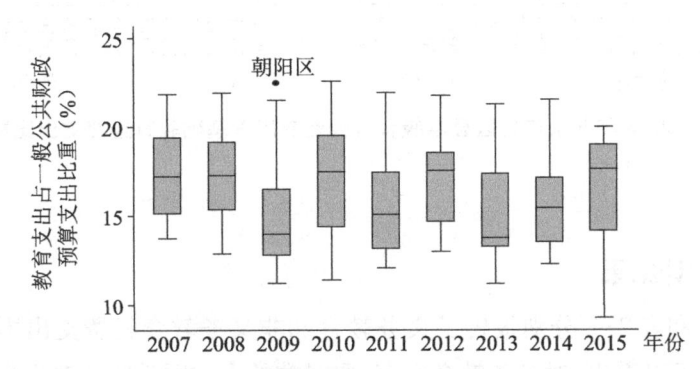

图2-27 2007—2015年北京市各区县教育支出占一般公共财政预算支出比重的变动趋势
数据来源:《北京区域统计年鉴》(2008—2016)。

图2-28反映了各级教育经费支出占基础教育经费支出比重的变动趋势。从平均水平看,在基础教育经费支出中,学前教育、普通小学、普通初中和普通高中教育经费支出的大致比例为1∶4∶3∶2。义务教育经费支出占比基本保持稳定,学前教育经费支出占比呈现明显的上升趋势,而普通高中教育经费支出则呈现明显的下降趋势。分区县看,对普通高中教育经费支出而言,西城区、东城区、顺义区和海淀区明显高于其他区县,这可能是由重点高中密集分布在这些区县有关。对义

务教育阶段而言,城市发展新区和生态涵养发展区教育经费支出占比略高于其他区县,表明北京市相对落后区县更加重视和倾向于保障义务教育事业的发展。从普通小学看,朝阳区、海淀区、通州区、门头沟区和昌平区教育经费支出占比较高,而东城区和西城区较低;从普通初中看,朝怀柔区、平谷区、门头沟区、石景山区和延庆区教育经费支出占比较高,而顺义区、海淀区、丰台区和东城区教育经费支出占比较低。对学前教育经费支出占比而言,丰台区、顺义区、密云区、房山区和石景山区较高,且增长趋势明显,2015年前后学前教育经费支出占比约达到15%左右。

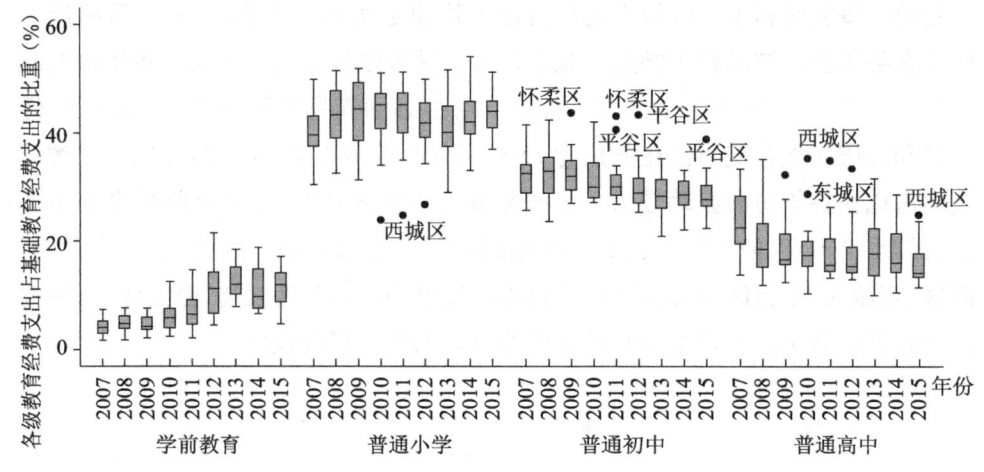

图2-28 2007—2015年北京市各区县本级教育经费支出占基础教育经费支出比重的变动趋势
数据来源:同图2-5。

(三)估计结果

表2-1和表2-2分别报告了义务教育和非义务教育经费支出影响因素的回归结果。可以看出,对义务教育而言,取对数的人均财政收入对生均教育支出和生均公用经费支出的影响显著为正,但对生均教育事业性经费支出的影响统计不显著。对非义务教育而言,取对数的人均财政收入仅对学前教育生均公用经费支出的影响统计显著,而对普通高中生均教育经费支出、生均教育事业费支出和生均公用经费支出的影响均显著。这表明,各级基础教育特别是非义务教育生均公用经费支出严重受到区政府经济发展水平和自有财政充足程度的制约,但区政府的自有财力仅能够影响普通高中生均教育事业性经费支出,而与其他各级基础教育生均教育事业性经费支出的关系不大。由于教育事业性经费支出包括人员经费和公用经费,故该结果也在一定程度上表明,

除普通高中外,其他各级教育生均人员经费与地方的经济发展水平和自有财政充足程度关系不大。

区政府对教育事业的努力程度和发展偏好也可能影响基础教育财政支出。首先,教育支出占财政支出比重显著影响了义务教育生均教育经费支出和生均公用经费支出,同时也能显著影响非义务教育财政支出水平,但对生均教育事业性经费支出的影响不显著。由此可见,区政府对教育事业发展的努力程度对区义务教育财政支出的影响并不大。其次,各级教育支出占基础教育支出的比重对各级教育财政支出的影响均统计显著,这种影响对生均公用经费支出而言更为明显。这表明区政府对某级教育事业发展的重视程度越高,该级政府的教育财政支出水平就越高。由此可见,区县各级教育财政支出水平不仅仅取决于区政府对整个教育事业发展的努力程度,更取决于区政府对各级教育事业的重视程度与发展偏好。这也是怀柔区和平谷区义务教育生均经费支出大幅度高于其他区的重要原因。

各级学生数占总人口的比重在模型中显著为负,说明某教育阶段学生规模越大,生均教育经费支出水平越低,这与预期完全相符。这种负向影响对非义务教育特别是学前教育财政支出的影响更为显著。

表 2-1 义务教育财政支出的影响因素分析

项目	普通小学 (1) 生均教育经费支出	(2) 生均教育事业性经费支出	(3) 生均公用经费支出	普通初中 (4) 生均教育经费支出	(5) 生均教育事业性经费支出	(6) 生均公用经费支出
取对数的人均财政收入	0.072** (0.031)	0.047 (0.030)	0.150** (0.072)	0.065** (0.031)	0.057 (0.036)	0.163* (0.092)
教育支出占财政支出的比重	0.010* (0.006)	0.005 (0.006)	0.027** (0.013)	0.011* (0.006)	-0.006 (0.007)	0.028* (0.016)
本级教育支出占基础教育支出的比重	0.020*** (0.003)	0.015*** (0.003)	0.020*** (0.007)	0.035*** (0.003)	0.021*** (0.005)	0.036*** (0.010)
本级学生数占总人口的比重	-0.241*** (0.036)	-0.197*** (0.029)	-0.142* (0.076)	-0.311*** (0.043)	-0.310*** (0.056)	-0.198 (0.126)
常数项	8.488*** (0.336)	8.833*** (0.331)	6.451*** (0.741)	8.266*** (0.291)	9.047*** (0.333)	5.813*** (0.821)

续表

项目	普通小学 (1) 生均教育经费支出	普通小学 (2) 生均教育事业性经费支出	普通小学 (3) 生均公用经费支出	普通初中 (4) 生均教育经费支出	普通初中 (5) 生均教育事业性经费支出	普通初中 (6) 生均公用经费支出
R^2	0.942	0.945	0.843	0.954	0.940	0.799
F 值	88.734	104.495	35.494	116.026	86.021	24.136
样本量	144	144	144	144	144	144

注:所有模型均控制年份虚拟变量和区虚拟变量;括号内为异方差稳健标准误;*、**和***分别表示在10%、5%和1%的水平下统计显著。

表 2-2　学前教育和普通高中教育财政支出的影响因素分析

项目	学前教育 (1) 生均教育支出	学前教育 (2) 生均教育事业性经费支出	学前教育 (3) 生均公用经费支出	普通高中 (4) 生均教育支出	普通高中 (5) 生均教育事业性经费支出	普通高中 (6) 生均公用经费支出
取对数的人均财政收入	0.074 (0.048)	0.057 (0.047)	0.219** (0.102)	0.096*** (0.036)	0.082** (0.038)	0.216** (0.098)
教育财政支出占财政支出的比重	0.010 (0.009)	0.005 (0.009)	0.031 (0.019)	0.003 (0.006)	-0.004 (0.007)	0.006 (0.017)
本级教育财政支出占基础教育财政支出的比重	0.097*** (0.009)	0.076*** (0.008)	0.136*** (0.018)	0.046*** (0.004)	0.025*** (0.007)	0.058*** (0.014)
本级学生数占总人口的比重	-0.918*** (0.120)	-0.702*** (0.110)	-0.924*** (0.271)	-0.418*** (0.072)	-0.314*** (0.092)	-0.309 (0.200)
常数项	8.862*** (0.381)	8.882*** (0.400)	5.881*** (0.854)	8.428*** (0.327)	8.953*** (0.332)	5.881*** (0.880)
R^2	0.876	0.875	0.789	0.944	0.933	0.757
F 值	55.955	57.683	20.177	143.251	115.216	27.376
样本量	144	144	144	144	144	144

注:所有模型均控制年份虚拟变量和区县虚拟变量;括号内为异方差稳健标准误;*、**和***分别表示在10%、5%和1%的水平下统计显著。

六、研究结论

基于北京市教委财务部门提供的北京市分区县地方属教育和其他部门各级各类学校人员情况表、收入情况表和支出明细表数据,本章考察了2007—2015年北京市各区县生均教育经费支出和教育经费结构的变动趋势,结论如下:首先,随着教育层级的提高,生均教育经费支出和生均教育事业性经费支出呈现增加的趋势。学前教育和普通小学生均教育经费支出基本相同,但明显低于普通初中。除普通高中外,各级生均教育经费支出均在2013年前后出现过不同程度的停滞和下降,这主要是由生均公用经费的波动导致的。生均人员经费呈现较为稳定的增长态势。其次,从教育经费支出结构看,虽然中等教育人员经费占比接近国际经验标准值,但初等教育人员经费占比大幅度低于国际经验标准值;从教育经费收入结构看,财政性教育经费是北京市基础教育经费收入的主要来源,且呈现逐年增长的趋势,义务教育阶段财政性教育经费在近年来接近100%。学前教育和普通高中事业收入和捐赠收入占比较低且呈现明显下降的趋势。再次,各区县生均教育经费支出和教育经费结构存在较为明显的差异,这种不仅体现在功能区之间,更体现在功能区内部。从变动趋势看,许多区县的生均教育经费支出和教育经费结构在各年份的波动较大,大幅度增长(或降低)过后往往伴随着大幅度的下降(或增长)。北京市各区县尚未形成教育经费长效增长机制和稳定的教育经费支出结构。最后,基础教育财政支出影响因素模型的估计结果表明,各区县各级教育财政支出水平不仅仅取决于区政府对整个教育事业发展的努力程度,更取决于区政府对各级教育事业的重视程度与发展偏好。

本章认为,北京市基础教育财政体制应当从以下两个方面进行完善。首先,在保证学校正常运转的基础上教育经费支出向人员经费倾斜,提高基础教育特别是初等教育人员经费占比,适当提高教师工资水平和福利待遇,增加对教师和学生的补助支出,从而增强教师的教学积极性,提高适龄学生特别是落后区县学生和非京籍学生受教育的质量。其次,在经济发展"新常态"背景下,应尽快建立教育经费长效增长机制,在研究各级教育经费拨款标准的基础上,合理划分北京市政府和区县政府教育领域财政事权和支出责任,增强各级政府教育财政治理结构的科学化和民主化,最终形成稳定高效的教育经费支出结构。

第三章 北京市基础教育投入指数

为考察我国教育投入的地区差异及其变动趋势,了解北京市基础教育投入在全国各地区的排名,本章构建了包括2个二级指标(基础教育投入数指数和基础教育投入公平指数)、6个三级指标(财力投入数指数、人力投入数指数、物力投入数指数、财力投入城乡差异指数、人力投入城乡差异指数、物力投入城乡差异指数)和24个四级指标构成的基础教育投入指数。总体来看,北京的基础教育投入指数在2007年落后于上海位居第2位,2008年后北京的基础教育投入指数稳居第1位。无论是义务教育还是非义务教育,北京的教育投入指数均位于我国首位。但北京的基础教育人力投入和物力投入城乡差异指标排名相对靠后,普通高中教育投入城乡差异也有待缩小。

一、教育指数的研究和设计实践

国际上较为权威的教育统计指标有联合国教科文组织(UNESCO)的教育统计指标、世界银行世界发展指标中的教育统计指标、经济合作与发展组织(OECD)教育指标和联合国开发计划署(UNDP)每年发布的人类发展指数(HDI)。

经济合作与发展组织(OECD)下属的教育司为教育发展及其评估做出了巨大贡献。其统筹的国际学生评估项目(PISA)是目前被广泛引用的国际性评价方法。自2000年起,PISA每三年在成员国和一些非成员国,根据一定的技术标准要求抽取15岁学生作为评估调查对象,对其进行测试。所得到的各国学生的测试成绩可以作为衡量一个国家或地区教育质量的一个科学指标。测试结果被使用在OECD每年刊发的《教育一览》(Education at a Glance:OECD Indicators)中。《教育一览》采用一系列丰富而具有可比性的指标来衡量当今世界的教育发展现状,旨在从教育成果、教育财政、教育机会和教学条件等多个方面全面地评价各成员国的教育体系。这些随时间不断更新的数据涵盖了教育投入(人力投入和资金投入)、教学体系的运行与发展、教育投资的回报等信息。

联合国教科文组织(UNESCO)出版的《全球教育要览》(Global Education Digest)每年公布全世界范围的教育统计数据,并选取一个领域的教育问题作为当年的年度主题。和OECD的《教育一览》相比,《全球教育要览》数据的国别范围有所扩大,但是指标的种类远不及《教育一览》全面和系统。而且这两份报告中的表格都只是数据的陈列,并没有得到一个最终的衡量不同国家和地区教育发展水平的综合指数。不过,这些指标的选取、框架构成及其测量方法都对教育指数体系的建立意义重大。

在已建立发展指数体系的报告和研究中,人类发展指数(HDI)占据着非常重要的地位。1990年,联合国开发计划署(UNDP)创立了人类发展指数。HDI用"健康长寿,知识水平与体面的生活"衡量人类的发展水平。其中的三个关键指数为健康指数(HI)、教育指数(EI)和收入指数(II)。这些指数采用"(实际值-最小值)/(最大值-最小值)"的方式计算。UNDP人类发展报告办公室会依据时代发展,对这三个指数的计算进行细微的调整。最近一次较大的调整出现在2010年。2009年以前,教育指数由成人识字率和综合粗入学率确定(两个分指数各占1/3和2/3);2010年之后,教育指数被替代为平均受教育年限指数(MYSI)和预期受教育年限指数(EYSI)的算术平均值。其他两个指数的指标选取和(或)最大值最小值的选择也有一定的调整。随着时间的推移,人类发展报告中还极大地丰富了内容,不仅建立了引入不平等度量和性别差异的指标,还在描述人类发展的各个项目(健康、教育、收入、性别平等、政治参与、环境等)中增加了许多可供参考的数据。可以说,HDI是一套不断发展的比较成熟的指标体系。但是,由于HDI重视于描述人类在社会经济各方面的总体发展水平(教育仅是其中的一个重要部分),因此难以对教育发展作出更为详细有针对性的描述。

2001年,印度计划委员会(Planning Commission)委托以印度应用人力资源研究所的研究团队,比较全面地分析了在印度的实际下,建立指数计算框架的具体方法。该报告指出,这种教育发展指数可以是对不同地区行政级别的(国家、州省邦、县学区等)教育发展总水平的衡量比较,也可以是对其中某一级别或类别教育(初等教育、中等教育、高等教育、职业教育、特殊教育等)发展水平的衡量比较。并且针对不同的行政级别间或不同教育层次的指数体系建立,可以采取不同的衡量指标组合。该报告还给出了具体数据的收集、使用、处理过程中必须考虑到的技术性问题。

根据印度的具体实际,研究团队共选取了23个指标构成教育发展指数的体系框架。这些指标可分为以下四类(二级指标):教育机会、教育基础设施、教师,以及教育产出。每一个指标的分指数也根据"(实际值-最小值)/(最大值-最小值)"这个公式计算。但与HDI不同的是,这里的最大值和最小值不是由专家根据现有研究文献和经验确定的,而是选取总体中真实的最大值和最小值。然后,根据主成分分析法确定出各个分指标的权重,就能计算出最后的教育发展指数。他们据此计算出28个邦和7个中央直属领地的教育发展指数,用来比较各个邦和中央直属领地的教育发展水平。

我国也有一些研究和报告探讨并建立了教育评价指标体系或教育指数。楚江亭(2002)描述了教育发展指标体系应具有的功能,并指出了我国教育事业发展统计公报存在的缺点和不足,最后对构建教育发展指标体系应注意的问题进行了探讨。谈松华和袁本涛(2001)认为教育系统作为经济社会的一个重要领域,其现代化过程具有明显的阶段性特征,进而提出了从定性和定量两方面来评价教育现代化实现的程度。定性指标包括教育制度、教育思想、教育内容、教育管理和师资队伍5个方面。定量指标包括15岁以上人口识字率、预期受教育年限、中等教育毛入学率、高等教育毛入学率、10万人中高校在校生数、公共教育经费占GDP比重及人均公共教育经费7个方面。这些对教育评价指标体系建立的基本探讨为后续的研究和设计提供了思路和方向。

岳昌君(2008)为了衡量我国教育发展的省际差异,采用4个一级指数(下属16个二级指数):教育存量指数、教育增量指数、教育投入指数和教育贡献指数。他把各个一级指数下属的二级指数的算术平均值作为该一级指数的值,所得到的4个指数在总的教育发展指数中各占1/4。据此计算出全国31个省级行政区的教育发展指数后,对其进行比较、排序、分析,总结了不同地区教育发展的差距。方晓东(2013)主持的中国教育科学研究院中国教育发展报告课题组,以教育事业发展目标为依据,构建了我国教育综合发展水平指标体系。该体系选取了教育机会、教育条件、教育质量、教育公平四个一级指标,每个一级指标下有若干个二级指标,每个二级指标下又有3~5个三级指标(总计46个)。其指数的计算方法与岳昌君(2008)基本相同。王善迈等(2013)构建了一套适用于我国的教育发展指数(一级指标)体系。该评价体系选取了3个二级指标(下属18个三级指标):教育机会指数、教育投入指数(以替代教育质量)和教育公平指数。由于3个二级指标中不包含教育成果，因此提高与之关系较为密切的教育机会指数的比重至40%，其余两个指标各占30%。

吴玉鸣和李建霞（2004）选择了25个指标，通过主成分分析法得到了6个主成分，并得到了各地区的教育竞争力综合得分。杨娟和丁建福（2010）使用层次分析法与德尔菲法建立了一套具有良好可操作性的教育职责评价指标，并对各省份的得分进行了排序。经过严格的比较、筛选与检验，共确定了9个指标，分别是义务教育生均预算内事业费水平、教育财政拨款占财政支出比例、学校专任教师编制充足、初中毕业生升学率、高中阶段招生普职比、生均预算内教育经费城乡均衡发展程度、专任教师生师比城乡差距、办学标准和义务教育完成率。这9个指标涵盖了县级政府教育职责应该满足的保障、公平和质量三大方面的要求。

二、教育投入指标体系的构建

（一）教育投入指数体系的设计

1. 基础教育投入指标体系

地区基础教育投入指数的设计工作主要包括三个方面：一是地区基础教育投入指数应包含内容的确定；二是基础教育投入指数的指标层次和各层次具体指标的确定；三是各层次指标权重的确定。

本章从数量质量和公平两个层面考察教育投入，教育投入的数量质量体现为教育投入的数量增加和质量提升。教育投入公平体现为不同地区、不同群体间教育投入的不公平状况得到改善。考虑到数据的可获得性，本章仅考虑教育投入的城乡差异。根据教育投入的性质，教育投入应包括人力投入、物力投入和财力投入三个方面。财力是直接投入，人力投入和物力投入是财力投入的结果，是间接投入。

鉴于此，本章建立了包含四个层次的基础教育投入指标体系（见表3-1）。一级指标是基础教育投入指数，反映各地区教育投入的总体水平，由教育投入数量质量指数（以下简称"数质指数"）和教育投入公平指数2个二级指标构成。教育投入数质指数由财力投入指数、人力投入指数和物力投入指数3个三级指标构成，教育投入公平指数由财力投入城乡差异指数、人力投入城乡差异指数和物力投入城乡差异指数3个三级指标构成。财力投入指数由教育经费指数、人员经费指数和公用经费指数3个四级指标构成,人力投入指数由生师比指数、代课教师指数、教师学历指数和教师职称指数4个四级指标构成,物力投入指数由班级规模指数、校舍面积指数、图书指数、计算机指数和固定资产指数5个四级指标构成,财力投入城乡差异指数由教育经费城乡差异指数、人员经费城乡差异指数和公用经费城乡差异指数3个四级指标构成,人力投入指数由生师比城乡差异指数、代课教师城乡差异指数、教师学历城乡差异指数和教师职称城乡差异指数4个四级指标构成,物力投入指数由班级规模城乡差异指数、校舍面积城乡差异指数、图书城乡差异指数、计算机城乡差异指数和固定资产城乡差异指数5个四级指标构成。各四级指标由幼儿园、小学、初中和高中等若干五级指标构成。最终,基础教育发展指数包括2个二级指标、6个三级指标、24个四级指标和87个五级指标构成。

对于指标权重的确定,主要有主观赋权法和客观赋权法。主观赋权法主要依靠专家来确定各指标的权重。客观赋权法则是根据各个指标的实际数值,通过数据分析和计量确定各个指标的权重,最常用的就是主成分分析法。主观赋权法的优点是简单,能集中专家的智慧,缺点是主观性强。客观赋权法的优点是客观,能避免主观随意性,缺点是过于强调统计意义,忽视实际意义,方法尚不成熟。综合考虑以上因素,本章在吸收北京师范大学部分专家意见的基础上,采用等权重法来确定地区基础教育投入指数各层指标的权重。

表3-1 基础教育投入指标体系

一级指标	二级指标	三级指标	四级指标	五级指标
基础教育投入指数	教育投入数质指数(1/2)	财力投入指数(1/3)	教育经费指数(1/3)	幼儿园教育经费指数(1/4)
				小学教育经费指数(1/4)
				初中教育经费指数(1/4)
				高中教育经费指数(1/4)
			人员经费指数(1/3)	幼儿园人员经费指数(1/4)
				小学人员经费指数(1/4)
				初中人员经费指数(1/4)
				高中人员经费指数(1/4)
			公用经费指数(1/3)	幼儿园公用经费指数(1/4)
				小学公用经费指数(1/4)
				初中公用经费指数(1/4)
				高中公用经费指数(1/4)

续表

一级指标	二级指标	三级指标	四级指标	五级指标
基础教育投入指数	教育投入数质指数(1/2)	财力投入指数(1/3)	生师比指数(1/4)	幼儿园生师比指数(1/4) 小学生师比指数(1/4) 初中生师比指数(1/4) 高中生师比指数(1/4)
			代课教师指数(1/4)	幼儿园代课教师指数(1/3) 小学代课教师指数(1/3) 中学代课教师指数(1/3)
			教师学历指数(1/4)	幼儿园教师学历指数(1/4) 小学教师学历指数(1/4) 初中教师学历指数(1/4) 高中教师学历指数(1/4)
			教师职称指数(1/4)	幼儿园教师职称指数(1/4) 小学教师职称指数(1/4) 初中教师职称指数(1/4) 高中教师职称指数(1/4)
		物力投入指数(1/3)	班级规模指数(1/5)	幼儿园班级规模指数(1/4) 小学班级规模指数(1/4) 初中班级规模指数(1/4) 高中班级规模指数(1/4)
			校舍面积指数(1/5)	幼儿园校舍面积指数(1/4) 小学校舍面积指数(1/4) 初中校舍面积指数(1/4) 高中校舍面积指数(1/4)
			图书指数(1/5)	幼儿园图书指数(1/4) 小学图书指数(1/4) 初中图书指数(1/4) 高中图书指数(1/4)
			计算机指数(1/5)	小学计算机指数(1/3) 初中计算机指数(1/3) 高中计算机指数(1/3)
			固定资产指数(1/5)	小学固定资产指数(1/3) 初中固定资产指数(1/3) 高中固定资产指数(1/3)

续表

一级指标	二级指标	三级指标	四级指标	五级指标
基础教育投入指数	教育投入公平指数(1/2)	财力投入城乡差异指数(1/3)	教育经费城乡差异指数(1/3)	小学教育经费城乡差异指数(1/3) 初中教育经费城乡差异指数(1/3) 高中教育经费城乡差异指数(1/3)
			人员经费城乡差异指数(1/3)	小学人员经费城乡差异指数(1/3) 初中人员经费城乡差异指数(1/3) 高中人员经费城乡差异指数(1/3)
			公用经费城乡差异指数(1/3)	小学公用经费城乡差异指数(1/3) 初中公用经费城乡差异指数(1/3) 高中公用经费城乡差异指数(1/3)
		人力投入城乡差异指数(1/3)	生师比城乡差异指数(1/4)	幼儿园生师比城乡差异指数(1/4) 小学生师比城乡差异指数(1/4) 初中生师比城乡差异指数(1/4) 高中生师比城乡差异指数(1/4)
			代课教师城乡差异指数(1/4)	幼儿园代课教师城乡差异指数(1/3) 小学代课教师城乡差异指数(1/3) 中学代课教师城乡差异指数(1/3)
			教师学历城乡差异指数(1/4)	幼儿园教师学历城乡差异指数(1/4) 小学教师学历城乡差异指数(1/4) 初中教师学历城乡差异指数(1/4) 高中教师学历城乡差异指数(1/4)
			教师职称城乡差异指数(1/4)	幼儿园教师职称城乡差异指数(1/4) 小学教师职称城乡差异指数(1/4) 初中教师职称城乡差异指数(1/4) 高中教师职称城乡差异指数(1/4)
		物力投入城乡差异指数(1/3)	班级规模城乡差异指数(1/5)	幼儿园班级规模城乡差异指数(1/4) 小学班级规模城乡差异指数(1/4) 初中班级规模城乡差异指数(1/4) 高中班级规模城乡差异指数(1/4)
			校舍面积城乡差异指数(1/5)	幼儿园校舍面积城乡差异指数(1/4) 小学校舍面积城乡差异指数(1/4) 初中校舍面积城乡差异指数(1/4) 高中校舍面积城乡差异指数(1/4)

续表

一级指标	二级指标	三级指标	四级指标	五级指标
基础教育投入指数	教育投入公平指数(1/2)	物力投入城乡差异指数(1/3)	图书城乡差异指数(1/5)	幼儿园图书城乡差异指数(1/4)
				小学图书城乡差异指数(1/4)
				初中图书城乡差异指数(1/4)
				高中图书城乡差异指数(1/4)
			计算机城乡差异指数(1/5)	小学计算机城乡差异指数(1/3)
				初中计算机城乡差异指数(1/3)
				高中计算机城乡差异指数(1/3)
			固定资产城乡差异指数(1/5)	小学固定资产城乡差异指数(1/3)
				初中固定资产城乡差异指数(1/3)
				高中固定资产城乡差异指数(1/3)

注：括号内为权重。

2.各级教育投入指数

各级教育投入指数与基础教育投入指数类似，由四级指标构成。由于数据的可获得性，各级教育投入指标体系的构成并不完全相同。小学教育投入指数、初中教育投入指数和高中教育投入指数由2个二级指标、6个三级指标和24个四级指标构成。由于缺少城乡的幼儿园教育经费统计数据，故幼儿园教育投入指数缺失幼儿园财力投入城乡差异指数二级指标。由于幼儿园计算机数和固定资产值等统计数据，故幼儿园教育投入指数缺失幼儿园计算机指数、幼儿园固定资产指数、幼儿园计算机城乡差异指数和幼儿园固定资产城乡差异指数。幼儿园教育投入指数由2个二级指标、5个三级指标和17个四级指标构成（见表3-2）。本章也采用等权重法来确定各级基础教育投入指数各层指标的权重。

表3-2 基础教育各阶段教育投入指标体系

一级指标	二级指标	三级指标	四级指标
幼儿园教育投入指数	幼儿园教育投入数质指数(1/2)	幼儿园财力投入指数(1/3)	幼儿园教育经费指数(1/3)
			幼儿园人员经费指数(1/3)
			幼儿园公用经费指数(1/3)
		幼儿园人力投入指数(1/3)	幼儿园生师比指数(1/4)
			幼儿园代课教师指数(1/4)
			幼儿园教师学历指数(1/4)
			幼儿园教师职称指数(1/4)

续表

一级指标	二级指标	三级指标	四级指标
幼儿园教育投入指数	幼儿园教育投入数质指数(1/2)	幼儿园物力投入指数(1/3)	幼儿园班级规模指数(1/3)
			幼儿园校舍面积指数(1/3)
			幼儿园图书指数(1/3)
	幼儿园教育投入公平指数(1/2)	幼儿园人力投入城乡差异指数(1/2)	幼儿园生师比城乡差异指数(1/4)
			幼儿园代课教师城乡差异指数(1/4)
			幼儿园教师学历城乡差异指数(1/4)
			幼儿园教师职称城乡差异指数(1/4)
		幼儿园物力投入城乡差异指数(1/2)	幼儿园班级规模城乡差异指数(1/3)
			幼儿园校舍面积城乡差异指数(1/3)
			幼儿园图书城乡差异指数(1/3)
小学教育投入指数	小学教育投入数质指数(1/2)	小学财力投入指数(1/3)	小学教育经费指数(1/3)
			小学人员经费指数(1/3)
			小学公用经费指数(1/3)
		小学人力投入指数(1/3)	小学生师比指数(1/4)
			小学代课教师指数(1/4)
			小学教师学历指数(1/4)
			小学教师职称指数(1/4)
		小学物力投入指数(1/3)	小学班级规模指数(1/5)
			小学校舍面积指数(1/5)
			小学图书指数(1/5)
			小学计算机指数(1/5)
			小学固定资产指数(1/5)
	小学教育投入公平指数(1/2)	小学财力投入城乡差异指数(1/3)	小学教育经费城乡差异指数(1/3)
			小学人员经费城乡差异指数(1/3)
			小学公用经费城乡差异指数(1/3)
		小学人力投入城乡差异指数(1/3)	小学生师比城乡差异指数(1/4)
			小学代课教师城乡差异指数(1/4)
			小学教师学历城乡差异指数(1/4)
			小学教师职称城乡差异指数(1/4)
		小学物力投入城乡差异指数(1/3)	小学班级规模城乡差异指数(1/5)
			小学校舍面积城乡差异指数(1/5)
			小学图书城乡差异指数(1/5)
			小学计算机城乡差异指数(1/5)
			小学固定资产城乡差异指数(1/5)

续表

一级指标	二级指标	三级指标	四级指标
初中教育投入指数	初中教育投入数质指数(1/2)	初中财力投入指数(1/3)	初中教育经费指数(1/3)
			初中人员经费指数(1/3)
			初中公用经费指数(1/3)
		初中人力投入指数(1/3)	初中生师比指数(1/4)
			中学代课教师指数(1/4)
			初中教师学历指数(1/4)
			初中教师职称指数(1/4)
		初中物力投入指数(1/3)	初中班级规模指数(1/5)
			初中校舍面积指数(1/5)
			初中图书指数(1/5)
			初中计算机指数(1/5)
			初中固定资产指数(1/5)
	初中教育投入公平指数(1/2)	初中财力投入城乡差异指数(1/3)	初中教育经费城乡差异指数(1/3)
			初中人员经费城乡差异指数(1/3)
			初中公用经费城乡差异指数(1/3)
			初中人力投入城乡差异指数(1/3)
		初中生师比城乡差异指数(1/4)	中学代课教师城乡差异指数(1/4)
			初中教师学历城乡差异指数(1/4)
			初中教师职称城乡差异指数(1/4)
		初中物力投入城乡差异指数(1/3)	初中班级规模城乡差异指数(1/5)
			初中校舍面积城乡差异指数(1/5)
			初中图书城乡差异指数(1/5)
			初中计算机城乡差异指数(1/5)
			初中固定资产城乡差异指数(1/5)

续表

一级指标	二级指标	三级指标	四级指标
高中教育投入指数	高中教育投入数质指数(1/2)	高中财力投入指数(1/3)	高中教育经费指数(1/3)
			高中人员经费指数(1/3)
			高中公用经费指数(1/3)
		高中人力投入指数(1/3)	高中生师比指数(1/4)
			中学代课教师指数(1/4)
			高中教师学历指数(1/4)
			高中教师职称指数(1/4)
		高中物力投入指数(1/3)	高中班级规模指数(1/5)
			高中校舍面积指数(1/5)
			高中图书指数(1/5)
			高中计算机指数(1/5)
			高中固定资产指数(1/5)
	高中教育投入公平指数(1/2)	高中财力投入城乡差异指数(1/3)	高中教育经费城乡差异指数(1/3)
			高中人员经费城乡差异指数(1/3)
			高中公用经费城乡差异指数(1/3)
		高中人力投入城乡差异指数(1/3)	高中生师比城乡差异指数(1/4)
			中学代课教师城乡差异指数(1/4)
			高中教师学历城乡差异指数(1/4)
			高中教师职称城乡差异指数(1/4)
		高中物力投入城乡差异指数(1/3)	高中班级规模城乡差异指数(1/5)
			高中校舍面积城乡差异指数(1/5)
			高中图书城乡差异指数(1/5)
			高中计算机城乡差异指数(1/5)
			高中固定资产城乡差异指数(1/5)

注:括号内为权重。

(二)基础教育投入指标的计算方法和数据来源

1.计算方法

为了使各项指标的数据具有可比性和可加性,同时便于地区比较和使公众易于理解,本章采用"实际值/最优值"的标准化处理方法。这种处理方法具有如下特点和优势。首先,按照这种标准化处理方法处理后的各级统计指标均为转化为有最值的单调性指数,最大值是1,最小值是0,数值越大表示教育投入相对更多更好。其次,相比于"(实际值-最小值)/(最大值-最小值)",这种标准化处理方法对于差异较小的指标并不敏感,故是一种更好的标准化方法。

(1)基础教育投入数质指数。

1)财力投入指数。本章分别使用生均教育经费、生均人员经费和生均公用经费来分别构建教育经费指数、人员经费指数和公用经费指数。考虑到教育成本递增的规律,本章选取被评价年份中生均教育经费最高地区的经费水平作为最优值,即分别选取2007—2015年各省(自治区、直辖市)幼儿园生均教育经费、小学生均教育经费、初中生均教育经费、高中生均教育经费、幼儿园生均人员经费、小学生均人员经费、初中生均人员经费、高中生均人员经费、幼儿园生均公用经费、小学生均公用经费、初中生均公用经费、高中生均公用经费的最大值作为最优值。为消除物价水平的影响,本章以2010年价格水平为基期,对所有年份、所有地区的生均教育经费数据进行了调整。

幼儿园教育经费指数=地方普通幼儿园生均教育经费支出/2007—2015年全国该项指标最大值

小学教育经费指数=地方普通小学生均教育经费支出/2007—2015年全国该项指标最大值

初中教育经费指数=地方普通初中生均教育经费支出/2007—2015年全国该项指标最大值

高中教育经费指数=地方普通高中生均教育经费支出/2007—2015年全国该项指标最大值

幼儿园人员经费指数=地方普通幼儿园生均人员经费支出/2007—2015年全国该项指标最大值

小学人员经费指数=地方普通小学生均人员经费支出/2007—2015年全国该项指标最大值

初中人员经费指数=地方普通初中生均人员经费支出/2007—2015年全国该项指标最大值

高中人员经费指数=地方普通高中生均人员经费支出/2007—2015年全国该项指标最大值

幼儿园公用经费指数=地方普通幼儿园生均公用经费支出/2007—2015年全国该项指标最大值

小学公用经费指数=地方普通小学生均公用经费支出/2007—2015年全国该项指标最大值

初中公用经费指数=地方普通初中生均公用经费支出/2007—2015年全国该项指标最大值

高中公用经费指数=地方普通高中生均公用经费支出/2007—2015年全国该项指标最大值

2)人力投入指数。本章分别使用生师比、代课教师占比、专任教师中大学专科(或本科)以上学历教师占比、专任教师中高级职称教师占比来分别构建生师比指数、代课教师指数、教师学历指数和教师职称指数。生师比为在校生数与专任教师数的比值。本章选取被评价年份中生师比最低地区的生师比作为最优值,即分别选取2007—2015年各省(自治区、直辖市)幼儿园生师比、小学生师比、初中生师比、高中生师比的最小值作为最优值。代课教师占比为代课教师数与专任教师数的比值。本章选取被评价年份中代课教师占比最低地区的代课教师占比作为最优值,即分别选取2007—2015年各省(自治区、直辖市)幼儿园代课教师占比、小学代课教师占比、中学代课教师占比的最小值作为最优值。考虑到我国教师学历构成的实际,本章将学历合格水平分别设定为幼儿园和小学要达到大学专科及以上,初中和高中要达到大学本科及其以上,故分别选取2007—2015年各省(自治区、直辖市)幼儿园专任教师中大学专科及其以上学历教师占比、小学专任教师中大学专科及其以上学历教师占比、初中专任教师中大学本科及其以上学历教师占比、高中专任教师中大学本科及其以上学历教师占比的最大值作为最优值。对于教师职称指数,本章分别选取2007—2015年各省(自治区、直辖市)幼儿园专任教师中小学高级及其以上职称教师占比、小学专任教师中小学高级及其以上职称教师占比、初中专任教师中中学高级职称教师占比、高中专任教师中中学高级职称教师占比的最大值作为最优值。

幼儿园生师比指数=2007—2015年全国该项指标最小值/地方普通幼儿园生师比

小学生师比指数=2007—2015年全国该项指标最小值/地方普通小学生师比

初中生师比指数=2007—2015年全国该项指标最小值/地方普通初中生师比

高中生师比指数=2007—2015年全国该项指标最小值/地方普通高中生师比

幼儿园代课教师指数=(100-地方普通幼儿园代课教师占比)/(100-2007—2015年全国该项指标最小值)

小学代课教师指数=(100-地方普通小学代课教师占比)/(100-2007—2015年全国该项指标最小值)

中学代课教师指数=(100-地方普通中学代课教师占比)/(100-2007—2015年全国该项指标最小值)

幼儿园教师学历指数=地方普通幼儿园专任教师中大学专科及其以上学历教师占比/2007—2015年全国该项指标最大值

小学教师学历指数=地方普通小学专任教师中大学专科及其以上学历教师占比/2007—2015年全国该项指标最大值

初中教师学历指数=地方普通初中专任教师中大学专科及其以上学历教师占比/2007—2015年全国该项指标最大值

高中教师学历指数=地方普通高中专任教师中大学专科及其以上学历教师占比/2007—2015年全国该项指标最大值

幼儿园教师职称指数=地方普通幼儿园专任教师中小学高级及其以上职称教师占比/2007—2015年全国该项指标最大值

小学教师职称指数=地方普通小学专任教师中小学高级及其以上职称教师占比/2007—2015年全国该项指标最大值

初中教师职称指数=地方普通初中专任教师中中学高级职称教师占比/2007—2015年全国该项指标最大值

高中教师职称指数=地方普通高中专任教师中中学高级职称教师占比/2007—2015年全国该项指标最大值

3)物力投入指数。本章分别使用班级规模、生均校舍面积、生均图书册数、生均计算机数和生均固定资产值来分别构建班级规模指数、校舍面积指数、图书指数、计算机指数和固定资产指数。班级规模为在校生数与班数(不包括教学点)的比值。本章选取被评价年份中班级规模最低地区的班级规模作为最优值,即分别选取2007—2015年各省(自治区、直辖市)幼儿园班级规模、小学班级规模、初中班级规模、高中班级规模的最小值作为最优值。生均校舍面积、生均图书册数、生均计算机数和生均固定资产值分别为校舍建筑面积、图书册数、教学用计算机数和固定资产值与在校生数的比值。本章选取被评价年份中班级规模最低地区的班级规模作为最优值,即分别选取2007—2015年各省(自治区、直辖市)幼儿园生均校舍面积、小学生均校舍面积、初中生均校舍面积、高中生均校舍面积、幼儿园生均图书册数、小学生均图书册数、初中生均图书册数、高中生均图书册数、小学生均计算机数、初中生均计算机数、高中生均计算机数、小学生均固定资产值、初中生均固定资产值、高中生均固定资产值的最大值作为最优值。为消除物价水平的影响,本章以2010年价格水平为基期,对所有年份、所有地区的生均固定资产值进行了调整。

幼儿园班级规模指数=2007—2015年全国该项指标最小值/地方普通幼儿园班级规模

小学班级规模指数=2007—2015年全国该项指标最小值/地方普通小学班级规模

初中班级规模指数=2007—2015年全国该项指标最小值/地方普通初中班级规模

高中班级规模指数=2007—2015年全国该项指标最小值/地方普通高中班级规模

幼儿园校舍面积指数=地方普通幼儿园生均校舍面积/2007—2015年全国该项指标最大值

小学校舍面积指数=地方普通小学生均校舍面积/2007—2015年全国该项指标最大值

初中校舍面积指数=地方普通初中生均校舍面积/2007—2015年全国该项指标最大值

高中校舍面积指数=地方普通高中生均校舍面积/2007—2015年全国该项指标最大值

幼儿园图书指数=地方普通幼儿园生均图书册数/2007—2015年全国该项指标最大值

小学图书指数=地方普通小学生均图书册数/2007—2015年全国该项指标最大值

初中图书指数＝地方普通初中生均图书册数/2007—2015年全国该项指标最大值

高中图书指数＝地方普通高中生均图书册数/2007—2015年全国该项指标最大值

小学计算机指数＝地方普通小学生均计算机数/2007—2015年全国该项指标最大值

初中计算机指数＝地方普通初中生均计算机数/2007—2015年全国该项指标最大值

高中计算机指数＝地方普通高中生均计算机数/2007—2015年全国该项指标最大值

小学固定资产指数＝地方普通小学生均固定资产值/2007—2015年全国该项指标最大值

初中固定资产指数＝地方普通初中生均固定资产值/2007—2015年全国该项指标最大值

高中固定资产指数＝地方普通高中生均固定资产值/2007—2015年全国该项指标最大值

(2) 基础教育投入公平指数。

对于城乡差异最优值的设定,本章认为教育公平理想的状况应当是农村学生至少得到和城镇学生相同的对待,故将财力投入、人力投入和物力投入城乡差异的最优值均设定为1。当农村各项指标的实际值越接近城镇时,指数越大,即越接近于1,表明该地区城乡教育投入越公平。而当农村某项指标的值大于城镇时,本章并不认为这样的情况意味着更公平,只把它看作是达到了本章所认为的理想的教育公平的要求,换言之,教育投入城乡差异指数的最大值是1。

1) 财力投入城乡差异指数。

小学教育经费城乡差异指数＝min(地方农村普通小学生均教育经费支出/地方城镇普通小学生均教育经费支出,1)

初中教育经费城乡差异指数＝min(地方农村普通初中生均教育经费支出/地方城镇普通初中生均教育经费支出,1)

高中教育经费城乡差异指数＝min(地方农村普通高中生均教育经费支出/地方城镇普通高中生均教育经费支出,1)

小学人员经费城乡差异指数＝min(地方农村普通小学生均人员经费支出/地方

城镇普通小学生均人员经费支出,1)

初中人员经费城乡差异指数=min(地方农村普通初中生均人员经费支出/地方城镇普通初中生均人员经费支出,1)

高中人员经费城乡差异指数=min(地方农村普通高中生均人员经费支出/地方城镇普通高中生均人员经费支出,1)

小学公用经费城乡差异指数=min(地方农村普通小学生均公用经费支出/地方城镇普通小学生均公用经费支出,1)

初中公用经费城乡差异指数=min(地方农村普通初中生均公用经费支出/地方城镇普通初中生均公用经费支出,1)

高中公用经费城乡差异指数=min(地方农村普通高中生均公用经费支出/地方城镇普通高中生均公用经费支出,1)

2)人力投入城乡差异指数。

幼儿园生师比城乡差异指数=min(地方城镇普通幼儿园生师比/地方农村普通幼儿园生师比,1)

小学生师比城乡差异指数=min(地方城镇普通小学生师比/地方农村普通小学生师比,1)

初中生师比城乡差异指数=min(地方城镇普通初中生师比/地方农村普通初中生师比,1)

高中生师比城乡差异指数=min(地方城镇普通高中生师比/地方农村普通高中生师比,1)

幼儿园代课教师城乡差异指数=min[(100-地方农村普通幼儿园代课教师占比)/(100-地方城镇普通幼儿园代课教师占比),1]

小学代课教师城乡差异指数=min[(100-地方农村普通小学代课教师占比)/(100-地方城镇普通小学代课教师占比),1]

中学代课教师城乡差异指数=min[(100-地方农村普通中学代课教师占比)/(100-地方城镇普通中学代课教师占比),1]

幼儿园教师学历城乡差异指数=min(地方农村普通幼儿园专任教师中大学专科及其以上学历教师占比/地方城镇普通幼儿园专任教师中大学专科及其以上学历教师占比,1)

小学教师学历城乡差异指数=min(地方农村普通小学专任教师中大学专科及其

以上学历教师占比/地方城镇普通小学专任教师中大学专科及其以上学历教师占比,1)

初中教师学历城乡差异指数=min(地方农村普通初中专任教师中大学本科及其以上学历教师占比/地方城镇普通初中专任教师中大学本科及其以上学历教师占比,1)

高中教师学历城乡差异指数=min(地方农村普通高中专任教师中大学本科及其以上学历教师占比/地方城镇普通高中专任教师中大学本科及其以上学历教师占比,1)

幼儿园教师职称城乡差异指数=min(地方农村普通幼儿园专任教师中小学高级及其以上职称教师占比/地方城镇普通幼儿园专任教师中小学高级及其以上职称教师占比,1)

小学教师职称城乡差异指数=min(地方农村普通小学专任教师中小学高级及其以上职称教师占比/地方城镇普通小学专任教师中小学高级及其以上职称教师占比,1)

初中教师职称城乡差异指数=min(地方农村普通初中专任教师中高级职称教师占比/地方城镇普通初中专任教师中高级职称教师占比,1)

高中教师职称城乡差异指数=min(地方农村普通高中专任教师中高级职称教师占比/地方城镇普通高中专任教师中高级职称教师占比,1)

3)物力投入城乡差异指数。

幼儿园班级规模城乡差异指数=min(地方城镇普通幼儿园班级规模/地方农村普通幼儿园班级规模,1)

小学班级规模城乡差异指数=min(地方城镇普通小学班级规模/地方农村普通小学班级规模,1)

初中班级规模城乡差异指数=min(地方城镇普通初中班级规模/地方农村普通初中班级规模,1)

高中班级规模城乡差异指数=min(地方城镇普通高中班级规模/地方农村普通高中班级规模,1)

幼儿园校舍面积城乡差异指数=min(地方农村普通幼儿园生均校舍面积/地方城镇普通幼儿园生均校舍面积,1)

小学校舍面积城乡差异指数＝min(地方农村普通小学生均校舍面积/地方城镇普通小学生均校舍面积,1)

初中校舍面积城乡差异指数＝min(地方农村普通初中生均校舍面积/地方城镇普通初中生均校舍面积,1)

高中校舍面积城乡差异指数＝min(地方农村普通高中生均校舍面积/地方城镇普通高中生均校舍面积,1)

幼儿园图书城乡差异指数＝min(地方农村普通幼儿园生均图书册数/地方城镇普通幼儿园生均图书册数,1)

小学图书城乡差异指数＝min(地方农村普通小学生均图书册数/地方城镇普通小学生均图书册数,1)

初中图书城乡差异指数＝min(地方农村普通初中生均图书册数/地方城镇普通初中生均图书册数,1)

高中图书城乡差异指数＝min(地方农村普通高中生均图书册数/地方城镇普通高中生均图书册数,1)

小学计算机城乡差异指数＝min(地方农村普通小学生均计算机数/地方城镇普通小学生均计算机数,1)

初中计算机城乡差异指数＝min(地方农村普通初中生均计算机数/地方城镇普通初中生均计算机数,1)

高中计算机城乡差异指数＝min(地方农村普通高中生均计算机数/地方城镇普通高中生均计算机数,1)

小学固定资产城乡差异指数＝min(地方农村普通小学生均固定资产值/地方城镇普通小学生均固定资产值,1)

初中固定资产城乡差异指数＝min(地方农村普通初中生均固定资产值/地方城镇普通初中生均固定资产值,1)

高中固定资产城乡差异指数＝min(地方农村普通高中生均固定资产值/地方城镇普通高中生均固定资产值,1)

2.数据来源

教育经费数据来源于2008—2016年《中国教育经费统计年鉴》。班数、在校生数、专任教师、代课教师数、教师学历结构、教师职称结构、校舍建筑面积、图书册数、教学用生均计算机数、固定资产值等数据来源于2007—2015年《中国教育统计年鉴》。消费者价格指数数据来源于2008—2016年《中国统计年鉴》。

三、北京市教育投入指数的演变

(一)基础教育投入指数

图 3-1 反映了 2007—2015 年北京市基础教育投入指数的变动趋势。可以看出,北京市基础教育投入指数从 2007 年的 0.746 逐年增长至 2015 年的 0.930,排名从 2007 年落后于上海排名第 2 位提高至第 1 位。教育投入数质指数从 2007 年的 0.594 上升至 2015 年的 0.901,排名从 2009 年前落后于上海的第 2 位提高至第 1 位。教育投入公平指数比较稳定,始终保持在 0.9 左右的水平,排名也始终居于前两位,是排名最为稳定的地区。

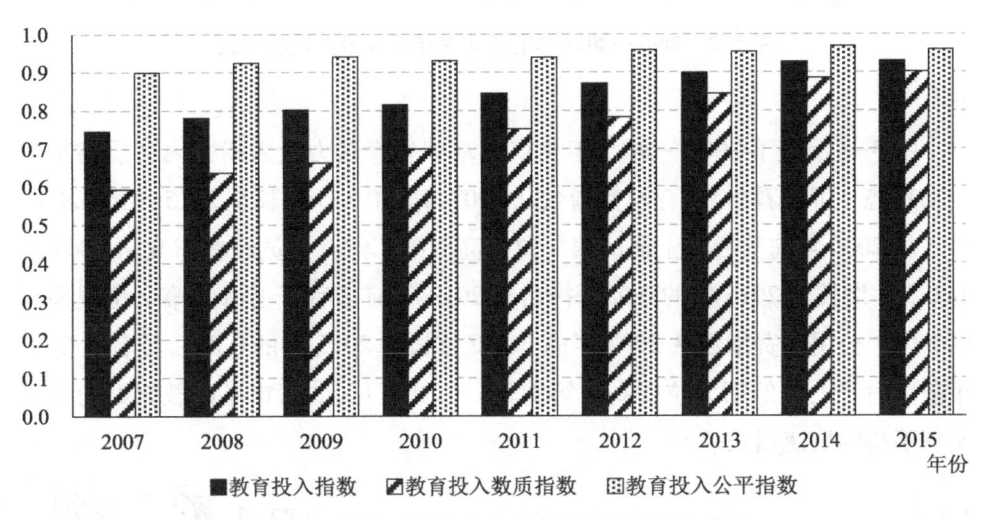

图 3-1　2007—2015 年北京市基础教育投入指数

(二)各维度基础教育投入指数

图 3-2 反映了 2007—2015 年北京市基础教育财力投入指数、人力投入指数和物力投入指数的变动趋势。可以看出,财力投入指数从 2007 年的 0.355 快速增长至 2015 年的 0.934,排名从 2009 年前落后于上海的第 2 位提高至第 1 位。人力投入指数始终保持在 0.8 以上的水平,排名始终处于前三位。物力投入指数从 2007 年的 0.626 上升 2015 年的 0.900,排名从 2008 年前落后于上海的第 2 位提高至第 1 位。

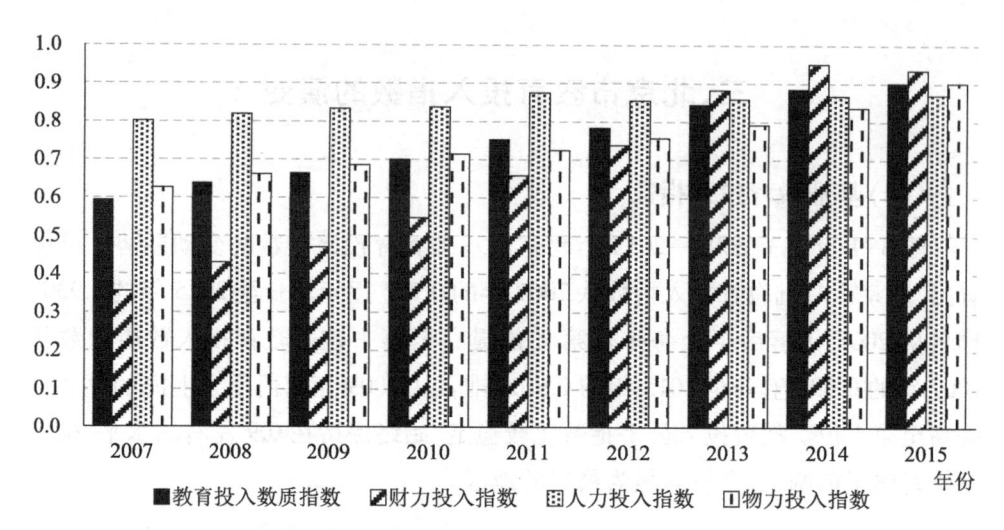

图 3-2 2007—2015 年北京市基础教育投入数质指数

图 3-3 反映了 2007—2015 年北京市基础教育财力投入指数内各层指标的变动趋势。可以看出，教育经费指数从 2007 年的 0.375 增长至 2015 年的 0.970，排名从 2009 年前落后于上海的第 2 位提高至第 1 位。人员经费指数从 2007 年的 0.358 增长至 2015 年的 0.957，排名从 2010 年前落后于上海的第 2 位提高至第 1 位。公用经费指数从 2007 年的 0.330 增长至 2015 年的 0.875，排名从 2009 年前落后于上海的第 2 位提高至第 1 位。由此可见，北京市基础教育财力投入实现了持续快速增长。

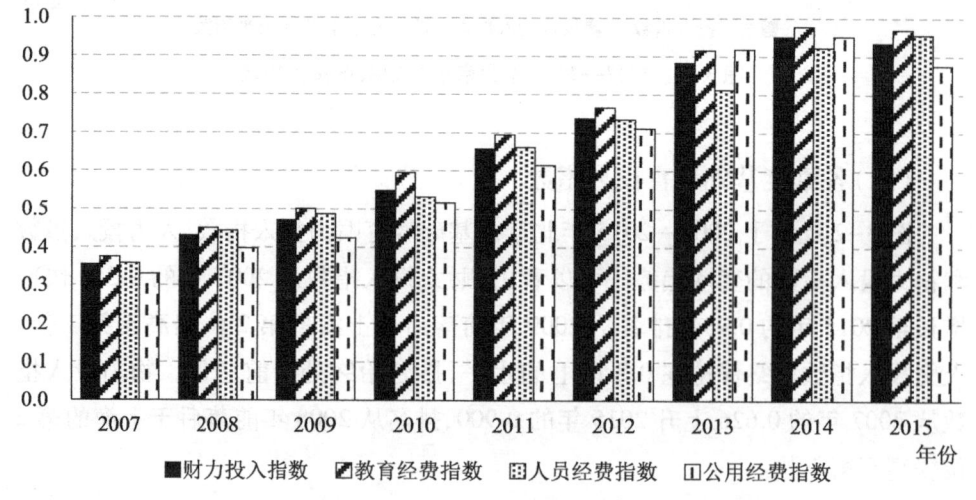

图 3-3 2007—2015 年北京市基础教育财力投入指数

图 3-4 反映了 2007—2015 年北京市基础教育人力投入指数内各层指标的变动趋势。可以看出,生师比指数从 2007 年的 0.795 增长至 2015 年的 0.944,各年均保持在第 1 位。代课教师指数从 2010 年的 0.98 左右增长至满分,排名从 2010 年前的第 3~6 位上升至第 1 位。教师学历指数从 2007 年的 0.873 增长至 2015 年的 0.975,稳居第 2 位,仅落后于上海。教师职称指数基本保持在 0.5~0.6 之间,排名基本处于第 6~9 位。由此可见,北京市基础教育阶段专任教师数量相对充足,代课教师占比较低,但教师职称结构和学历结构尚有提升空间。

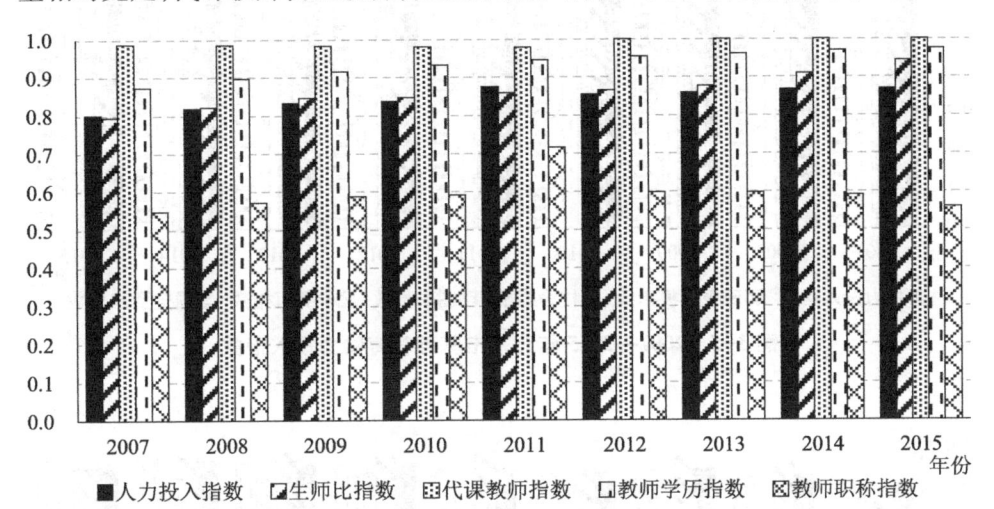

图 3-4 2007—2015 年北京市基础教育人力投入指数

图 3-5 反映了 2007—2015 年北京市基础教育物力投入指数内各层指标的变动趋势。可以看出,班级规模指数从 2007 年的 0.796 增长至 2015 年的 0.857,各年均保持在第 1 位。校舍指数从 2007 年的 0.700 增长至 2015 年的 0.889,排名从 2012 年前落后于上海的第 2 位上升至第 1 位。图书指数从 2007 年的 0.649 增长至 2015 年的 0.879,各年均保持在第 1 位。计算机指数从 2007 年的 0.517 增长至 2015 年的 0.957,排名从 2010 前落后于上海的第 2 位上升至第 1 位。固定资产指数从 2007 年的 0.468 增长至 2015 年的 0.921,各年均保持在第 2 位,仅落后于上海。由此可见,北京市基础教育阶段物力投入处于较高水平。

图 3-6 反映了 2007—2015 年北京市基础教育财力投入城乡差异指数、人力投入城乡差异指数和物力投入城乡差异指数的变动趋势。可以看出,财力投入城乡差异指数始终保持在 0.9 以上的水平,除 2015 年排在第 6 位外,其余年份均排在前 3 位。人力投入城乡差异指数始终保持在 0.8 以上的水平,除 2015 年排

在第4位外,其余年份均排在第1位。物力投入城乡差异指数始终保持在0.9以上的水平,排名基本保持在第2~7位。相比于财力投入公平指数和人力投入公平指数,物力投入公平指数排名相对落后。

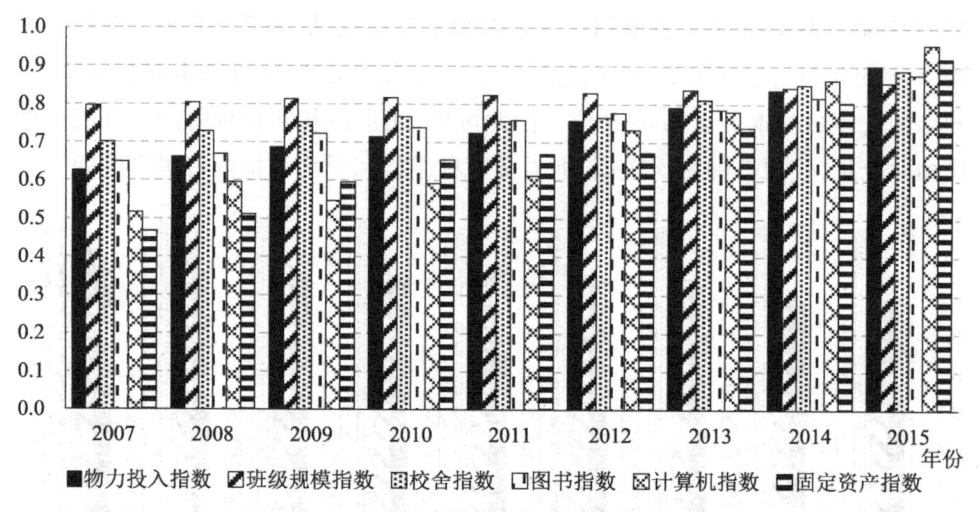

图3-5 2007—2015年北京市基础教育物力投入指数

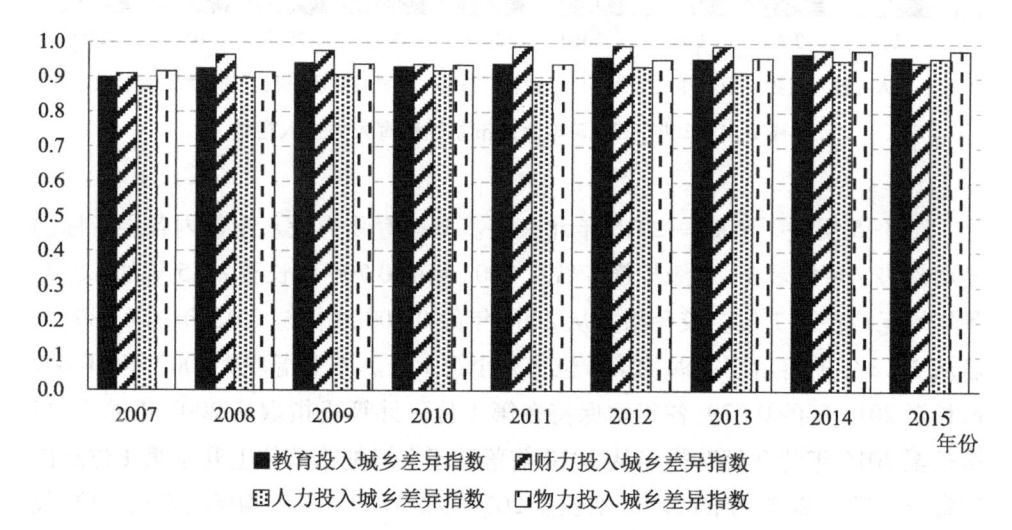

图3-6 2007—2015年北京市基础教育投入公平指数

图3-7反映了2007—2015年北京市基础教育财力投入城乡差异指数内各层指标的变动趋势。可以看出,教育经费城乡差异指数始终保持在0.9以上,除2010年排在第8位外其余各年份均排在前5位。人员经费城乡差异指数始终

保持在 0.85 以上,除 2010 年排在第 8 位外其余各年份均排在第 8~11 位。公用经费城乡差异指数始终保持在 0.9 以上,除 2015 年排在第 7 位外其余各年份均排在前两位。由此可见,北京市基础教育阶段人员经费支出依然存在一定的城乡差异,农村生均人员经费支出有待提高。

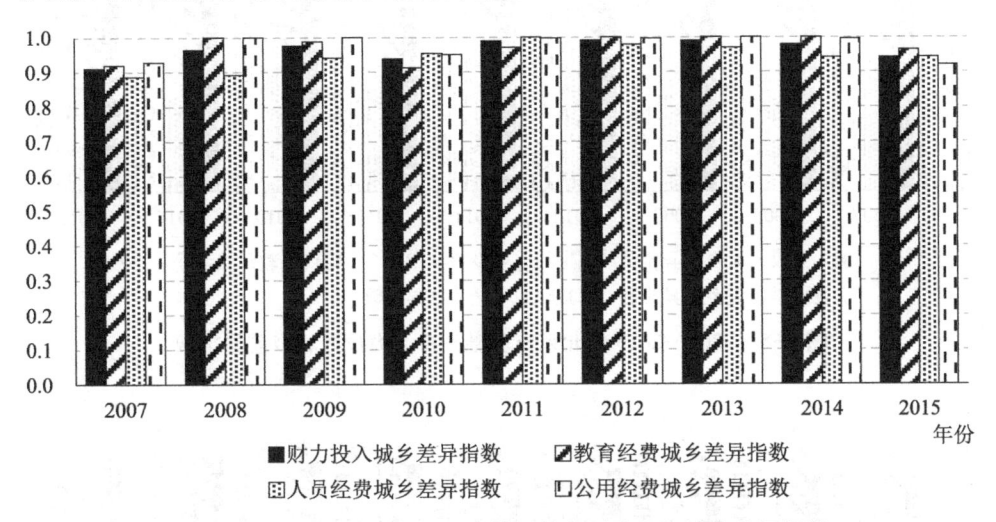

图 3-7　2007—2015 年北京市基础教育财力投入城乡差异指数

图 3-8 反映了 2007—2015 年北京市基础教育人力投入城乡差异指数内各层指标的变动趋势。可以看出,生师比城乡差异指数始终保持在 0.9 以上,排名始终保持在前 3 位。各年份代课教师城乡差异指数均与 1 非常接近。教师学历城乡差异指数始终保持在 0.8 以上,排名始终保持在前两位。教师职称城乡差异指数从 2007 年的 0.692 增长至 2015 年的 0.883,除 2011 年排在第 9 位外基本保持在第 3~6 位。由此可见,北京市基础教育阶段专任教师职称结构仍存在较大的城乡差异,农村教师职称结构有待进一步优化。

图 3-9 反映了 2007—2015 年北京市基础教育物力投入城乡差异指数内各层指标的变动趋势。可以看出,各年份班级规模城乡差异指数均与 1 非常接近。校舍城乡差异指数从 2007 年的 0.899 增长至 2014 年后的 1,排名从 2007 年的第 4 位增长至 2013 年后的第 1 位。图书册城乡差异指数从 2007 年的 0.796 增长至 2014 年后的 0.924,但除 2014 年外排名始终在 10 位以外。计算机城乡差异指数和固定资产城乡差异指数虽然始终保持在 0.9 分以上,但排名在各年份间波动较大。由此可见,北京市基础教育阶段生均图书册数、生均计算机数和生均固定资产值仍存在较大的城乡差异,农村物力投入有待进一步加强。

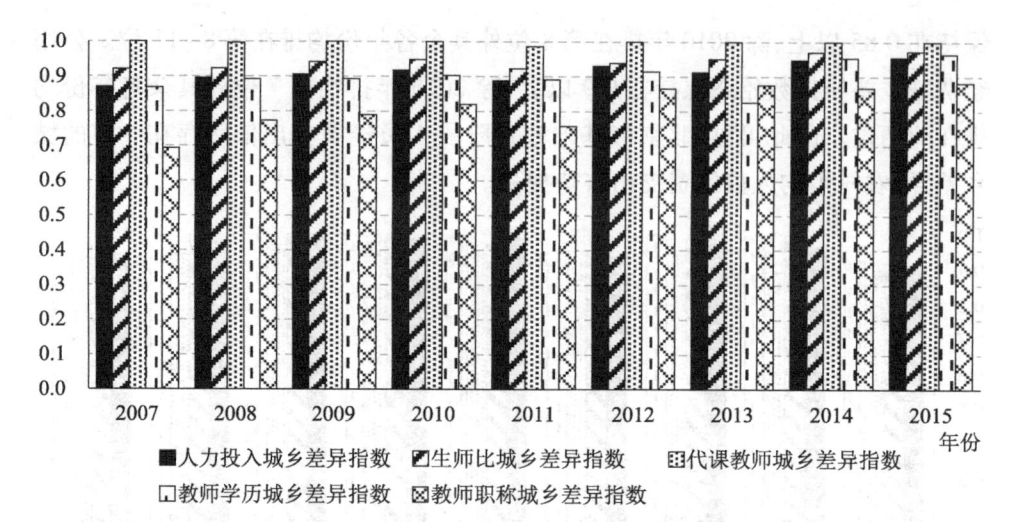

图 3-8　2007—2015 年北京市基础教育人力投入城乡差异指数

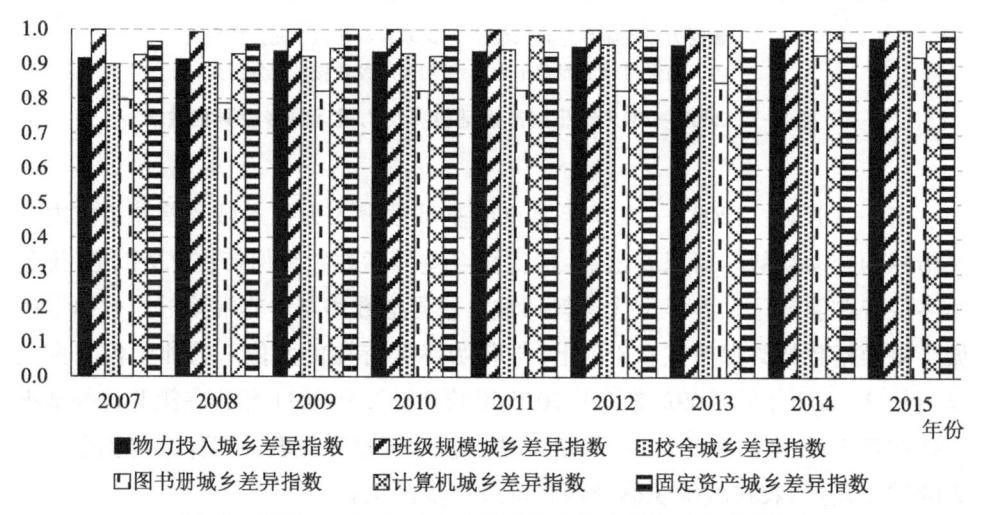

图 3-9　2007—2015 年北京市基础教育物力投入城乡差异指数

(三)分阶段教育投入指数

图 3-10 反映了 2007—2015 年北京市各级教育投入指数的变动趋势。可以看出,北京市幼儿园教育投入指数从 2007 年的 0.706 增长至 2015 年的 0.905,排名始终保持在前两位。小学教育投入指数从 2007 年的 0.816 增长至 2015 年的 0.938,初中教育投入指数从 2007 年的 0.732 增长至 2015 年的 0.934,各年份义

务教育投入指数排名始终保持在第 1 位。高中教育投入指数从 2007 年的 0.706 增长至 2015 年 0.938,排名从 2007 年的第 2 位增长至第 1 位。由此可见,义务教育和普通高中教育阶段教育投入已经处于最高水平,但幼儿园教育投入有待提升。

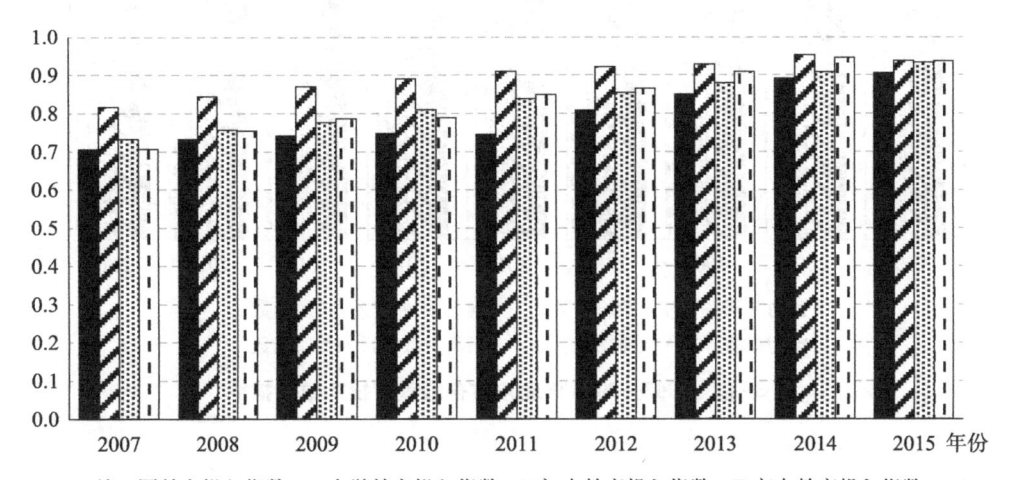

图 3-10　2007—2015 年北京市各级教育投入指数

图 3-11 反映了 2007—2015 年北京市各级教育投入数质指数的变动趋势。可以看出,北京市幼儿园教育投入数质指数从 2007 年的 0.667 增长至 2015 年的 0.862,排名始终保持在第 1 位。小学教育投入数质指数从 2007 年的 0.659 增长至 2015 年的 0.893,排名从 2007 年的第 2 位提高至第 1 位。初中教育投入数质指数从 2007 年的 0.531 增长至 2015 年的 0.882,排名从 2009 年前的第 2 位提高至第 1 位。高中教育投入数质指数从 2007 年的 0.557 增长至 2015 年 0.958,排名从 2010 年前的第 2 位增长至第 1 位。由此可见,北京市基础教育阶段各级教育投入已经处于全国最高水平。

图 3-12 反映了 2007—2015 年北京市各级教育投入城乡差异公平指数的变动趋势。可以看出,北京市幼儿园教育公平城乡差异指数从 2007 年的 0.745 增长至 2015 年的 0.949,排名从 2007 年第 4 位上升至近年来的第 1 位。小学教育投入城乡差异指数和初中教育投入城乡差异指数均始终保持在 0.9 以上的高水平。高中教育投入城乡差异指数从 2007 年的 0.856 增长至 2012 年 0.942,而后始终保持在 0.9 以上的水平,近年来稳定排在第 5~7 位。由此可见,北京市农村地区各级教育投入基本上能够达到城镇教育投入的水平,但相比于其他地区,各

级教育投入的城乡差异依然存在。

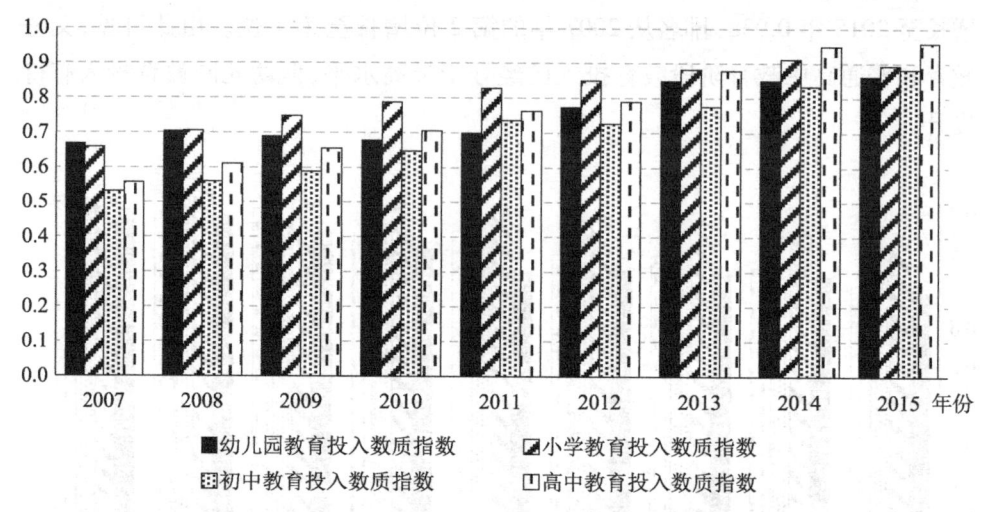

图 3-11　2007—2015 年北京市各级教育投入数质指数

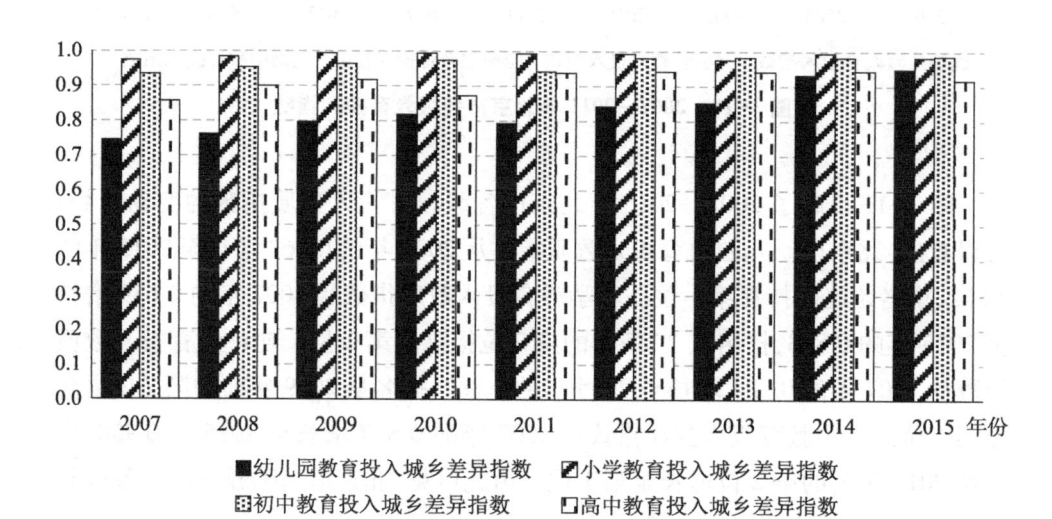

图 3-12　2007—2015 年北京市各级教育投入公平指数

四、我国发达省份教育投入指数的差异

(一)京津沪基础教育投入指数的差异

图 3-13 反映了 2007—2015 年京津沪基础教育投入指数的变动趋势。可以看出,京津沪的基础教育投入指数均呈现出较为明显的增长趋势。北京的基础

教育投入指数最高且呈现出持续增长的趋势。其次是上海,其基础教育投入指数先从 2010 年 0.747 下降至 2010 年的 0.677,而后增长至 2015 年的 0.828,排名也稳居前 3 位。天津的基础教育投入指数最低,从 2007 年的 0.597 增长至 2013 年的 0.745,但近两年有所下降,排名也从 2012 年第 3 位下降至 2015 年第 11 位。

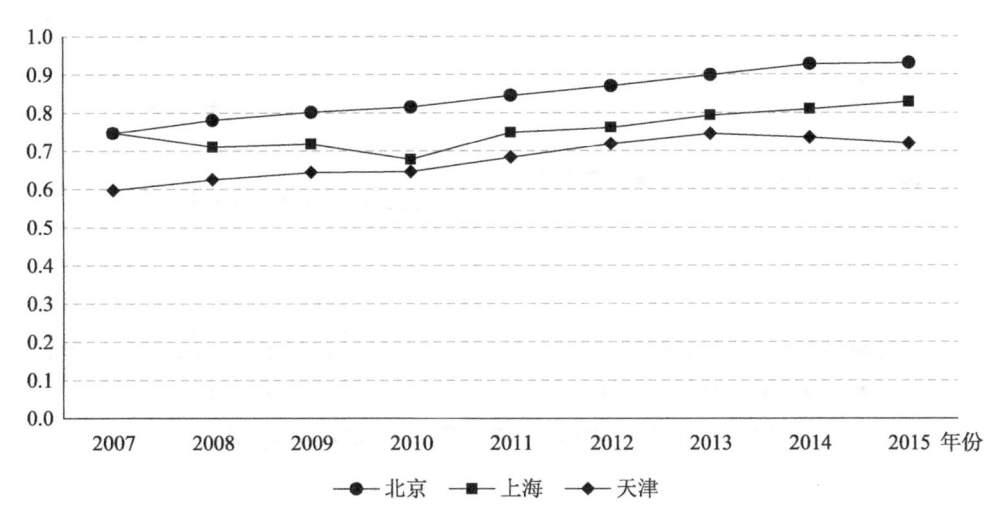

图 3-13 2007—2015 年京津沪基础教育投入指数

图 3-14 反映了 2007—2015 年京津沪基础教育投入数质指数的变动趋势。上海的基础教育投入数质指数在 2010 年前略高于北京,但北京的基础教育投入数质指数在 2010 年后增长迅速,逐渐拉开了与上海的差距。天津的基础教育投入数质指数从 2007 年的 0.474 增长至 2014 年 0.656,2015 年有所下降,但排名稳居第 3 位。基础教育投入数质指数变动趋势的地区差异主要由财力投入数质指数所致。尽管上海的财力投入数质指数从 2007 年的 0.400 平稳增长至 2015 年的 0.709,但北京财力投入数质指数的增长趋势更为明显。天津的财力投入数质指数从 2007 年的 0.225 增长至 2014 年的 0.562,2015 年有所下降。北京、天津和上海人力投入数质指数基本稳定在 0.8~0.9 的水平,且无明显差异。上海的物力投入数质指数从 2007 年 0.654 增长至 2015 年的 0.824,与北京的变动趋势基本相同。天津的物力投入数质指数从 2007 年的 0.395 增长至 2015 年的 0.583,落后于北京、上海、浙江和江苏,稳居第 5 位。

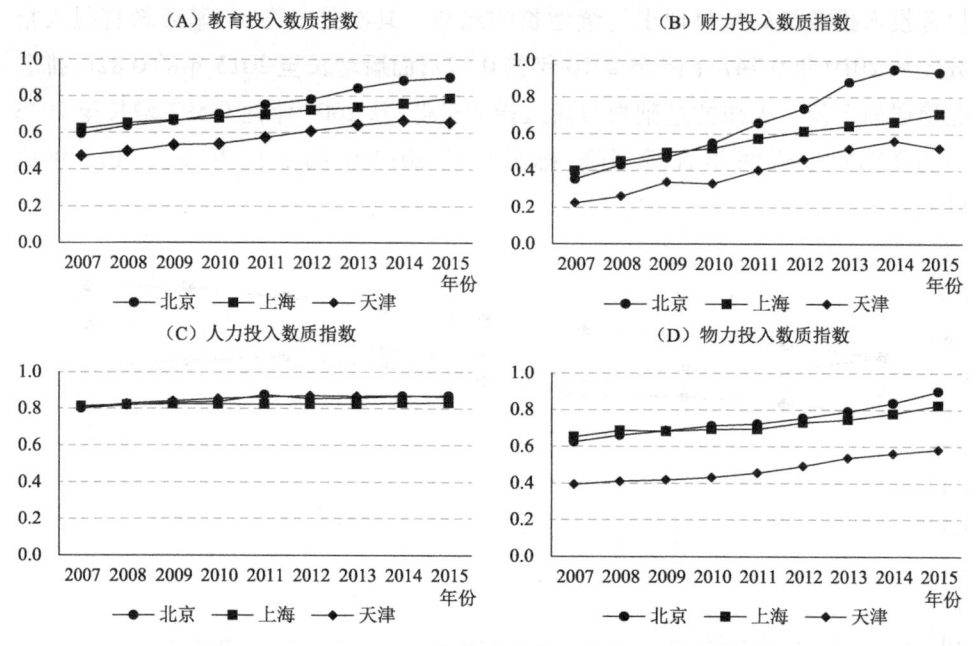

图 3-14 2007—2015 年京津沪基础教育投入数质指数

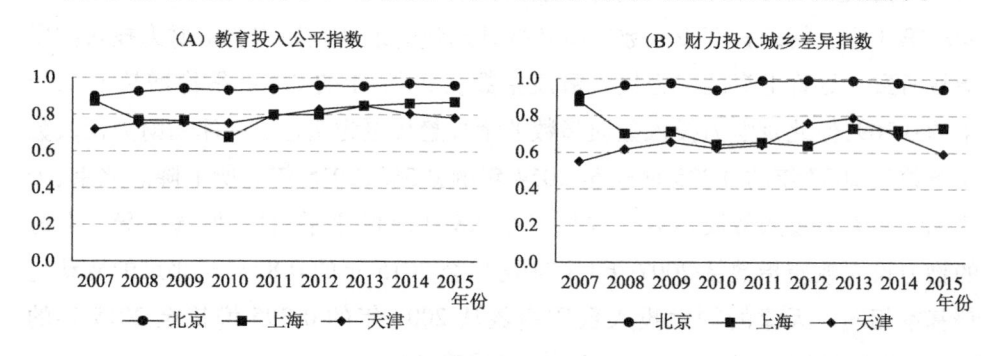

图 3-15 反映了 2007—2015 年京津沪基础教育投入公平指数的变动趋势。可以看出,上海和天津的教育投入公平指数基本保持在 0.8 左右的水平,北京的教育投入公平指数明显高于上海和天津。北京的财力投入城乡差异指数接近于 1,而上海和天津的财力投入城乡差异指数基本在 0.6~0.8 的水平上波动,远低于北京。上海和天津的物力投入城乡差异指数也比较接近,各年几乎均高于 0.8,但依然略低于北京。三个直辖市在人力投入城乡差异上并无明显差异。

(C) 人力投入城乡差异指数　　　　　(D) 物力投入城乡差异指数

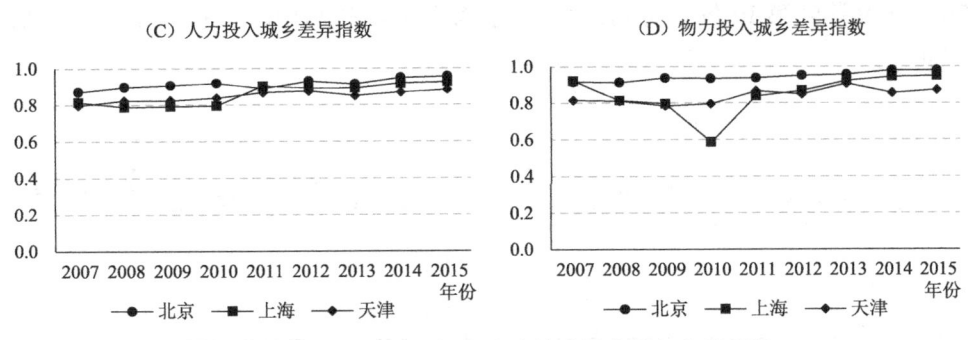

图 3-15　2007—2015 年京津沪基础教育投入公平指数

(二) 各级教育投入指数的差异

图 3-16 反映了 2007—2015 年京津沪各级教育投入指数的变动趋势。

上海幼儿园教育投入指数则先从 2007 年的 0.715 增长至 2015 年的 0.842，排名始终保持在前两位。天津幼儿园教育投入指数先从 2007 年的 0.640 下降至 2010 年的 0.597，但排名始终保持在第 3 位，而后增长至 2015 年的 0.703，排名反而下降至第 8 位。与北京相比，上海的幼儿园教育投入在 2011 年前与北京相差无几，但 2011 年后与北京的差距扩大，天津的幼儿园教育投入则明显低于北京和上海。

上海的小学教育投入指数从 2007 年的 0.806 下降至 2010 年的 0.678，而后上升至 2015 年的 0.814，排名从 2007 年第 2 位下降至 2010 年的第 15 位，而后上升至 2015 年的第 3 位。天津的小学教育投入指数从 2007 年的 0.713 上升至 2012 年的 0.822，基本保持在第 2 位，而后下降至 2015 年的 0.791，落到第 8 位。与北京相比，上海和天津的小学教育投入指数均低于北京，且都出现过持续下降的情况。

除 2012 年大幅度下降外，上海的初中教育投入指数从 2007 年的 0.705 增长至 2015 年的 0.842，排名稳居在第 2 位。天津的初中教育投入指数从 2007 年的 0.587 增长至 2013 年的 0.776，排名也从 2007 年的第 12 位上升至 2013 年的第 4 位，但近年来有所下降，2015 年又落到第 10 位。与北京相比，上海和天津的初中教育投入水平略低于北京。

上海的高中教育投入指数从 2007 年的 0.741 增长至 2015 年的 0.845，排名稳居在第 2 位。天津的高中教育投入指数从 2007 年的 0.509 增长至 2013 年的 0.716，排名也从 2007 年的第 30 位上升至 2013 年的第 3 位，但近年来有所下降，

2015年又落到第10位。与北京相比,上海和天津的高中教育投入水平明显低于北京。

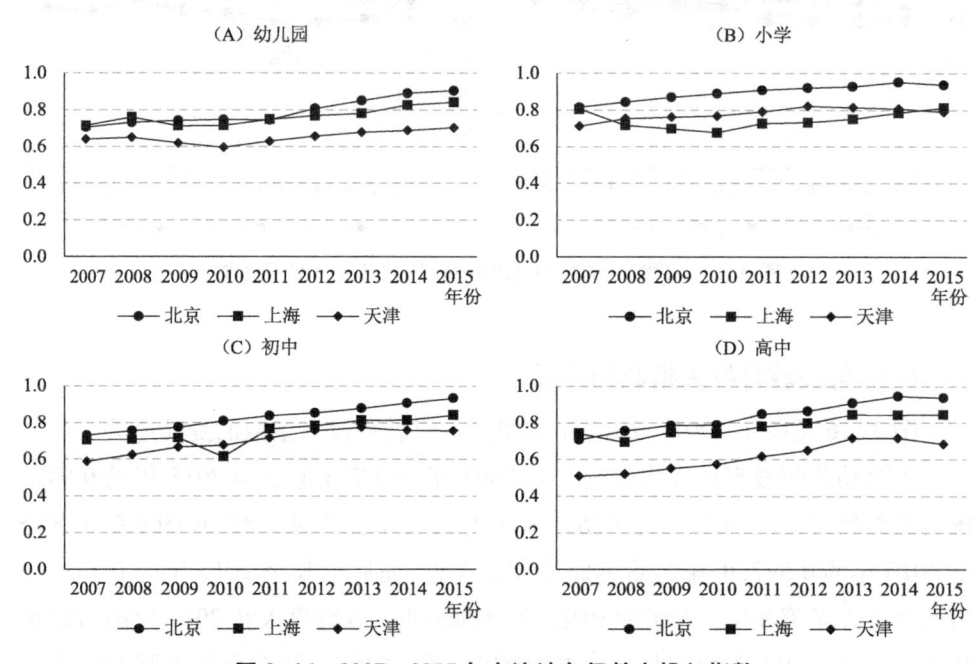

图3-16 2007—2015年京津沪各级教育投入指数

图3-17反映了2007—2015年京津沪各级教育投入数质指数的变动趋势。

上海幼儿园教育投入数质指数则从2007年的0.648增长至2015年的0.750,排名始终保持在第2位。天津幼儿园教育投入数质指数先从2007年的0.536波动增长至2015年的0.625,排名始终保持在第3位。与北京相比,上海的幼儿园教育投入在2011年前与北京相差无几,但2011年后与北京的差距扩大,天津的幼儿园教育投入则明显低于北京和上海。

上海的小学教育投入数质指数从2007年的0.699下降至2015年的0.771,排名始终保持在第2位。天津的小学教育投入数质指数从2007年的0.536上升至2014年的0.735,2015年下降至0.715,但排名基本保持在第3位。上海的小学教育投入水平基本保持不变,天津的小学教育投入变动趋势与北京基本一致,但明显低于北京。

上海的初中教育投入数质指数从2007年的0.559增长至2015年的0.786,近年来排名稳居在第2位。天津的初中教育投入数质指数从2007年的0.410增长至2015年的0.658,排名基本稳定在第3位。与北京相比,上海和天津的初中教育投入水平略低于北京。

上海的高中教育投入数质指数从2007年的0.586增长至2015年的0.828,2011年前排在第1位,2011年后排在第2位。天津的高中教育投入数质指数从2007年的0.444增长至2013年的0.655,排名基本保持在第3位。与北京相比,天津的高中教育投入水平明显低于北京和上海。上海的高中教育投入水平在2011年前与北京相当,但2011年后与北京的差距有所扩大。

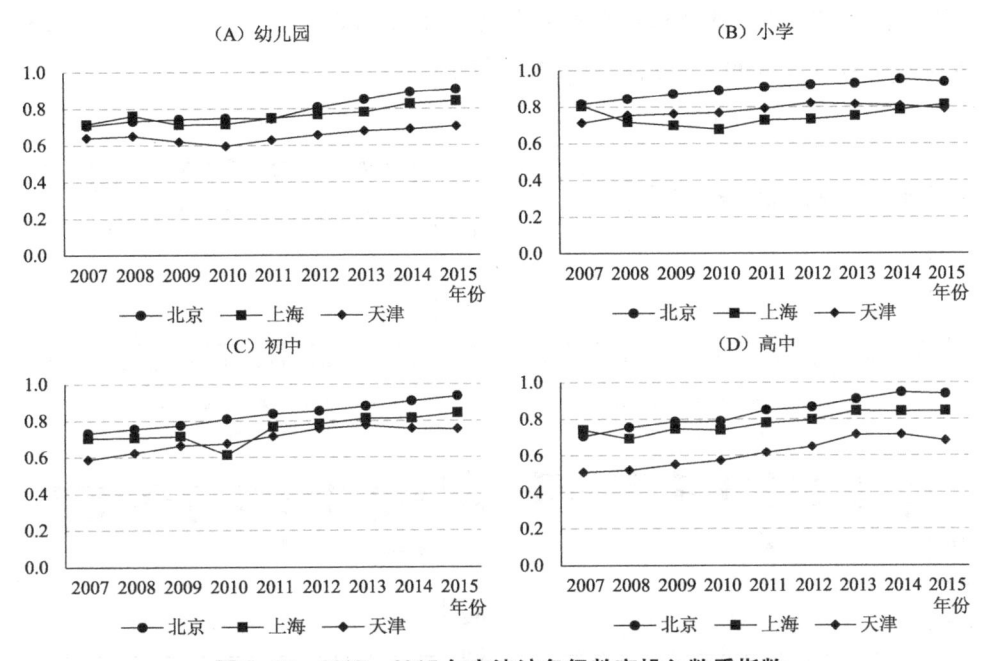

图3-17　2007—2015年京津沪各级教育投入数质指数

图3-18反映了2007—2015年京津沪各级教育投入公平指数的变动趋势。

上海幼儿园教育投入公平指数则从2007年的0.782增长至2015年的0.934,排名始终保持在前两位。天津幼儿园教育投入公平指数基本保持在0.7左右的水平。与北京相比,上海幼儿园教育投入的城乡差异与北京相差无几,天津幼儿园教育投入的城乡差异则明显大于北京。

上海的小学教育投入公平指数从2007年的0.913下降至2010年的0.650,而后上升至2015年的0.856,但排名基本处于最末位。天津的小学教育投入公平指数在2012年前基本保持在0.9左右的水平,2012年后持续下降至2015年的0.868,排名也从2012年的第13位落到2015年的第29位。与北京相比,上海和天津小学教育投入的城乡差异明显大于北京。

除2012年大幅度下降外,上海的初中教育投入公平指数基本稳定在0.8~0.9左右的水平。天津的初中教育投入公平指数与上海相当,也基本保持在0.8~0.9左右的水平。与北京相比,上海和天津初中教育投入的城乡差异略大于北京。

上海的高中教育投入公平指数在2007—2015年间在0.8左右波动,特别是在2013年后有较大幅度提高。天津的高中教育投入公平指数从2007年的0.574增长至2013年的0.834,而后下降至2015年的0.713。与北京相比,上海和天津高中教育投入的城乡差异明显大于北京。

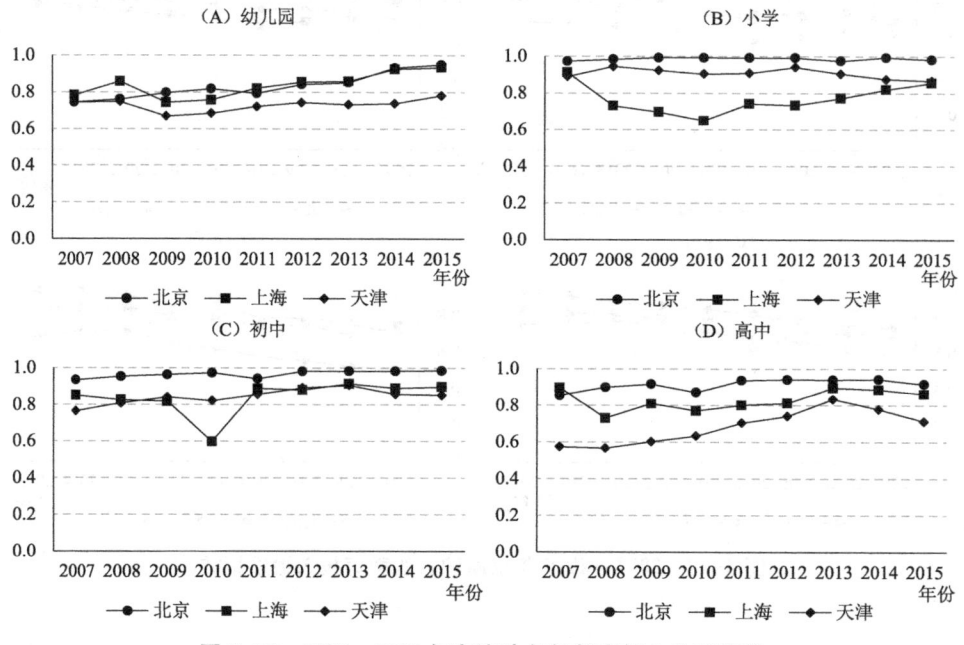

图3-18 2007—2015年京津沪各级教育投入公平指数

参考文献

中国教育科学研究院中国教育发展报告课题组,2013.中国教育综合发展水平研究[J].教育研究(12):32-39.

王善迈,等,2013.我国各省份教育发展水平比较分析[J].教育研究(6):29-41.

杨娟,丁建福,2010.构建县级政府教育职责评价指标[N].中国社会科学报2010-02-11(009).

岳昌君,2008.我国教育发展的省际差距比较[J].华中师范大学学报(人文社会科学版)(1):122-126.

吴玉鸣,李建霞,2004.中国区域教育竞争力与区域经济竞争力的关联分析——兼复胡咏梅教授等[J].教育与经济(1):6-12.

楚江亭,2002.关于建立我国教育发展指标体系的思考——兼论OECD教育发展指标体系的主要内容[J].教育理论与实践(4):12-17.

谈松华,袁本涛,2001.教育现代化衡量指标问题的探讨[J].清华大学教育研究(1):14-21.

第四章 北京市基础教育财政均衡发展分析

本章从横向公平和财政中立两个方面探讨了北京市基础教育财政投入的非均衡性。研究发现,2007—2015年,北京市区县间基础教育财政投入均衡程度整体得到巩固和加强,但北京市基础教育财政投入特别是公用经费支出仍然处于不均衡状态。从要素看,人员经费支出特别是工资福利支出增加会降低教育经费支出的差异。从组群看,人员经费支出的差异主要来源于功能区间的差异,而公用经费支出的差异则更多来源于功能区内的差异。学前教育和义务教育财政投入基本符合财富中立性和财政中立性,但普通高中尚不满足。公用经费支出对区县财富水平和自有财力的依赖程度有待提高。因此,为促进北京市区县间基础教育财政投入均衡发展,应特别关注学前教育和普通高中教育财政投入的区县差异,优化事业性经费支出机构,增加人员经费支出及其占比,通过市级统筹或转移支付的方式增加薄弱区县的公用经费支出。

一、研究概述

(一)研究缘起

教育公平是作为公平这一道德关系与道德要求在教育领域的体现,是对社会成员之间受教育权利及利益分配是否合理、是否符合人的平等权利的一种评价。教育公平作为一种重要的社会公平,在整个社会公平体系中具有基础性地位。《国家中长期教育改革和发展规划纲要(2010—2020年)》明确提出"教育公平是社会公平的重要基础","把促进公平作为国家基本教育政策"。由此可见,实现教育公平是和谐社会的共同理想,也是当前及未来教育改革与发展的基本价值取向。

北京市在20世纪90年代便提前完成了"普九"目标,迅速踏入普及高中阶段教育的进程中。21世纪,北京市教育事业发展的重心逐步转移到质量提升和均衡发展上,并确立了促进"义务教育高标准、高质量均衡发展"的目标。根据《北京市"十三五"时期教育改革和发展规划(2016—2020年)》,北京市教育公平取得了众多新突破,义务教育毛入学率超过100%,高中阶段教育毛入学率达到99%,义务教育就近入学比例超过90%,16个区县全部通过国家义务教育发展基本均衡县评估,人民群体教育的实际获得感明显提升,但公共教育资源特别是教育财政资源配置的均衡状况有待改善。

考察北京市基础教育财政均衡,具有重要的理论和现实意义。首先,本章全面深入地分析了北京市区县间生均教育经费支出的差异,不仅测算区县间教育财政投入的总体差异,还对这种差异按照支出项目和功能分区进行了分解,对我国教育财政均衡研究的内容进行了拓展与补充。其次,研究北京市教育财政均衡问题有助于认识北京市近十年来教育财政均衡的基本情况,厘清当前北京市基础教育财政体制中存在的问题,深化北京市教育财政体制改革,促进北京市基础教育财政和基础教育事业均衡发展,最终实现北京市教育公共服务均等化。

(二)概念阐释

教育均衡发展是一个相对的概念。目前,学术界普遍接受和广泛应用的是教育均衡的层次论。按照教育均衡的层次论,它包含三个相互联系的层次:一是确保人人都有受教育的权利和义务;二是提供相对平等的受教育的机会和条件;三是教育成就机会和教育效果的相对公平,即保证受教育者获得个性发展和实现相对均等的高质量的教育。这三个层次呈现依次递进关系,第一层次是最基础的要求,并且是第二层次和第三层次的前提条件;第二层次是对教育均衡发展更高层次的要求,同时也是实现教育结果均衡的重要前提条件;第三层次是最高要求,也是最终目标。与之相似,王善迈(2008)按教育公平实现过程将教育公平概括为起点公平、过程公平和结果公平。起点公平是指受教育权和教育机会公平,过程公平是受教育者享有公共教育资源的公平,结果公平为教育结果的质量公平,其中,起点公平是教育公平的前提,过程公平教育公平的条件,结果公平是教育公平的目标。

教育财政均衡是教育均衡的重要组成部分,是教育均衡在教育财政领域内的体现,是教育均衡发展的财力保障。从理论上讲,教育财政均衡在整个教育均衡体系中处于重要地位。首先,许多学者在定义教育均衡时强调过程均衡的重要性。比如,于建福(2002)认为,教育均衡是指政府通过一定的法律、法规、政策确保给公民或未来公民以同等受教育的权利和义务,通过政策的调整制定及资源的调配而提供相对均衡的教育机会和条件。翟博(2002)认为,教育均衡是在平等原则的支配下,教育机构、受教育者在教育活动中平等待遇的实现(包括建立和完善确保其实际操作的教育政策和法律制度),其最基本的要求就是在正常的教育群体之间平等地分配教育资源,达到教育需求与教育供给的相对均衡,并最终落实在人们对教育资源的支配和使用上。其次,从教育均衡的层次论看,教育机会均衡和教育结果均衡并不直接涉及教育财政均衡,只有教育过程均衡与教育财政均衡密切相关。从教育投入的类型看,直接投入包括经费投入,间接投入包括办学条件、师资配置等由于经费投入而形成教育资源。由于间接投入离不开直接投入的保障,故经费投入是教师资源和办学条件的原始形态。因此,教育财政均衡在教育过程均衡中处于基础性地位。最后,从现实上讲,北京市基础教育事业均衡发展也正处于第二阶段,即保证受教育者享受相对均等的受教育机会和条件。因此,教育财政均衡的实现对于北京市基础教育均衡的实现意义重大。

教育财政均衡分为横向财政均衡(Horizontal fiscal equilibrium)、纵向财政均衡(Vertical fiscal equilibrium)和财政中立性(Fiscal neutrality)。横向财政均衡又称"水平均衡",指的是接受公共资金的受教育者无论其能力如何,享有同样的教育财政资源待遇,获得分配均等的教育资源;纵向教育财政均衡又称"垂直均衡",指的是不同的受教育者享有不同的教育财政待遇,对特殊学生或者有特殊需要的地区允许分配给额外资源;财政中立性有时也称为财富中立性(Wealth neutrality),是指每个学生的公共教育经费支出上的差异不能与所在学区的富裕程度和财政能力相关。教育财政作为国家财政的二次分配,具有显著的公共财政性质,故教育财政学研究通常把财富中立性和财政中立性视为教育财政均衡的内在要求。

(三)文献回顾

20世纪90年代中后期,我国学者开始使用洛伦兹曲线和基尼系数对教育财政特别是义务教育财政均衡性进行实证研究。王善迈等人(1998)用生均教育经费支出的洛伦兹曲线变化说明了各省生均经费支出相对差异的年度变化。蒋鸣和(1999)使用我国1753个区县的教育经费支出数据,运用基尼系数较为全面地考察了不同收入水平区县的生均教育经费支出的城乡差异。随后,大量研究开始探讨我国教育财政的均衡性问题。杨颖秀(2005)、叶平和张传萍(2007)考察了基础教育生均预算内公用经费支出的基尼系数。安晓敏等人(2007)计算了1995—2004年我国城乡分区域的普通小学、普通初中生均预算内教育事业费支出的基尼系数,发现普通小学和普通初中的生均预算内教育事业费支出的地区差距在进一步扩大,普通小学的地区差异大于普通初中。此外,她还发现经济发展水平与教育财政均衡呈正相关关系,但在某些特定的时段,经济发展水平与教育财政均衡之间并不存在简单的同步发展关系。林涛和成刚(2008)计算了全国普通小学、普通初中、普通高中和高等学校的生均预算内教育事业费和公用经费支出的基尼系数,发现各级教育生均预算内事业性经费支出的基尼系数处于警戒状态(0.4)以下,故我国教育财政基本处于均衡状态。他们还发现,生均预算内公用经费支出的不均衡程度较高,虽然义务教育生均公用经费支出的不均衡程度在不断减弱,但普通高中和高等学校在加剧。

还有一些研究探讨了我国基础教育财政的中立性。从省际研究看,杜育红(2000)发现,经济发展衡量指标与我国普通小学和普通初中生均教育经费支出的相关系数均高于0.9,表明我国生均义务教育经费支出与地方经济发展水平的关系密切,即我国义务教育财政不符合中立性原则。栗玉香(2006)等研究者运用相同的方法得到了几乎一致的结论。梁文艳和杜育红(2008)的研究结果表明,2003—2006年各省义务教育生均经费支出与人均财政收入呈显著正相关,省级政府的投入努力程度不高、"省级财政不中立"是省际间义务教育不均衡问题产生的重要原因。陈朗平等(2010)的研究同样发现,2005—2008年我国义务教育财政中立性程度有所增强,但义务教育生均经费支出与地方经济发展水平的相关性依然很强。从县际研究看,基于2000年全国教育财政基层报表数据,丁延庆(2008)研究发现,无论是在民族地区还是非民族地区,中国县级单位的生均教育经费支出不满足财富中立性。林挺进等人(2009)使用2001—2006年上海市各区县基础教育财政性教育经费数据,发现区县基础教育生均经费支出与区县财力水平之间存在实质的、显著的函数关系,财政中立性原则没有得到验证。成刚(2008)在利用我国西部某省普通小学2003—2006年的数据分析义务教育财政均衡的现状时得到了类似的结论。部分研究者对于某些地区的研究结论存在分歧。比如,周金燕(2008)利用北京市各区县1999—2003年的数据研究发现,北京市基础教育财政并不符合财政中立原则,主要原因是区县政府自有财力是基础教育经费支出的主要来源。但闫琦和胡咏梅(2008)

的研究结果表明,2001—2004年北京市义务教育经费支出大体符合财政中立原则,各区县间经济发展水平和自有财力的差异,并非造成各区县间义务教育经费支出差异的原因。

二、研究方法

(一)基尼系数

基尼系数(Gini coefficient)是由意大利统计学家基尼在1912年提出的,是经济学上用来综合考察居民内部收入分配差异状况的一个重要指标。作为一种常用的统计分析方法,基尼系数是广义的分析工具,不仅可以用于分析收入分配的差距,而且可以用于一切分配问题和均衡程度的分析,教育领域也不例外。本章使用基尼系数计算北京市生均教育经费支出的不均衡程度。基尼系数的基本计算公式是:

$$G(y) = \frac{2}{n^2\mu}\sum_{i=1}^{n}(i-\frac{n+1}{2})y_i \tag{4.1}$$

其中,$G(y)$表示生均教育经费支出y的基尼系数,y_i表示区县i的生均教育经费支出,n表示区县数量,μ表示各区县生均教育经费支出的均值。基尼系数越大说明生均教育经费支出的差异程度越大,基尼系数越小则说明生均教育经费支出的差异程度越小。根据Odden和Picus(2000)提出的经验标准,当生均教育经费支出的基尼系数小于或等于0.05时,表明教育财政处于均衡状态,当生均教育经费支出的基尼系数大于0.05时,表明教育财政处于不均衡状态。

在对生均教育经费支出进行要素分解时,通常采用的是用分项生均教育经费支出的集中率指数(或称伪基尼系数)来进行分解。根据y_i从低到高进行排序,则:

$$G(y) = \frac{2}{n^2\mu}\sum_{i=1}^{n}(i-\frac{n+1}{2})\sum_{k}y_i^k = \sum_{k}\frac{\mu_k}{\mu}\bar{G}(y^k) \tag{4.2}$$

其中,y_i^k表示区县i的第k项生均教育经费支出。$\bar{G}(y^k)$表示第k项生均教育经费支出的集中率指数(Concentration ratio),即按照y_i^k对区县进行排序,计算第k项生均教育经费支出的伪基尼系数(Pseudo Gini coefficient):

$$\bar{G}(y^k) = \frac{2}{n^2\mu^k}\sum_{i=1}^{n}(i-\frac{n+1}{2})y_i^k \tag{4.3}$$

$\bar{G}(y^k)$ 的一个用处是,当 $\bar{G}(y^k) > G(y)$ 时,且各区县生均教育经费支出的均值不变时,第 k 项生均教育经费支出的比重增加将导致总体生均教育经费支出基尼系数的扩大,即导致更大的不平等,反之亦然。根据式(4.3)可以计算第 k 项生均教育经费支出的不平等对总体生均教育经费支出的不平等的贡献率 s_k,即

$$s_k = \frac{\frac{\mu_k}{\mu}\bar{G}(y^k)}{G(y)} \tag{4.4}$$

使用 STATA13.0 软件中的 inequal7 命令可以计算得到生均教育经费支出的基尼系数,使用 descogini 命令可以对生均教育经费支出的基尼系数进行要素分解。

(二)泰尔指数

泰尔指数(Theil index)最早由泰尔利用信息理论中的熵概念来计算收入不平等而得名。泰尔指数的基本计算公式如下:

$$T(y) = \frac{1}{n}\sum_{i=1}^{n}\frac{y_i}{\mu}\log(\frac{y_i}{\mu}) \tag{4.5}$$

其中,$T(y)$ 表示生均教育经费支出 y 的泰尔指数,y_i 表示区县 i 的生均教育经费支出,n 表示区县数量,μ 表示各区县生均教育经费支出的均值。和基尼系数不同,泰尔指数没有绝对意义,只有相对意义。泰尔指数越大说明生均教育经费支出的差异程度越大,泰尔指数越小则说明生均教育经费支出的差异程度越小。

泰尔指数具有非常好的可分解性质。当将样本分为多个群组时,泰尔指数可以用于衡量组内差异和组间差异对于总体差异的贡献。假设原样本可以分为 m 个群组,那么组内差异系数为:

$$T_w = \sum_m \frac{n_m}{n}\frac{\mu_m}{\mu}T_m \tag{4.6}$$

其中,n_m 是第 m 组的区县数量,μ_m 为第 m 组的生均教育经费支出的均值,T_m 为第 m 组生均教育经费支出的泰尔指数,即使用第 m 组数据单独计算的泰尔指数。组间差异系数(T_b)等于总体差异系数与组间差异系数之差,即 $T_b = T - T_w$。组内差异系数和组间差异系数分别除以总体差异系数,即得到组内差异和组间差异对总体差异的贡献。本章中按照北京市功能区将 16 个区县分成四组,即首都核心功能区、城市功能拓展区、城市发展新区和生态涵养发展区。

使用 STATA13.0 软件中的 inequal7 命令可以计算得到生均教育经费支出的泰

尔指数,使用 ineqdeco 命令可以对生均教育经费支出的基尼系数进行组群分解。

(三)相关系数

在考察生均教育经费支出的财富中立性和财政中立性时,本章使用皮尔森相关系数(Pearson correlation coefficient)。皮尔森相关系数是用来反映两个变量线性相关程度的统计量。本章关注生均教育经费支出与人均GDP和人均财政收入的相关系数。皮尔森相关系数的基本计算公式如下:

$$r = \frac{1}{n-1}\sum_{i=1}^{n}\left(\frac{y_i - \mu^y}{s_y}\right)\left(\frac{x_i - \mu^x}{s_x}\right) \quad (4.7)$$

其中,y_i表示区县i的生均教育经费支出,μ^y表示各区县生均教育经费支出的均值,s^y表示各区县生均教育经费支出的标准差,x_i表示区县i的财富水平,μ^x表示各区县财富水平的均值,s^y表示各区县财富水平的标准差,n表示区县数量。根据Picus(2001)提出的经验标准,当生均教育经费支出和财富水平的相关系数小于或等于0.5,表明教育财政符合财政中立原则,当生均教育经费支出和财富水平的相关系数大于0.5,表明教育财政不符合财政中立原则。

使用 STATA13.0 软件中的 pwcorr 命令可以计算得到生均教育经费支出与财富水平的相关系数。

(四)弹性系数

除皮尔森相关系数外,在考察生均教育经费支出的财富中立性和财政中立性时还需要计算弹性系数(Elastic coefficient)。生均教育经费支出关于地区财富水平的弹性系数表示地方财富水平变化1%引起的生均教育经费支出变化的百分比。弹性系数的基本计算公式如下:

$$\ln(y_i) = \alpha + \beta\ln(x_i) + \varepsilon_i \quad (4.8)$$

其中,y_i表示区县i的生均教育经费支出,x_i表示区县i的财富水平。α表示常数项,β表示弹性系数,ε_i表示随机误差项。根据Picus(2001)提出的经验标准,当生均教育经费支出关于财富水平的弹性系数小于或等于0.1,表明教育财政符合财政中立原则,当生均教育经费支出关于财富水平的弹性系数大于0.1,表明教育财政不符合财政中立原则。

成刚(2008)指出,相关系数和弹性系数的不同组合对教育财政中立的解释也不同。当二者很小时,表明教育财政不符合财政中立原则;当二者都很大时,表明教育财政符合财政中立原则;当相关系数大但弹性系数小时,表明教育财政不符合中立原则,二者之间存在关系,但关系不明显;当相关系数小但弹性系数大时,表明教育财政不符合中立原则,二者之间存在关系,且关系很重要。

三、北京市基础教育生均教育经费支出的不均衡分析

(一)北京市基础教育生均教育经费支出不均衡的变动趋势

1.学前教育

图 4-1(A)和(B)分别反映了 2007—2015 年北京市学前教育生均教育经费支出基尼系数和泰尔指数的变动趋势。可以看出,各年份学前教育生均经费支出的基尼系数均超过 0.05,表明北京市学前教育财政支出处于不均衡状态。生均教育经费支出、生均事业性费用支出和生均人员经费支出的基尼系数在 2011 年前呈现明显的下降趋势,而后保持在 0.15 左右的水平。生均公用经费支出的基尼系数在 2009 年前呈上升趋势,2010 年从 0.33 陡然下降至 0.18,而后整体呈现波动上升的趋势,近五年均保持在 0.2 以上的水平。由此可见,公用经费支出的不均衡程度更高且近年来在不断加剧。泰尔指数的变动趋势与基尼系数基本相同。

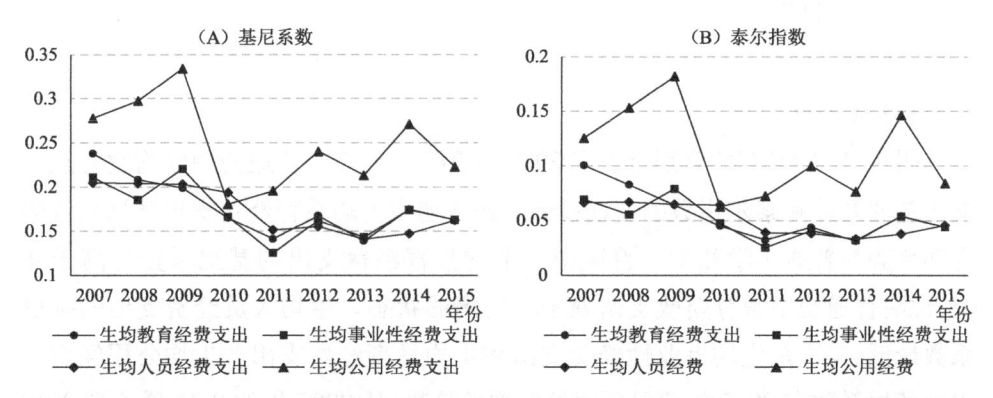

图 4-1 2007—2015 年北京市学前教育生均教育经费支出基尼系数和泰尔指数的变动趋势

数据来源:北京市教委财务部门提供的 2007—2015 年北京市分区县地方属教育和其他部门各级各类教育经费支出明细表。所有数据均为按照年平均学生数和价格水平(2010 年为基期)调整的实际生均教育经费支出数。

2.普通小学

图 4-2(A)和(B)分别反映了 2007—2015 年北京市普通小学生均教育经费支出基尼系数和泰尔指数的变动趋势。可以看出,普通小学生均教育经费

支出、生均事业性经费支出和生均人员经费支出的基尼系数相近,始终处于0.1~0.15的水平,但明显低于学前教育。生均公用经费支出的基尼系数在2012年前呈现一定的增长趋势,从2007年的0.24增长到2012年的0.31,而后呈现出快速下降的趋势,2015年达到0.22。由此可见,北京市普通小学教育财政支出的不均衡程度低于学前教育且基本保持稳定,但公用经费支出的不均衡状况得到明显改善。

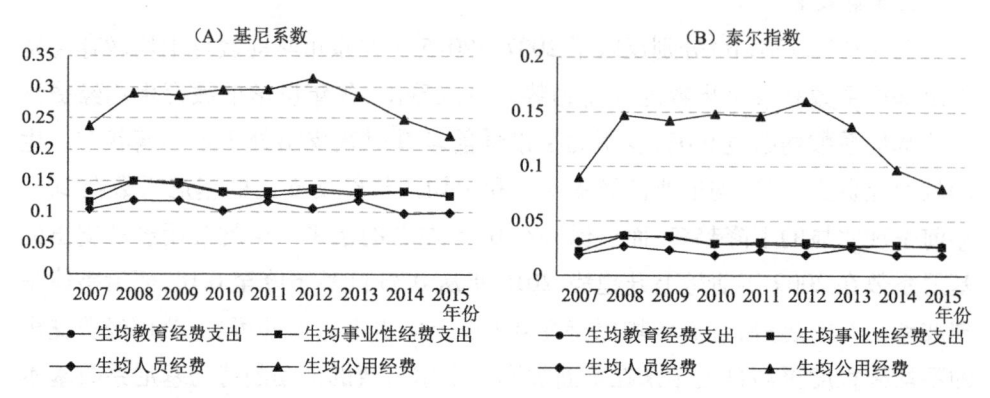

图4-2　2007—2015年北京市普通小学生均教育经费支出基尼系数和泰尔指数的变动趋势

数据来源:同图4-1。

3.普通初中

图4-3(A)和(B)分别反映了2007—2015年北京市普通初中生均教育经费支出基尼系数和泰尔指数的变动趋势。普通初中生均教育经费支出基尼系数的变动趋势与普通小学相似。普通初中生均教育经费支出的基尼系数均高于0.05,说明普通初中教育财政支出处于不均衡的状态。生均人员经费支出的基尼系数最低,其次是生均事业性经费支出和生均教育经费支出。生均公用经费支出的基尼系数在2012年前呈现明显的增长趋势,从2007年的0.21增长到2012年的0.29,而后呈现一定的下降趋势,但整体低于普通小学。由此可见,北京市普通初中教育财政支出的不均衡程度与普通小学相似,但公用经费支出的不均衡程度大于普通小学。

4.普通高中

图4-4(A)和(B)分别反映了2007—2015年北京市普通高中生均教育经费支出基尼系数和泰尔指数的变动趋势。可以看出,普通高中生均教育经费支出的基尼系数整体处于0.1~0.2之间的水平,2010—2012年的基尼系数明

显高于其他三个教育层级。从变动趋势看,生均教育经费支出的基尼系数在2010年前呈现上升趋势而后呈现明显的下降趋势,从2010年的0.20下降至2015年的0.11。这表明,普通高中教育财政支出处于不均衡状态,但不均衡程度在近年来得到明显改善。生均事业性经费支出和生均人员经费支出的基尼系数相近且低于生均教育经费支出,呈现明显的下降趋势。生均人员经费支出的基尼系数虽然在各年份间波动较大,但整体处于0.2左右的水平,明显低于其他教育层级。

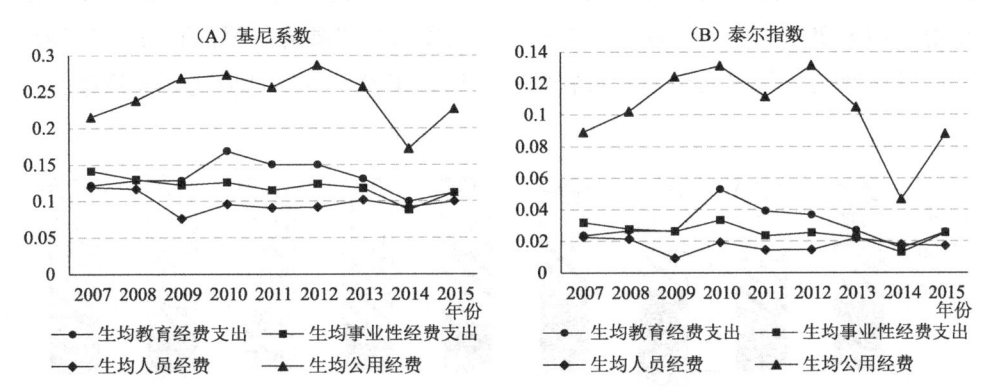

图 4-3　2007—2015 年北京市普通初中生均教育经费支出基尼系数和泰尔指数的变动趋势
数据来源:同图 4-1。

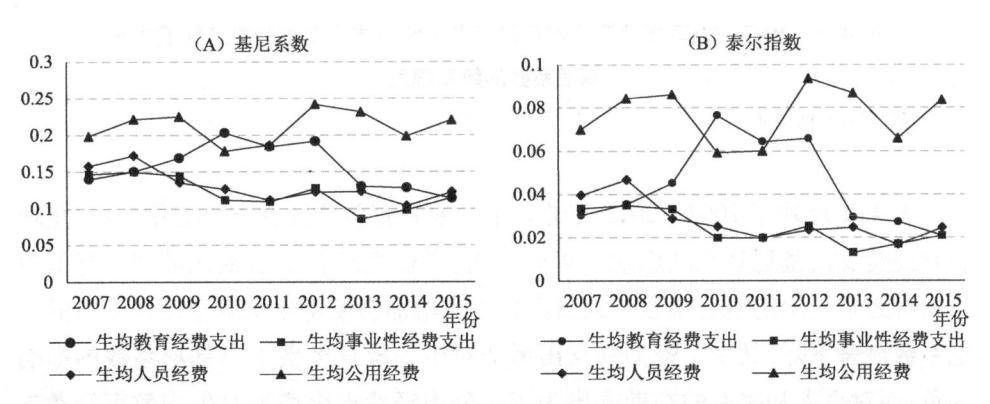

图 4-4　2007—2015 年北京市普通高中生均教育经费支出基尼系数和泰尔指数的变动趋势
数据来源:同图 4-1。

(二)北京市基础教育生均教育经费支出不均衡的来源

1. 按支出项目

1)学前教育。图4-5反映了2007—2015年北京市学前教育各项经费支出对生均教育经费支出基尼系数的解释程度。可以看出,人员经费支出差异解释的百分比在2010年前均保持在60%左右的水平且呈现明显的增加趋势,而后迅速下降至2013年的26%,2015年又增加至49%,这种变化主要是由工资福利支出差异解释的百分比的剧烈变化所致。商品和服务支出差异解释的百分比在各年份间约为20%,2014年后接近40%。专项项目支出差异解释的百分比在2012年后迅速变大。基建支出差异解释的百分比各年份均较小且呈现下降趋势。

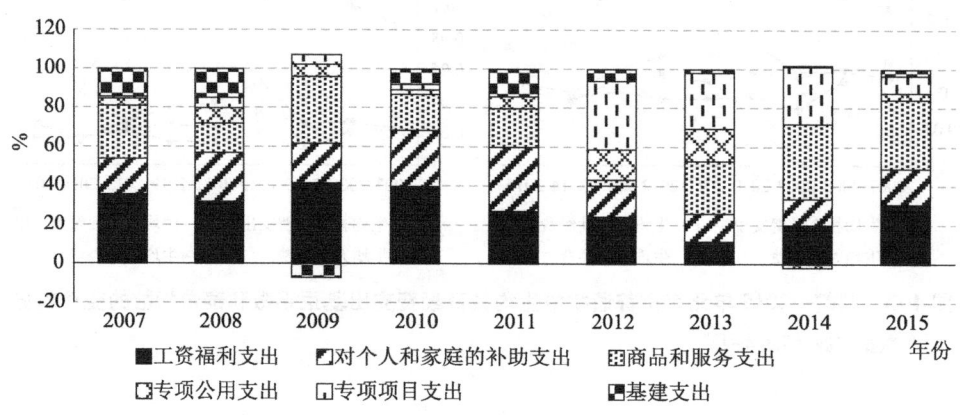

图4-5 2007—2015年北京市学前教育各项经费支出对生均教育经费支出基尼系数的解释程度

数据来源:同图4-1。

表4-1反映了2007—2015年北京市学前教育各项经费支出变化1%对生均教育经费支出基尼系数的影响。可以看出,事业性经费支出变化增加会降低生均教育经费支出的基尼系数。人员经费支出增加会使得生均教育经费支出的基尼系数显著下降,其中工资福利支出增加对生均教育经费支出基尼系数的影响为负,而对个人和家庭的补助支出为正。公用经费支出增加对生均教育经费支出基尼系数的影响不明确,但2012年后的影响为正。专项项目支出增加对生均教育经费支出基尼系数的正向影响较为明确。基建支出增加会导致生均教育经费支出基尼系数的增加。

表 4-1 2007—2015 年北京市学前教育各项经费支出变化 1%对生均教育经费支出基尼系数的影响

年份 项目	2007	2008	2009	2010	2011	2012	2013	2014	2015
事业性经费支出	−0.110	−0.109	0.101	−0.049	−0.119	−0.041	−0.001	−0.004	−0.015
人员经费支出	−0.121	−0.090	−0.020	0.048	−0.055	−0.152	−0.210	−0.201	−0.065
工资福利支出	−0.142	−0.168	−0.069	−0.102	−0.226	−0.195	−0.251	−0.216	−0.127
对个人和家庭补助支出	0.020	0.078	0.049	0.150	0.171	0.043	0.041	0.015	0.062
公用经费支出	0.012	−0.019	0.120	−0.097	−0.064	0.111	0.209	0.197	0.050
商品和服务支出	0.041	−0.047	0.116	−0.061	−0.026	−0.182	0.017	0.104	0.060
专项公用支出	−0.014	0.028	−0.008	−0.040	−0.002	0.070	0.057	−0.099	−0.052
专项项目支出	−0.016	0.000	0.012	0.005	−0.036	0.222	0.136	0.191	0.043
基建支出	0.110	0.109	−0.101	0.049	0.119	0.041	0.001	0.004	0.015

数据来源:同图 4-1。

2)普通小学。图 4-6 反映了 2007—2015 年北京市普通小学各项经费支出对生均教育经费支出基尼系数的解释程度。可以看出,各年份普通小学各项经费支出对生均教育经费支出基尼系数的解释程度相对比较稳定。人员经费支出差异解释的百分比约为 40%,工资福利支出和对个人和家庭的补助支出差异的解释程度各占约一半。公用经费支出差异解释的百分比约为 60%。商品服务支出和项目专项支出差异解释的百分比相对较大,而专项公用支出差异解释的百分比较小。

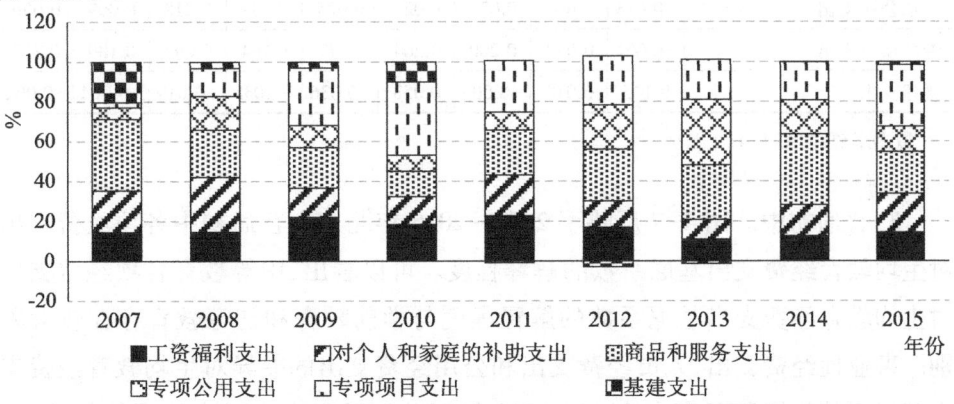

图 4-6 2007—2015 年北京市普通小学各项经费支出对生均教育经费支出基尼系数的解释程度

数据来源:同图 4-1。

表 4-2 反映了 2007—2015 年北京市普通小学各项经费支出变化 1%对生均教育经费支出基尼系数的影响。可以看出,事业性经费支出变化增加对生均教育经费支出基尼系数的影响不明确,但近年来事业性经费支出增加会导致生均教育经费支出基尼系数的上升。与学前教育相似,人员经费支出增加会使得生均教育经费支出的基尼系数显著下降,但与学前教育不同的是,工资福利支出与对个人和家庭的补助支出增加对生均教育经费支出基尼系数的影响均为负。公用经费支出增加对生均教育经费支出基尼系数的影响在各年份均明显为正,且除个别年份外,商品和服务支出、专项公用支出和专项项目支出增加均会降低生均教育经费支出的基尼系数。基建支出增加对生均教育经费支出基尼系数的影响不明确,但近年来基建支出增加对降低生均教育经费支出的基尼系数有影响。

表 4-2 2007—2015 年北京市普通小学各项经费支出变化 1%对生均教育经费支出基尼系数的影响

年份 项目	2007	2008	2009	2010	2011	2012	2013	2014	2015
事业性经费支出	−0.145	−0.012	0.006	−0.053	0.036	0.038	0.019	0.004	0.002
人员经费支出	−0.278	−0.209	−0.246	−0.295	−0.200	−0.353	−0.348	−0.288	−0.233
工资福利支出	−0.259	−0.258	−0.175	−0.223	−0.183	−0.256	−0.255	−0.224	−0.223
对个人和家庭补助支出	−0.019	0.049	−0.072	−0.072	−0.017	−0.097	−0.092	−0.064	−0.010
公用经费支出	0.134	0.197	0.253	0.242	0.236	0.391	0.367	0.292	0.236
商品和服务支出	0.150	0.049	0.022	−0.044	0.034	0.078	0.053	0.123	−0.039
专项公用支出	−0.013	0.067	0.031	0.023	0.025	0.149	0.218	0.069	0.050
专项项目支出	−0.004	0.082	0.200	0.264	0.177	0.164	0.097	0.100	0.225
基建支出	0.145	0.012	−0.006	0.053	−0.036	−0.038	−0.019	−0.004	−0.002

数据来源:同图 4-1。

3)普通初中。图 4-7 反映了 2007—2015 年北京市普通初中各项经费支出对生均教育经费支出基尼系数的解释程度。可以看出,中等教育各项经费支出对生均教育经费支出基尼系数的解释程度与学前教育和初等教育存在较大差别。事业性经费支出、人员经费支出和公用经费支出的差异对生均教育经费支出基尼系数的解释程度在 2007—2015 年间总体呈现出先减小后增加的趋势。与之相反,基建支出差异对生均教育经费支出基尼系数的解释程度则呈现先增加后减小的趋势,特别是对 2010 年而言,基建支出差异对生均教育经费支出基尼系数的解释程度高达54%，而人员经费支出和公用经费支出差异只能分别解释生均教育经费支出基尼系数的20%和26%。

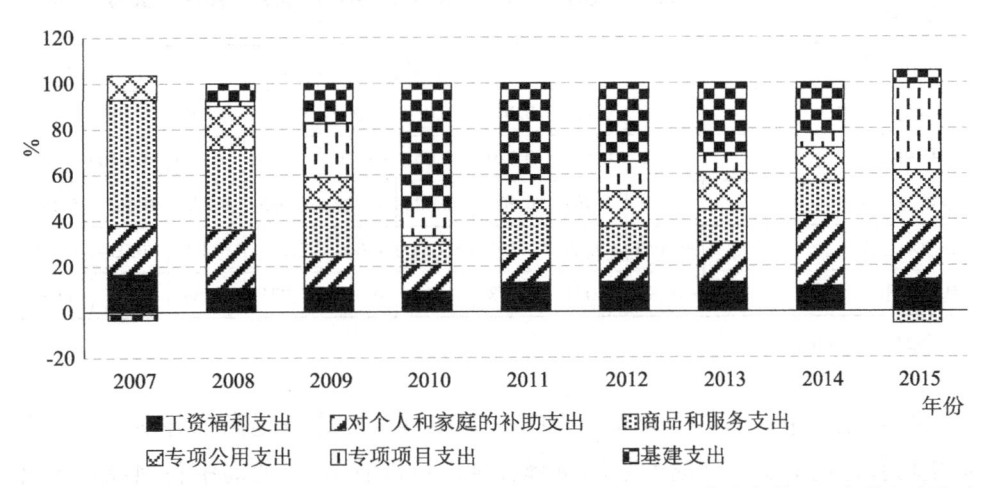

图4-7　2007—2015年北京市普通初中各项经费支出对生均教育经费支出基尼系数的解释程度

数据来源：同图4-1。

表4-3反映了2007—2015年北京市普通初中各项经费支出变化1%对生均教育经费支出基尼系数的影响。可以看出，事业性经费支出增加对生均教育经费支出基尼系数的影响为负。人员经费支出特别是工资福利支出增加会使得生均教育经费支出的基尼系数显著下降，但对个人和家庭的补助支出增加对生均教育经费支出基尼系数的影响不明确。公用经费支出特别是专项公用支出增加对生均教育经费支出基尼系数的影响为正，商品和服务支出和专项项目支出增加对生均教育经费支出基尼系数的影响不明确。基建支出增加则会大幅度增加生均教育经费支出的基尼系数。

表4-3　2007—2015年北京市普通初中各项经费支出变化1%对生均教育经费支出基尼系数的影响

年份 项目	2007	2008	2009	2010	2011	2012	2013	2014	2015
事业性经费支出	0.096	-0.031	-0.098	-0.394	-0.325	-0.271	-0.265	-0.185	-0.029
人员经费支出	-0.165	-0.229	-0.338	-0.344	-0.334	-0.373	-0.265	-0.168	-0.195
工资福利支出	-0.195	-0.276	-0.275	-0.278	-0.264	-0.279	-0.233	-0.244	-0.224

续表

年份 项目	2007	2008	2009	2010	2011	2012	2013	2014	2015
对个人和家庭补助支出	0.030	0.047	-0.063	-0.066	-0.071	-0.094	-0.032	0.076	0.029
公用经费支出	0.261	0.198	0.241	-0.050	0.009	0.102	0.001	-0.016	0.166
商品和服务支出	0.293	0.136	0.029	-0.068	-0.013	-0.038	-0.036	-0.046	-0.243
专项公用支出	0.029	0.088	0.060	-0.020	0.020	0.085	0.070	0.063	0.139
专项项目支出	-0.061	-0.026	0.151	0.037	0.002	0.055	-0.033	-0.034	0.270
基建支出	-0.096	0.031	0.098	0.394	0.325	0.271	0.265	0.185	0.029

数据来源：同图4-1。

4）普通高中。图4-8反映了2007—2015年北京市普通高中各项经费支出对生均教育经费支出基尼系数的解释程度。可以看出，普通高中各项经费支出对生均教育经费支出基尼系数的解释程度与普通初中大致相同。但与普通初中相比，基建支出差异对生均教育经费支出基尼系数的解释程度更高，人员经费支出特别是对个人和家庭的补助支出差异的解释程度也更高。

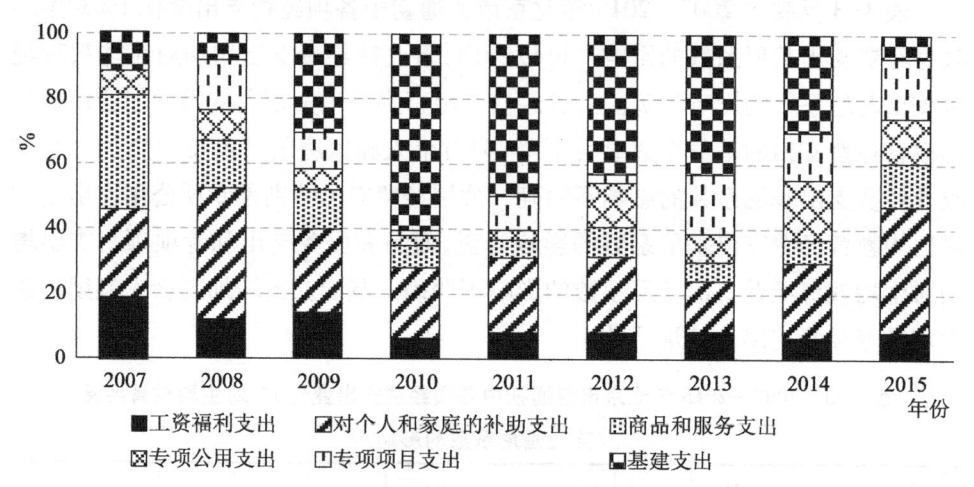

图4-8 2007—2015年北京市普通高中各项经费支出对生均教育经费支出基尼系数的解释程度

数据来源：同图4-1。

表4-4反映了2007—2015年北京市普通高中各项经费支出变化1%对生均教育经费支出基尼系数的影响。可以看出，事业性经费支出增加对生均教

育经费支出基尼系数的影响为负。人员经费支出特别是工资福利支出增加会使得生均教育经费支出的基尼系数下降,但对个人和家庭的补助支出增加会使得生均教育经费支出的基尼系数上升。公用经费支出特别是专项支出增加对生均教育经费支出基尼系数的影响不明确,但商品和服务支出增加会降低生均教育经费支出的基尼系数。基建支出增加则会大幅度增加生均教育经费支出的基尼系数。

表 4-4 2007—2015 年北京市普通高中各项经费支出变化 1%对生均教育经费支出基尼系数的影响

年份 项目	2007	2008	2009	2010	2011	2012	2013	2014	2015
事业性经费支出	-0.050	-0.045	-0.199	-0.423	-0.376	-0.328	-0.354	-0.251	-0.042
人员经费支出	-0.093	-0.084	-0.188	-0.251	-0.268	-0.293	-0.283	-0.263	-0.128
工资福利支出	-0.169	-0.267	-0.236	-0.279	-0.295	-0.319	-0.255	-0.281	-0.299
对个人和家庭补助支出	0.076	0.183	0.048	0.028	0.027	0.026	-0.028	0.018	0.171
公用经费支出	0.044	0.039	-0.010	-0.172	-0.108	-0.036	-0.071	0.012	0.085
商品和服务支出	0.088	-0.065	-0.074	-0.108	-0.108	-0.072	-0.113	-0.115	-0.067
专项公用支出	0.008	0.009	0.001	-0.020	-0.025	0.067	0.005	0.088	0.049
专项项目支出	-0.053	0.095	0.063	-0.045	0.025	-0.031	0.037	0.039	0.104
基建支出	0.050	0.045	0.199	0.423	0.376	0.328	0.354	0.251	0.042

数据来源:同图 4-1。

2.按功能区

1)学前教育。图 4-9 报告了 2007—2015 年北京市学前教育生均教育经费支出泰尔指数的分解结果。可以看出,教育经费支出特别是事业性经费支出的差异在 2011 年前主要来源于组间差异,而在 2012 年以后主要来源于组内差异。尽管人员经费支出和公用经费支出的差异分解结果在各年份间基本稳定,但二者情况有所不同。人员经费支出的差异中组间差异约占 70%,而公用经费支出的差异中组间差异仅占 20%左右。

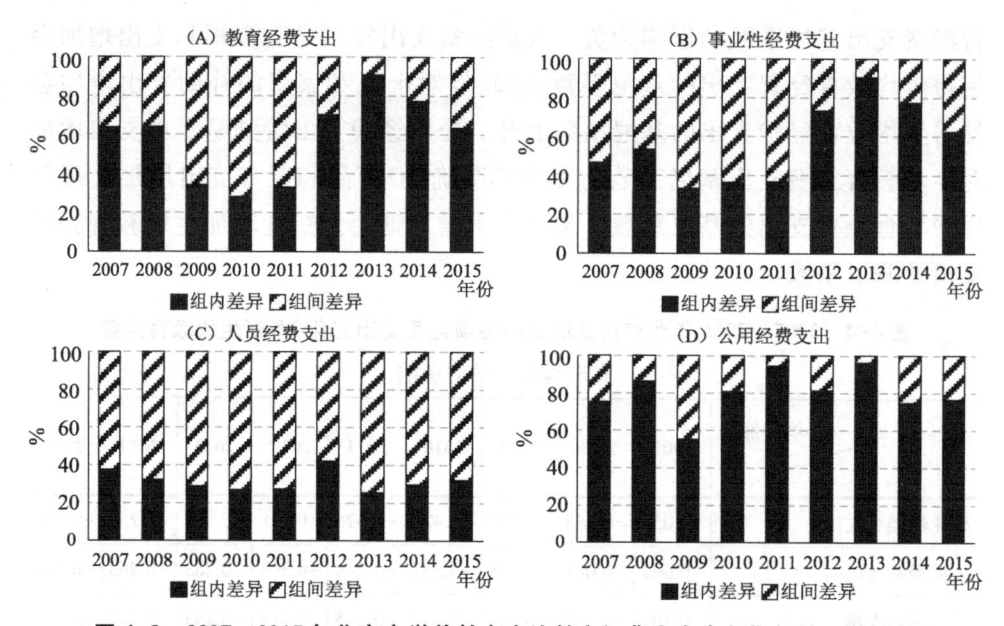

图 4-9　2007—2015 年北京市学前教育生均教育经费支出泰尔指数的分解结果

数据来源:同图 4-1。

2)普通小学。图 4-10 报告了 2007—2015 年北京市普通小学生均教育经费支出泰尔指数的分解结果。可以看出,教育经费支出和事业性经费支出差异中组间差异占比整体呈现出先减小后增加的变动趋势,2015 年组间差异约占教育经费支出和事业性经费支出差异的 60%。人员经费支出的差异中组间差异占 70%左右。公用经费支出的差异中组间差异占比尽管低于组内差异,但整体呈现上升趋势。

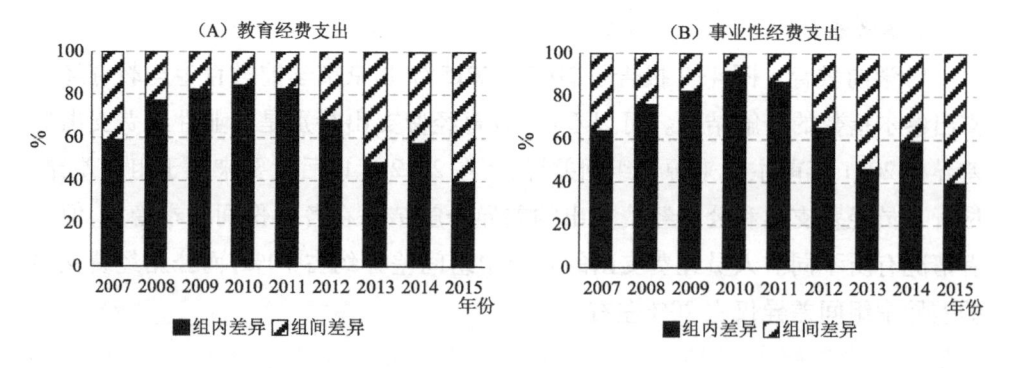

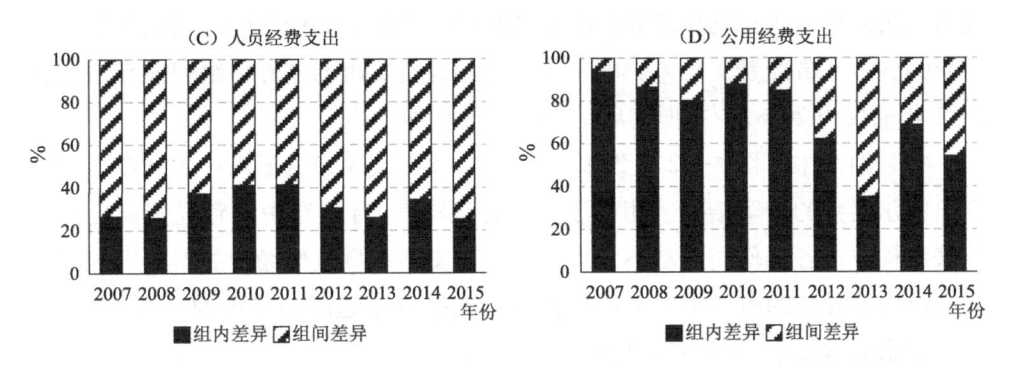

图 4-10　2007—2015 年北京市普通小学生均教育经费支出泰尔指数的分解结果

数据来源：同图 4-1。

3）普通初中。图 4-11 报告了 2007—2015 年北京市普通初中生均教育经费支出泰尔指数的分解结果。其教育经费支出和事业性经费支出差异中组间差异占比整体呈现先减小后增加的变动趋势，仅 2015 年组间差异和组内差异约各占教育经费支出和事业性经费支出差异的一半。与教育经费支出相反，人员经费

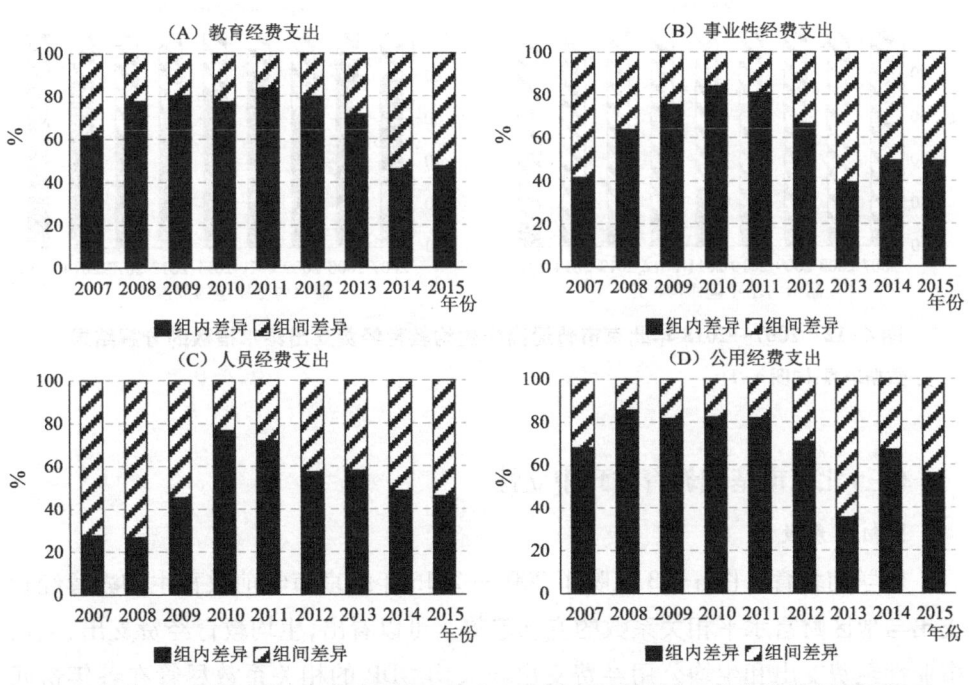

图 4-11　2007—2015 年北京市普通初中生均教育经费支出泰尔指数的分解结果

数据来源：同图 4-1。

支出中组间差异占比则呈现先减小后增加的变动趋势,2015年组间差异和组内差异约各占人员经费支出差异的一半。公用经费支出的差异中组间差异占比在2011年前仅为20%左右,但随后呈现明显的增加趋势。

4)普通高中。图4-12报告了2007—2015年北京市普通高中生均教育经费支出泰尔指数的分解结果。相比于其他各级教育,普通高中教育经费支出差异的来源构成在各年份间波动不大。教育经费支出和事业性经费的差异中组间差异和组内差异各约占一半。人员经费支出的差异中组间差异占80%以上,公用经费支出的差异中组间差异仅占30%左右。

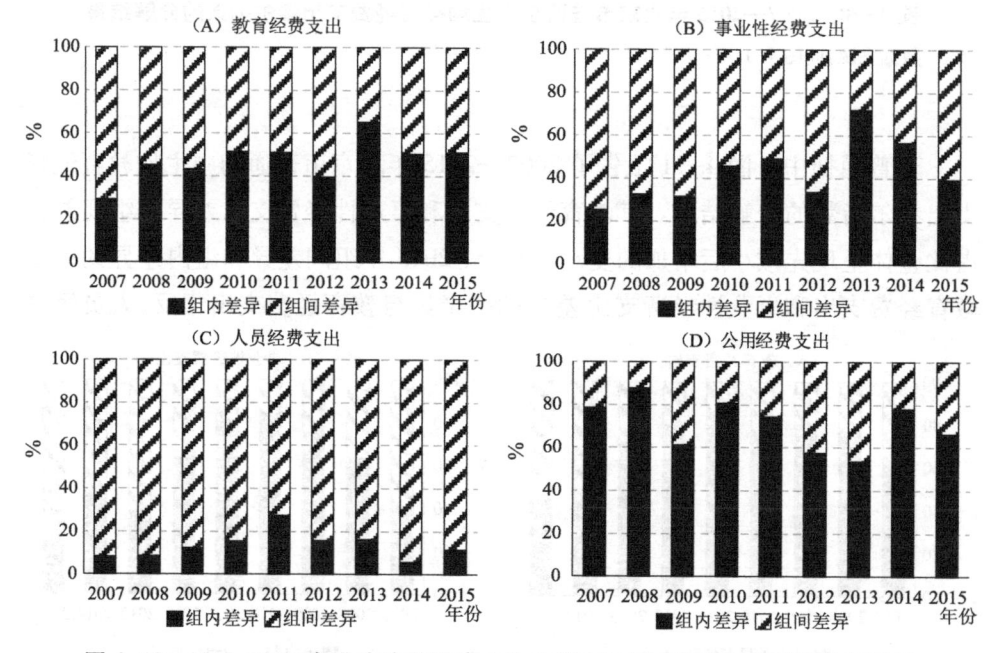

图4-12　2007—2015年北京市普通高中生均教育经费支出泰尔指数的分解结果
数据来源:同图4-1。

(三)北京市基础教育财政中立性

1.相关系数

1)学前教育。图4-13反映了2007—2015年北京市学前教育生均教育经费支出与地区财富水平相关系数的变动趋势。可以看出,生均教育经费支出、生均事业性经费支出和生均公用经费支出与人均GDP的相关系数尽管在各年份间波动较大,但各年份间基本都在0.5以下,特别是生均公用经费支出与人均GDP

的相关系数在近年来基本围绕零值上下波动。但生均人员经费支出与人均GDP的相关系数基本保持在0.6左右的水平。生均教育经费支出与人均财政收入的相关系数与人均GDP大致相同。这表明,北京市学前教育财政投入基本满足财富中立性和财政中立性,但人员经费支出并不满足中立原则。

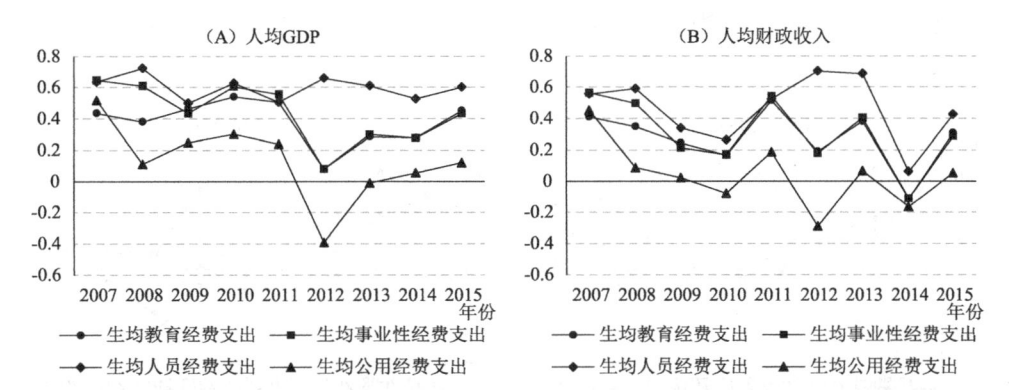

图4-13 2007—2015年北京市学前教育生均教育经费支出与地区财富水平相关系数的变动趋势

数据来源:教育经费数据来源于北京市教委财务部门提供的2007—2015年北京市分区县地方属教育和其他部门各级各类教育经费支出明细表。所有数据均为按照年平均学生数和价格水平(2010年为基期)调整的实际生均教育经费支出数。人均GDP和人均财政收入数据来源于2008—2016年《北京区域统计年鉴》,经笔者计算得到。

2)普通小学。图4-14反映了2007—2015年北京市普通小学生均教育经费支出与地区财富水平相关系数的变动趋势。可以看出,生均教育经费支出与人均GDP、人均财政收入的相关系数基本保持在0.5以下的水平,且整体呈现出下降趋势。由此可见,北京市普通小学教育财政投入基本满足财富中立性和财政中立性。

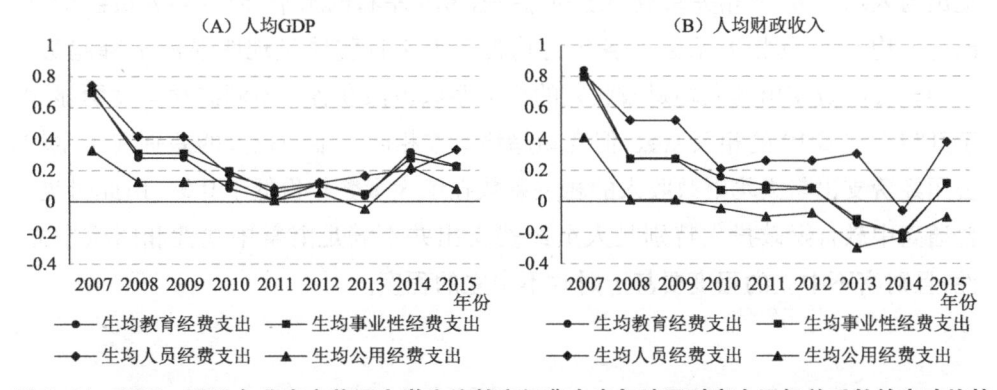

图4-14 2007—2015年北京市普通小学生均教育经费支出与地区财富水平相关系数的变动趋势

数据来源:同图4-13。

3)普通初中。图4-15反映了2007—2015年北京市普通小学生均教育经费支出与地区财富水平相关系数的变动趋势。可以看出,生均教育经费支出与人均GDP、人均财政收入的相关系数基本保持在0.5以下的水平,表明北京市普通初中教育财政投入基本满足财富中立性和财政中立性。但近年来生均公用经费支出与人均GDP、人均财政收入的相关系数出现了持续的较大幅度增长,需要引起注意。

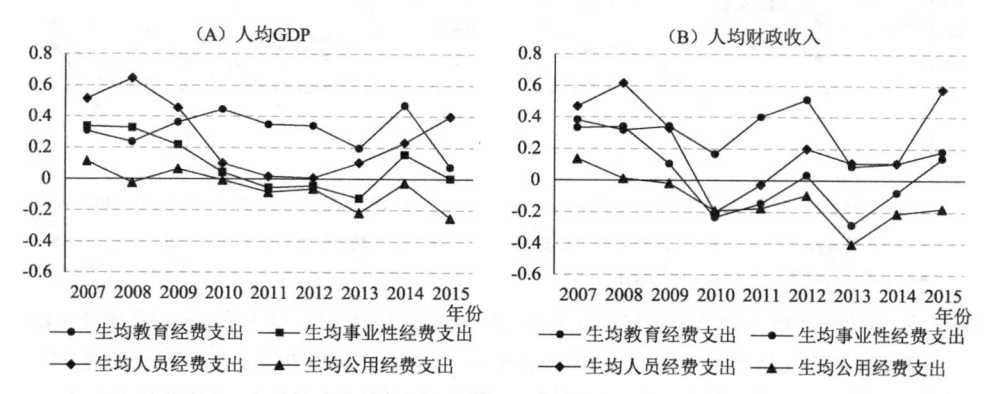

图4-15 2007—2015年北京市普通初中生均教育经费支出与地区财富水平相关系数的变动趋势
数据来源:同图4-13。

4)普通高中。图4-16反映了2007—2015年北京市普通初中生均教育经费支出与地区财富水平相关系数的变动趋势。可以看出,生均教育经费支出与人均GDP的相关系数基本保持在0.7左右的水平,生均事业性经费支出与人均GDP的相关系数除2013—2014年外基本保持在0.5以上的水平,生均人员经费支出与人均GDP的相关系数稳定地保持在0.8左右的水平,而生均人员经费支出与人均GDP的相关系数在各年份均低于0.4且整体呈现明显的下降趋势。生均教育经费支出与人均财政收入的相关系数虽然在各年份间波动幅度明显大于其与人均GDP的相关系数,但变动趋势基本相同。唯一较大的差别在于生均公用经费支出与人均财政收入的相关系数在绝大多数年份低于0.5。由此可见,普通高中教育财政投入特别是人员经费支出并不满足财富中立性和财政中立性,且财富不中立的程度要甚于财政不中立的程度。

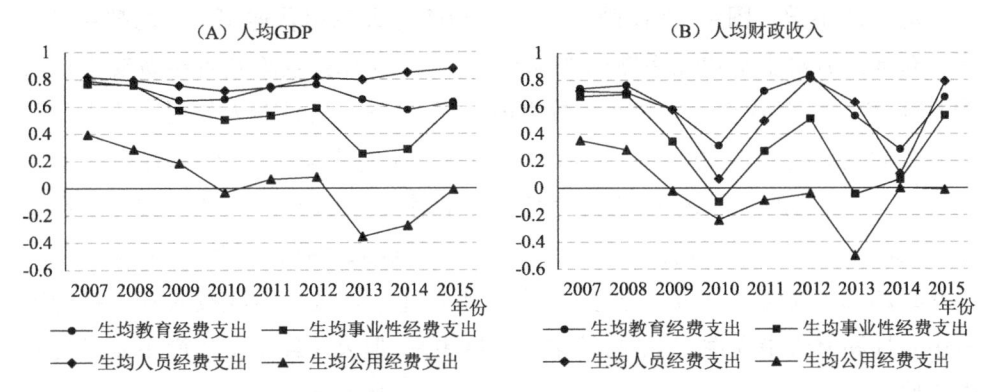

图 4-16　2007—2015 年北京市普通高中生均教育经费支出与地区财富水平相关系数的变动趋势
数据来源：同图 4-13。

2. 弹性系数

1）学前教育。图 4-17 反映了 2007—2015 年北京市学前教育生均教育经费支出对地区财富水平弹性系数的变动趋势。可以看出，生均教育经费支出对人均 GDP 和人均财政收入的弹性系数整体呈现出明显的下降趋势。生均教育经费支出对人均 GDP 的弹性系数在 2011 年前高于 0.2，但从 2012 年后基本保持在 0.1 左右的水平。生均教育经费支出对人均财政收入的弹性系数除 2007—2008 年和 2013 年外基本低于 0.1。由此可见，北京市学前教育财政投入的财富中立和财政中立程度在不断提高。

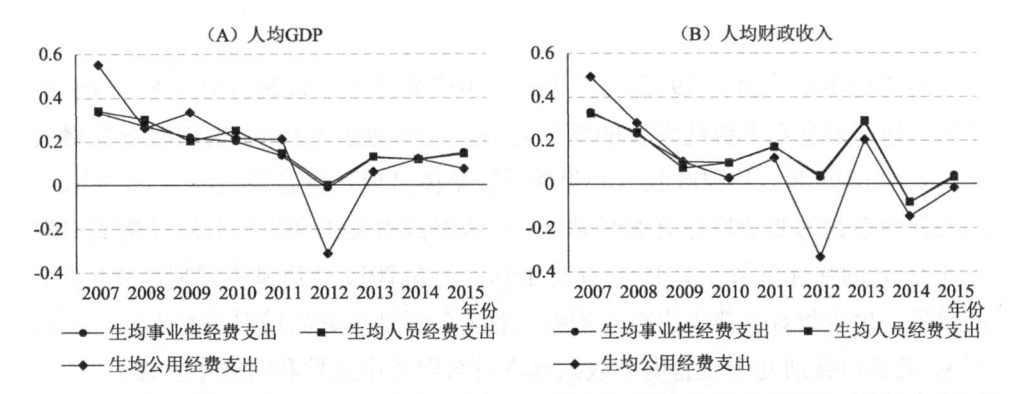

图 4-17　2007—2015 年北京市学前教育生均教育经费支出对地区财富水平弹性系数的变动趋势
数据来源：同图 4-13。

2)普通小学。图4-18反映了2007—2015年北京市普通小学生均教育经费支出对地区财富水平弹性系数的变动趋势。可以看出,生均教育经费支出对人均GDP和人均财政收入的弹性系数整体呈现下降趋势,且对人均财政收入的弹性系数的变动趋势更加明显。生均人员经费支出对人均GDP的弹性系数基本保持在0.1左右的水平,但生均公用经费支出对人均GDP的弹性系数几乎在各年份均高于0.1。生均教育经费支出对人均财政收入的弹性系数在2011年前高于0.1,2012年后基本为负。这表明,北京市普通小学教育财政投入基本符合财富中立性和财政中立性,其中财政中立程度更高,但公用经费支出尚不满足财政中立性。

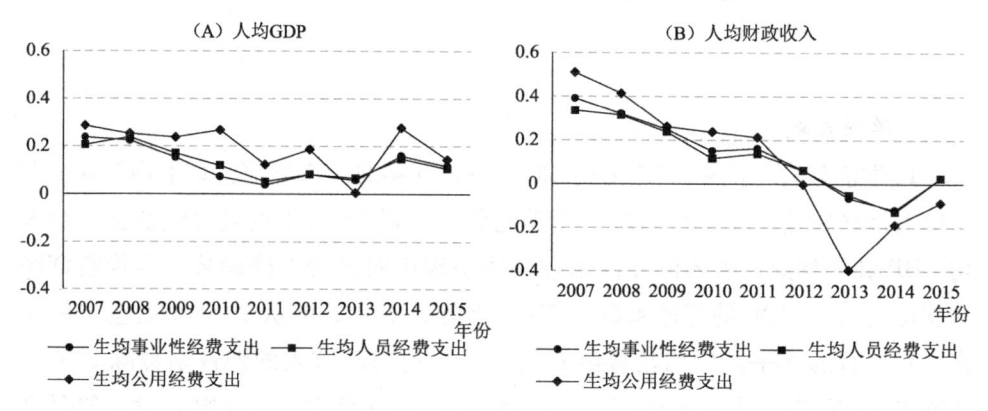

图4-18 2007—2015年北京市普通小学生均教育经费支出对地区财富水平弹性系数的变动趋势
数据来源:同图4-13。

3)普通初中。图4-19反映了2007—2015年北京市普通初中生均教育经费支出对地区财富水平弹性系数的变动趋势。与普通小学相似,生均教育经费支出对人均GDP和人均财政收入的弹性系数整体呈现下降趋势,且对人均财政收入的弹性系数的变动趋势更加明显。生均人员经费支出和生均公用经费支出对人均GDP的弹性系数在2010年前高于0.1,但在2011年后基本保持在0.1以下的水平。生均教育经费支出对人均财政收入的弹性系数的情况与之类似。由此可见,北京市普通初中教育财政投入基本符合财富中立性和财政中立性。

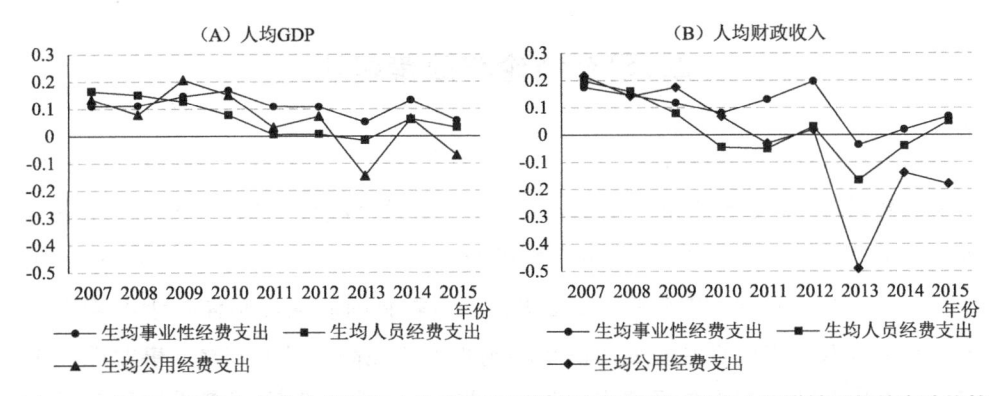

图 4-19　2007—2015 年北京市普通初中生均教育经费支出关于地区财富水平弹性系数的变动趋势
数据来源：同图 4-13。

4）普通高中。图 4-20 反映了 2007—2015 年北京市普通高中生均教育经费支出对地区财富水平弹性系数的变动趋势。与学前教育和义务教育不同，虽然生均教育经费支出对人均 GDP 的弹性系数整体呈现下降趋势，但生均事业性经费支出和生均人员经费支出对人均 GDP 的弹性系数在各年份均高于 0.1，生均公用经费支出对人均 GDP 的弹性系数在 2011 年后基本下降至 0.1 左右的水平。尽管生均教育经费支出对人均 GDP 的弹性系数的变动更加剧烈，但基本情况与生均教育经费支出对人均 GDP 的弹性系数一致。因此，北京市普通高中教育财政投入尚不符合财富中立性和财政中立性，但公用经费支出符合财富中立性和财政中立性。

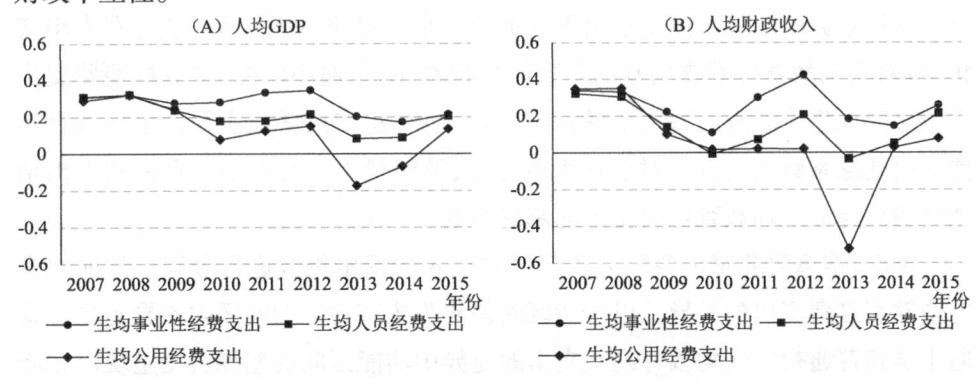

图 4-20　2007—2015 年北京市普通高中生均教育经费支出关于地区财富水平弹性系数的变动趋势
数据来源：同图 4-13。

四、研究结论与政策建议

本章从横向公平和财政中立性两个方面考察了北京市各区县教育财政支出的不均衡状况,主要得到如下发现。首先,本章通过测算2007—2015年北京市各区县生均教育经费支出、生均事业性经费支出、生均人员经费支出和生均公用经费支出的基尼系数和泰尔指数,发现北京市教育财政支出整体处于不均衡状态。非义务教育事业性经费支出的不均衡程度明显高于义务教育。事业性经费支出的不均衡状况与人员经费支出相近,其中学前教育最高,义务教育和普通高中较为相近。公用经费支出的不均衡程度高于人员经费。学前教育和普通小学公用经费的不均衡程度最高,其次是普通初中,普通高中最低。从变动趋势看,学前教育公用经费支出的不均衡程度在近年来呈现一定的上升趋势,义务教育呈现明显的下降趋势,普通高中则基本保持不变。

其次,本章对北京市各区县教育财政投入的基尼系数进行要素分解。从各项经费支出对生均教育经费支出基尼系数的解释程度看,基建支出差异对生均教育经费支出基尼系数的解释程度对学前教育和初等教育而言很小,但对中等教育而言很大且呈现出先增加后减小的趋势。对学前教育和普通小学而言,事业性经费支出对生均教育经费支出基尼系数的解释程度相对稳定,对学前教育而言人员经费支出的解释程度更高,而对普通小学而言公用经费支出的解释程度更高。对中等教育而言,人员经费支出和公用经费支出差异对生均教育经费支出基尼系数的解释程度呈现出先增加后减小的变动趋势。从各项经费支出变化1%对生均教育经费支出基尼系数的影响看,除普通小学外,事业性经费支出增加会降低生均教育经费支出的基尼系数,而基建支出增加会导致生均教育经费支出基尼系数的上升。对于各级教育,人员经费支出特别是工资福利支出增加会明显降低生均教育经费支出的基尼系数。

再次,本章对北京市各区县教育财政投入的泰尔指数进行分解。学前教育生均教育经费支出的差异从以功能区间差异为主转为以功能区内差异为主。普通小学和普通初中生均教育经费支出的差异中功能区间的差异占比呈现出先降低后增加的趋势,2015年功能区间的差异分别能够解释60%和50%的普通小学和普通初中生均教育经费支出的差异。生均人员经费差异主要来源于功能区间的差异,学前教育、普通小学和普通高中生均教育经费支出的差异中功能区间的差异占比分别约为70%、70%和80%。普通初中生均人员经费差异中功能区间的差异占比呈现先降低后增加的趋势,2015年这一比例约为50%。相比于人员经费支出,生均公用经费支出的差异则更多来源于功能区内的差异。学前教育和普通高中生均公用经费支出的差异中功能区间的差异占比分别约为20%和30%。普通小学和普通初中生均公用经费支出的差异中功能区间的差异占比分别呈现逐渐增加和减小的趋势,2015年这一比例均为50%左右。

最后,本章通过计算各项目生均教育经费支出对人均GDP和人均财政收入的弹性系数考察了北京市各区县教育财政投入的财富中立性和财政中立性。研究发现,学前教育财政投入基本满足财政中立性和财富中立性,但公用经费支出尚不满足中立原则。义务教育财政投入基本满足财政中立性和财富中立性,但普通小学公用经费支出不满足中立原则,而普通初中公用经费支出财富不中立和财政不中立的程度在近年来有所增加。普通高中教育财政投入特别是事业性经费支出和人员经费支出并不满足财富中立和财政中立原则,但公用经费支出基本符合中立原则。

针对上述结论,本章提出如下政策建议:首先,在大力发展学前教育和普及高中阶段教育的背景下,应特别关注学前教育和普通高中事业性经费的不均衡程度,降低生均教育经费支出对区县财富水平和自有财力的依赖程度。其次,应优化事业性经费支出的结构。第三章指出,我国初等教育人员经费支出占比明显低于国际经验标准值。本章发现,人员经费支出特别是工资福利支出增加会明显降低生均教育经费支出的差异。因此,增加人员经费支出不仅能够优化初等教育财政投入结构,还能够促进教育财政投入均衡发展。此外,区县间人员经费支出的差异主要源于功能区间的差异,故统筹各功能区人员经费支出对缩小区县间人员经费支出差异至关重要。最后,各级教育特别是学前教育和普通小学公用经费支出的不均衡程度明显高于人员经费,且学前教育公用经费支出的不均衡程度在近年来有所加剧。因此,北京市政府应当通过市级统筹或转移支付的方式增加财政薄弱区县的公用经费支出,以削弱公用经费支出在区县间的非均衡性。下章将深入探讨市对区县教育转移支付对缩小区县间教育财政投入差异的影响。

参考文献

安晓敏,任永泽,田里,2007.我国义务教育经费配置公平性的实证研究——

基于教育基尼系数的测算与分析[J].东北师大学报(哲学社会科学版)(4):138-142.

陈朗平,付卫东,刘俊贵,2010.免费义务教育政策下教育财政公平性研究[J].教育研究(12):8-13.

成刚,2008.省内义务教育财政公平研究——基于西部某省小学数据的经验分析[J].清华大学教育研究(5):101-111.

丁延庆,2008.中国民族自治地区和非民族自治地区义务教育生均支出分析[J].北京大学教育评论(1):154-166.

杜育红,2000.教育发展不平衡研究[M].北京:北京师范大学出版社.

蒋鸣和,1999.中国义务教育发展县际差距的估计[C].教育指标与政策分析国际研讨会.

栗玉香,2006.义务教育均衡推进的财政分析与政策选择[J].教育理论与实践(8):13-16.

梁文艳,杜育红,2008.省际间义务教育不均衡问题的实证研究——基于生均经费的分析指标[J].教育科学(4):11-16.

林涛,成刚,2008.我国义务教育财政公平的经验研究——基于浙江省普通小学数据的分析[J].北京师范大学学报(社会科学版)(3):98-107.

林挺进,张树剑,时帅,2009.上海市基础教育经费投入均衡性问题研究(2000-2006)[J].复旦教育论坛(6):60-66.

王善迈,杜育红,刘远新,1998.我国教育发展不平衡的实证分析[J].教育研究(6):19-23.

王善迈,2008.教育公平的分析框架和评价指标[J].北京师范大学学报(社会科学版)(3):93-97.

闫琦,胡咏梅,2008.北京市义务教育财政资源配置公平性研究[C].中国教育经济学年会会议.

杨颖秀,2005.基础教育生均预算内公用经费支出的基尼系数考查[J].教育研究(9):53-58.

叶平,张传萍,2007.基础教育生均预算内公用经费基尼系数的再考查——兼与杨颖秀教授商榷[J].教育研究(2):48-55.

于建福,2002.教育均衡发展:一种有待普遍确立的教育理念[J].教育研究(2):10-13.

翟博,2006.教育均衡发展:理论指标及测算方法[J].教育研究(3):16-28.

周金燕,2008.区县基础教育财政的充足和公平初探——以北京市为个案[J].教育科学(1):17-20.

ODDEN A R, PICUS L O, 2000. School finance: a policy perspective[M]. (2nd Ed.). New York: McGraw-Hill.

PICUS L O, 2001. In search of more productive schools: a guide to resource allocation in education[M].McNaughton & Gunn.

第五章　北京市对区县义务教育转移支付研究

在促进义务教育均衡发展政策背景和"以县为主、省级统筹"的义务教育财政体制下,合理划分层级政府间义务教育经费分担责任是保障义务教育经费合理分配的重要举措。来自上级政府的义务教育转移支付对于促进区县间义务教育均衡发展意义重大。本章使用2007—2013年北京市教育经费统计数据考察了义务教育转移支付制度及其实施效果。研究发现,转移支付资金分配因素、方式和结果既存在合理之处,又存在不合理之处。市级转移支付对缩小区县间普通中小学生均经费特别是公用经费的差异有明显作用,但尽管如此,各区县之间教育经费的差异并没有明显变化。本章提出如下政策建议:一是做好转移支付的基础工作,包括测算市级义务教育生均支出标准和区县自筹教育经费能力,完善区县教育经费支出统计;二是建立转移支付资金分配公式,改变以项目经费为主的资金分配方式,完善转移支付资金预算管理。

一、北京市级义务教育转移支付责任、方式与相关研究

(一)中央关于义务教育财政省级统筹政策的发展

我国与多数国家一样,义务教育主要由政府举办。各级政府的教育财政责任与办学责任有比较密切的关系。1980年"财政包干"改革后很长一段时期,我国各级政府在教育财政责任的划分上,实行"谁办学谁负担"的政策,将办学责任与财政负担责任一体化。在城市,义务教育主要由区县举办,区县成为义务教育经费的主要负担者。在多数农村地区,很长时期里,普通小学和普通初中多由村和乡镇举办,农民和乡镇成为主要的经费负担者。进入21世纪后,义务教育财政体制发生了很大的变化。一是农村实行税费改革后,义务教育办学责任由县级政府承担,经费负担由县及以上各级政府共同分担。二是中央政府在加大义务教育财政转移支付的同时,逐渐提出了义务教育经费省级统筹的改革方向。

第五章　北京市对区县义务教育转移支付研究

2001年国务院《关于基础教育改革与发展的决定》提出,"省级和地(市)级人民政府要加强教育统筹规划,搞好组织协调。在安排对下级转移支付资金时要保证农村义务教育发展的需要。""省级人民政府要统筹制定农村义务教育发展和中小学布局调整的规划,严格实行教师资格制度,逐县核定教师编制和工资总额,对财力不足、发放教师工资确有困难的县,要通过调整财政体制和增加转移支付的办法解决农村中小学教师工资发放问题。"这里的省级统筹,既包括规划布局、教师管理,也包括农村义务教育经费、特别是农村教师工资。

2003年国务院《关于进一步加强农村教育工作的决定》提出,"中央、省和地(市)级政府要通过增加转移支付,增强财政困难县义务教育经费的保障能力。特别是省级政府要切实均衡本行政区域内各县财力,逐县核定并加大对财政困难县的转移支付力度。""省级人民政府要统筹安排,确保农村中小学教职工工资按时足额发放,进一步落实省长(主席、市长)负责制"。该文件规定了省级政府均衡县级财力和对财政困难县的转移支付责任,再次提出了省级政府对农村义务教育经费的统筹责任,即对农村教师工资的统筹责任,并要求实行省长负责制。

2005年国务院《关于深化农村义务教育经费保障机制改革的通知》规定,"省级人民政府要负责统筹落实省以下各级人民政府应承担的经费,制订本省(区、市)各级政府的具体分担办法,完善财政转移支付制度,确保中央和地方各级农村义务教育经费保障机制改革资金落实到位。"这个文件强调了省级政府要统筹落实地方政府分担的各个项目的经费,具体包括新机制中的"两免一补"、提高公用经费标准、校舍维修资金等内容。

2006年,全国人大常委会对《义务教育法》进行了修改,对各级政府的义务教育财政责任做出了更加明确的规定,在法律上规定了省级政府对义务教育经费的统筹责任。《义务教育法》第四十四条规定,"义务教育经费投入实行国务院和地方各级人民政府根据职责共同负担,省、自治区、直辖市人民政府负责统筹落实的体制。农村义务教育所需经费,由各级人民政府根据国务院的规定分项目、按比例分担。"第四十六条规定,"国务院和省、自治区、直辖市人民政府规范财政转移支付制度,加大一般性转移支付规模和规范义务教育专项转移支付,支持和引导地方各级人民政府增加对义务教育的投入。"新的《义务教育法》扩展了以前中央政策文件中省级政府义务教育经费统筹的范围,即从统筹农村义务教育经费扩展到包括城市在内的全部义务教育经费,并且对省级政府提出规范和加大对下级政府义务教育财政转移支付,制定公用经费标准的要求。

2010年《国家中长期教育改革和发展规划纲要(2010—2020年)》重申了《义务教育法》有关义务教育财政体制和省级统筹的规定,"义务教育全面纳入财政保障范围,实行国务院和地方各级人民政府根据职责共同负担,省、自治区、直辖市人民政府负责统筹落实的投入体制。"

可以看出,自2001年开始至今,义务教育改革所涉及的相关政策文件都提出了义务教育"省级统筹"的规定,要求省级政府通过转移支付的方式平衡省内各区县教育发展差异。

(二)北京市级政府对义务教育均衡发展的财政责任

在中央政府推进义务教育经费"省级统筹"改革的背景下,北京市政府也改革了市与区县在义务教育经费分担责任的划分,市级政府承担了比过去更大的财政责任。

2007年,中共北京市委、北京市人民政府发出《关于进一步推进义务教育均衡发展的意见》(以下简称《意见》),对市级政府义务教育财政责任做出了新的规定。《意见》提出,"市、区政府要调整教育经费支出结构,保证义务教育投入占全市教育经费投入比例逐年提高。""现阶段,促进首都义务教育均衡发展的工作重点是要大力推进'四个倾斜':一是解决城乡教育均衡要向农村倾斜;二是解决区域教育均衡要向不发达地区倾斜;三是解决区域内教育均衡要向基础薄弱学校倾斜;四是解决教育对象受教育均衡要向弱势群体倾斜。"

2009年实行的《北京市实施〈中华人民共和国义务教育法〉办法》第四十八条提出,"本市义务教育经费投入实行市人民政府统筹落实、本市各级人民政府根据职责共同负担的体制。区、县人民政府应当按照职责,依法保障义务教育经费投入,市人民政府应当按照规定分项目、按比例分担义务教育经费并对财力薄弱的区、县予以补助和支持。"该文件还提出,市级政府相关部门应当"加大义务教育转移支付规模,支持和引导区、县人民政府增加对义务教育的投入",并且"制定高于国家标准的学生人均公用经费标准,并按照本市实现教育现代化的要求,根据经济和社会发展状况适时调整"。

2011年发布的《北京市中长期教育改革和发展规划纲要(2010—2020年)》提出,要"建立健全义务教育均衡发展保障机制。各级政府要依法落实推进义务教育均衡发展的职责,均衡配置教师、设备、图书、校舍等资源,推进义务教育公共服务均等化。""建立城乡一体化义务教育发展机制,在财政拨款、学校建设、教师配置等方面向农村倾斜,保障农村教育发展需求。""完善义务教育经费保障机制,健全义务教育经费市级统筹、市与区县政府分担、管理以区县为主的体制,不断增强市政府统筹和引导力度。"

北京市义务教育经费"市级统筹、市与区县共同分担,管理以区县为主"的改革思路,给市级政府提出了增加义务教育经费,加大对区县义务教育财政转移支付力度的要求,也是未来相当长时期内市与区县义务教育,以及整个基础教育财政分担体制的基本框架。

(三)教育转移支付的方式与国际经验

加大市级政府对区县的义务教育财政转移支付,需要设计好转移支付的方式,借鉴国内外的有益经验。

教育财政转移支付通常可以分为两类:一类被包含在上级政府对下级政府的一般性转移支付中。一般性转移支付的目的旨在确保地方政府有财政能力提供同全国大致相等的包括教育在内的公共服务水平,通常很难精确计算出这类转移支付用于教育的具体比例。另一类是上级政府指定用于教育的转移支付,如我国农村义务教育经费保障机制中中央政府按项目分担的部分。教育转移支付资金在分配方式上,可以按项目分配。根据是否要求下级政府用于指定的用途,又可以进一步将教育转移支付分为专项转移支付和非专项转移支付。教育非专项转移支付虽然也被指定用于教育,但对于下级政府如何使用,以及用在教育的哪些方面并无具体要求。

教育财政转移支付的政策目标一般有四个:一是教育外部影响内在化。就是上级政府通过转移支付,激励和引导下级政府增加教育支出,从而达到更高的教育支出水平。二是教育财政的纵向和横向平衡,即上下级政府之间的教育财政能力与支出责任匹配,同一级别的各个地区政府之间教育财政能力和教育事业责任基本相同。三是提高教育个人公平。对处境不利的群体或无财政能力的个人提供额外的财政支持,以确保其享受均等的教育机会,这实际上是针对个人或家庭的一项收入再分配的财政政策。四是体现上级政府的教育偏好,即达到上级政府提出的教育目标。

与我国一样,美国也是州以下的学区承担基础教育办学责任,州和学区两级承担基础教育的主要财政责任,联邦政府主要提供与家庭经济困难学生有关的补助经费。2010年美国中小学财政教育经费的来源是:联邦政府12.5%,州政府44.1%,学区43.4%。学区的教育经费主要来自房产税。州政府教育支出主要是对学区的补助,目的是使学区的教育支出水平达到州规定的标准,保证较高的教育质量,同时缩小普通学区之间的教育经费差异。美国50个州中,有40多个州对学区教育经费补助的分配采用基本补助(Foundation Aid Grant)公式。基本补助公式为:

某学区得到的州政府生均补助

=生均基本支出-学区生均自筹支出

=生均基本支出-(州规定的房产税税率×学区生均房产税税基值)

其中生均基本支出为州政府根据教育目标和州财政教育支出能力设定的生均教育支出水平。公式中州规定的房产税率,实际上是对学区教育财政努力程度的要求;生均房产税税基,反映了学区的财力水平。这一分配公式,显示了州政府的教育质量偏好,提出了下级政府教育财政努力程度的要求,体现了学区财政能力的差异。

根据这一公式分配资金,学区得到的补助资金与富裕程度成反向关系,富裕的学区所得到的补助资金少甚至分文没有,越贫穷的学区得到的补助资金越多,能有效地缩小普通学区之间教育经费的差异。根据这一公式所分配的经费,属于教育非专项转移支付资金,学区可以根据自身的情况统筹使用。

(四)北京市区县间义务教育经费差异的研究发现

市对区县进行转移支付,一个重要目标就是缩小区县之间的教育经费差异。已有研究者对北京市区县间义务教育经费差异进行过研究,这些研究对完善市对区县转移支付资金的分配有一定的启发。

拱雪和张熙(2009)、栗玉香(2010)对北京市区县间普通中小学生均经费差异的分析表明,2002—2007年,北京市各区县普通中小学生均经费差异在缩小,但缩小的程度非常小。北京各区县普通中小学生均经费差异的主要原因,周金燕(2008)认为是区县之间财政能力和教育支出占财政支出比例的差异,栗玉香(2010)则提到了区县间教育支出占财政支出比例的差异和学校预算外收入的差异。郑磊(2006)比较了上海与北京的郊区县之间义务教育预算内生均经费的差异,发现北京郊区县之间的差异大于上海,人均财政支出、人均GDP、人均教育支出对差异有正向影响,政府的教育投入努力程度对差异有负向影响。因此,省级政府要对省内各区县进行大量的教育资金转移支付,以缩小区县差距、实现基本公共服务均等化的政策目标。朱庆环等人(2013)利用1995—2005年北京市区县级面板数据,分析了市级转移支付对各区县教育支出的影响,其研究结果证实了"粘蝇纸效应"(flypaper effect)的存在,即上级转移支付对教育经费支出的影响要高于地方自有收入对教育经费支出的影响,市级政府通过采取合适的转移支付模式可以保证基础教育经费的充足与均衡。

以上对北京市义务教育区域差异的研究发现,北京市义务教育生均经费的区县差异水平高于上海和重庆。财政能力、对教育的财政努力程度等是影响生均经费水平的主要因素,上级转移支付有利于缩小区县差异,促进区域均衡。但由于这些研究的数据相对陈旧,北京市近几年对于义务教育的投入力度不断增强,需要利用最新数据考察各区县义务教育经费的差异及北京市转移支付对于各区县义务教育均等化的作用。

二、近年来北京市对区县义务教育转移支付分析

(一)义务教育转移支付目标与资金分配方式

1. 转移支付目标

北京市政府在其教育法规和政策文件中,提出了市级义务教育转移支付的目标。从北京市财政局、北京市教育委员会制定的《市对区县教育专项资金管理暂行办法》《市对区县教育引导性资金管理暂行办法》和历年《市对区县教育补助重点投入方向与项目指南》等文件,可以概括出市级义务教育转移支付的目标是促进义务教育均衡发展、教育公共服务均等化。主要有以下几个:一是执行中央政府有关义务教育财政改革的规定,如农村义务教育分项目按比例经费分担机制,免除城市义务教育阶段学杂费等;二是落实市委、市政府确定的教育重点工作经费,如各类教育实事工程、折子工程和重点工作;三是解决教育发展中的突出问题。

2. 转移支付资金分配方式

从包括上述文件的有关市级义务教育转移支付的文件中可以看出,除学生资助资金和公用经费定额补助按学生人数和相关标准分配外,转移支付资金主要是通过项目资金的方式进行分配的。从项目资金分配到区县的途径看,又有两种:一是执行项目管理制度,由区县上报项目,市级组织评审、批复,区县执行。二是执行引导资金制度。依据因素法确定分配给区县资金指标,考虑因素主要有:①区县的教育规模;②财力状况;③区域功能定位;④教育事业发展情况和发展规划等基本因素;⑤政策性因素,如国家、市委和市政府的优先目标。

由于主要的资金通过项目经费的方式最终分配到使用单位,分配中需要走

项目预算管理的整套程序：编制项目预算、提出项目申请、项目层层审核、项目批准实施、项目实施过程检查、结项评审等。具体来看，市级转移支付资金的分配，从最基层申报到市级预算批复，经过了区县教育主管部门、区县财政部门、市级教育主管部门、市级财政部门4个审核环节，从项目申报到预算批复时间跨度很长，造成市级财政资金无法及时用于基层学校急需项目等问题。财政专项履行申报、评审时间过长，造成专项调整，计划赶不上变化等问题。

在转移支付资金分配中存在财政与教育部门职责不清的问题。财政监督的关口在不断前移，财政部门在参与转移支付资金分配的过程当中向下延伸过多，行使了教育主管部门的部分职责。财政管理过于精细，造成了一些不符合教育发展规律的现象，如不科学的限制项目开支范围、标准等，这也导致了转移支付资金不能根据学校的实际需要得到合理灵活的使用。

3. 转移支付资金的管理

教育投入的依法增长，使得教育投入与财政收入直接挂钩，充分体现了政府教育事业优先于其他公共事业的决心。但是教育投入依法增长，使得每年市级转移支付资金总规模具有很大的不确定性。以2013年为例，市级年初转移支付预算计划数为94亿元，而2013年全年市级转移支付资金决算数却达到了157亿元之多，年底的增量资金占全年预算总数的40%。大量的增量资金集中在年底，一方面造成了财政为完成支出任务年底突击花钱，使得预算缺乏充分论证，科学性得不到保证；另一方面导致大量项目资金结余在区县一级，使得财政资金使用效率低下。

另外，还存在转移支付资金预算管理职责不对称的问题。2014年转移支付资金132亿元，48亿元纳入市教委本级预算，计入市教委全年预算收支，涉及的三公经费以及政府财政采购等事项均在市教委本级层面执行，但实际项目实施在区县或其他单位，导致市教委本级的三公经费及会议、差旅和培训经费与本级实际活动不符，同时导致区县及其他单位预算管理不到位。

（二）转移支付资金在各区县的分配

市政府对各区县义务教育转移支付的资金来源既包括预算内事业费拨款，又包括教育费附加、地方教育附加和地方教育基金中市对各区县的补助等，其中教育费附加和地方教育附加等资金在2013年已经占市级基础教育投入资金的60%左右，成为市对区县转移支付的重要资金来源。

2008年以来，市对区县的教育转移支付力度有很大提高，转移支付资金占区县普通中小学财政性经费的比例从2008年的15.5%上升到2013年的19.8%。

1.预算内事业费转移支付资金的分配

由于区县间财力水平、教育发展水平和区域功能等因素的差异,各区县所分配到的预算内转移支付资金及占全部资金的比例存在较大的差异。图5-1反映了2007年、2010年和2013年各区县普通小学生均预算内教育事业费,以及区县本级支出和转移支付的份额。

可以看出,七年来大部分区县普通中小学预算内教育事业费中转移支付金额和所占比例都在提高。以普通小学为例,2007年获得转移支付资金额最高和次高的区县是平谷区和怀柔区,分别为生均1849元和1732元;转移支付占生均事业费比例最高和次高的区县是丰台区和崇文区,分别为20.2%和20.0%。2013年,获得转移支付资金额最高和次高的区县是平谷区和门头沟区,分别为生均15753元和11840元;转移支付占生均事业费比例最高和次高的区县是门头沟区和通州区,分别为39.9%和33.2%。生态涵养发展区的5个区县普通小学生获得的生均转移支付金额和所占比例都比较高,符合义务教育转移支付资金向农村和财力薄弱地区倾斜的原则。但是,同为生态涵养发展区,密云县所得到的转移支付额和所占比例都相对偏低。在城市发展新区中,普通小学生均转移支付金额和所占比例都比较高的是通州区。在城市功能拓展区中,丰台区普通小学生均转移支付金额和所占比例比较高。

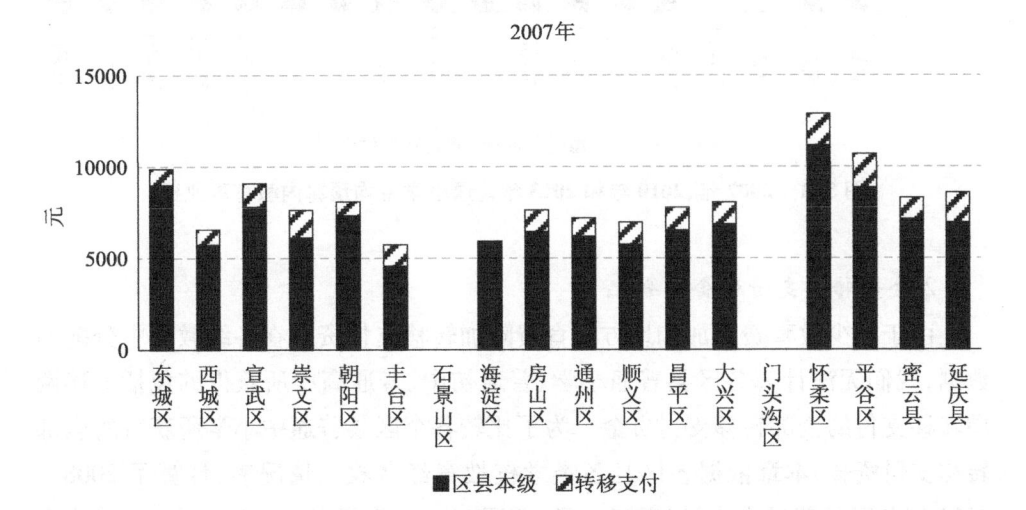

2007年

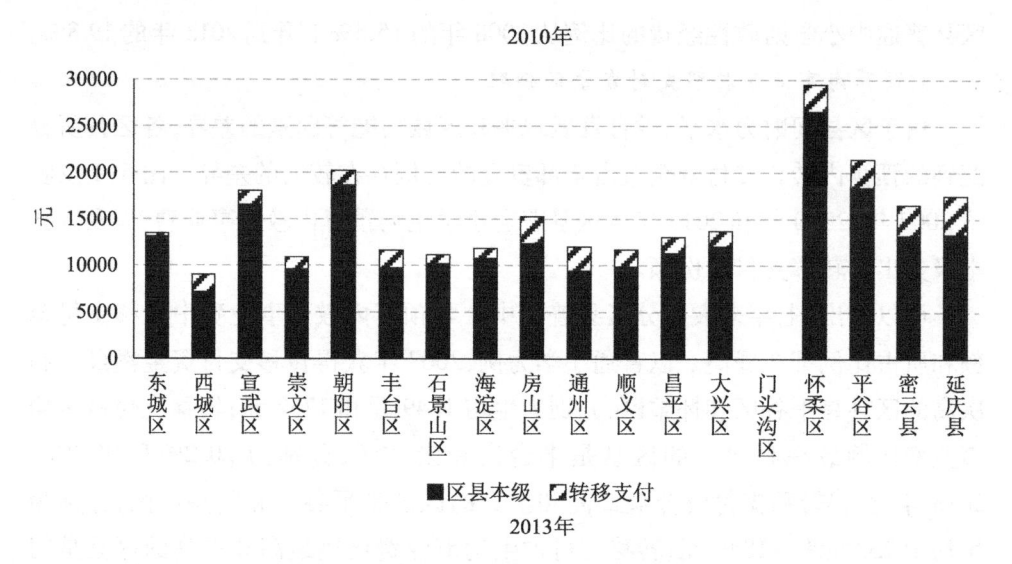

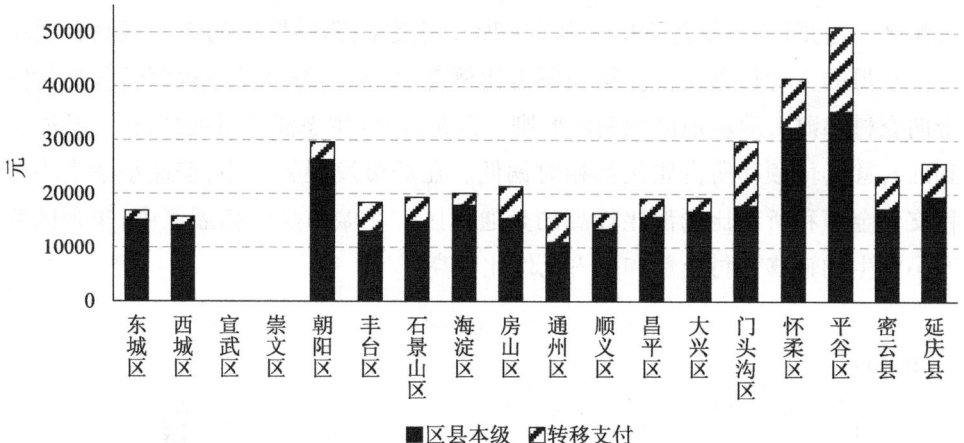

图 5-1 2007 年、2010 年和 2013 年普通小学生均预算内教育事业费

2. 全部转移支付资金的分配

由于缺少教育费附加和地方教育费附加转移支付资金在各级教育中分配的数据,我们无法计算各区县普通小学、普通初中、普通高中所获得的包括上述两项转移支付的全部转移支付资金。为了比较各个区县普通中小学所获得的全部转移支付资金,本章依据各区县各类学校教育经费收入情况表,计算了 2008—2013 年各区县普通中小学(普通小学、普通初中和普通高中学生之和)经费收入(包括财政性和非财政性教育经费)中生均转移支付额及所占比例。

图 5-2 反映了 2008 年、2010 年和 2013 年各区县普通中小学生均自有经费

（总经费收入减去上级转移支付）和生均转移支付资金。西城区、朝阳区、门头沟区、怀柔区和平谷区这几年的生均经费增长较快，但增长方式并不相同。西城区和朝阳区生均经费水平的增长更多的是来源于自有经费的增加，怀柔区和平谷区的增长主要来源于转移支付资金的大幅度增加，门头沟区的增长则是由于自有经费收入和转移支付资金的共同增长。房山区的生均经费则从 2010 年的 2.15 万元下降至 2013 年的 2.11 万元，尽管房山区的生均转移支付资金从 2010 年的 0.57 万元增至 2013 年的 1.15 万元，但由于其自有经费收入下降幅度较大，从而导致了生均经费的减少。

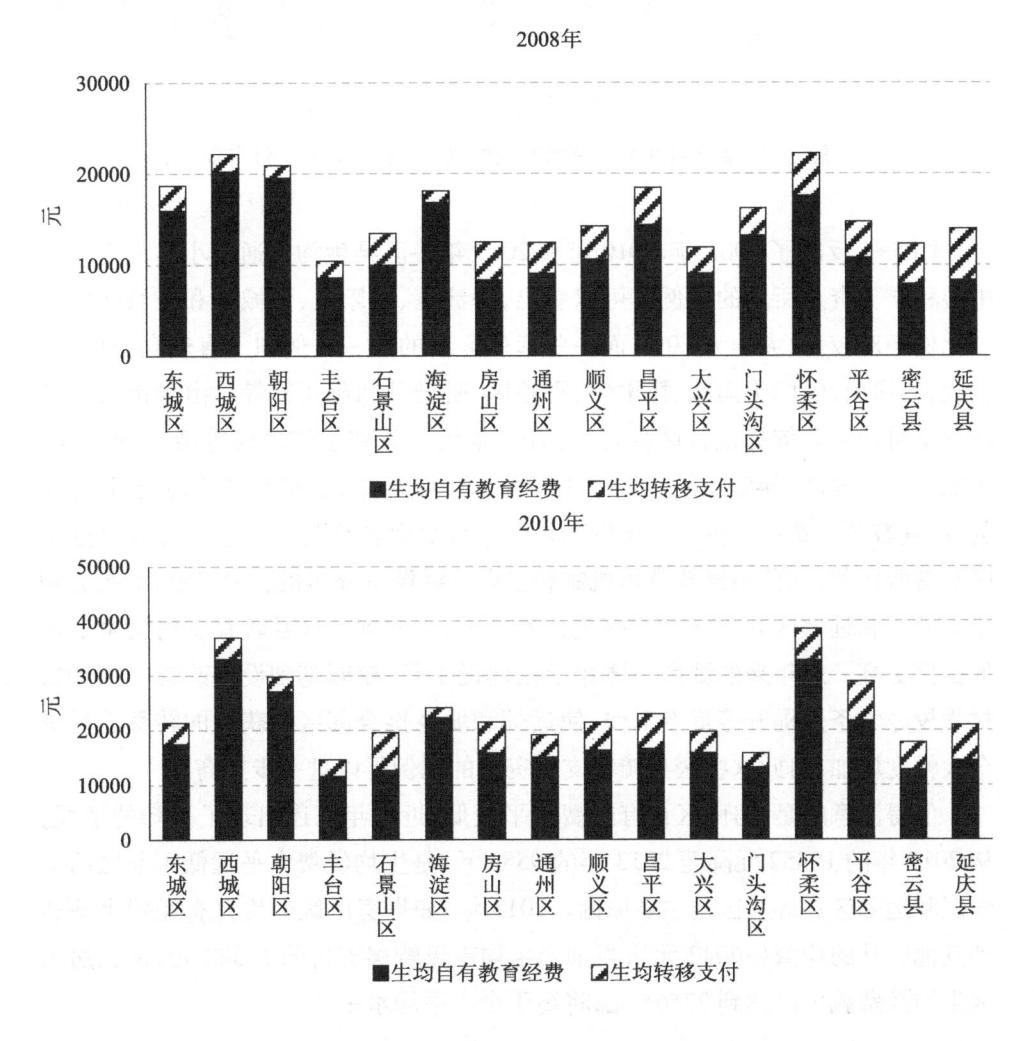

2013年

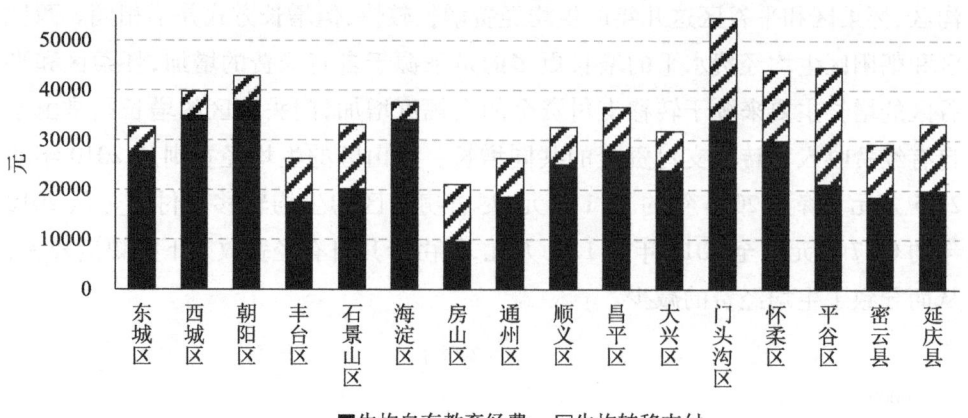

图 5-2 各区县生均自有教育经费收入和生均转移支付资金

图 5-3 反映了 2008 年、2010 年和 2013 年各区县生均普通中小学教育经费中转移支付资金所占的比例。可以看出,海淀区、朝阳区、西城区和东城区的这一比例相对较低,大约为 10%,而一些远郊区县的这一比例则一直较高,且增幅较大,如房山区、门头沟区、怀柔区、平谷区、密云县和延庆县等。由于市对区县转移支付的主要依据是各区县财力情况、学生人数和学校规模等情况(校均学生数较少的地区,如房山区、石景山区、门头沟区、怀柔区、平谷区、密云县和延庆县等,其教育经费中有更大的比例来自于市级财政转移支付资金),并且对远郊区县有所倾斜,如公用经费分担机制和校舍修缮经费分担机制中规定,市级分别给予城区和远郊区县 30% 和 50% 的经费补助,因此远郊区县转移支付资金所占的比例更高。近年来的城乡一体化学校建设工程、校园基础设施改善工程和农村学校办学条件提升等重点工作,使远郊和城乡接合部区县获得的转移支付资金大幅度增加,由此这些区县转移支付资金的比例得以进一步提高。

值得注意的是,房山区自有经费水平较低,近几年来还出现了下降的情况,从 2010 年的 15852 元降至 2013 年的 9553 元,是生均经费水平远低于邻区门头沟区和远郊区县怀柔区的主要原因。2013 年,如果房山区生均自有经费水平达到其他区县的均值(26042 元),再加上生均市级转移支付的 11522 元,那么房山区生均经费就可以达到 37564 元,将高于全市平均水平。

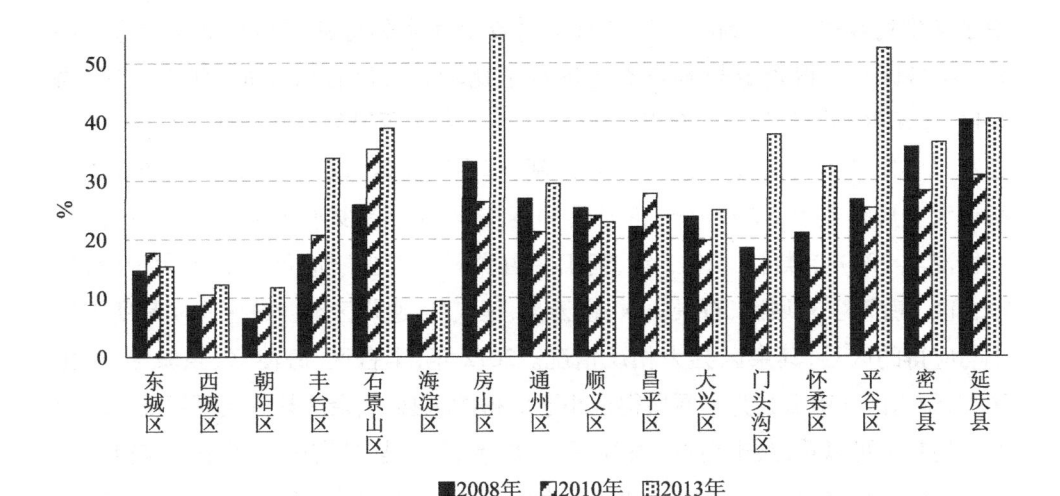

第五章　北京市对区县义务教育转移支付研究

图 5-3　各区县转移支付在教育经费中所占比例

3.假定考虑区县财力并规定教育财政努力程度的分配

为了更好地了解近几年市对区县分配普通中小学转移支付资金的合理性，我们假定转移支付资金的主要目标是均衡区县普通中小学教育经费差异，根据区县财力并按规定的教育财政努力程度进行分配，计算各个区县应该得到的资金，并与实际得到的资金进行比较，看哪些区县没有得到应得的资金，哪些区县得到了不应得到的资金。

本章采用的计算区县应得生均普通中小学转移支付额的公式是：

某区县应分配普通中小学生均转移支付经费

＝市级政府确定的普通中小学生均财政性经费－某区县可自筹的普通中小学生均财政性经费

＝全市普通中小学生均财政性经费－全市平均的区县本级财政性教育经费占财政支出比例×该区县普通中小学生均财政支出

其中，市级政府确定的普通中小学生均财政性经费，由包括了区县和市两级的普通中小学财政性经费除以全市普通中小学学生人数得到。之所以称为市级政府确定的水平，是因为市级政府可以通过转移支付水平影响普通中小学生均财政性经费水平。某区县可自筹的普通中小学生均财政性经费，由全市区县平均的教育财政努力程度和该区财力水平决定。之所以要用全市区县平均的教育财政努力程度，是防止区县自己不努力反而多获得转移支付资金的不合理行为。

本章计算了 2009—2012 年各区县按平均教育财政努力程度可自筹的普通

— 113 —

中小学生均经费、应得到的生均转移支付资金和实际得到的转移支付资金。图5-4将各区县应得资金与实得资金进行了比较。可以看出，2009年丰台区、海淀区、朝阳区和东城区实际转移支付额远小于应得所得额。除通州区外，其他区县都是实际所得转移支付远大于应得额，其中顺义区、昌平区、大兴区和怀柔区所得大于应得最多。2010年，密云县和延庆县的应得少于实际所得，其他区县的情况与2009年类似。2011年，朝阳区由实际所得少于应得变成了大于应得。丰台区、海淀区、东城区、石景山区、密云县、延庆县、通州区和西城区是实际所得远小与应得的区县，其余区县为相反情况。2012年，丰台区、海淀区、东城区、房山区、石景山区和密云县为实际所得远小于应得的区县，其余区县为相反情况。综合四年的数据可以看出，丰台区、海淀区、东城区、密云县是实际所得小于应得的区县，大兴区、顺义区、昌平区、怀柔区、平谷区、门头沟区是实际所得大于应得的区县。

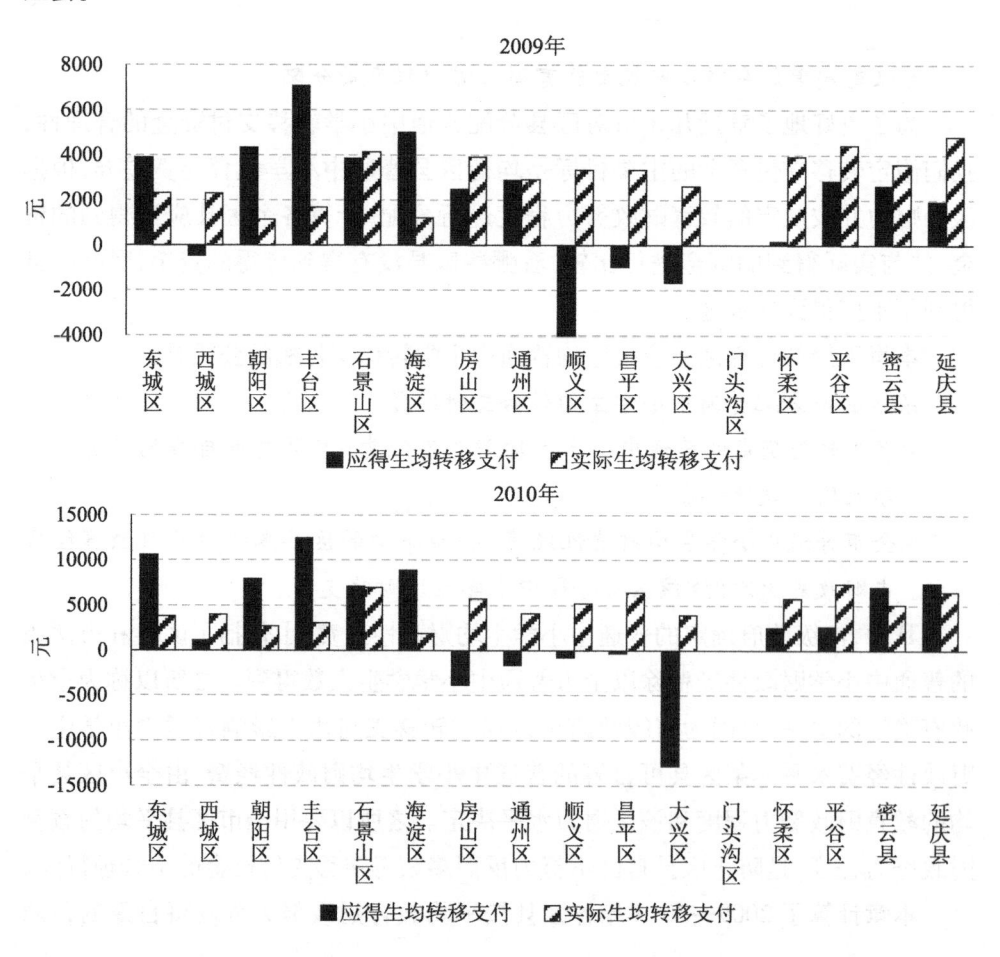

2011年

[图表:2011年各区县应得生均转移支付与实际生均转移支付柱状图]

2012年

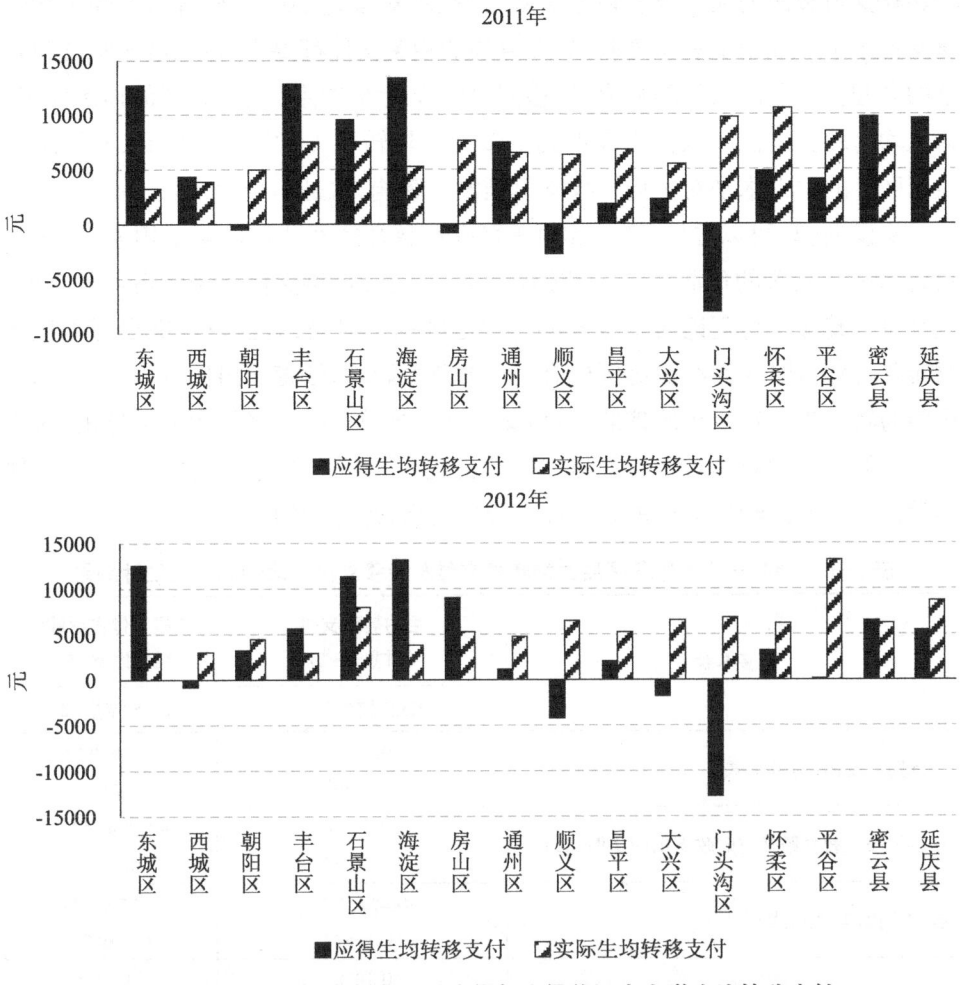

[图表:2012年各区县应得生均转移支付与实际生均转移支付柱状图]

图 5-4　2009—2012 年各区县应得与实得普通中小学生均转移支付

(三) 各区县获得市级转移支付资金的影响因素

根据相关文件规定,北京市对区县转移支付的分配以各区县财力状况、学生人数和区域功能定位等因素为主要依据,并根据各区县的绩效考评和监督检查结果实行奖励性经费支持。为进一步了解各区县普通中小学生均转移支付与其财政能力、对教育支出的努力程度及校均规模的关系,本章对生均转移支付的影响因素进行了计量分析,OLS 回归结果见表 5-1。模型(1)和模型(2)分别估计了生均转移支付和转移支付占财政性教育经费比例的影响因素。

从模型(1)中可以看出,区县的财力水平和对教育支出的努力程度对于生均转移支付金额的大小没有显著影响,而校均规模越小则会显著地提高生均转移支付水平。理论上和市财政局、教育局的相关文件都要求,对区县转移支付资金的分配应该考虑区县的财力,转移支付资金应该向财政能力较弱的地区倾斜,即人均财政支出低的区县应该得到更多的生均转移支付资金。但是,实际结果表明区县的财力水平对生均转移支付额没有影响,这是不合理的。

从模型(2)可以看出,转移支付占财政性教育经费比例的影响因素中,区县财力水平有显著的负面影响,即财力越高的区县,转移支付资金所占比例越低,这是符合转移支付理论与市级转移支付原则的。但是,区县教育支出努力程度对转移支付占财政性经费比例也有显著的负面影响,教育支出比例越高的区县,得到的转移支付资金比例越低,转移支付对区县教育财政努力形成了打击,这是不合理的。校均规模对转移支付占财政性经费比例具有显著的负向影响,小规模学校多的区县转移支付占财政性经费比例高,是合理的。

表5-1 2008—2013年各区县生均转移支付及转移支付占比影响因素估计结果

变量名称	生均转移支付(对数形式) OLS模型(1)	转移支付占财政性经费比例(%) OLS模型(2)
人均财政支出(对数形式)	0.0396 (0.1586)	−7.3090** (3.2355)
区县财政性教育经费占财政支出的比例(%)	−0.0051 (0.0163)	−1.3794*** (0.3334)
校均规模(对数形式)	−0.4247*** (0.1552)	−8.7799*** (3.1668)
城市功能拓展区	0.1038 (0.1874)	−1.9781 (3.8250)
城市发展新区	0.3181* (0.1699)	−0.7262 (3.4664)
生态涵养发展区	0.5638*** (0.1324)	8.3716*** (2.7009)
常数项	10.1414*** (1.9031)	159.3348*** (38.8350)
样本量	62	62
R^2	0.7409	0.6484

注:(1)括号内为标准误;(2)*、**和***分别代表统计显著性为10%、5%和1%;(3)模型估计时还纳入了时间虚拟变量,由于篇幅所限,表中并未列出。

三、市级转移支付对缩小区县义务教育经费差异的作用

市级政府增加了转移支付后,区县间义务教育经费的差异是不是缩小了？转移支付对缩小区县义务教育生均经费差异起到了多大的作用？下面对这两个问题进行分析。

(一)各区县普通小学、普通初中和普通高中生均经费差异

本章根据各区县各类学校教育经费收入情况表,计算了2008—2013年各区县普通小学、普通初中和普通高中生均经费的基尼系数。

1.普通小学生均教育经费区县差异

图5-5反映了2008—2013年普通小学生均教育总经费、生均财政性经费和生均非财政性经费的基尼系数。可以看出,尽管近5年市级转移支付不断增加,但区县间普通小学生均教育总经费和生均财政性教育经费的差异没有大的变化,2012年和2013年生均教育总经费的差异在2011年的基础上还有所扩大,2013年的差异比2008年还稍大一些。非财政性经费的区县差异要远高于相应的生均财政性经费差异和生均教育经费差异。不过,由于生均非财政性经费数额较小,对生均教育总经费差异影响不大,生均财政性教育经费差异与生均总经费差异几乎相等,生均教育总经费的差异主要由财政性经费差异决定。

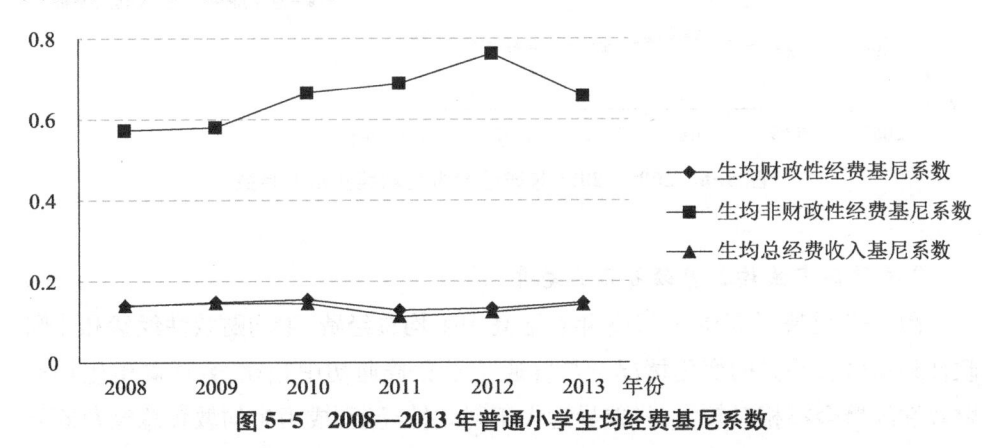

图5-5 2008—2013年普通小学生均经费基尼系数

需要指出的是,北京市区县普通小学生均经费差异的性质与全国多数地区不一样。由于学校规模小和学生人数少,在转移支付规模还不大的2007年,怀柔区、平谷区等远郊区县的生均经费水平就高于全市平均水平。经过几年来向

农村倾斜的大规模转移支付,到2013年,生均经费水平最高的不是财力强的西城区、东城区、海淀区等城区,而是怀柔区、平谷区、门头沟区等远郊区县。因此,各区县生均经费的差异,一定程度上反映了学校规模引起的成本差异,是一种比较合理的差异。生均经费差异变化不大,也不一定不好。

2. 普通初中生均教育经费区县差异

图5-6反映了2008—2013年普通初中生均教育总经费、生均财政性教育经费和生均非财政性教育经费的变化。可以看出,与普通小学类似,普通初中生均非财政性经费差异很大,远大于财政性经费的差异。但生均非财政性经费数额较小,生均总教育经费的差异主要受财政性经费的差异影响,二者几乎相等。与普通小学相比,普通初中生均总经费和财政性经费的区县差异稍大一些。从变化趋势看,2010年和2013年是两个上升的年份,其中2013年是5年中的最高年份,说明5年中普通初中生均教育总经费和财政性经费的区县差异有所扩大。各区县普通初中生均经费的差异性质,与普通小学类似。

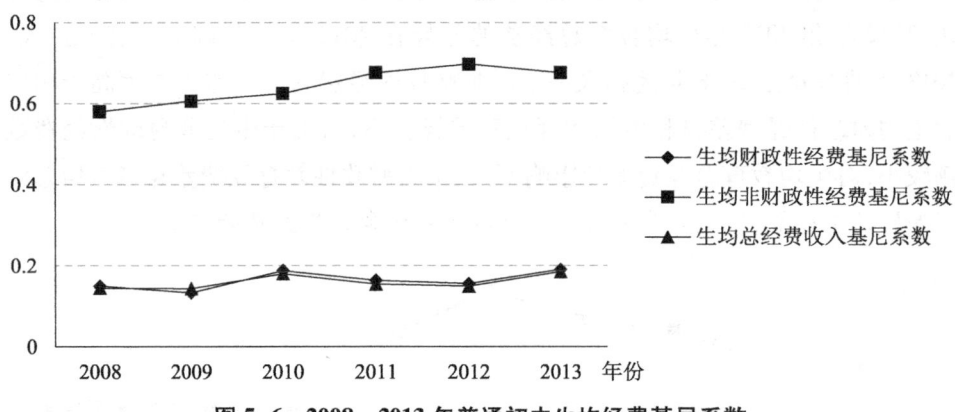

图5-6 2008—2013年普通初中生均经费基尼系数

3. 普通高中生均教育经费区县差异

图5-7反映了2008—2013年普通高中生均总经费、生均财政性经费和非财政性经费区县差异的变化情况。与普通小学和普通初中相比,普通高中生均非财政性经费金额相对较大,且差异远大于财政性经费,成为生均教育总经费差异的主要来源,使得生均财政性教育经费差异小于教育总经费的差异。从差异水平看,前3年普通高中生均总经费的区县差异基本稳定,但大于普通小学和普通初中。2012年差异水平有较大幅度的上升,但2013年则大幅度下降,已远低于普通小学和普通初中。与普通小学和普通初中不同的是,远郊区县普通高中生

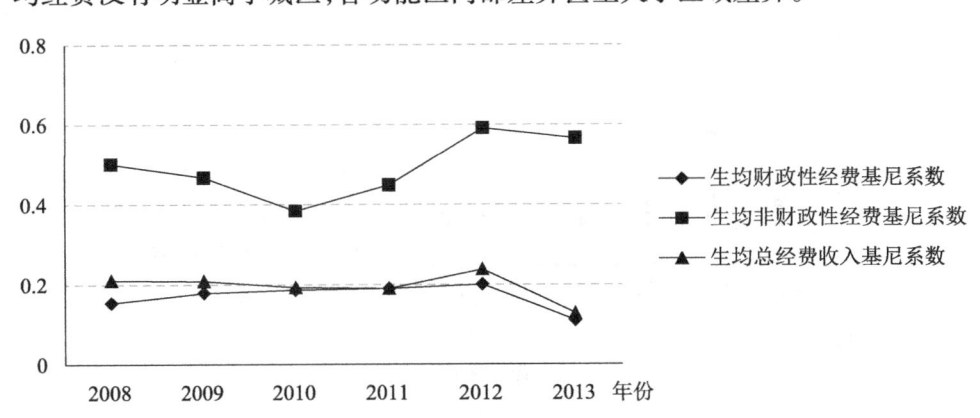

均经费没有明显高于城区,各功能区内部差异甚至大于区域差异。

图 5-7　2008—2013 年普通高中生均经费基尼系数

4.普通小学、普通初中和普通高中生均教育资源差异

除了教育经费之外,本章还考察了各区县生均校舍面积、生均固定资产、生均专用设备和生均图书等教育资源的地区差异情况。图 5-8 为 2008—2013 年普通小学、普通初中和普通高中生均教育资源的基尼系数,可以看出,除了个别年份出现了异常值之外,生均校舍面积、生均固定资产和生均图书的区县差异都相对较小,而且多年来变化也比较平稳。只有生均专用设备的区县差异明显要高于其他教育资源的地区差异,而且普通高中的生均专用设备差异最高,普通小学的次之,普通初中的最低,但 2013 年普通高中的生均专用设备差异大幅度下降,降至三级教育中的最低水平。

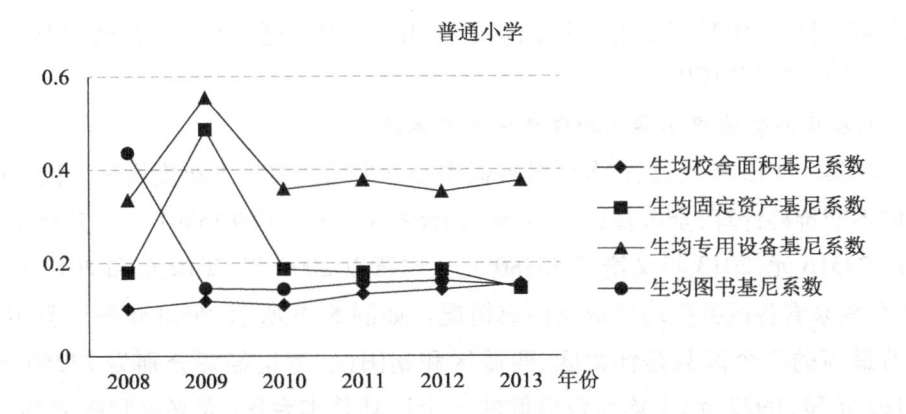

普通小学

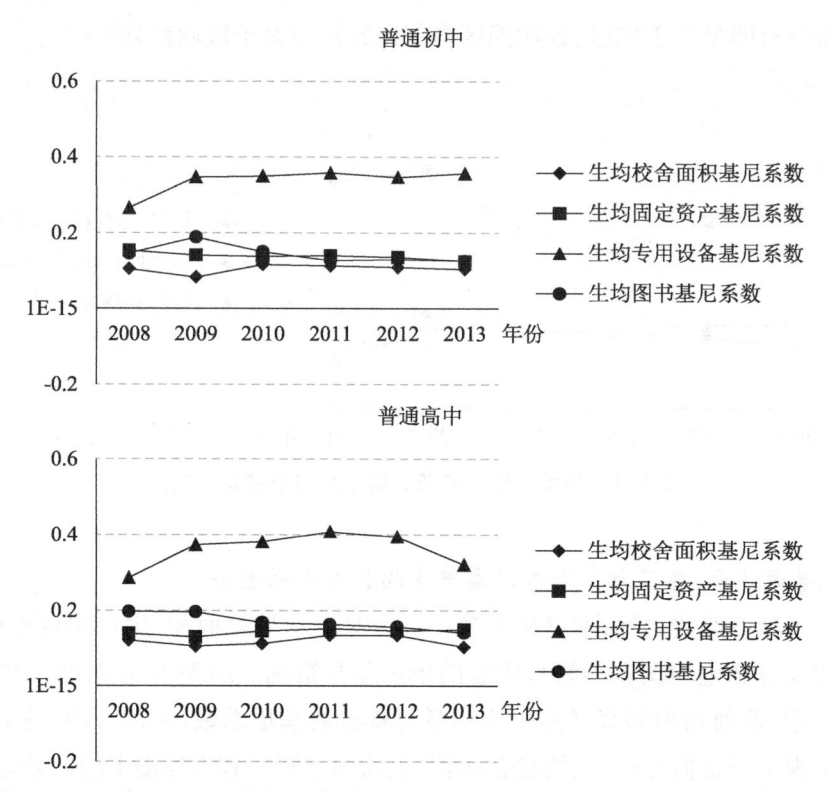

图 5-8 2008—2013 年普通小学、普通初中和普通高中生均教育资源的基尼系数

(二)各区县普通中小学整体生均经费差异

上一节分析了普通小学、普通初中和普通高中的生均经费区县差异。接下来,本章将这三级教育作为一个整体,计算出各区县普通中小学生均经费基尼系数,并分析差异的原因。

1. 各区县普通中小学生均经费水平及构成

2008—2013 年,北京市各区县普通中小学生均经费均大幅度增长。以 2008 年的不变价格计算,全市普通中小学生均经费从 2008 年的 15801 元上升至 2010 年的 23316 元,2013 年又增至 35380 元。本章以 2008 年、2010 年和 2013 年为例,分别来看各区县生均经费及构成情况。如图 5-9 所示,2008 年各区县生均经费最高的三个区县是怀柔区、西城区和朝阳区,生均经费分别为 22250 元、22197 元和 20922 元,生均经费最低的三个区县是丰台区、大兴区和密云县,生均经费分别为 10417 元、11906 元和 12315 元,最高值和最低值之间相差大概一倍左右；2010年各区县生均经费最高的三个区县同样是怀柔区、西城区和朝阳区，生均经费分别为38521元、36981元和29813元，最低的三个区县则为丰台区、门头沟区和密云县，生均经费分别为14642元、15772元和17775元，最高值和最低值之间差距增加至1.6倍多；2013年生均经费最高的三个区县则变成了门头沟区、平谷区和怀柔区，生均经费分别为54536元、44521元和44061元，最低的三个区县为房山区、丰台区和大兴区，生均经费分别为21074元、26294元和31799元，最高值和最低值之间的差距仍接近1.6倍的水平。

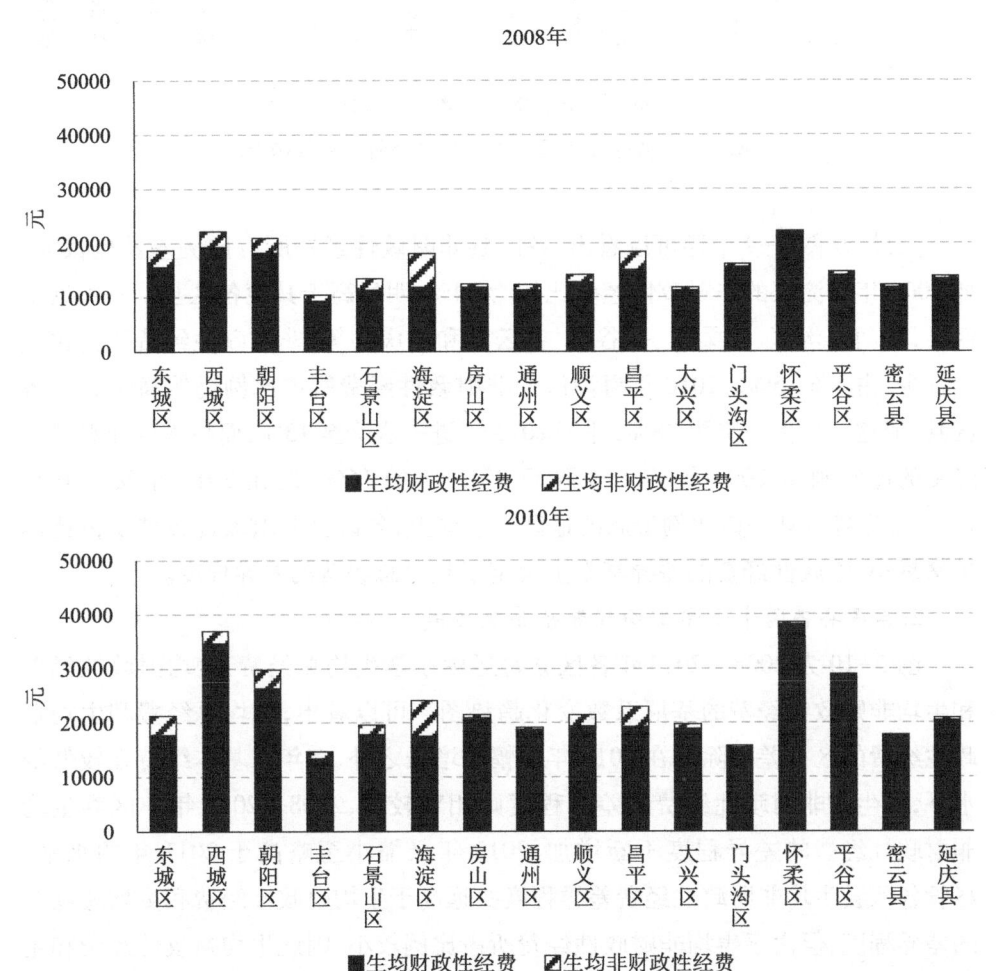

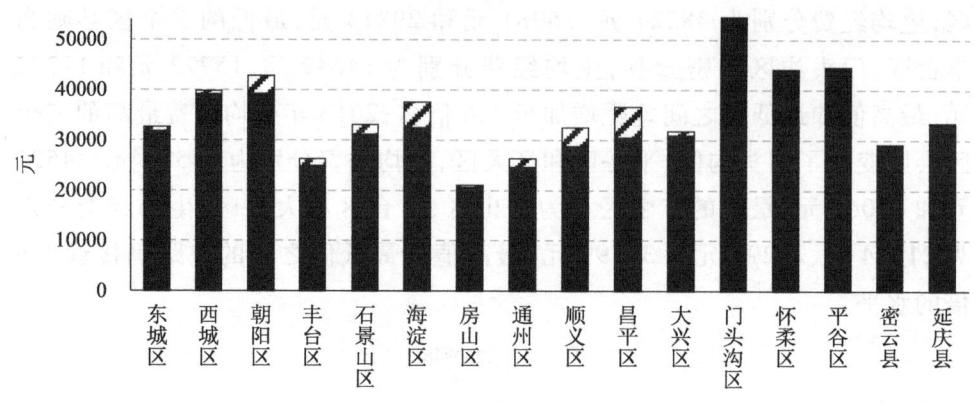

2013年

[图：各区县普通中小学生均经费柱状图，纵轴单位为元，横轴为各区县（东城区、西城区、朝阳区、丰台区、石景山区、海淀区、房山区、通州区、顺义区、昌平区、大兴区、门头沟区、怀柔区、平谷区、密云县、延庆县），图例：■生均财政性经费 ▨生均非财政性经费]

图5-9 各区县普通中小学生均经费水平及构成

另外，从图5-9中还可以看出，各区县非财政性经费所占比例差异也很大，如2008年海淀区的非财政性经费比例为34%，明显高于其他各区县。一些远郊区县，如门头沟区、怀柔区、平谷区、密云县和延庆县等，非财政性经费所占比例非常少，占1%~5%。2010年海淀区的非财政性经费所占比例仍然高于其他各区县，但这一比例下降为28%，并于2013年进一步降至13%，而昌平区非财政性经费的比例则从2008年的18%降至2010年的16%，但在2013年又上升至17%，成为各区县中该比例最高的地区。总体上，各区县非财政性经费所占比例越来越小，财政性经费的差异基本上决定了教育总经费的差异程度。

2. 各区县普通中小学生均经费差异及构成

图5-10为2008—2013年各区县普通中小学生均总经费、生均财政性经费和生均非财政性经费的基尼系数变化趋势图。可以看出，生均总经费和生均财政性经费的区县差异除了在2010年小幅度增长之外，多年来基本维持在较低的水平，而生均非财政性经费的差异程度则相对较大，2008—2012年各区县生均非财政性经费的差异程度不断增加，2013年又缩小至略高于2011年的水平。尽管各区县生均非财政性经费差异程度要远高于生均财政性经费和生均总经费的差异程度，但由于生均非财政性经费所占比例较小，因此生均财政性经费和生均总经费差异的变化趋势几乎完全同步。从图5-10中还可以看出，生均总经费的差异要略低于生均财政性经费的差异，可能是由于非财政性经费可以弥补财政性经费的不足，从而促进了各区县生均总经费均衡程度的提高。

图 5-10　2008—2013 年各区县生均经费基尼系数

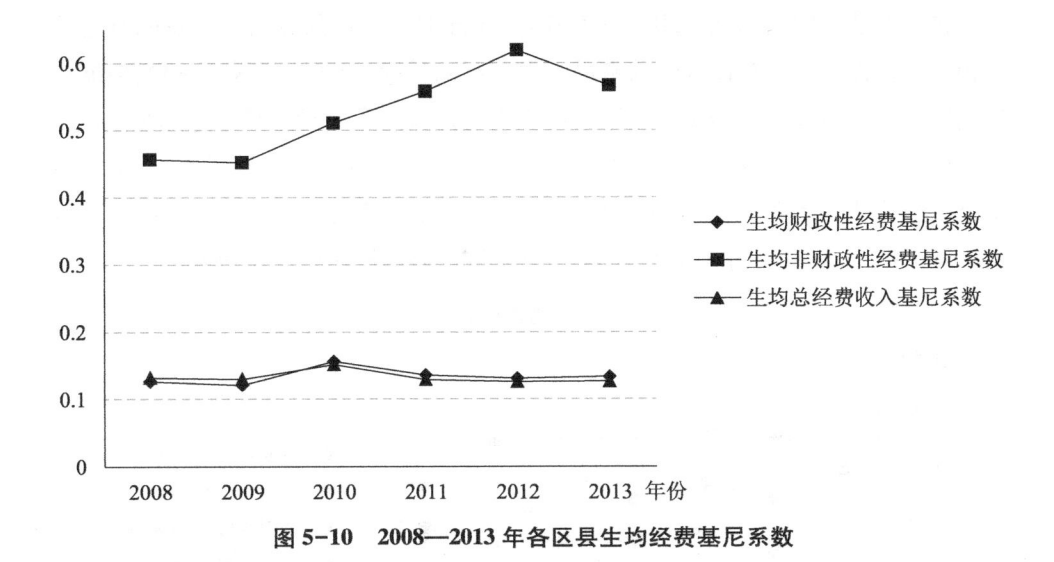

(三)市级转移支付对缩小区县普通中小学经费差异的作用

本章将 2007—2013 年各区县得到的市级转移支付进行统计分析,并对各区县得到转移支付之前的生均经费差异和得到转移支付之后的差异进行对比分析,以便于了解转移支付对缩小区县生均经费差异的作用。

1.转移支付对缩小生均预算内事业费差异的作用

图 5-11 反映了 2007—2013 年各区县普通小学、普通初中和普通高中生均预算内事业费、生均预算内公用经费的基尼系数变化情况。

先看普通小学的图示。可以看出,2007—2012 年,区县本级普通小学生均预算内事业费的基尼系数稍大于包含了转移支付资金的基尼系数,说明转移支付资金缩小了区县差异,但缩小的幅度较小。2013 年的情况相反,说明转移支付资金扩大了区县差异。生均公用经费基尼系数有所不同,一是 2008 年后区县本级基尼系数远大于包含了转移支付资金的基尼系数,说明转移支付显著地缩小了公用经费差异;二是没有出现转移支付资金扩大了区县公用经费差异的情况。

然后看普通初中的图示。2007—2010 年,区县本级生均预算内事业费的基尼系数大于包含了转移支付资金的基尼系数,转移支付资金缩小了区县差异。2011—2013 年的情况相反,转移支付资金扩大了区县间生均预算内事业费的差异。2007—2013 年,区县本级生均预算内公用经费的基尼系数远大于包含了转移支付资金的基尼系数,转移支付显著地缩小了公用经费差异。

再看普通高中的图示。2007—2010年,区县本级生均预算内事业费的基尼系数稍大于包含了转移支付资金的基尼系数,转移支付资金缩小了区县差异,但缩小的幅度较小。2011年和2013年,区县本级生均预算内事业费的基尼系数小于包含了转移支付资金的基尼系数,转移支付扩大了差异。2007—2013年,区县本级生均公用经费基尼系数一直大于包含了转移支付资金的基尼系数,2008年后是显著大于且在扩大,转移支付显著地缩小了公用经费的差异,作用还在增大。

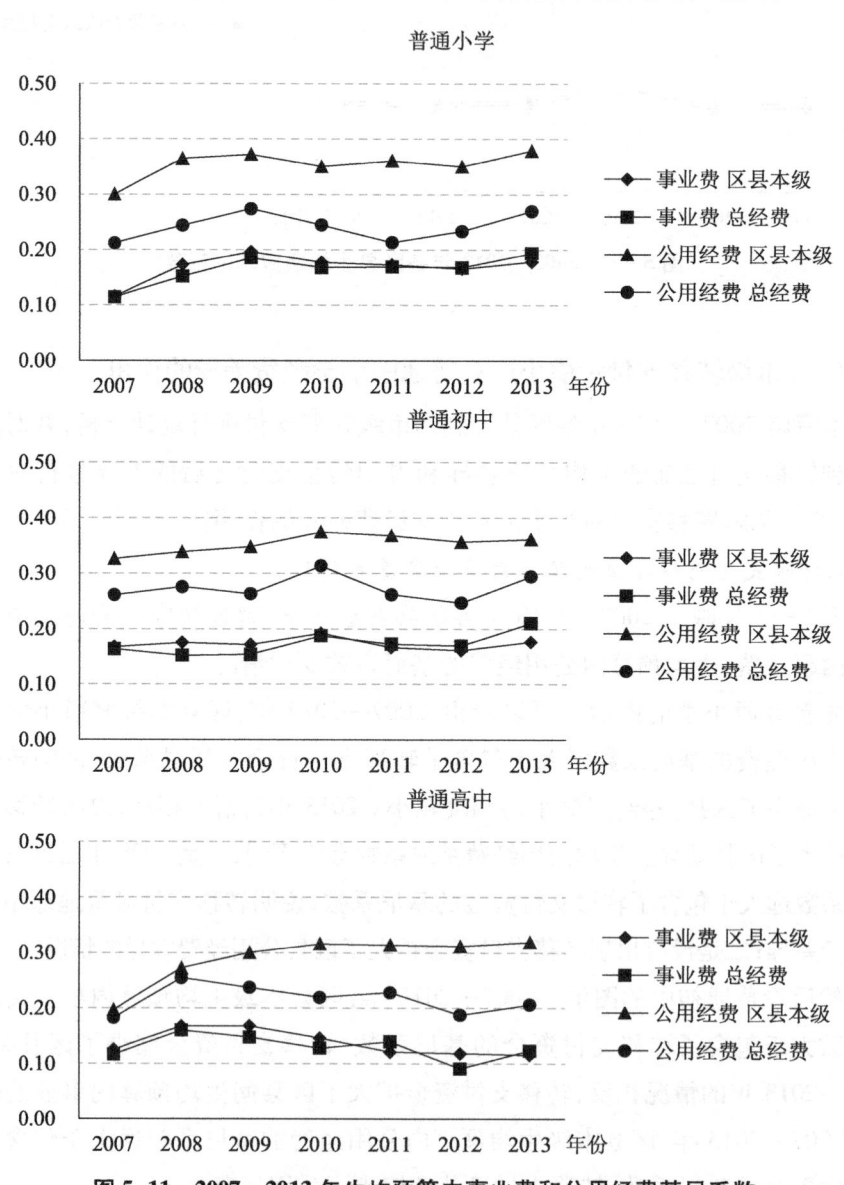

图 5-11 2007—2013年生均预算内事业费和公用经费基尼系数

2.转移支付对缩小普通中小学生均财政性经费差异的作用

由于预算内教育事业费中的转移支付资金只是转移支付资金的一部分。为了分析全部转移支付资金对缩小区县普通中小学财政性经费差异的效果,本章计算2008—2013年,各区县普通中小学整体包含和不包含转移支付的生均财政性经费基尼系数。

图5-12反映了2008—2013年各区县普通中小学生均财政性经费的基尼系数。生均总经费等于生均自有经费加上市级转移支付。生均总公用经费等于区县本级生均财政性公用经费加上市级转移支付。可以看出,各区县加上转移支付之后的生均总经费的基尼系数要低于生均自有经费的基尼系数,转移支付对缩小各区县普通中小学生均财政性经费的差异具有一定的作用。不包含转移支付的生均本级财政性公用经费区县差异相对较大,其基尼系数要远高于包含转移支付的总公用经费的相应系数,如2013年的生均公用经费的基尼系数从0.35下降到增加转移支付之后的0.24(即圆点和三角的比较),转移支付资金对缩小区县生均公用经费的差异作用非常明显。作为普通中小学整体,市对区县的转移支付资金具有缩小区县之间生均财政性经费差异的作用,对缩小公用经费差异的作用更为明显。

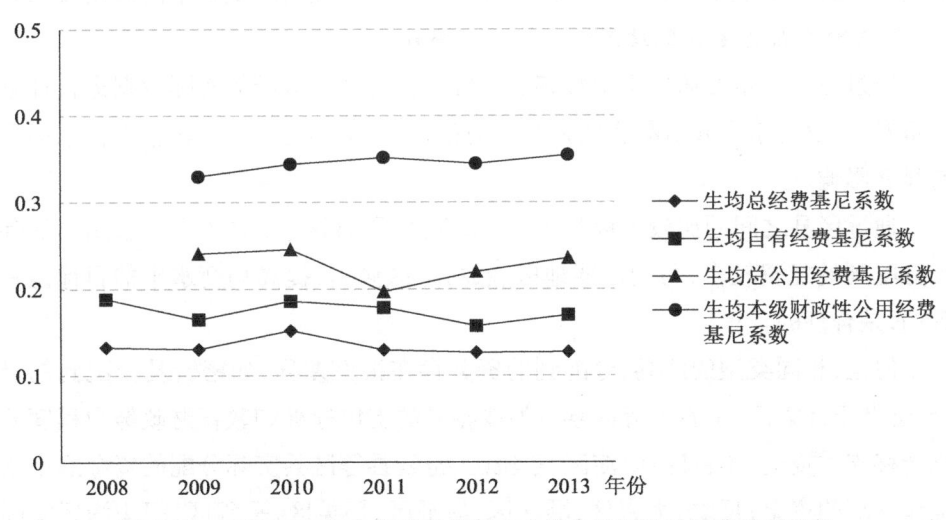

图5-12 2008—2013年各区县普通中小学生均财政性经费基尼系数

四、研究结论与政策建议

(一)研究结论

综合前面的分析,本章得出以下结论。

1.转移支付资金分配因素和方式既合理又不合理

通过有关文件可知,市对区县义务教育转移支付的主要目标是落实中央和市委、市政府确定的教育重点工作经费,促进义务教育均衡发展。具体影响转移支付资金分配的因素主要有区县财力、学生人数、教育基本状况等。转移支付资金主要是通过项目资金的方式分配到具体的使用单位。

上述转移支付资金分配的目标和考虑的因素,是比较合理的。但没有考虑区县的教育财政努力程度,又不合理。因为不考虑教育财政努力程度,可能会导致不努力的区县分配到的经费多,努力的区县分配到的经费少。

转移支付资金主要通过项目经费的方式分配到具体使用单位,并且经过区县和市两级的申请、评审、监督检查等复杂程序,造成项目过多、分配程序过长、资金下达过晚年末结余过多、管理成本过高等诸多问题,降低资金的使用效果。

2.转移支付资金分配结果既合理又不合理

通过对近几年普通中小学转移支付资金在各区县分配的实际数据进行计量分析发现,财力水平和对教育的财政努力程度,对于得到的生均转移支付水平没有显著影响。

通过区县之间的比较可以看出,门头沟区、平谷区、怀柔区等生态涵养的郊区分配到的经费较多,与向薄弱地区、农村地区倾斜、提高均衡水平的目标是一致的,是合理的。

但是,相同类型的区县,分配到的资金存在很大差异,如密云县分配到的资金,远低于怀柔区、平谷区等区县。如按相同的支出标准和教育财政努力程度分配转移支付资金,丰台区、海淀区、东城区、密云县等区县实际分配的资金远小于应该分配的资金;反之,大兴区、顺义区、昌平区、怀柔区、平谷区、门头沟区实际分配到的资金远大于应该分配的资金。分配资金时,没有切实考虑区县的财力和教育努力程度,是产生上述不合理现象的主要原因。

3.市转移支付显著缩小了区县间普通中小学经费差异

通过对各区县普通中小学包含转移支付和不包含转移支付的生均经费基尼

系数的对比分析可以看出,市级转移支付对缩小区县间普通中小学生均经费的差异有明显的作用,其中对生均公用经费的差异尤为明显。以2013年普通中小学生均财政性经费为例,生均总经费的基尼系数从转移支付之前的0.17下降到转移支付之后的0.13,生均公用经费的基尼系数从转移支付之前的0.35下降到转移支付之后的0.24。

但是也需要看到,尽管市级转移支付显著地缩小了区县之间教育经费差异,但各区县之间的经费差异水平并没有明显的变化,如2008年区县间普通中小学生均财政性经费的基尼系数与2013年基本相同,都在0.13左右。这说明,在市级转移支付缩小差异的同时,区县本级教育支出的差异在扩大,最后导致包含了转移支付的生均经费差异没有变化。

(二)政策建议

市级转移支付大大提高了远郊农村区县的义务教育经费水平,缩小了区县间公用经费差异,提高了区县间义务教育均衡水平。因此,应该根据义务教育经费"省级统筹"的改革要求,继续加大市对区县的义务教育转移支付力度。根据前述转移支付中还存在的问题,本章提出以下政策建议。

1. 做好转移支付的基础工作

1)进行市级义务教育生均支出标准的测算。进行转移支付,首先应该确定市级生均支出标准,对于自有财力达不到支出标准的区县进行转移支付。应该在现有公用经费标准的基础上,根据生师比编制标准、教职工薪酬水平等因素,测算出不同规模学校的义务教育生均支出标准,并进行动态调整。

2)进行区县自筹教育经费能力的测算。只有测算出区县自筹教育经费的能力,才能合理分配市级转移支付资金。自筹能力由两个因素决定:一是教育努力程度;二是财力水平。可以考虑将全市各区县平均的教育支出占财政支出比例作为分配转移支付资金的努力程度。财力水平可以考虑用普通中小学生均财政支出代表。

3)完善区县教育经费支出统计。目前区县间教育经费支出统计还存在口径不一的现象,造成区县之间生均经费支出和教育支出占财政支出比例等重要基础数据的不可比,进而影响到转移支付资金的合理分配。在调查清楚口径差异的基础上,应尽快统一区县教育经费支出的统计口径。

2. 改进转移支付资金的分配

1)建立转移支付资金分配公式。为了客观、公平、透明地分配市对区县义务教育转移支付资金,应该建立生均转移支付资金分配公式。公式中,影响义务教育生均转移支付的最主要因素应该是市级确定生均支出水平、区县财力和教育努力程度。

在没有确定分配公式之前,分配资金时要切实考虑区县财力差异和教育财政努力程度。如前所述,近几年的资金分配与区县财力和努力程度关系不大。

2)改变以项目经费为主的资金分配方式。现有大部分转移支付资金现行的分配方式是,先分配到区县,然后用申报项目的方式将资金分配到具体的用途。导致一系列的申请、审核、批准、监督、评价流程,增加市级教育、财政部门的工作量,延缓资金分配和拨付时间,降低了效率。

建议取消转移支付资金分配到区县后的流程,简化预算评审、审批环节。区县不再向市有关部门申报项目,改由区县教育和财政部门根据其实际情况和市委、市政府的教育工作重点,自主分配使用转移支付资金。

3)完善转移支付资金预算管理。随着教育经费保障能力的提高,基本经费的内涵应有所调整。应将保障型、经常性、学校自主发展性的内容纳入区县、学校基本经费,增加基本经费数量,合理配置基本经费与项目经费,扩大学校、区县经费使用自主权。

建议市级财政应根据财政总体状况,尽量提前预测、下达市级转移支付预算资金,区县一级可提前结合本区县财力制定教育总体投资计划,避免年底突击组织专项,提高预算安排的科学性。

参考文献

拱雪,张熙,2009.北京市义务教育资源配置差异性分析[J].教育科学研究(12):43-47.

栗玉香,2010.区域内义务教育财政均衡配置状况及政策选择——基于北京市数据的实证分析[J].华中师范大学学报(人文社会科学版)(1):106-112.

郑磊,2006.义务教育经费分配使用的公平性研究——北京与上海的比较分析[J].教育发展研究(2):23-27.

周金燕.2008.区县基础教育财政的充足和公平初探——以北京市为个案[J].教育科学(1):17-20.

朱庆环,成刚,田立新,2013.政府间转移支付对县级教育支出的影响——基于北京市的证据[J].教育与经济(4):21-27.

下篇

北京市基础教育发展的微观视野

第六章 北京市义务教育发展状况调查概述

"北京市义务教育发展状况调查"是针对北京市义务教育阶段学生群体的社会调查项目,目的是了解北京市义务教育阶段学校、教师、学生及其家长的基本状况,从而为北京市政府、市教委制定相关教育政策和教育规划提供依据。本章使用对北京市功能拓展区3个区县、16个学区的40位校领导、166位班主任、5697名学生及其家长的调查数据以及高质量的行政数据,主要得到如下研究发现:①从学生学习时间分配和参与补习教育的类型和时间看,学生的学习负担繁重;②从亲子是否同住、亲子关系、亲子沟通、亲子活动和家校互动等情况看,父母对子女教育的参与程度较低,父子沟通尤为欠缺;③从学业成绩、体质健康、非认知能力发展和行为表现看,学生发展欠全面、欠均衡;④从教师性别、年龄、教龄、是否是师范类毕业、是否有事业编制等因素看,男教师和年轻教师有待补充;⑤从班主任任教学科、工作时间、学校满意度、职业倦怠和离职意愿等方面看,班主任工作相对沉重;⑥从学校基础设施质量、学校周边场所和学校经费来源看,学校的基本条件和管理水平有待提升。

一、调查概况

"北京市义务教育发展状况调查"项目是针对北京市义务教育阶段学生群体的社会调查项目,目的是了解北京市各区县义务教育阶段学校、教师、学生及其家长的基本状况,从而为北京市政府、市教委制定相关教育政策和教育规划提供依据。该项目由北京师范大学首都教育经济研究院执行,于2016年11月至2017年3月进行。此次调查采用三阶段整群抽样的方法,调查对象是小学四年级学生及其家长、任课教师和校领导。前三阶段依次随机抽取区县、学区(或教育集群)和学校,被抽样学校的全部四年级学生入样。针对个别学校规模较大的小学,本调查随机选取了4个四年级班级入样。最终,本次调查的样本框涉及城市功能拓展区的3个区县、16个学区、40所学校、166个班级的5697名学生，对北京市城市功能拓展区具有良好的代表性。❶ 40所学校包括38所公办学校和2所民办学校，其中1所是高收费的民办学校，1所是具有公助民办性质的打工子弟学校。

本次调查包括学生、家长、班主任和校领导问卷。调查问卷在参考和借鉴中国教育追踪调查(China Education Panel Survey，CEPS)和中国家庭追踪调查(China Family Panel Studies，CFPS)等调查问卷的基础上，根据北京市基础教育事业发展的实际情况编制而成。除家长问卷采用纸质问卷外，其余三种问卷均采用网上填答的方式，学生问卷在调查员的指导和监督下现场完成。学生问卷包括活动时间安排、参与教育补习、亲子关系、亲子互动、日常行为表现和非认知能力发展。家长问卷包括学生的户籍和出生信息、学期教育支出、入学途径、家校互动、父母的年龄、户籍、政治面貌、学历和健康状况，以及家庭人口规模和家庭收入等。教师问卷包括班主任及数学、语文和英语教师的性别、年龄、学历、教龄、毕业类别、接手班级教学工作时间等信息，班主任的工作时间、职业倦怠、学校满意度和离职意愿，以及对流动学生及其家长的态度等。学校问卷包括学校设施情况、经费结构、学生户籍结构、学生家长的教育及其收入水平，以及教师性别、教龄和学历结构。此外，本次调查还获取了当前四年级学生在2015—2016学年度第二学期期末考试和2016—2017学年度第一学年期末考试数学、语文和英语科目的原始成绩，2015—2016学年度和2016—2017学年度的体质测试成绩和体检信息等行政数据。

表6-1报告了本次调查的基本情况。A区、B区和C区应调查学生数分别为2790人、1962人和945人，共计5697人；A区、B区和C区实际调查学生数分别为2755人、1952人和931人，共计5638人。本次调查共收回有效学生问卷5531份，有效家长问卷5263份，有效班主任问卷163份，有效校长问卷39份。

表6-1 调查基本情况

项目	A区	B区	C区	总计
应调查学生数	2790人	1962人	945人	5697人
实际调查学生数	2755人	1952人	931人	5638人

---

❶ 根据2016年《北京统计年鉴》，城市功能拓展区的常住人口最多，占全市总量的49%，常住外来人口也最多，占全市总量的53.3%。

续表

项目	A区	B区	C区	总计
有效学生问卷	2684 份	1938 份	909 份	5531 份
有效家长问卷	2593 份	1830 份	840 份	5263 份
有效班主任问卷	82 份	56 份	25 份	163 份
有效校长问卷	17 份	14 份	8 份	39 份

二、学生层面特征

(一)人口学特征

人口学特征主要包括性别、年龄、户籍、是否独生子女、出生体重等。表6-2报告了这些变量的描述性统计结果。可以看出,男生占比约为54%,平均年龄[1]是9.84岁,京籍学生和农业户口[2]学生占比分别为43.57%和54.99%,独生子女占比53.13%,出生体重均值为6.71斤。

表6-2 人口学特征的描述性统计

变量	观测值	平均值	最小值	最大值
男生占比(单位:%)	5638	53.61	—	—
年龄(单位:岁)	5637	9.84	8.17	12.70
京籍学生占比(单位:%)	5638	43.57	—	—
农业户口占比(单位:%)	5147	54.99	—	—
独生子女占比(单位:%)	5260	53.13	—	—
出生体重(单位:斤)	5172	6.71	1.80	10.70

注:所有数据均进行加权处理。

为更细致地反映学生的人口学特征,本章进一步对样本进行描述。首先关注学生的出生年月分布,如图6-1所示。按照北京市教委关于义务教育阶段入学年龄的相关政策和规定,年满6周岁的儿童方可入学,故当前四年级学生应在2006

---

[1] 年龄为截至2016年12月31日时的年龄,精确到日。
[2] 如果父母均为农业户口,则学生的户口性质为农业户口;如果父母至少有一方是非农户口,则学生的户口性质为非农户口。

年9月至2007年8月期间入学。可以看出,除265名早于2006年8月出生的儿童和44名晚于2007年9月出生的儿童分别选择晚上学和早上学外,其余学生按照规定正常入学。入学年龄的相关政策和规定得到较好落实。从天均出生人数看,各出生组学生的天均出生人数随着出生时间的推迟呈现明显的上升趋势,从2006年9月的10.77人上升至2007年8月的16.58人。对同一届四年级学生而言,年龄最大(2006年9月出生)的学生比年龄最小(2007年8月出生)的学生大将近一岁。由于大龄学生的比重明显偏低,因此父母希望子女能够较早上学的倾向非常明显。

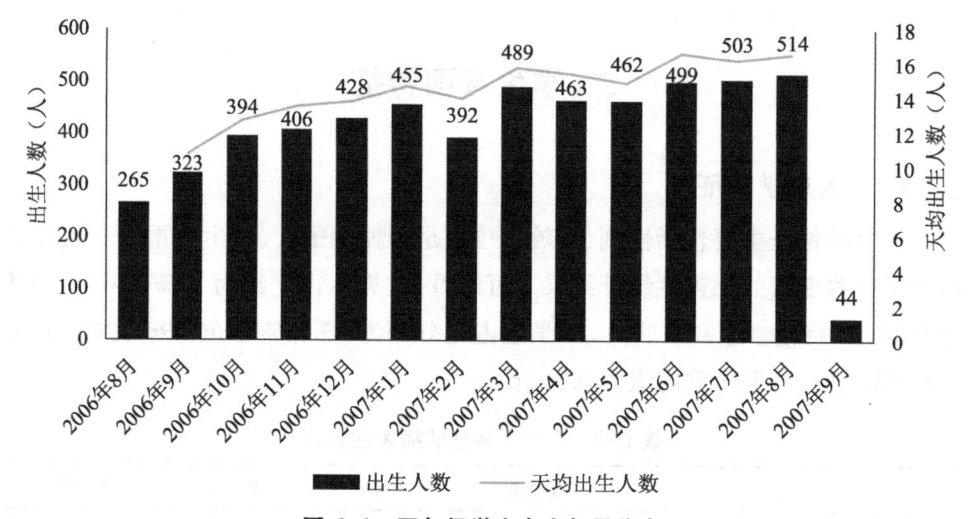

图 6-1 四年级学生出生年月分布

注:所有数据均进行加权处理。

其次考察户籍地、户口性质与就学地的关系。从省域视角看,本章将全部学生分成非京籍非农业户口、非京籍农业户口、京籍非农业户口和京籍农业户口等四类学生,样本分布如图6-2所示。可以看出,非京籍农业户口学生人数最多,占比为45.27%,其次是京籍非农业户口学生,超过30%,非京籍非农业户口和京籍农业户口的学生人数相近,为9.72%和11.36%。从县域视角看,京籍学生户籍所在区县与就读学校所在区县也可能出现不一致的情况,即跨区县就学。图6-3展示了京籍学生户籍地与就学地所在区县的关系。可以看出,京籍学生中有12.19%在与户籍地不一致的区县就读小学,其中农业户口学生占9.05%,非农业户口学生占3.14%。之所以京籍学生户籍地与就学地区县出现不一致的情况,主要是与学生的入学途径有关。如图6-4所示,有8.90%的学生通过单位协议或子弟学校等方式入学,有14.32%的学生通过学业考试或特长等级推优等方

第六章　北京市义务教育发展状况调查概述

式入学,有4.28%的学生通过找朋友帮忙、给领导送礼或缴纳择校费等方式入学。通过上述途径入学的学生往往是跨区县就学。

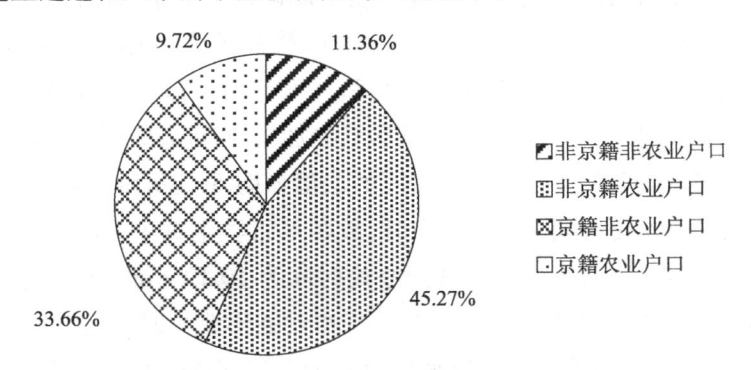

图 6-2　户籍地与户口性质分布

注:所有数据均进行加权处理。

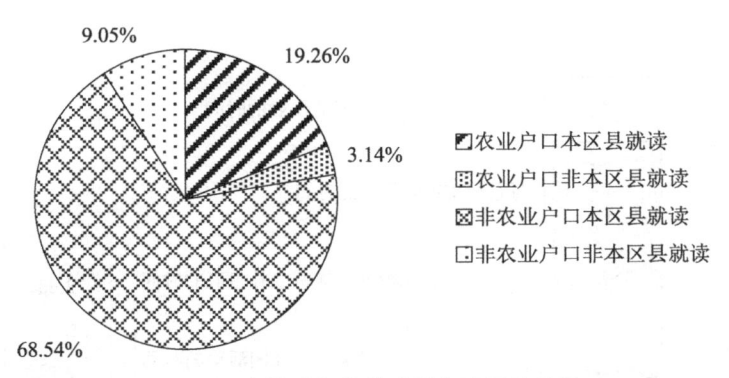

图 6-3　户籍地与就学地所在区县的关系

注:所有数据均进行加权处理。

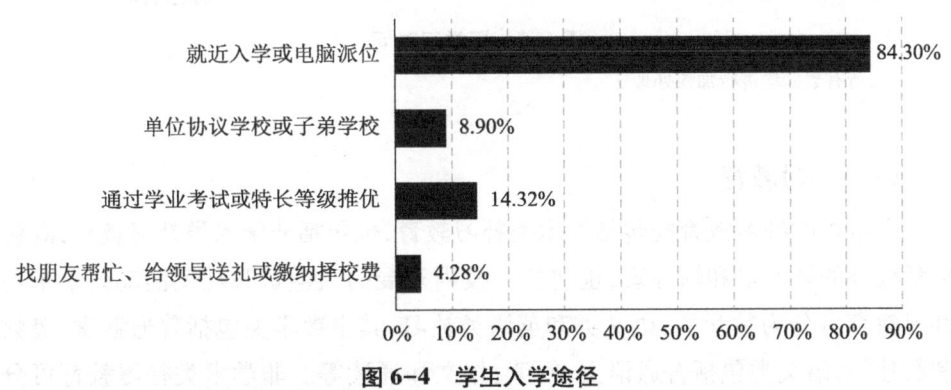

图 6-4　学生入学途径

注:所有数据均进行加权处理。

(二)学习时间

本章指的学习时间不包括学生在学校正规课程中的学习时间,主要包括两个方面:一是写作业的时间;二是参加兴趣班、补习班或社团活动的时间。写作业的时间包括写老师布置的作业的时间和写家长、补习班布置的作业的时间。参加兴趣班、补习班或社团活动的时间包括参加校内社团活动的时间,以及校外补习班或兴趣班的时间。各类学习时间的均值如图6-5所示。可以看出,四年级学生的周平均学习时间为15.37小时,故四年级学生每天在学校正规课程外的学习时间超过2小时。写作业的周平均时间为10.12小时,其中写老师布置的作业的时间为8.10小时,写家长、补习班布置的作业的时间为2.02小时。参加兴趣班、补习班或社团活动的周平均时间为5.25小时,参加校外兴趣班或补习班的时间为3.08小时,明显高于参加校内社团活动的2.17小时。

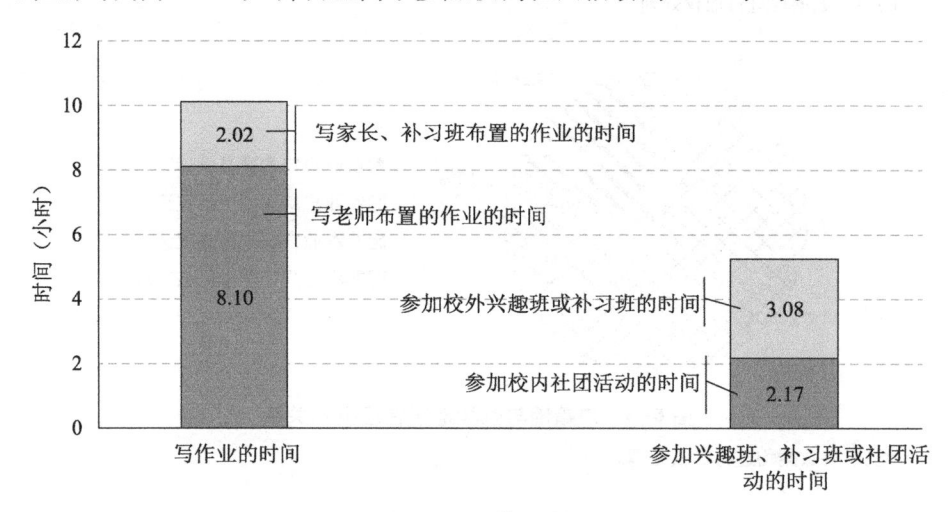

图6-5 周学习时间

注:所有数据均进行加权处理。

(三)补习教育

本章指的补习教育既包括学术类补习教育,也包括非学术类补习教育,既包括学校外的补习班和辅导班,也包括学校内开展的兴趣班和社团活动。学术类补习教育可分为数学类,语文类和英语类补习,其中数学类包括普通数学、奥数和数独等,语文类包括普通语文、阅读、作文和诵读等。非学术类补习教育可分为体育类、艺术类、手工类、科技类和其他类补习,其中体育类包括球类、棋类和魔方等,艺术类包括绘画、书法、音乐、乐器、舞蹈、戏曲、表演、主持、影视和魔术等,科技类包括科技、科普、创新和创业,其他类包括人文社科(如历史、法律)、饮食(如美食、茶艺或烘焙)等。

图6-6报告了学生参与学术类和非学术类补习的基本情况。可以看出,高达96%的学生参与校内外的各类补习教育。学术类和非学术类补习的参与率分别为54%和89%。之所以参与非学术类补习的学生占比高于学术类补习,一方面是因为四年级属于小学中年级段,升学压力相对较小,学生有更多的时间和精力来培养兴趣爱好;另一方面也反映出随着居民教育消费模式的改变,小学阶段的补习教育逐渐从"应试化"向"素质化"转变。分校内和校外补习看,分别有88%和66%的学生分别参与校内外补习。这表明,校内社团活动已经发展成为补习教育的首要阵地。学术类与非学术类补习表现出截然不同的特征。校内学术类补习的参与率仅为20%,低于校外补习的46%,而校内非学术类补习的参与率则高达81%,超过校外补习的49%。这可能是由两方面原因所致。一方面,学校提供的学术类补充教育往往是以培养学生学习兴趣为目标,以学校常规教育为基础,其讲授的内容和方法在知识的广度和深度上都不及校外补习。故大多数学生在选择校内补习时,更倾向于选择非学术类。另一方面,由于非学术类补习的成本明显高于学术类,那么学生及其家长出于降低补习成本的考虑更倾向于用校内补习来替代校外补习,而出于提高考试成绩的考虑更倾向于参与校外学术类补习。

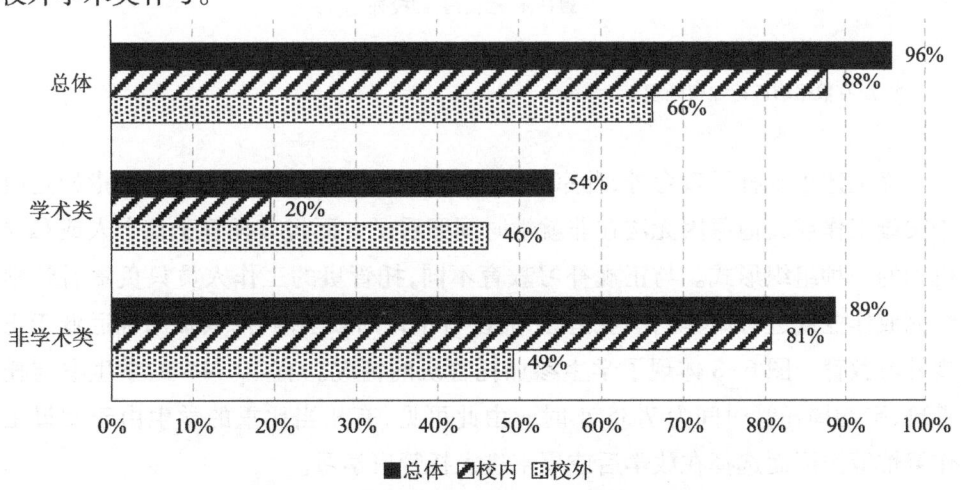

图6-6 学术类和非学术类补习教育参与情况

注:所有数据均进行加权处理。

图 6-7 体现了学生参与各类补习的基本情况。对于学术类补习,不同学科补习的参与率与学科知识的难易程度呈正相关。英语学习对小学生难度最大,故英语类补习的参与率最高,其次是数学类,语文类补习的参与率最低。校内数学类、语文类和英语类补习的参与率均大幅度低于校外补习。对于非学术类补习,艺术类补习的参与率高达 56%,比体育类补习高出将近 10 个百分点,表现出明显的"体冷艺热"的特征。校内体育类补习比校外高出 13 个百分点,校内艺术类补习比校外高出 3 个百分点。除艺体类补习外,分别有 15% 和 18% 的学生参与科技类和手工类补习,且以校内补习为主。由此可见,校内社团活动的形式更为多样,而校外补习主要体现为学科补习和艺体类补习。

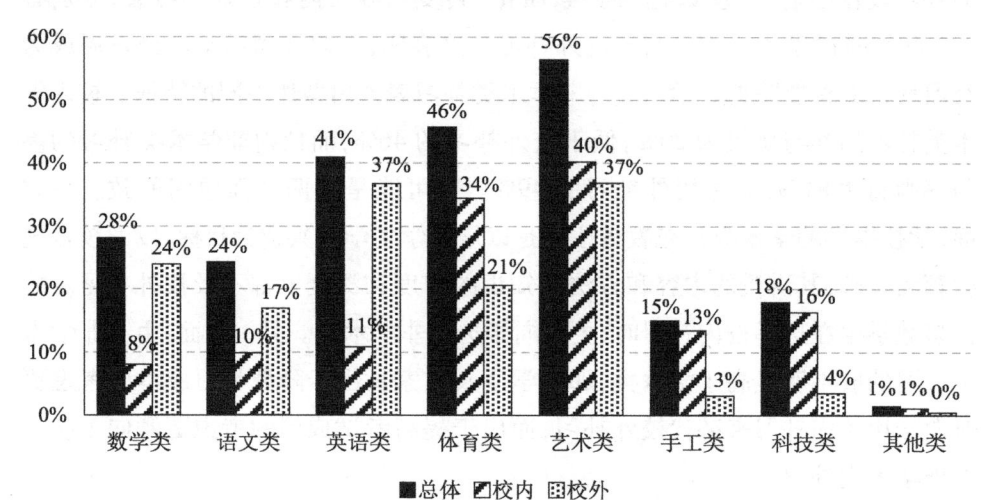

图 6-7 各类补习教育参与情况

注:所有数据均进行加权处理。

除上述正规补习教育外,北京市还普遍存在托管班。所谓托管班,指的是由于父母工作或其他原因无法在非就学时间照看子女而将其托管于某个人或私立机构的一种组织形式。与正规补习教育不同,托管班的工作人员只负责看管学生完成作业或进行简单的学业指导,而没有正式的教学内容,其费用也远低于正规补习教育。图 6-8 体现了学生参加托管班的情况。有 10.74% 的学生参与托管班,平均周托管时间为 7.35 小时。由此可见,有相当比重的学生由于父母工作繁忙等原因而选择在放学后或周末进入托管班学习。

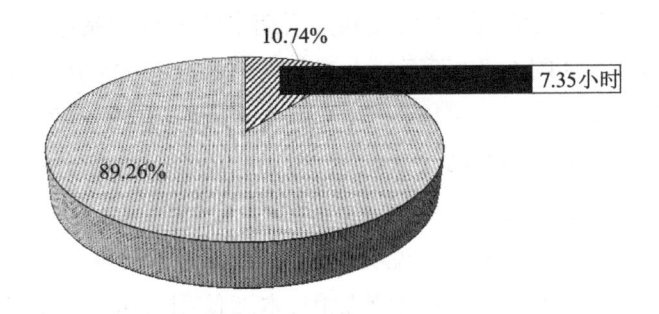

第六章 北京市义务教育发展状况调查概述

10.74%
7.35小时
89.26%

■参加托管班　▨未参加托管班

图 6-8　各类补习教育参与情况

注：所有数据均进行加权处理。

（四）学生最希望父母关注的方面

本次调查还涉及学生最希望父母关注的方面，如图 6-9 所示。可以看出，最希望父母关注自己学习的学生占比最高，为 41.96%，其次是情感，占比为 21.58%，社会交往和物质生活分别占比 14.40% 和 10.99%，不希望父母对自己有任何关注的学生占比 11.07%。由此可见，学生主要希望父母关注自己的学业成就，且对情感发展和社会交往等精神层面的需求要比物质层面的需求更加强烈。

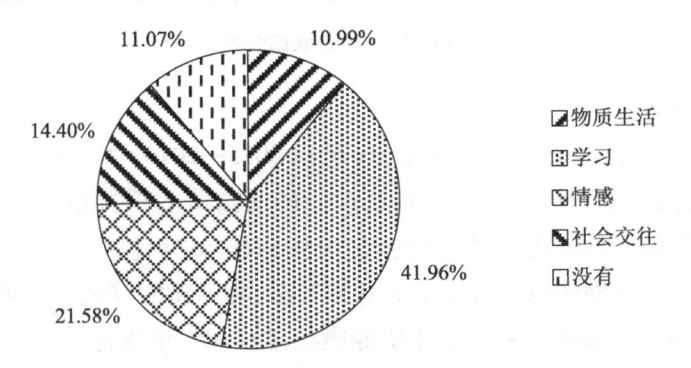

11.07%　10.99%
14.40%
21.58%
41.96%

■物质生活
▨学习
▧情感
■社会交往
□没有

图 6-9　学生最希望父母关注的方面

注：所有数据均进行加权处理。

（五）学生发展

从"促进学生德智体美等全面发展"的视角出发，本章所指的学生发展涵盖学业成绩、体质健康、非认知能力发展、日常行为表现等四个方面。

1.学业成绩

学业成绩用期末考试成绩衡量，包括 2015—2016 学年第二学期和 2016—

2017学年第一学年数学、语文和英语期末考试百分制原始成绩。三个科目考试成绩的分布如图6-10所示。由于各区的期末考试采用不同的试卷，故本章仅报告分区的统计结果。可以看出，英语成绩最高，其次是数学成绩，语文成绩最低。三个区数学成绩的分布大致相同，但语言类科目成绩分布存在明显差异。A区语文和英语成绩的右尾更长，而B区的右尾则更短，说明B区语言类成绩的高分段学生占比更多。需要说明的是，尽管区内各学校使用相同的期末考试试卷，但由于评判标准和阅卷尺度等原因，本章使用考试成绩在学校层面的标准化得分，各学校标准化成绩均值为0，标准差为1。

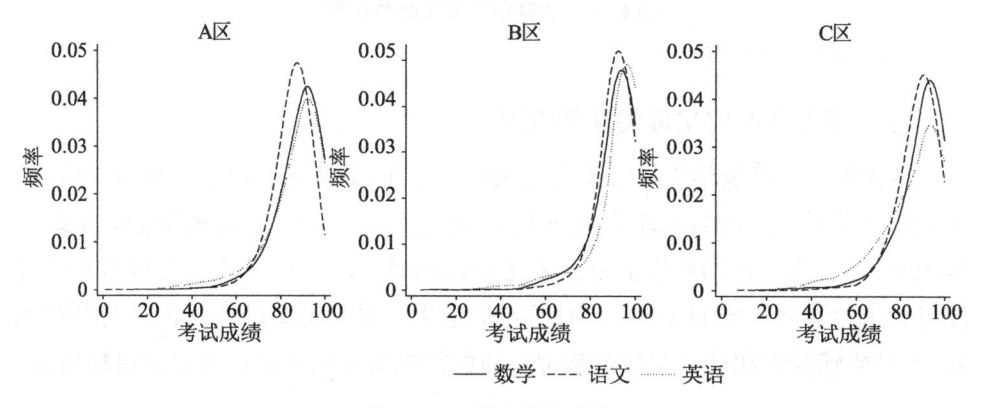

图 6-10 学业成绩分布

2.体质健康

体质健康用体质测试成绩来衡量，包括2015—2016学年和2016—2017学年各单项测试成绩和体质测试综合成绩。体质测试的项目包括BMI值（由身高、体重计算得到）、肺活量、50米跑、坐位体前屈、1分钟跳绳（加分项目）和1分钟仰卧起坐，分别用以评价学生的身体形态、心肺功能、爆发力、柔韧性、协调性和腰腹力量。根据《国家学生体质健康标准（2014年修订）》，本章将三年级时BMI值超过22.2的男生、BMI值超过21.2的女生，以及四年级时BMI值超过22.7的男生、BMI值超过22.1的女生视为肥胖，各单项测试结果转化为测试得分，再将各单项测试得分进行加权处理后得到体质测试综合成绩。❶

表6-2报告了2015—2016学年和2016—2017学年学生体质测试各单项结

---

❶ 根据《国家学生体质健康标准（2014年修订）》，各单项测试得分的满分为100分。BMI、肺活量、50米跑、坐位体前屈、跳绳和仰卧起坐的权重分别为15%、15%、20%、20%、20%和10%，通过加权计算得到体质测试标准成绩，范围为0~100分。跳绳项目为加分项目，加分满分为20分。将体质测试标准成绩与加分加总得到体质测试综合成绩，范围为0~120分。

果。可以看出,肺活量从 1566.82 毫升上升至 1843.47 毫升,50 米跑从 10.20 秒增快至 9.82 秒,坐位体前屈从 11.41 厘米增加至 11.79 厘米,1 分钟跳绳从 115.42 个增加至 124.70 个,1 分钟仰卧起坐从 33.78 个增加至 37.16 个。故从体质测试各单项测试的绝对结果看,学生的心肺功能、爆发力、柔韧性、协调性和腰腹力量均有所改善。但与之不同的是,从身体形态看,肥胖学生占比由前期的 9% 上升至当期的 12%。由于随着年龄的增长,体质健康标准也在提高,故需要根据各年级的体质健康标准计算出各单项得分,进而考查学生体质健康状况的变化。

表 6-2　学生体质测试各单项结果描述统计

变量	2016—2017 学年 样本量	2016—2017 学年 均值	2015—2016 学年 样本量	2015—2016 学年 均值
BMI 值	4736	17.44	5162	18.22
肥胖学生占比(单位:%)	4736	9.09	5162	12.07
肺活量(单位:毫升)	4886	1566.82	5162	1843.47
50 米跑(单位:秒)	4886	10.20	5160	9.82
坐位体前屈(单位:厘米)	4886	11.41	5162	11.79
跳绳(单位:个)	4886	115.42	5163	124.70
仰卧起坐(单位:个)	4645	33.78	5162	37.16

注:所有数据均进行加权处理。

图 6-11 展示了 2015—2016 学年和 2016—2017 学年学生体质测试各单项得分和综合成绩。从综合成绩看,学生体质测试成绩在 2015—2016 学年和

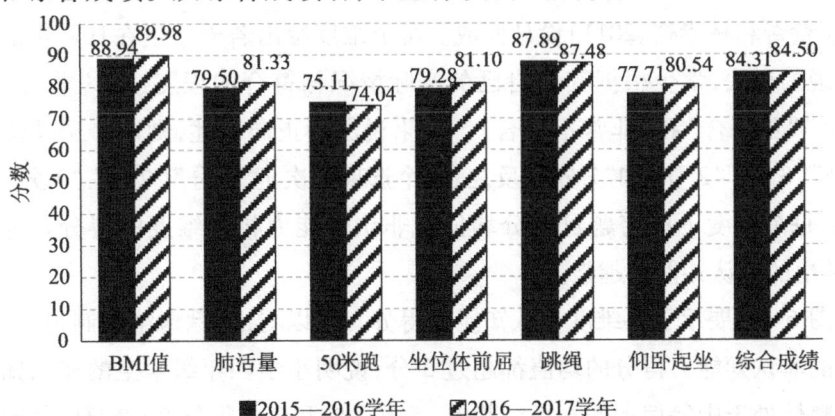

项目	2015—2016 学年	2016—2017 学年
BMI 值	88.94	89.98
肺活量	79.50	81.33
50 米跑	75.11	74.04
坐位体前屈	79.28	81.10
跳绳	87.89	87.48
仰卧起坐	77.71	80.54
综合成绩	84.31	84.50

图 6-11　学生体质测试各单项得分和综合成绩

注:所有数据均进行加权处理。

2016—2017学年均约为84分,处于良好等级的中等偏下水平。学生在BMI项目的表现最高,超过88分,在50米跑项目的表现最差,只有75分左右。学生在BMI、肺活量、坐位体前屈和仰卧起坐等项目上有所进步,但在50米跑和跳绳项目上有所退步。由此可见,对四年级学生而言,学生在心肺功能、柔韧性和腰腹力量等方面表现较好且仍在进步中,而在爆发力方面表现较差且在退步中。

3. 非认知能力

非认知能力包括自尊(self-esteem)、自我控制(self-control)、人际交往(interpersonal competence)、学校适应(school adaptability)、领导力(leadership)和合作(cooperation)6个维度。自尊是指个体关于自我价值和自我接纳的总体感受(Rosenberg,1965)。自我控制是指为了实现能带来长期利益的目标,个体有意识控制冲动行为、抵制满足直接需要和愿望的能力(Hagger et al.,2010),又可分为情绪控制、行为控制和思维控制三个维度(王红姣和卢家楣,2004)。人际交往是指人际交往过程中,个体具有交往意愿,积极主动参与交往,并且表现出有效和适宜的交往行为,从而使自身与他人的关系处于和谐的能力(王英春和邹泓,2009)。学校适应是指在学校背景下愉快地参与学校活动并获得学业成功的状况(Ladd et al,1997)。领导力是组织中的个体对其追随者或组织活动的影响力,这种影响能促使组织目标的达成(Pratch,Jacobowitz,1997)。合作是指个人与个人、群体与群体之间为达到共同目的,彼此相互配合的一种联合行动或方式,倾向于衡量学生在集体活动中的表现。

上述维度的量表主要参考"中国儿童青少年心理发育特征调查项目"所用量表(董奇和林崇德,2011)设计而成。每个维度给出若干学生在日常生活中行为表现的说法,学生根据其与自己的实际情况相符合的程度选择"非常符合""符合""不符合"和"非常不符合"。如果说法为正向表述,则四个选项依次记"4分""3分""2分"和"1分";反之,四个选项依次记"1分""2分""3分"和"4分"。每个维度下所有题目得分均值为非认知能力相应维度的得分。得分越高,学生的非认知能力越强。

图6-12展示了各维度非认知能力得分。可以看出,除情绪控制得分外,各维度非认知能力得分的均值都超过3分,说明小学四年级学生的非认知能力发展整体处于中等偏上的水平。其中,学校适应和合作得分相对较高,其次是人际交往得分、领导力得分和自尊得分,自我控制得分相对较低,特别是情绪控制得分和思维控制得分。由此可见,四年级学生表现出较强的学校适应性、合作能

力和人际交往能力,但自我控制能力有待提高。与行政数据不同,由于本次调查截至目前仅执行一次,故非认知能力发展得分只有当期值,没有前期值。

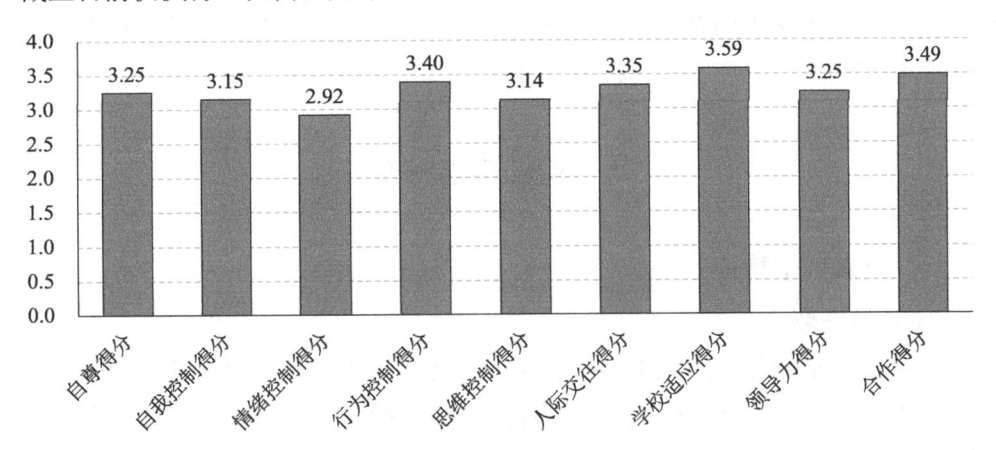

图 6-12 非认知能力得分

注:所有数据均进行加权处理。

4. 日常行为表现

日常行为表现用不良行为的发生率衡量。涉及的学生行为包括逃课、迟到和早退,骂人、说脏话,打架,欺负弱小同学,抽烟、喝酒,抄袭作业、考试作弊,上网吧、游戏厅 7 类。图 6-13 报告了上述不良行为的发生率。可以看出,骂人、说脏话和打架的发生率最高,超过 20%,其次是逃课、迟到和早退,为 14%,其余不良行为的发生率较低,不足 5%。此外,本章还根据上述行为的发生频率计算了

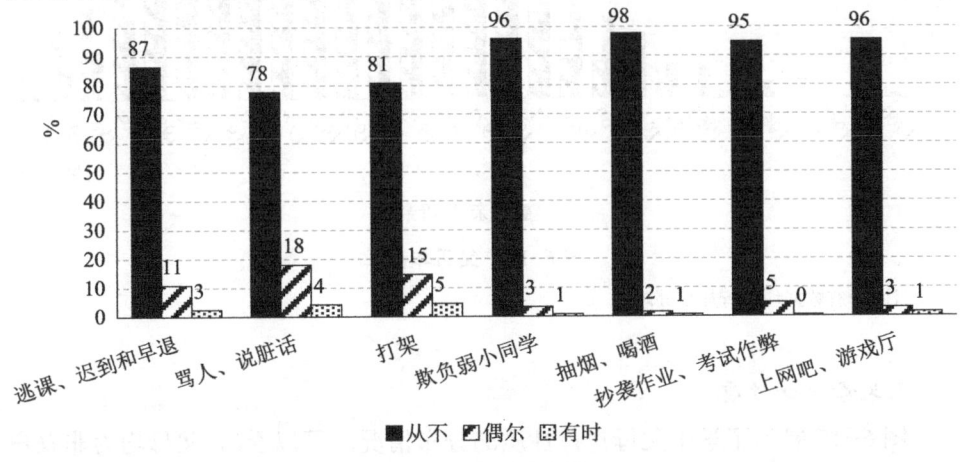

图 6-13 日常行为表现

注:所有数据均进行加权处理。

日常行为得分,"从不""偶尔""有时""经常"和"总是"分别对应"5 分""4 分""3 分""2 分"和"1 分"。日常行为得分越高表明学生日常行为越良好。研究结果表明,四年级学生的日常行为得分均值为 4.87 分,说明学生的日常行为表现较好,但部分学生仍存在不良行为,亟待纠正。

三、家庭基本特征

(一)人口学特征

1. 父母年龄

图 6-14 展示了学生父母年龄的分布情况。可以看出,父亲出生年的峰值出现在 1975—1979 年,母亲出生年的峰值出现在 1978—1982 年,父亲和母亲的平均年龄分别为 40.21 岁和 37.71 岁。根据第六次全国人口普查汇总数据,2010 年我国女性平均生育年龄为 28.18 岁,故本章样本中父母的平均生育年龄与全国平均水平相当。

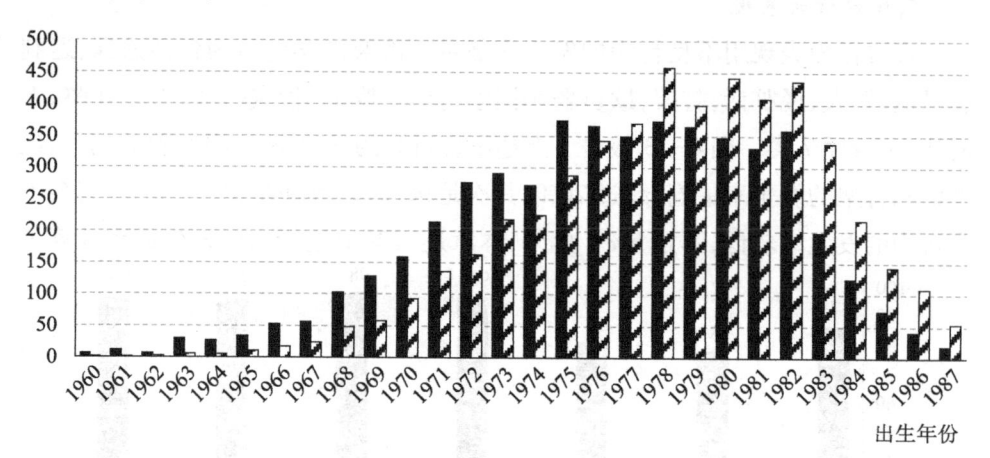

图 6-14 父母年龄

注:所有数据均进行加权处理。

2. 父母户口性质

图 6-15 展示了学生父母户口性质的分布情况。可以看出,父母均为非农户口的学生占比最高,为 44.11%,其次是父母均为农业户口的学生,占比为 41.28%,父母双方只有一方为非农户口的学生占比最低,不超过 15%。

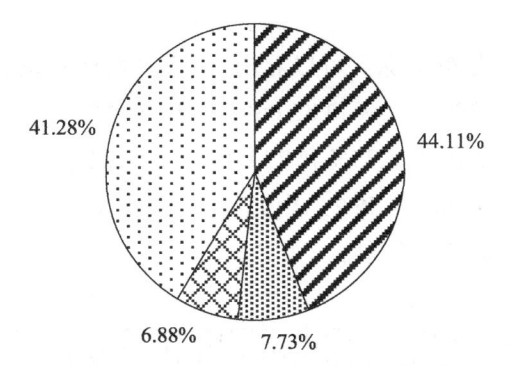

第六章 北京市义务教育发展状况调查概述

41.28%　44.11%
6.88%　7.73%

■ 父母均为非农户口
▨ 父亲为非农户口，母亲为农业户口
▨ 父亲为农业户口，母亲为非农户口
□ 父母均为农业户口

图 6-15 父母户口性质

注：所有数据均进行加权处理。

3. 父母最高学历

图 6-16 展示了父母学历的分布情况。从学历结构看，父亲高中（包括普通高中和中专/技校/职高）及以下学历占比略低于母亲，大学专科和大学本科学历占比也低于母亲，但硕士和博士学历占比明显高于母亲，父亲为 12.27%，而母亲为 8.81%。这表明父亲和母亲受教育水平的差异主要体现在研究生学历占比。从受教育年限看，本章将最高学历折算成父母受教育年限，学历为文盲、小学、初中、中专/技校/职高、普通高中、大专、本科、硕士和博士对应的受教育年限分别为 0 年、6 年、9 年、12 年、12 年、15 年、16 年、19 年和 22 年。经计算，父亲的平均受教育年限为 13.18 年，母亲的平均受教育年限为 12.86 年，父母受教育年限的较大值为 12.97 年。这表明样本学生的家庭文化资本较高，且父亲的文化资本高于母亲。

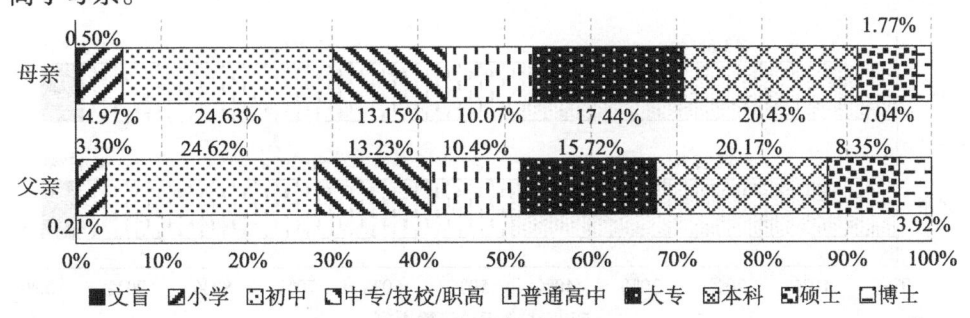

	文盲	小学	初中	中专/技校/职高	普通高中	大专	本科	硕士	博士
母亲	0.50%	4.97%	24.63%	13.15%	10.07%	17.44%	20.43%	7.04%	1.77%
父亲	0.21%	3.30%	24.62%	13.23%	10.49%	15.72%	20.17%	8.35%	3.92%

图 6-16 父母最高学历

注：所有数据均进行加权处理。

4.父母政治面貌

图6-17展示了父母政治面貌的分布情况。可以看出,父亲是共产党员、民主党派和群众的学生占比分别为11.43%、0.52%和88.05%,而母亲是共产党员、民主党派和群众的学生占比分别为20.16%、0.75%和79.09%。父母双方至少有一方是共产党员或民主党派的学生占比为23.86%。由此可见,样本学生具有较高的政治资本,且父亲的政治资本明显高于母亲。

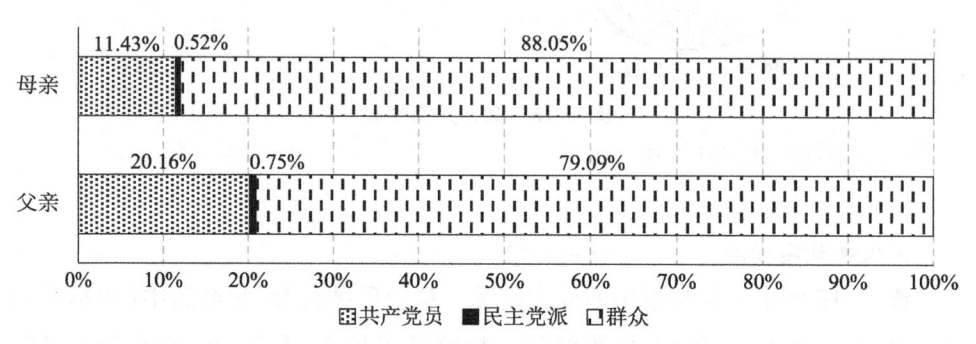

图6-17 父母政治面貌

注:所有数据均进行加权处理。

5.父母健康状况

图6-18展示了父母的健康状况。本章使用的是自评健康问题,包括"非常好""好""不太好"和"非常不好"四个选项。由于选择后两个选项的样本比重非常少,故将这两个选项合并为"不好"。可以看出,父亲和母亲的身体健康状况基本相同,身体非常好的样本占比约为45%,身体好的样本占比约为50%,而身体不好的样本占比为5%左右。由此可见,样本学生家庭健康资本相对较好。

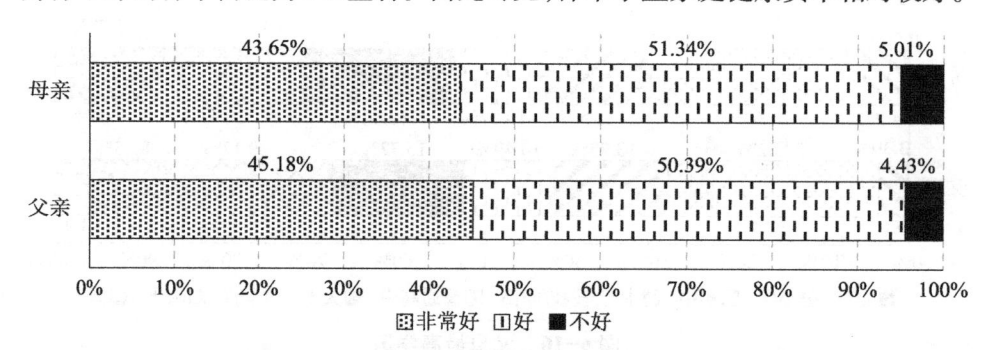

图6-18 父母健康状况

注:所有数据均进行加权处理。

6.家庭收入

家庭经济资本常用家庭收入状况表征。本章使用家庭人均年收入衡量家庭收入状况，即过去 12 个月的家庭总收入与家庭常住人口数的比值。从平均水平看，样本学生的家庭人均年收入为 45949.20 元。根据国家统计局北京调查总队住户调查数据，2016 年北京市居民人均可支配收入为 52530 元，样本学生的家庭收入则低于这一水平。这主要由以下两个原因导致：一是本次调查是以 9~10 岁的小学生为对象，家庭规模较大，家庭常住人口数为 3~6 人的学生占比超过 95%，在一定程度上低估了家庭人均年收入；二是本次调查样本中非京籍学生比重较高，由于非京籍学生家庭的家庭收入水平较低，也在一定程度低估了家庭人均年收入。图 6-19 展示了家庭人均年收入的分布状况。可以看出，家庭人均年收入为 1 万~3 万元的学生占比最高，接近 40%，5 万~10 万元的学生占比超过 20%，超过 10 万元的学生占比超过 10%。由此可见，从家庭人均收入看，学生家庭经济资本两极分化现象十分严重。

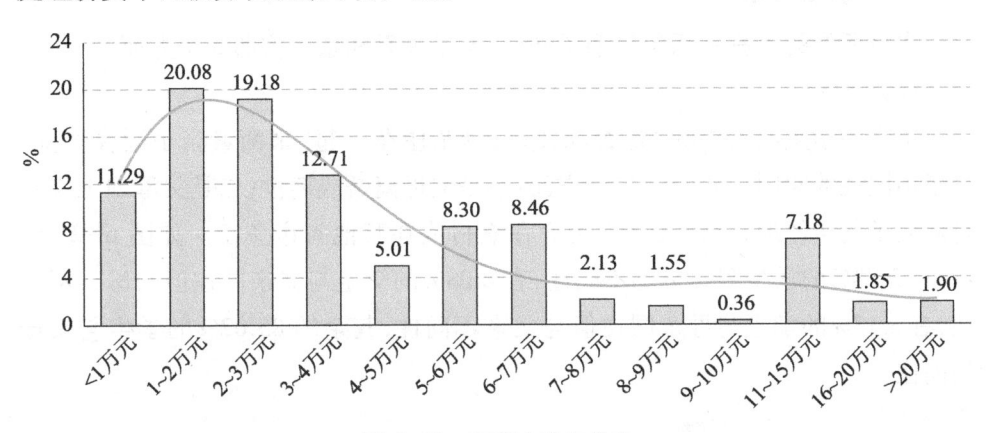

图 6-19 家庭人均年收入

注：所有数据均进行加权处理。

7.教育支出

本章所指的教育支出包括本学期交给学校的日常费用（包括教辅材料费、校服费和活动费），交给学校的赞助费、择校费或借读费，以及课外补习班、兴趣班费用。图 6-20 展示了各项教育支出的均值和占比。可以看出，交给学校的日常费用约为 1626.21 元，占 20.93%，主要包括餐费和校服费。交给学校的赞助费、择校费和借读费约为 443.18 元，占 5.70%，由于只有部分优质学校的部分学生缴纳择校费，这项教育支出的均值较低。课外补习班、兴趣班费用最高，约为

5701.04元，占全部教育支出的3/4左右。由此可见，随着补习教育的常态化，补习教育费用成为家庭教育支出的主要组成部分。

1626.21元 (20.93%) 交给学校的日常费用
443.18元 (5.70%) 交给学校的赞助费、择校费或借读费
5701.04元 (73.37%) 课外补习班、兴趣班费用

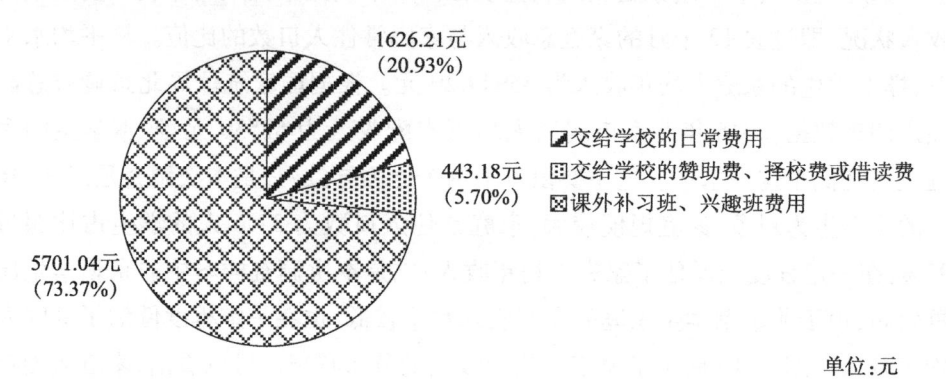

单位：元

图 6-20 教育支出

注：所有数据均进行加权处理。

（二）家庭关系

本章所指的家庭关系包括亲子同住、亲子关系和亲子沟通3个方面。

1. 亲子同住

本章用学生问卷中的"是否和父亲、母亲住在一起"来衡量亲子同住情况。亲子不同住的原因主要包括三个方面：一是父母离婚或离世；二是父母因工作暂时调离子女居住地；三是父母因留守在农村或在其他省市务工。如图6-21所示，有3.78%的学生与父母均不同住，有8.08%的学生与父亲同住但与母亲不同住，有3.12%的学生与母亲同住但与父亲不同住，其余的85.02%的学生与父母均同住。

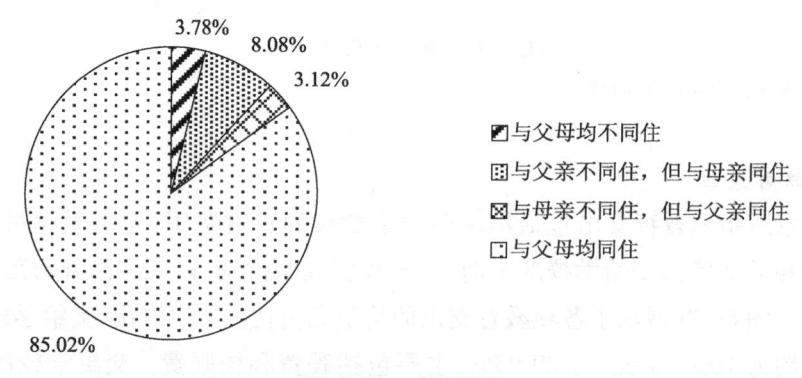

3.78%　8.08%　3.12%　85.02%

与父母均不同住
与父亲不同住，但与母亲同住
与母亲不同住，但与父亲同住
与父母均同住

图 6-21 亲子同住

注：所有数据均进行加权处理。

2. 亲子关系

本章用学生问卷中的"和父亲、母亲的关系"衡量亲子关系,包括"非常亲近""比较亲近""不亲近"和"根本不亲近"四个选项。由于选择后两个选项的样本比重非常少,故将这两个选项合并为"不亲近"。如图 6-22 所示,与父亲非常亲近、比较亲近和不亲近的学生占比分别为 71.07%、25.12% 和 3.18%,与母亲非常亲近、比较亲近和不亲近的学生占比分别为 88.04%、10.78% 和 1.19%。与父亲非常亲近的学生占比比母亲低近 16 个百分点,而与父亲不亲近的学生占比却比母亲高出 2 个百分点。由此可见,样本学生的母子关系整体好于父亲关系。

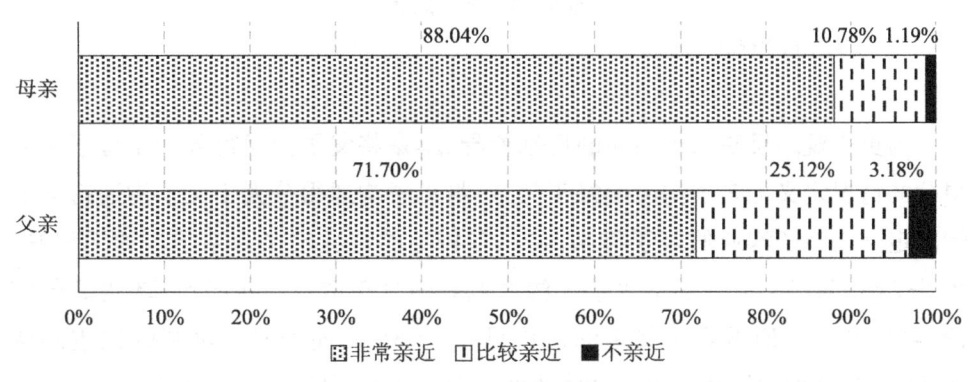

图 6-22 亲子关系

注:所有数据均进行加权处理。

3. 亲子沟通

亲子沟通是形成融洽和谐亲子关系的有效途径。本章用学生问卷中"你父母是否经常与你讨论以下问题"来衡量。题设涵盖父子沟通和母子沟通两个方面,问题包括学校发生的事情、你与同学的关系、你与老师的关系和你的心事或烦心事,频率"从不""偶尔"和"经常"依次对应 1 分、2 分、3 分,四个选项的均值即为父子(或母子)沟通得分。从图 6-23 中可以看出,父子沟通得分和母子沟通得分分别为 2.12 分和 2.39 分,说明亲子沟通的频繁程度处于中等偏上的水平,但与父亲沟通的频繁程度明显低于母亲。从四个题目的均值看,学生与父母讨论学校发生的事情的频率最高,其次是与同学的关系,以及心事或烦心事,与父母讨论与老师关系的频率最低。

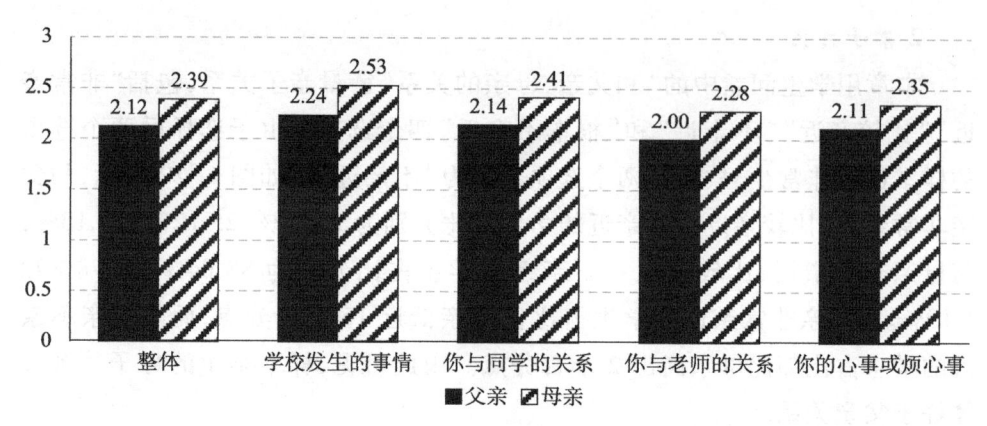

图 6-23 亲子沟通

注：所有数据均进行加权处理。

为更直观地反映亲子沟通的性别差异,本章将父子沟通得分大于母子沟通得分的情况定义为亲子沟通偏好于父亲,将母子沟通得分大于父子沟通得分的情况定义为亲子沟通偏好于母亲,将二者相等的情况定义为亲子沟通无偏好。图 6-24 报告了不同性别学生亲子沟通偏好的分布情况。与图 6-23 得到的结论类似,亲子沟通偏好于父亲的比重只有 12.88%,而偏好于母亲的比重高达 48.37%。分性别的统计结果与全体类似。但男生亲子沟通偏好于父亲的比重高于女生,而女生亲子沟通偏好于母亲的比重高于男生。这也在一定程度上说明亲子沟通中也具有"同性相吸"现象。但尽管如此,母亲在亲子沟通中依然扮演着更为重要的角色。

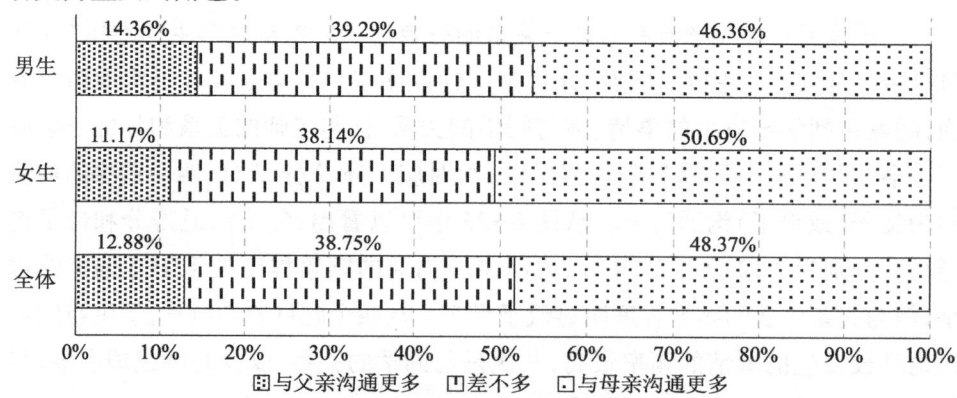

图 6-24 亲子沟通偏好

注：所有数据均进行加权处理。

（三）亲子互动

本章所指的亲子互动包括学业参与、亲子活动和家校互动3个方面。

1.学业参与

本章用父母每周检查孩子作业、指导孩子功课的频率来衡量父母对学生的学业参与，频率包括"没有""一到两天""三到四天"和"几乎每天"。从图6-25中可以看出，父母能够每天指导孩子功课的学生占比不足50%，有超过1/5的父母从来没有指导过孩子功课。由于绝大多数学校要求学生家长要在作业记录本上签字以证明孩子保质保量完成家庭作业，故样本中超过一半的父母几乎能够每天检查孩子作业，但仍有近1/3的家长检查孩子作业的频率非常低。此外，本章还将上述频率依次赋值为1~4分，然后将两个题目的得分取均值得到学业参与得分。经计算，样本学生学业参与得分的均值为2.91分，对应的参与频率介于"一到两天"和"三到四天"。由此可见，父母对子女学业参与的程度相对较低。

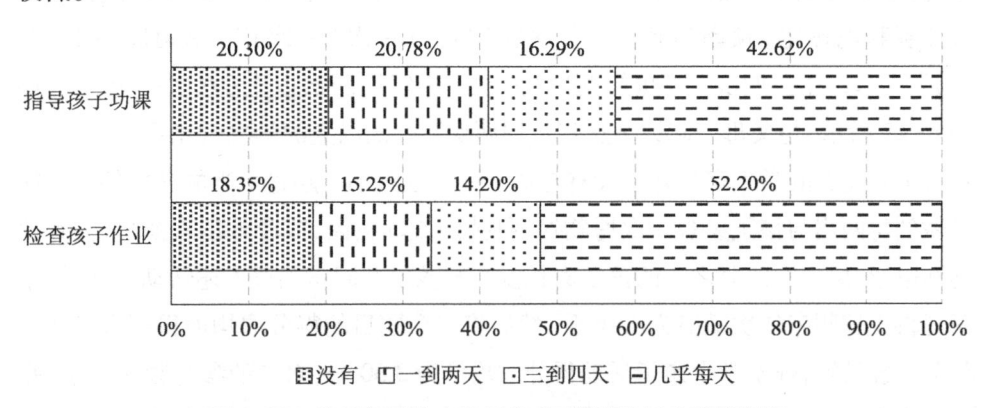

图6-25 父母每周检查孩子作业、指导孩子功课的频率

注：所有数据均进行加权处理。

除学业参与得分外，本次调查在家长问卷中还询问了"平均每天辅导孩子学习或兴趣培养花费的时间"。从图6-26中可以看出，家长平均每天辅导孩子学习或兴趣培养花费的时间不足1小时的学生占比超过50%，超过2小时的学生占比不足15%。由此可见，家长参与孩子学业发展和兴趣培养的时间非常有限。

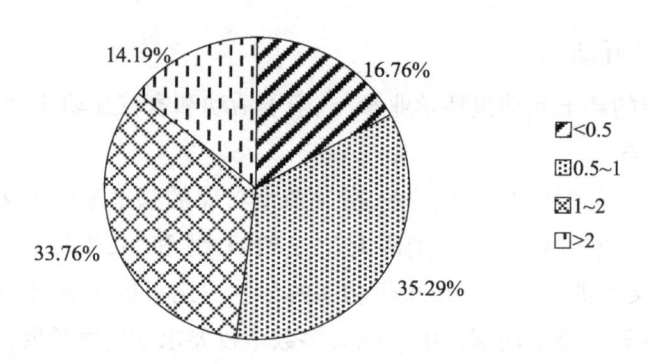

图 6-26 父母平均每天辅导孩子学习或兴趣培养花费的时间

注：所有数据均进行加权处理。

2. 亲子活动

本章用平均每月孩子与父母一起从事活动的频率来衡量父母对学生的学业参与，涉及的活动包括读书，参观博物馆、科技馆或动物园，以及外出看演出、体育比赛和电影等，频率包括"从未做过""每月一次（一次）""每两周一次（两次）""每周一次（四次）""每周两次（八次）""每周两次以上（八次以上）"。如图 6-27 所示，与父母一起读书达到每周两次及两次以上的学生占比将近 50%，但仍有 1/6 左右的学生家长几乎没有与孩子一起读过书。超过一半的学生的父母能够做到每两周与孩子参观一次博物馆、科技园或动物园，或者外出看演出、体育比赛和电影，但超过四分之一的孩子家长没有与孩子共同参加上述活动。此外，本章还将上述频率依次赋值为 1~6 分，然后将三个题目的得分取均值得到亲子活动得分。经计算，样本学生亲子活动得分的均值为 3.30 分，对应的参与频率介于"每周一次"和"每周两次"之间。由此可见，父母对亲子活动参与的程度整体偏低。

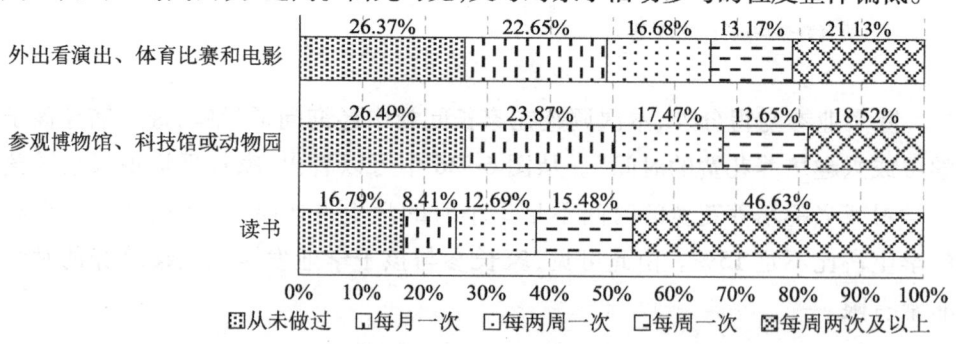

图 6-27 亲子活动

注：所有数据均进行加权处理。

3. 家校互动

由于学校和教师是家长和孩子联系的重要纽带,故家校互动也是亲子互动的重要组成部分。本章所指的家校互动主要包括两个方面:一是老师和家长的联系情况,主要用本学期孩子家长主动联系老师的频率和孩子老师主动联系家长的频率来衡量;二是孩子家长与老师联系时主要谈论的内容。图6-28报告了家校互动的频率。可以看出,老师联系家长的频率整体高于家长联系老师的频率。一方面,随着家校通信的日益便捷,每个班级都有固定的微信群、QQ群和电子邮箱,班主任及任课教师可以随时在社交平台与家长交流,这在一定程度增加了老师联系家长的频率。另一方面,部分孩子家长认为教育孩子是学校的事情,或者说学校应对孩子的教育负主要责任,故工作繁忙的家长就不会选择主动联系老师,而是等待老师主动联系家长。

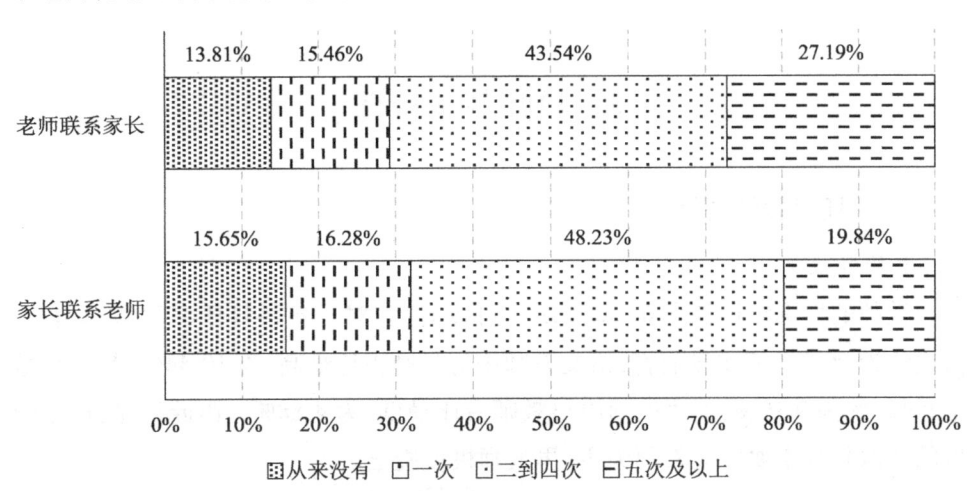

图6-28 家校互动的频率

	从来没有	一次	二到四次	五次及以上
老师联系家长	13.81%	15.46%	43.54%	27.19%
家长联系老师	15.65%	16.28%	48.23%	19.84%

注:所有数据均进行加权处理。

图6-29展示了家校互动的内容。可以看出,老师和家长交谈学习的占87.14%左右,约有各1/3的学生家长与老师交流子女的品行、心理状况和身体状况,只有13.76%的学生家长与老师交流子女的交友行为。由此可见,家校互动的主要内容是学习,家校对学生身心发展和交友行为的关注较少。

没谈过 8.12%
学习 87.14%
品行 34.12%
心理状况 32.07%
身体状况 32.48%
交友行为 13.76%

图 6-29 家校互动的内容

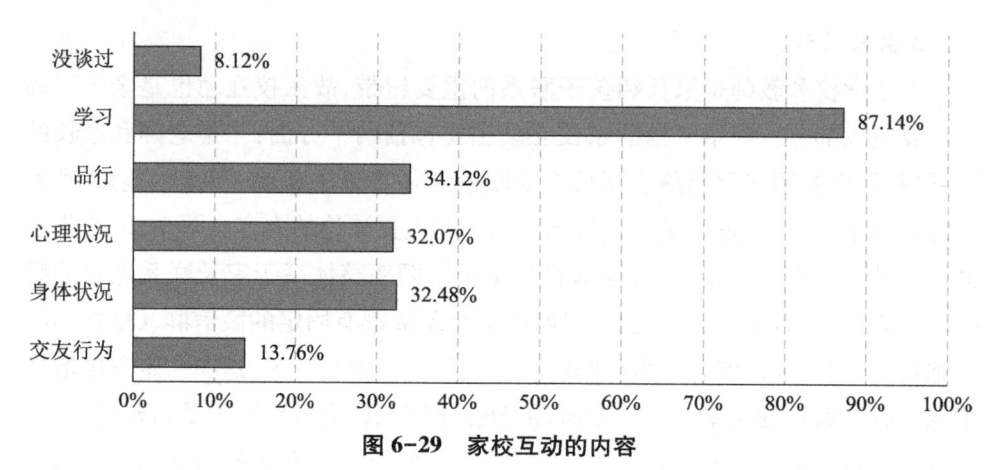

注：所有数据均进行加权处理。

四、教师基本特征

(一)任课教师特征

1.教师性别

教师的性别结构如图 6-30 所示。可以看出，对于各科目任课教师，女教师占比约为 90%。相比较而言，语文教师中男教师占比最高，为 10.44%，其次是数学教师，约为 9.19%，英语教师中男教师占比最低，为 4.88%。由此可见，样本学生的任课教师主要以女教师为主，男教师极度匮乏。

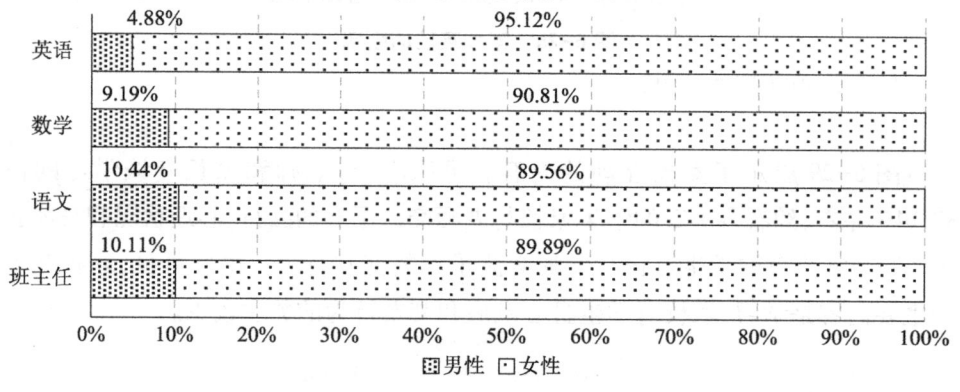

英语 4.88% / 95.12%
数学 9.19% / 90.81%
语文 10.44% / 89.56%
班主任 10.11% / 89.89%

图 6-30 教师性别分布

注：所有数据均进行加权处理。

2. 教师年龄

教师的年龄结构如图6-31所示。可以看出,"70后"和"80后"教师占比约为80%,是教师队伍的主力军。语文教师中"70后"是主力军,占比约为46.42%,而数学教师和英语教师中"80后"是主力军,占比约为50%。"60后"教师在英语教师中占比最低,仅为1.47%,其次是语文教师,但其在数学教师中占比最高,超过10%。"90后"教师在语文教师中占比最低,仅为9.50%,其次是数学教师,其在英语教师中占比最高,接近20%。由此可见,英语教师队伍较为年轻化,数学教师中虽然"60后"教师占比最高,但"80后"和"90后"教师占比也很高,呈现出年轻化的特征。而语文教师队伍相比数学和英语学科相对老化。

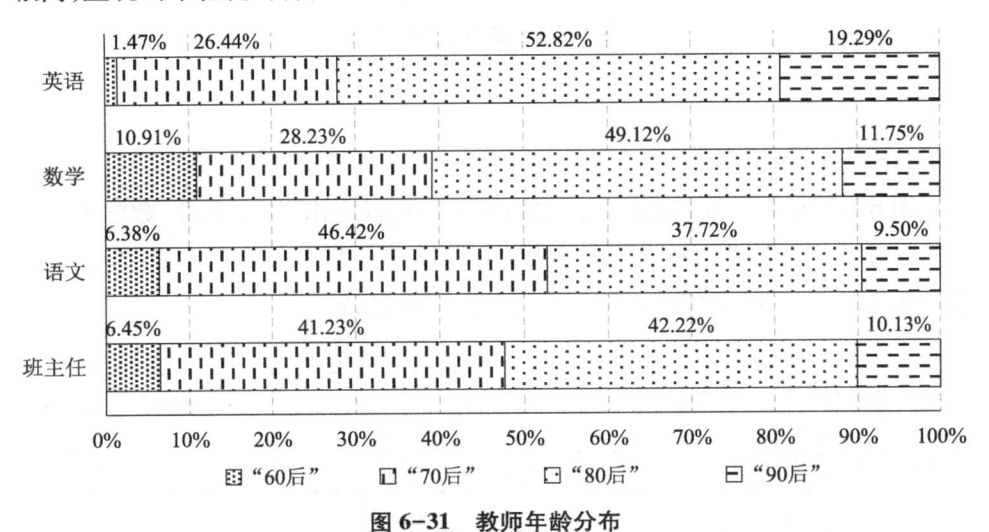

图6-31 教师年龄分布

科目	"60后"	"70后"	"80后"	"90后"
英语	1.47%	26.44%	52.82%	19.29%
数学	10.91%	28.23%	49.12%	11.75%
语文	6.38%	46.42%	37.72%	9.50%
班主任	6.45%	41.23%	42.22%	10.13%

注:所有数据均进行加权处理。

3. 教师学历

教师的学历结构如图6-32所示。可以看出,对于各科目任课教师,教师队伍主要以大学本科毕业生为主。语文教师、数学教师和英语教师中大学本科学历教师占比分别为92.88%、81.37%和92.43%。数学教师中硕博研究生学历教师占比高于语文教师和英语教师,为7.44%,大学专科学历教师占比也最高,为11.19%。语文教师中大学专科学历教师和硕博研究生学历教师分别占4.67%和2.44%,英语教师中大学专科学历教师和硕博研究生学历教师分别占1.19%和6.38%。由此可见,样本教师的学历层次较高。

	1.19%	92.43%	6.38%

英语

数学 11.19% / 81.37% / 7.44%

语文 4.67% / 92.88% / 2.44%

班主任 7.62% / 90.92% / 1.47%

图例：大学专科　大学本科　硕博研究生

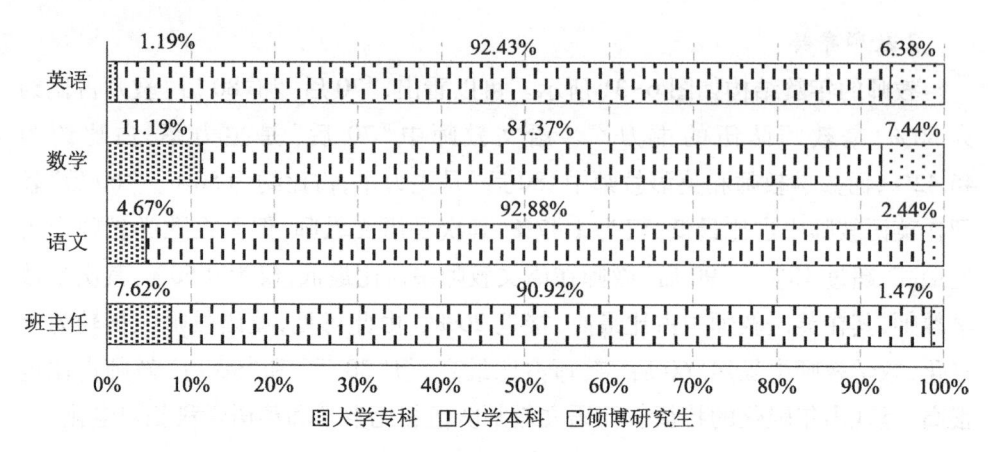

图 6-32　教师学历分布

注：所有数据均进行加权处理。

4. 师范生

图 6-33 展示了师范类教师占比的情况。可以看出，语文教师、数学教师和英语教师非师范类教师占比分别为 17.05%、18.05% 和 24.66%。由此可见，随着教师队伍的年轻化，非师范类教师占比正在逐步提高。

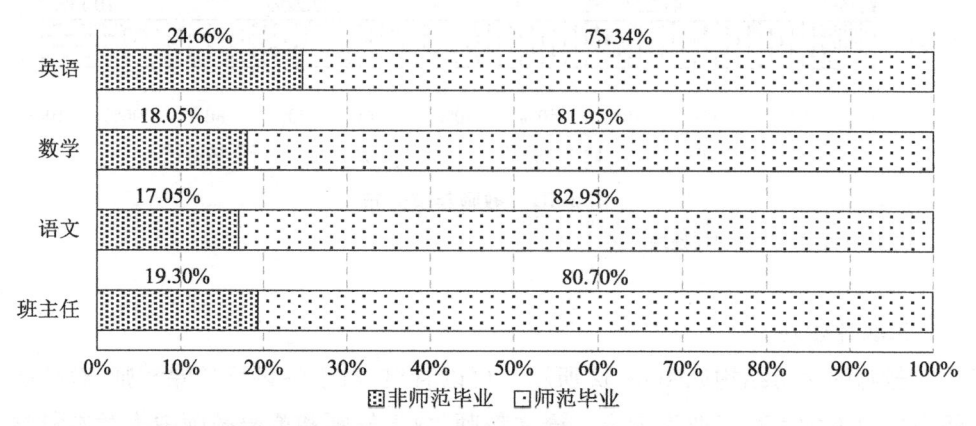

英语　24.66% / 75.34%

数学　18.05% / 81.95%

语文　17.05% / 82.95%

班主任　19.30% / 80.70%

图例：非师范毕业　师范毕业

图 6-33　教师是否是师范毕业

注：所有数据均进行加权处理。

5. 教龄

各科目任课教师教龄和本学校教龄如图 6-34 所示。可以看出，语文教师和数学教师的平均教龄分别为 14.48 年和 14.85 年，英语教师的平均教龄较低，约为 12.39 年。受到学校布局调整和集团化办学等政策的影响，教师在本学校的教龄明显低于职教年份,语文教师和数学教师在本学校教龄分别为8.34年和8.49年,英语教师本学校教龄更低,约为7.30年。由此可见,从教师教龄看,教师队伍相对年轻化。

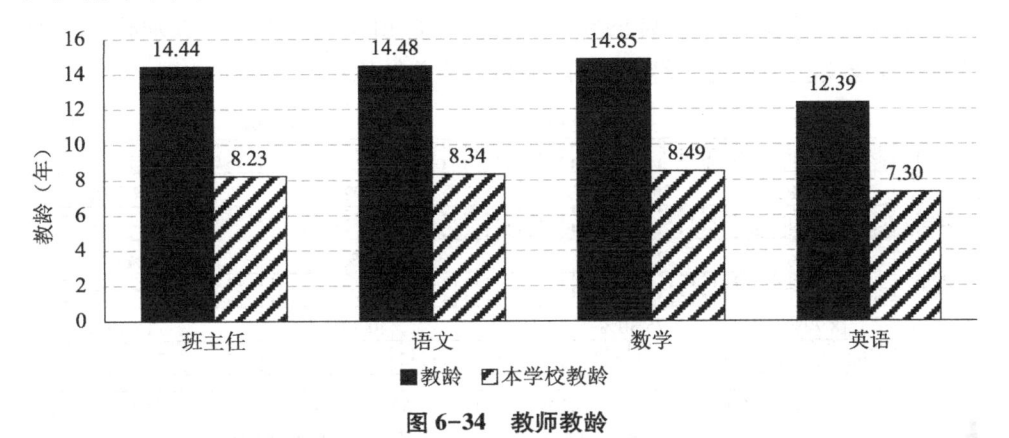

图 6-34 教师教龄

注:所有数据均进行加权处理。

6.事业编制

图 6-35 报告了事业编制教师占比的情况。可以看出,语文教师、数学教师和英语教师中没有事业编制的教师占比分别为 19.63%、12.68% 和 21.57%。由此可见,随着教师队伍的年轻化,没有事业编制的教师占比正在逐步提高。

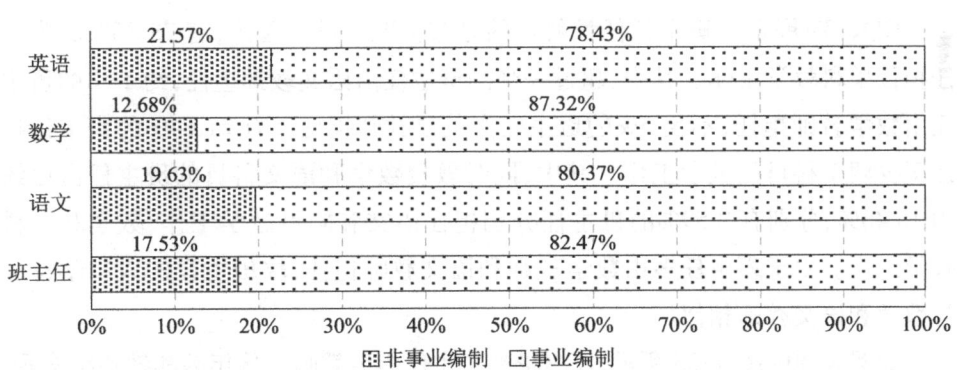

图 6-35 教师是否有事业编制

注:所有数据均进行加权处理。

7.职称

教师的职称结构如图 6-36 所示。可以看出,数学教师和语文教师的职称结构较为相似,高级职称教师占比分别为 14.90% 和 17.43%,一级教师职称占比约为 40%，二级职称教师占比约为 1/4，三级职称和没有职称的教师占比不足 20%。英语教师的职称结构比数学教师和语文教师低，高级职称教师只占 7.64%，一级职称教师占比约为 37.28%，而三级职称和没有职称的教师却超过 1/4。教师的职称结构与教师的年龄和教龄密切相关。由于英语教师相比于数学教师和语文教师更为年轻，故英语教师的职称结构相对低位。

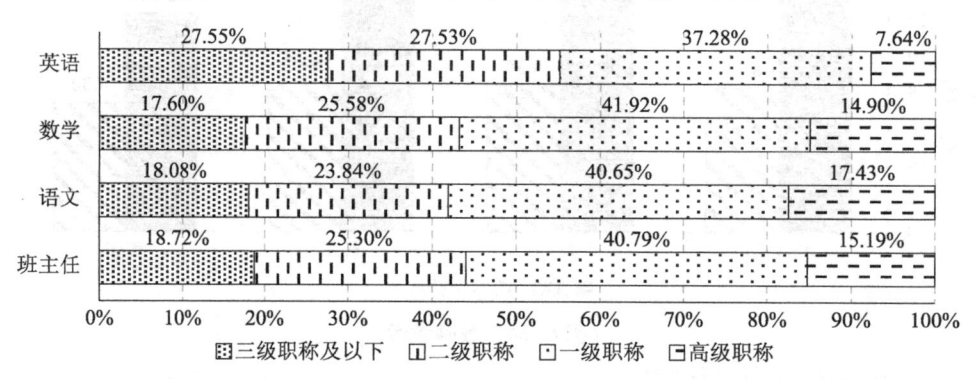

科目	三级职称及以下	二级职称	一级职称	高级职称
英语	27.55%	27.53%	37.28%	7.64%
数学	17.60%	25.58%	41.92%	14.90%
语文	18.08%	23.84%	40.65%	17.43%
班主任	18.72%	25.30%	40.79%	15.19%

图 6-36 教师职称分布

注：所有数据均进行加权处理。

（二）班主任特征

1. 任教科目

图 6-37 展示了班主任任教科目的分布情况。可以看出，有 78.36% 的班主任担任单科教学工作。其中，超过一半的班主任由语文教师担任，约 1/4 的班主任由数学教师担任，不足 5% 的班主任由英语教师担任。有 21.64% 的班主任担任至少两个科目的教学工作。其中，同时教授数学和语文科目的班主任占比约为 16.46%，分别有 2.59% 的班主任分别担任语文和副科教学工作、数学和副科教学工作。由于班主任多由数学教师和语文教师担任，故班主任的人口学特征与数学和语文教师相似。

如图 6-30~图 6-36 所示，仅 10% 的班主任为男教师。从年龄和教龄结构看，"60 后""70 后""80 后"和"90 后"班主任占比分别为 10.13%、42.22%、41.23% 和 6.45%，班主任的平均教龄约为 14.44 年。从学历结构看，大学专科、大学本科和硕博研究生学历班主任占比分别为 7.62%、90.92% 和 1.47%。将近 1/5 的班主任为非师范类毕业，约有 17.53% 的班主任没有事业编制。从职称结构看，高级职称、一级职称、二级职称和三级职称以下教师占比分别为 15.19%、40.79%、25.30% 和 18.72%。

图 6-37 班主任任教科目

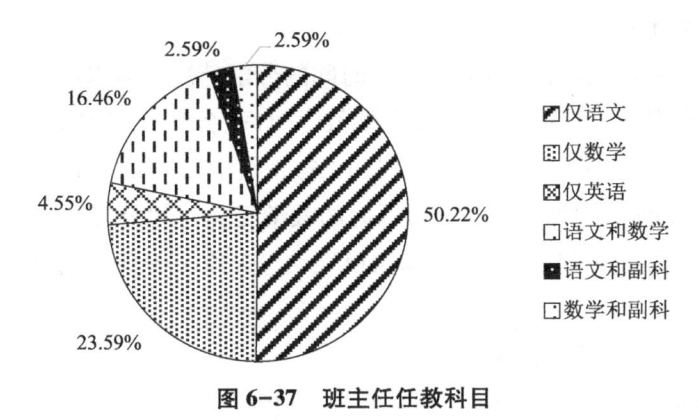

注：所有数据均进行加权处理。

2. 接手当前班级班主任工作的时间

接手当前班级班主任工作的时间分布如图 6-38 所示。可以看出，2016 年即从四年级才开始接手该班级的班主任占比最高，接近 40%，故相当数量的班主任刚刚接手当前班级的班主任工作。2015 年即从三年级开始接手该班级的班主任占比为 26.38%，故约 1/4 的班主任是从中年级段开始接手当前班级的班主任工作。其余约 1/3 的班主任是从 2014 年即低年级段开始就接手当前班级的班主任工作。由此可见，对样本小学班级而言，班主任的变动比较频繁。这与两个因素有关：一是教师专业化趋向促使教师固着在某一特定年级段，班主任可能随着年级段的变化而作出调整；二是集团化办学导致一校多址的普遍化，不同的年级被分配在不同的校区，由于教师往往只在某一校区任教，故学生随着年级的变化被分配到不同的校区，从而导致班主任的变化。

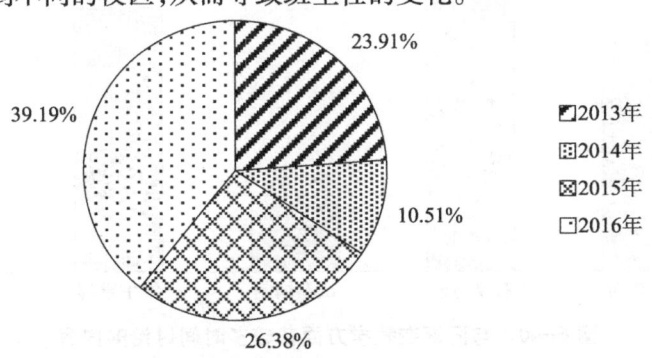

图 6-38 接手当前班级班主任工作的时间

注：所有数据均进行加权处理。

3.教学工作时间

图6-39展示了班主任周教学工作时间的分配情况。可以看出,班主任平均教学工作时间约为35课时。其中,课堂教学时间、备课时间和批改作业时间分别为14课时、10.5课时和10.50课时,占全部教学工作时间的比重分别约为40%、30%和30%。除每天将近5个课时的教学工作时间外,班主任还要花费大量的时间从事教育科研、学生管理和家校互动等工作。由此可见,班主任的工作负担相对沉重。

饼图内容:
- 10.5课时(40%)
- 14课时(30%)
- 10.5课时(30%)

图例:课堂教学时间、备课时间、批改作业时间

单位:小时

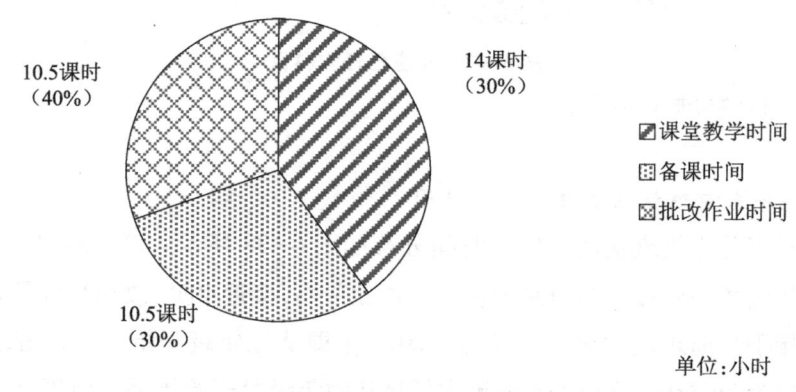

图6-39 教学工作时间

注:所有数据均进行加权处理。

4.交谈内容

图6-40展示了班主任与同事在教学方面花较多时间讨论的内容。可以看出,讨论教学方法的占比最高,为93.77%;其次是学生管理和教材内容,分别占

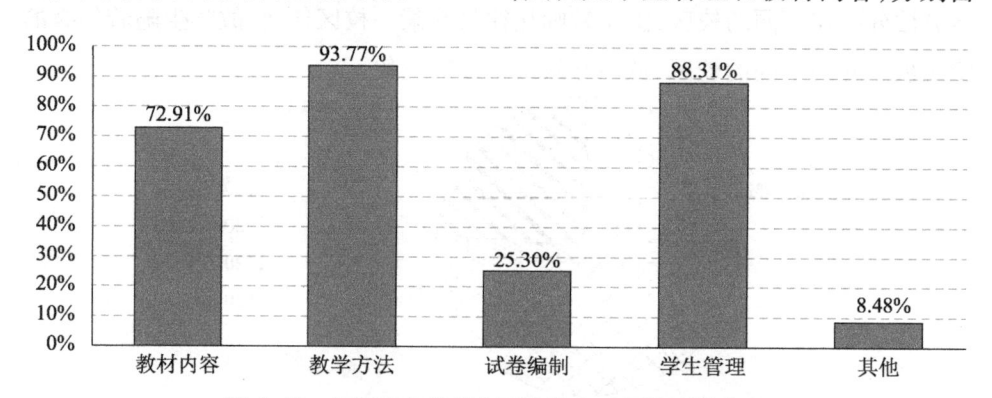

柱状图数据:
- 教材内容:72.91%
- 教学方法:93.77%
- 试卷编制:25.30%
- 学生管理:88.31%
- 其他:8.48%

图6-40 与同事在教学方面花较多时间讨论的内容

注:所有数据均进行加权处理。

88.31%和72.91%;谈论试卷编制的占比最低,仅为25.30%。由此可见,班主任在教学方面更加关注教学过程,不仅重视教学方法和教学内容,也会加强教学活动中对学生的管理,但相对忽视教学评价环节。

5.教师满意度

本章所指的教师满意度是指教师对学校薪酬待遇、学校管理方式、学校硬件设施、学生素质等方面的满意程度。该量表采用Likert五点量表,"很不满意""不太满意""一般""比较满意"和"很满意"分别对应"1分""2分""3分""4分"和"5分"。学校满意度总体得分为各维度得分的均值。图6-41展示了教师对学校总体和各方面的满意程度。教师满意度总体得分的均值为3.72分,介于"一般"和"比较满意"之间,表明教师对学校的满意度总体不高。其中,教师对学校管理方式和学校硬件设施的满意度较高,均超过4分,属于比较满意程度,而对学校薪酬待遇和学生素质的满意度较低,均低于3.5分。

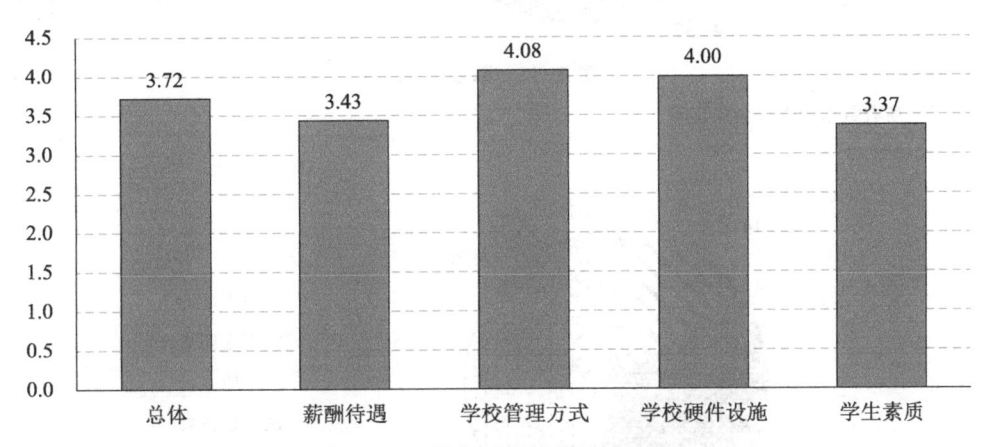

图6-41 教师对学校的满意程度

注:所有数据均进行加权处理。

6.职业倦怠

职业倦怠是指对长期暴露于工作环境中的应激源缺乏有效应对而表现出来的情绪衰竭、人情味缺乏(去个性化)和成就感降低的心理状态(毕重增和黄希庭,2005)。本章使用教师问卷中的两个问题衡量职业倦怠。第一个问题是"是否对教师这个行业感到厌倦",选项包括"从不""偶尔""有时"和"经常"。图6-42报告了班主任职业倦怠的程度分布情况。可以看出,有4.48%的班主任经常感到倦怠,16.93%的班主任有时感到倦怠,43.37%的班主任偶尔感到倦怠,其余约 1/3 的班主任从未感到倦怠。第二个问题是"未来是否还愿意再当班主任",选项包括"很不愿意""不太愿意""一般""比较愿意"和"非常愿意"。从图 6-43 中可以看出,不愿意再当班主任的教师占比超过 20%,非常愿意和比较愿意再当班主任的教师分别占比 14.92% 和 38.99%。由此可见,绝大多数班主任感到职业倦怠,且相当数量的班主任缺乏强烈的意愿继续承担班主任工作。

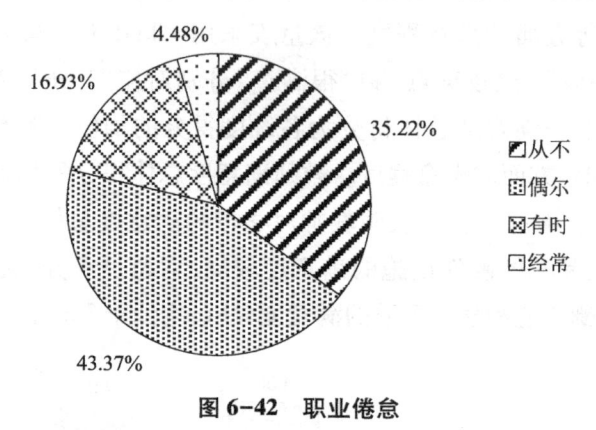

图 6-42 职业倦怠

注:所有数据均进行加权处理。

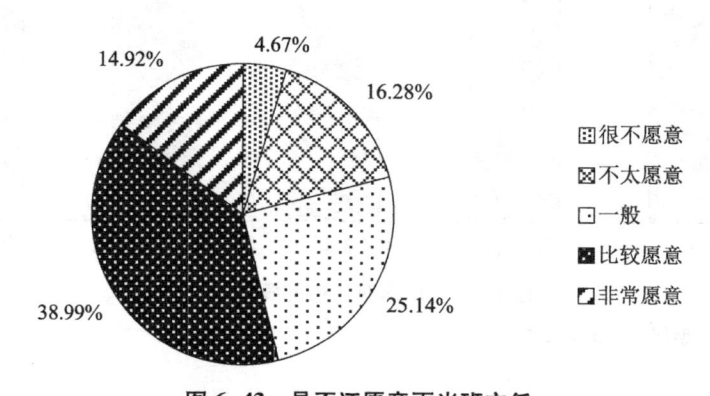

图 6-43 是否还愿意再当班主任

注:所有数据均进行加权处理。

学校满意度与职业倦怠密切相关。经常、有时、偶尔和从不感到职业倦怠的班主任学校满意度得分分别为 2.99 分、3.36 分、3.73 分和 3.96 分。未来非常愿意、比较愿意、一般和不愿意(包括不太愿意和很不愿意)再当班主任的教师学校满意度得分分别为 4.07 分、3.85 分、3.63 分和 3.32 分。由此可见,教师对学校的满意程度越高,教师出现职业倦怠的可能性就越低,未来继续承担班主任工作

第六章 北京市义务教育发展状况调查概述

的意愿程度就越高。

7. 离职意愿

离职是指从组织中获取物质收益的个体终止其组织成员关系的过程。离职包括离职意愿和离职行为(Mobley,1982)。离职意愿是指工作者在特定组织工作一段时间,经过一番考虑,蓄意要离开组织的意图(魏淑华,2008)。教师的离职意愿可以分为两种类型:一是调校意愿,仍然从事教师工作,但想离开目前工作的学校而到另外的学校工作的意向;二是换职意愿,即离开教师行业,想从事其他行业的工作的意向。

本章通过询问班主任是否会在这所学校任教、是否会选择做小学教师、是否会选择教师这个行业3个方面衡量教师离职意愿。从图6-44可以看出,22.74%的班主任不一定会选择在这所学校任教,2.37%的班主任则表示肯定不会再在这所学校任教。23.30%的班主任不一定选择做小学教师,7.39%的班主任则表示肯定不会再选择做小学教师。27.43%的班主任不一定还会选择教师行业,7.19%的班主任则表示不会再选择教师行业。由此可见,超过四分之一的教师不同程度地表现出离职意愿。

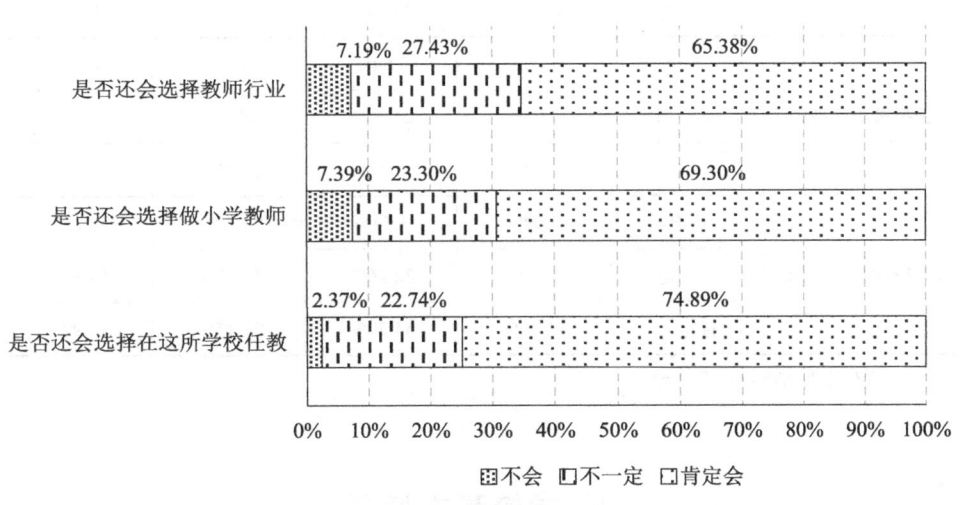

图6-44 离职意愿

注:所有数据均进行加权处理。

离职意愿显著受到职业倦怠的影响。表6-3报告了班主任职业倦怠程度与离职意愿的关系。可以看出,从不、偶尔、有时和经常发生职业倦怠的班主任肯定会在这所学校任教的比重分别为97.03%、75.68%、35.92%和40.54%。从不、

— 163 —

偶尔、有时和经常发生职业倦怠的班主任肯定会选择做小学教师的比重分别为95.05%、72.44%、23.15%和10.92%。从不、偶尔、有时和经常发生职业倦怠的班主任肯定会选择教师这个行业的比重分别为94.06%、64.20%、23.15%和10.92%。与之相反,从不、偶尔、有时和经常发生职业倦怠的班主任不会在这所学校任教的比重分别为0.00%、0.80%、7.83%和15.57%。从不、偶尔、有时和经常发生职业倦怠的班主任不会选择做小学教师的比重分别为0.00%、3.54%、25.55%和34.27%。从不、偶尔、有时和经常发生职业倦怠的班主任不会选择教师这个行业的比重分别为0.00%、3.54%、24.32%和34.27%。由此可见,班主任的职业倦怠程度越高,离职意愿越强烈。

表6-3 职业倦怠与离职意愿

项目		职业倦怠			
		从不	偶尔	有时	经常
在这所学校任教	不会	0.00%	0.80%	7.83%	15.57%
	不一定	2.97%	23.52%	56.25%	43.89%
	肯定会	97.03%	75.68%	35.92%	40.54%
选择做小学教师	不会	0.00%	3.54%	25.55%	34.27%
	不一定	4.95%	24.02%	51.30%	54.81%
	肯定会	95.05%	72.44%	23.15%	10.92%
选择教师这个行业	不会	0.00%	3.54%	24.32%	34.27%
	不一定	5.94%	32.26%	52.53%	54.81%
	肯定会	94.06%	64.20%	23.15%	10.92%

注:所有数据均进行加权处理。

四、学校基本特征

(一)基础设施

学校基础设施的完善程度能够在一定程度上反映学校的质量。本章在校领导问卷中询问了实验室、电脑教室、学生活动室、心理咨询室、学生餐厅、体育馆和游泳池等学校基础设施的完善程度。自评分有3个等级,"1分"表示没有,"2

分"表示"有,但是设备有待改善","3分"表示"有,且设备良好"。所有项目的得分取均值得到学校基础设施得分。经计算,学校基础设施得分的平均值为1.74分,表明样本学校的基础设施质量略显薄弱。图6-45展示了各种基础设施的完善情况。实验室、电脑教室和心理咨询室的完善程度较高,普及率超过90%,但部分学校的设备有待改善。学生餐厅和学生活动室的完善程度较低,分别有47.73%和74.26%的学校根本没有学生餐厅和学生活动室。实地调研发现,绝大多数学校的学生中午在教室就餐,一些学校的社团活动在楼道和走廊开展。

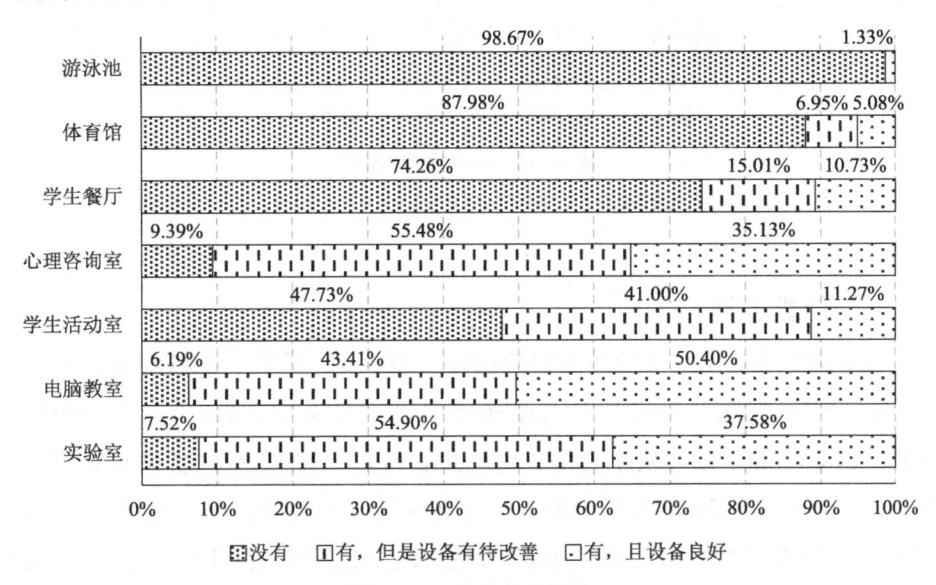

图6-45 学校基础设施

注:所有数据均进行加权处理。

(二)周边场所

学校周边场所作为学生接触最为频繁的校外环境,与学生的学习和生活密切相关。图6-46展示了学校周边场所的分布情况。可以看出,绝大多数学校位于居民区内,约3/4的学校附近有公共汽车站,有73.73%和55.48%的学校附近设有小卖部和街边小吃摊。附近有网吧和游戏厅的学校占比分别为22.31%和14.25%。附近有图6-书馆的学校占比最低,仅为8.06%。由此可见,学校周边场所以小卖部和小吃摊为主,而图书馆等文化场所较少。

图 6-46　学校周边场所

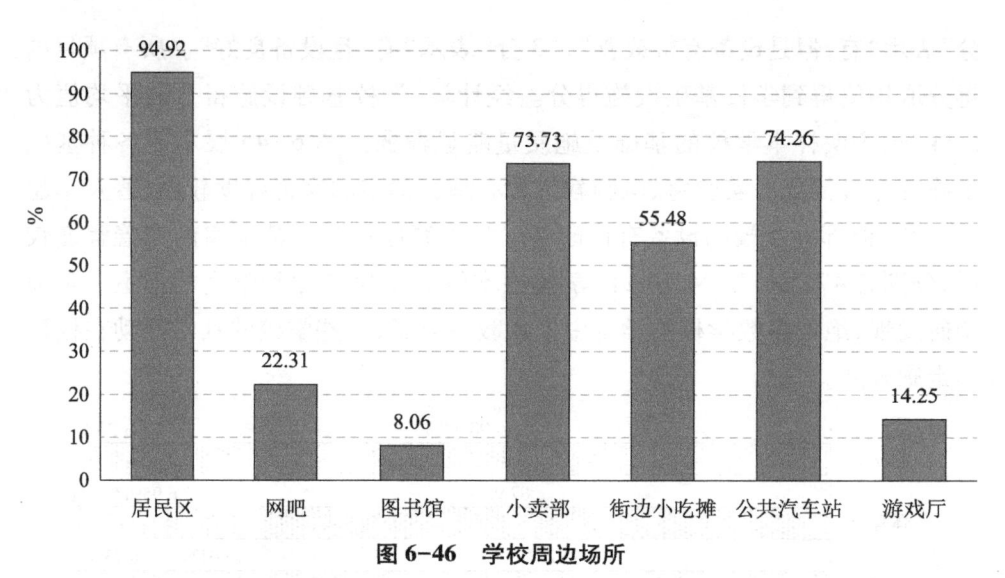

注：所有数据均进行加权处理。

(三) 经费来源

学校经费是学校正常运转的财政保障。图 6-47 反映了学校经费的来源构成。可以看出，本区县财政拨款是学校经费的主要来源，约占全部学校经费的 63.7%。13.23% 的学校经费来自中央财政拨款，19.39% 的学校经费来自北京市财政拨款。余下不足 5% 的学校经费来源于向学生收取的费用和其他费用。因此，整体来看，学校经费中市区两级政府财政拨款的比例结构为 1∶2。需要说明的是，绝大部分学校领导不清楚学校经费的数量、结构和来源，故图 6-47 报告的是学校领导估计的学校经费结构。

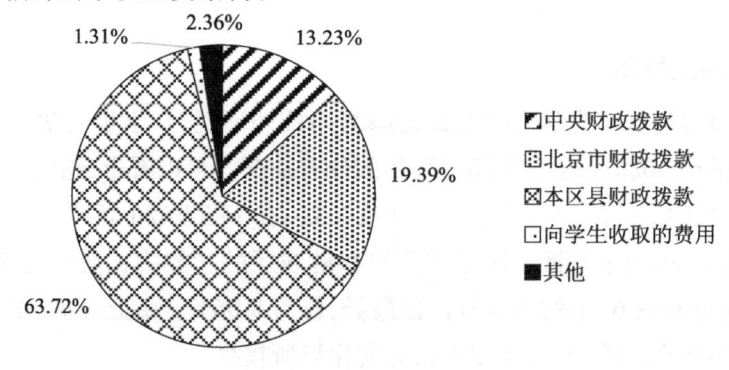

图 6-47　学校经费来源

注：所有数据均进行加权处理。

(四)师生结构

1.生师比

师生人数是反映学校规模的重要指标,而生师比是反映学校质量的良好指标。在本次调查样本学校中,平均学生规模是 942.63 人,教师规模是 66.87 人,生师比约为 14.23∶1。按照 2014 年《关于统一城乡中小学教职工编制标准的通知》,城乡普通小学教职工与学生的比例应不低于 1∶19。由于教职工包括除专任教师外的其他有关人员,故小学生师比标准应高于这一比例。由此看来,样本学校的生师比处于合理范围之内。

2.学生户籍结构

学校学生户籍结构如图 6-48 所示。从户籍性质看,农业户口学生占比为 52.17%,非农业户口学生占比为 47.83%。从户籍所在地看,本区县学生占比为 43.06%,本市其他区县学生占比为 4.27%,外市学生占比为 52.67%。具体来看,本区县农业户口学生占比为 7.33%,本市其他区县农业户口学生占比为 1.13%,外市农业户口学生占比达到 43.71%。本区县农业户口学生占比为 35.73%,本市其他区县非农户口学生占比为 3.14%,外市非农户口学生占比为 8.96%。这一统计结果与图 6-3 基本一致。

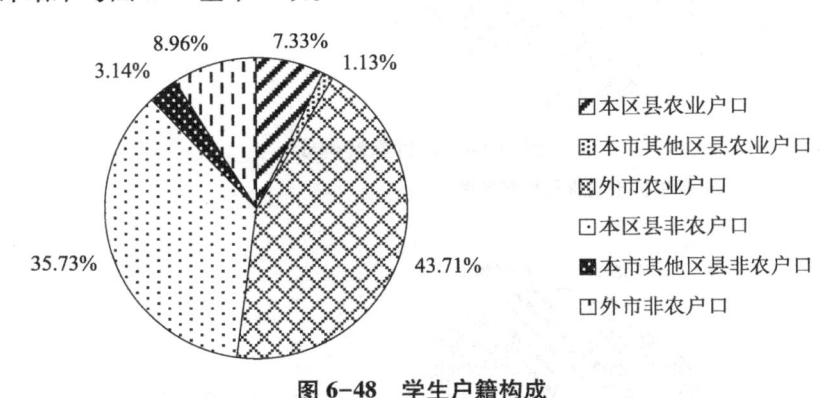

图 6-48 学生户籍构成

注:所有数据均进行加权处理。

3.教师结构

教师结构的性别构成、教龄构成和学历构成分别如图 6-49、图 6-50 和图 6-51 所示。可以看出,样本学校男教师占比约为 17.43%。教龄为 0~4 年、5~9 年和超过 10 年的教师占比分别为 16.93%、20.67% 和 62.39%。大学专科及以下学历、大学本科学历和硕博研究生学历教师占比分别为 6.04%、86.00% 和

7.96%。因此,样本学校教师队伍以大学本科学历教师为主,教龄结构基本合理,但教师队伍亟须男教师和年轻教师的补充。

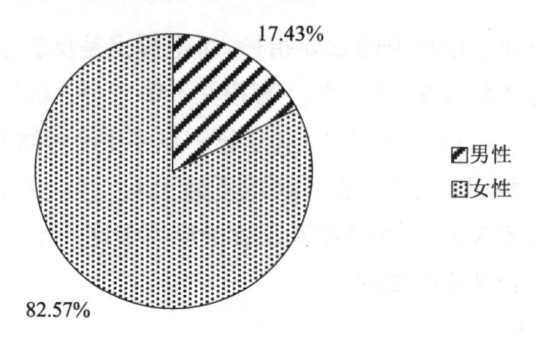

图 6-49　教师性别构成

注:所有数据均进行加权处理。

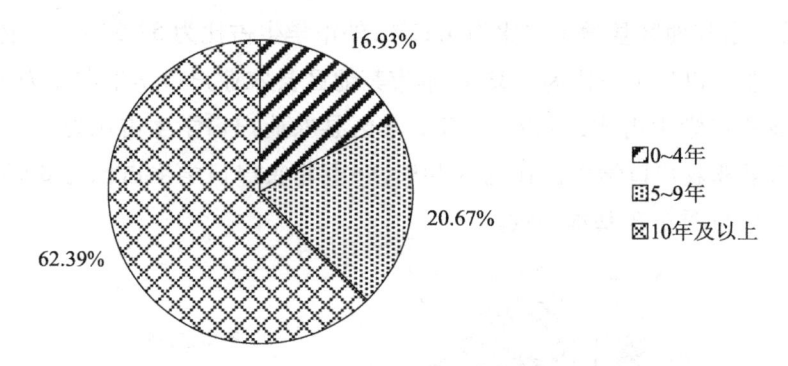

图 6-50　教师教龄构成

注:所有数据均进行加权处理。

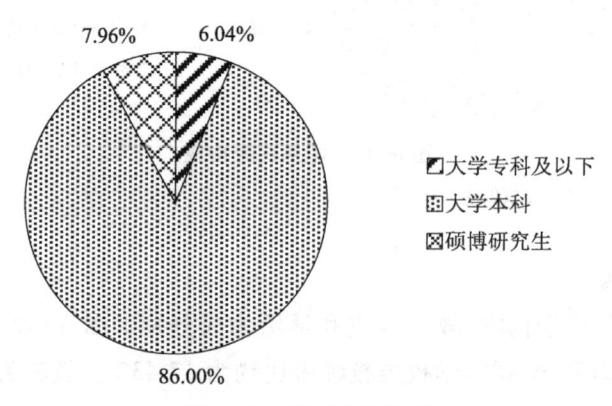

图 6-51　教师学历构成

注:所有数据均进行加权处理。

五、研究结论

"北京市义务教育发展状况调查"项目通过对来自北京市功能拓展区的3个区县、16个学区的40位校领导、166位班主任、5697名学生及其家长的问卷调查,主要得到如下结论。

(一)学习负担繁重

据调查,四年级小学生平均每天学校正规课程外的学习时间超过2小时。周平均写作业时间超过10个小时,其中完成老师布置的作业时间超过8小时。平均每周参加校内外社团活动、补习班和兴趣班的时间超过5个小时,其中参加校外补习班或兴趣班的时间超过6小时。高达96%的学生参与校内外的各类补习教育。学术类和非学术类补习的参与率分别为54%和89%,88%和66%的学生分别参与校内外补习。补习教育的广泛参与直接带来的是家庭教育支出的增加。据统计,生均课外补习班和兴趣班的费用约为5701.04元,占学生全部教育支出的3/4左右。由此可见,当前小学四年级学生不仅面临较为繁重的学业负担,其家庭也同时承担着更为沉重的经济负担。

(二)家庭参与缺失

从亲子关系看,约15%的学生至少与父母一方不同住,超过10%的学生参与托管班,平均周托管时间为7.35小时。亲子沟通偏好于父亲的学生占比仅12.88%,而偏好于母亲的学生占比高达48.37%。与父亲非常亲近的学生占比比母亲低近16个百分点,而与父亲不亲近的学生占比却比母亲高出2个百分点。从亲子活动看,父母能够每天指导孩子功课的学生占比不足50%,有超过1/5的父母从来没有指导过孩子功课。家长平均每天辅导孩子学习或兴趣培养花费的时间不足1小时的学生占比超过50%,超过1/4的学生父母从未陪伴孩子参观过博物馆、科技馆或动物园,也从未陪伴孩子外出看演出、体育比赛或电影等。从家校互动看,老师联系家长的频率高于家长联系老师的频率。家校互动的主要内容是学习,对学生身心发展和交友行为的关注较少。因此,家长特别是父亲参与学业发展、亲子活动和家校互动的意愿程度和频率均较低,家庭教育缺失较为严重。

(三)学生发展欠均衡

除学业成绩外,本章还使用体质健康、非认知能力和行为表现等衡量学生的发展。从体质健康看,学生在BMI、肺活量、坐位体前屈和仰卧起坐等项目上有所进步,但在50米跑和跳绳项目上有所退步,这表明学生在心肺功能、柔韧性和腰腹力量等方面表现较好且仍在进步中,而在爆发力方面表现较差且在退步中。从非认知能力发展看,学生表现出较强的学校适应性、合作能力和人际交往能力,但自我控制能力偏低。从行为表现看,学生的日常行为表现基本符合规范,但学生仍亟待纠正存在的不良行为,比如骂人、说脏话和打架的发生率超过20%,逃课、迟到和早退的发生率也达到14%。由此可见,学生在体质健康、非认知能力发展和行为表现等方面均存在发展缺陷,需要引起学生家长和教育工作者的重视。

(四)教师队伍结构有待优化

从教师结构看,学校专任教师中男教师占比不足1/5,教授数学、语文和英语等学科的男教师占比更低。"70后"和"80后"教师占比约为80%,是教师队伍的主力军。英语教师队伍较为年轻,而语文教师队伍相对老化。随着教师队伍的年轻化,非师范类教师和没有事业编制的教师占比正在挺高。合理的教师性别结构对于缩小学生发展的性别差异、缓解"男孩危机"至关重要。因此,小学教师队伍亟需男教师的加入。随着教学内容和教学方法的迅速变革,教师队伍亟需年轻的高学历教师的补充,特别是对语文学科而言。随着分科教学的普遍推行和教师队伍的迅速扩大,对非师范类教师的职业培训有待加强。由于许多教师没有事业编制,如何保障教师的福利待遇使其更加稳定地工作在教师行业也需要引起教育工作者的重视。

(五)班主任工作有待完善

虽然分科教学正在迅速推广,但超过20%的班主任至少担任两个科目的教学工作,同时教授数学和语文科目的班主任占比约为16.46%。相对沉重的工作负担导致班主任对学校薪酬待遇和学生素质的满意度不高。较低的学校满意度增加了班主任的职业倦怠和离职意愿。超过2/3的班主任感到职业倦怠,超过1/4的教师不同程度地表现出离职意愿。因此,合理分配班主任与其他任课教师的工作负担,对于提高班主任的学校满意度、减轻职业倦怠和离职意愿至关重要。受到教师专业化趋向和集团化办学政策的影响,约2/3的班主任是从中年级段才开始接手当前班级的班主任工作。此外,在日常教学方面,班主任更加关注教学过程中的教学方法、教学内容和学生管理,相对忽视教学评价环节。

（六）学校条件有待提升

学校基础设施质量略显薄弱。虽然实验室、电脑教室和心理咨询室的普及率超过90%，但47.73%和74.26%的学校根本没有学生餐厅和学生活动室。绝大多数学校的学生中午在教室就餐，一些学校的社团活动在楼道和走廊开展。从学校周边环境看，学校大多位于居民区内，周边场所以小卖部和小吃摊为主，图书馆和书店等文化场所相对较少。从学校经费看，市区两级政府财政拨款的比例结构大致为1∶2。学校管理层对学校资源配置的基本情况缺乏了解，绝大部分学校领导并不清楚学校经费的数量、结构和来源。

参考文献

董奇,林崇德,2011.中国儿童青少年心理发育特征调查项目技术报告[M].北京:科学出版社.

王红姣,卢家楣,2004.中学生自我控制能力问卷的编制及其调查[J].心理科学(6):1477-1482.

王英春,邹泓,2009.青少年人际交往能力的发展特点[J].心理科学(5):1078-1081.

魏淑华,2008.教师职业认同研究[D].重庆:西南大学.

HAGGER M S, WOOD C, STIFF C, CHATZISARANTIS N L D, 2010. Ego depletion and the strength model of self-control: A meta-analysis[J]. Psychological bulletin, 136(4):495-525.

LADD G W, KOCHENDERFER B J, COLEMAN C C, 1997. Classroom peer acceptance, friendship, and victimization: Distinct relational systems that contribute uniquely to children's school adjustment?[J].Child development, 68(6):1181-1197.

MOBLEY W H, 1982. Employee turnover: causes, consequences and control[M].Reading: Addison-Wesley.

PRATCH L, JACOBOWITZ J, 1997. The psychology of leadership in rapidly changing conditions: A structural psychological approach[J]. Journal of genetic, social and general psychology, monographs, 123(2):169-196.

ROSENBERG M, 1965. Self-esteem and the adolescent[J].New england quarterly, 148(2):177-196.

第七章 教育生产过程的户籍身份差异

户籍制度与教育资源的公平分配密切相关。本章使用教育增值模型发现不同户籍身份学生的教育生产过程存在一定差异。家庭资本和亲子关系对学生发展的影响对非京籍学生更加显著。学校投入给不同户籍身份学生带来的学生发展增值也存在明显差异。从学业表现看,除非京籍农业户口学生外的其他学生群体的学业成绩增值均为正,非京籍农业户口学生的学业成绩增值明显为负。更高质量的学校投入并没有给非京籍农业户口学生带来更多的学生发展增值。从体质健康看,绝大部分学校的体质测试成绩增值为负,而非京籍农业户口学生的体质测试成绩增值低于零的幅度最大。因此,教育工作者应关注非京籍学生家庭资本和亲子关系对各方面发展的影响,帮助其形成和谐的家庭关系,同时关注学校投入对非京籍农业户口学生的影响机制,保障这些学生获得与京籍学生相似的学生发展增值。

一、研究缘起

中国的户籍制度作为中国的基本行政制度之一,不仅是一种人口管理手段,还承担着十分重要的社会资源配置功能。户籍属性在教育领域往往能够影响甚至决定教育资源的数量和质量,从而导致学生间教育生产过程和教育获得的差异,因而户籍制度造成的教育不公平问题始终是学界研究的一个热点问题。户籍制度导致的城乡分割和地区分割都可能带来社会不公。一方面,现行户籍制度将本来平等的学生划分为农业户口学生和非农业户口学生两种不同身份,从而将教育资源不均衡地分配到这两个群体,最终造成农业户口学生和非农业户口学生教育获得的差异。另一方面,地区发展的不平衡性导致我国人口流动日益频繁,流动学生成为发达地区规模十分庞大的受教育群体。受到地方保护主义的影响,流动学生和本地学生被不公平地给予不同的教育资源,最终造成流动学生和本地学生教育获得的差异。因此,户籍制度凭借其在社会认同中建构的边界造成教育资源在不同群体间的不均衡分配,进而导致教育获得的不公平。

北京作为我国的首都,是国家的政治中心、文化中心、国际交往中心和科技创新中心,已经成为我国北方乃至全国流动人口的聚集地。根据2016年《北京统计年鉴》的统计数据,北京市常住外来人口从2000年的256.1万人持续上涨至2014年的818.7万人,常住外来人口占比从2000年的18.8%持续上涨至2014年的38.1%。与此同时,跟随父母流动并就读于北京学校的儿童数量也与日俱增。根据《中国流动儿童教育发展报告(2016)》,截至2015年年底,北京0~14周岁流动儿童68.7万人,占当年流动人口总数的8.35%,5~9周岁和10~14周岁常住流动儿童分别占同年龄段常住儿童的33.38%和33.72%。按照北京市教育事业发展统计的习惯说法,本章将本地学生和流动学生分别称为京籍学生和非京籍学生。调查数据显示:北京市城市功能拓展区普通小学四年级学生中,非京籍非农业户口学生和非京籍农业户口学生分别占全部学生的11.36%和46.27%。由此可见,非京籍学生已经成为北京市义务教育阶段最为庞大的受教育群体。

事实上,尽管北京市流动儿童数量从2011年的62.9万人上升至2015年的68.7万人,但占同年龄段常住儿童的比例却在持续下降,从2011年的34.24%下降至2015年的31.36%。这是因为,在"以流入地政府为主、以公办学校为主"政策的严格执行下,2011年大量打工子弟学校被直接取缔,部分打工子弟学校改为公办学校或具有民办公助性质的民办学校,部分学生返回原籍地就读,其余的绝大部分学生就读于公立学校。"两为主"政策事实上向"将常住人口纳入区域教育发展规划、将随迁子女教育纳入财政保障范围"的"两纳入"政策转变。近年来,北京市义务教育阶段适龄儿童的户籍结构到底发生了怎样的变化?不同户籍身份学生的学生发展状况是否相同?不同学生群体间的教育生产过程是否存在差异?本章使用来自北京师范大学首都教育经济研究院在2016—2017学年第一学年对北京市功能拓展区39所普通小学的调查数据对上述问题进行了回答。

二、文献回顾

目前,已有多项研究关注北京市流动儿童的发展情况。以北京市16个区县小学四年级至初中二年级流动儿童为调查对象,郭文杰等人(2015)总结了流动儿童及其家庭的特征:家庭收入相对较低,以租房为主,稳定长期就近受教育,自我评价较努力,课余活动较为分散,缺乏社会融入和身份认同等。基于对北京市打工子弟学校和公立学校313名学生的调查数据,蔺秀云等人(2009)从教育期望、教育投入和学校投入的角度分析了流动儿童学业表现的影响因素。研究发现,公立学校本地儿童父母教育投入最多,而公立学校流动儿童学习投入和学业表现最高,打工子弟学校流动儿童的学校投入、父母教育投入和学业表现都最差。儿童感知到的父母教育期望与儿童对自己的教育期望差越大,父母教育投入越多,流动儿童的学业表现越好。张绘等人(2011)使用2008年对北京市义务教育阶段流动儿童的调查数据考察了学业表现的影响因素。研究发现,家庭经济状况对男生学业表现的影响大于女生,且仅对公立学校和有证打工子弟学校有显著影响,家庭生活状况只能显著影响初中流动儿童的学业表现。

除学业表现,还有一些研究关注流动儿童的心理健康状况。例如,Chen, L. Wang, Z. Wang(2009)通过对北京近千名公立学校和打工子弟学校小学三至六年级学生的调查发现,相比于打工子弟学校学生,城市学校学生平均来说具有较高的社交技能、任务规划能力和领导力,以及较高的学习成绩。胡宁等人(2009)对北京市1所打工子弟小学和5所公立学校的调查研究表明,流动儿童的社交焦虑和孤独感显著高于北京儿童和农村儿童。刘艳等人(2015)发现北京市昌平区某打工子弟学校小学五年级至初中二年级学生的心理韧性整体水平偏低,心理健康问题具有隐蔽性和滞后性。胡玉萍(2017)通过对北京市接受流动儿童的2所公立小学和1所公立初中的调查研究发现,流动儿童虽然在公立学校认同、人际关系、学业适应等方面总体表现良好,但家庭社会经济地位和家庭关系仍显著影响着流动儿童学校适应。由此可见,流动学生相比于本地学生在学业表现和心理健康状况及其影响因素等诸多方面存在明显差异。

本章的研究内容具有如下三点创新之处。首先,本章按照户籍所在地和户籍性质将学生分为非京籍非农业户口学生、非京籍农业户口学生、京籍非农业户口学生和京籍农业户口学生等四类,重点考察这四个学生群体学生发展及其生产过程的差异,并非局限于分析非京籍学生的特征和学生发展的影响因素。其次,本章不仅关注四个学生群体学业表现及其生产过程的差异,还关注其在体质健康、非认知能力发展和日常行为表现等方面及其生产过程的差异。最后,本章在考察教育生产过程的户籍身份差异时,采用的是增值模型,在模型中控制学生发展的前测变量更加符合教育生产的理念和教育实际。为简便,如无特殊说明,本章对所有变量的定义方式与第六章相同。

三、学生发展的差异

本章从学业表现、体质健康、非认知能力发展和日常行为表现等四个方面考察不同户籍身份学生发展情况的差异。如表7-1所示，从学业表现看，京籍农业户口学生的标准化成绩最低，其他三个学生群体的标准化成绩差异不大，但京籍非农业户口学生的标准化英语成绩略高于非京籍学生。从体质测试成绩看，京籍非农业户口学生最高，而京籍农业户口学生最低，非京籍非农业户口学生和非京籍农业户口学生无明显差异。京籍农业户口学生的肥胖率比其他三个学生群体高出约10个百分比，其50米跑成绩和跳绳成绩与京籍非农业户口学生的差距也在5分左右。从非认知能力发展看，不同户籍身份学生的差异并不明显，京籍农业户口学生的各维度非认知能力得分相对偏低。从日常行为表现看，不同户籍身份学生不存在显著性差异，但非京籍学生骂人、说脏话和打架的发生率略高于京籍学生。由此可见，京籍非农业户口学生的发展较好，其次是非京籍学生，京籍农业户口学生的发展较差。

表7-1 不同户籍身份学生发展状况的差异

项目	非京籍非农业户口	非京籍农业户口	京籍非农业户口	京籍农业户口
学业表现				
2016—2017学年第一学年数学标准化成绩	0.06	0.02	0.05	−0.17
2016—2017学年第一学年语文标准化成绩	0.10	0.01	0.04	−0.17
2016—2017学年第一学年英语标准化成绩	0.05	−0.05	0.11	−0.15
体质健康				
2016—2017学年肥胖率	0.10	0.11	0.10	0.21
2016—2017学年BMI成绩	90.39	90.42	90.64	86.21
2016—2017学年肺活量成绩	81.63	81.01	82.12	80.37
2016—2017学年50米跑成绩	73.08	73.97	75.71	69.52
2016—2017学年坐位体前屈成绩	81.37	81.07	81.95	79.69
2016—2017学年跳绳成绩	83.85	84.66	85.59	81.75
2016—2017学年仰卧起坐成绩	81.43	79.19	82.82	77.33
2016—2017学年体质测试综合成绩	83.85	84.66	85.59	81.75

续表

项目	非京籍非农业户口	非京籍农业户口	京籍非农业户口	京籍农业户口
非认知能力发展				
自尊得分	3.27	3.24	3.29	3.23
自我控制得分	3.17	3.16	3.18	3.14
情绪控制得分	2.93	2.94	2.92	2.92
行为控制得分	3.41	3.42	3.43	3.38
思维控制得分	3.16	3.13	3.19	3.10
人际交往得分	3.37	3.35	3.38	3.33
学校适应得分	3.62	3.62	3.58	3.58
领导力得分	3.26	3.26	3.24	3.23
合作得分	3.51	3.50	3.51	3.48
日常行为表现				
逃课、迟到和早退	15.27	12.64	13.26	12.08
骂人、说脏话	20.55	23.13	20.71	19.10
打架	19.65	19.21	18.37	17.79
欺负弱小同学	4.32	3.93	4.01	3.00
抽烟、喝酒	2.54	1.50	2.63	2.26
抄袭作业、考试作弊	6.64	5.11	4.67	4.30
上网吧、游戏厅	4.42	3.45	4.81	5.63
日常行为表现得分	4.86	4.88	4.88	4.88

注：所有数据均进行加权处理。

四、个体特征的差异

(一) 人口学特征

表7-2比较了四个学生群体人口学特征的差异。可以看出，京籍农业户口学生中男生占比最高，为56%，而京籍非农业户口学生中男生占比最低，为51%，非京籍农业户口学生和非京籍非农业户口学中男生占比约为53%。由此可见，京籍农业户口父母对男生的偏好比非京籍父母更强烈。非京籍农业户口

学生整体大于京籍学生，这与 Lu、Zhang(2004)对北京小学的调研结果相似。京籍非农业户口学生的平均年龄最小，表明京籍非农业户口学生的父母提早让子女上学的意愿更为明显。京籍学生中独生子女占比超过70%，明显高于非京籍非农业户口学生的53%和非京籍农业户口学生的29%。从出生体重看，非京籍学生的出生体重较高，但农业户口和非农业户口学生的出生体重不存在显著差异。

表7-2 按户籍分组的学生人口学特征描述性统计

变量	非京籍非农业户口	非京籍农业户口	京籍非农业户口	京籍农业户口
男生占比(单位:%)	53.48	53.47	51.00	56.41
年龄(单位:岁)	9.84	9.88	9.79	9.83
独生子女占比(单位:%)	52.81	29.43	78.79	73.39
出生体重(单位:斤)	6.77	6.74	6.67	6.62
样本量占比(单位:%)	11.36	46.27	33.66	9.72

注：所有数据均进行加权处理。

此外，四个学生群体的家庭子女结构即兄弟姐妹的数量也存在显著差异。表7-3分别报告了不同性别学生兄弟姐妹的数量。如果学生是独生子女，则兄、弟、姐、妹的数量均为零。可以看出，对男生而言，姐姐的数量明显高于兄长的数量，说明如果父母上一胎是女孩，再要一个男孩的可能性比父母上一胎是男孩的大，这种情况在非京籍户口学生上体现得更为明显。但男生的弟弟和妹妹的数量比较接近，说明如果父母上一胎是男孩，则下一胎的选择不存在明显的性别偏好。女生的情况与男生刚好相反，弟弟的数量明显高于妹妹的数量，说明如果父母上一胎是女孩，再要一个男孩的可能性比父母上一胎是女孩的大，这种情况在非京籍户口学生上体现得更为明显。

表7-3 按户籍分组的不同性别学生兄弟姐妹的数量

性别		非京籍非农业户口	非京籍农业户口	京籍非农业户口	京籍农业户口
男生	兄	0.09	0.16	0.03	0.04
	姐	0.23	0.32	0.03	0.09
	弟	0.13	0.14	0.08	0.08
	妹	0.09	0.14	0.04	0.06

续表

性别		非京籍非农业户口	非京籍农业户口	京籍非农业户口	京籍农业户口
女生	兄	0.13	0.24	0.03	0.05
	姐	0.09	0.19	0.03	0.04
	弟	0.19	0.35	0.11	0.09
	妹	0.12	0.16	0.08	0.09

注:所有数据均进行加权处理。

(二)流动特征

流动特征通常包括流出特征和流入特征。前者是指学生及其家庭离开户籍所在地的基本情况,后者是指学生在北京市普通小学的就读情况。

表7-4报告了非京籍学生的出生年份和来京年份。可以看出,出生年份与来京年份相同的学生占比为79.76%。自出生起三年之内来到北京的学生占比为89.72%。因此,绝大部分非京籍儿童出生在北京并一直在北京居住和生活,与郭文杰等人(2015)的调查结果相似。尽管这些学生习惯上被称为"流动学生",却从未在户籍所在地生活过,生活状态与父辈完全不同。正如段成荣(2015)指出的,"流动儿童已经不再是我们习惯性想想的'外来者''农村娃',他们是地地道道的'城里娃',理所当然应该被城市视为'自己的娃'"。由此可见,非京籍学生的常住化和家庭化趋势明显,流动学生及其家庭居留的稳定性增强,融入城市的意愿强烈(杨东平,2017),这不仅为非京籍学生及其家庭社会融合奠定了基础,同时为北京市各区县教委将非京籍学生纳入区域教育规划和财政保障范围、提供配套的与京籍学生同质的教育资源提出了要求。

表7-4 非京籍学生的出生年份与来京年份

来京年份 \ 出生年份	2005年	2006年	2007年	2008年	总计
2005年	0.38%	—			0.38%
2006年	0.06%	22.56%	—		22.62%
2007年	0.02%	2.91%	56.73%	—	59.66%
2008年	0.04%	1.60%	3.12%	0.10%	4.85%
2009年	—	1.22%	2.23%	0.02%	3.46%

续表

来京年份＼出生年份	2005 年	2006 年	2007 年	2008 年	总计
2010 年	0.02%	1.12%	2.09%	—	3.24%
2011 年	—	0.65%	1.28%	—	1.92%
2012 年以后	0.08%	1.69%	2.04%	0.06%	3.86%
总计	0.59%	31.75%	67.49%	0.17%	100.00%

从非京籍学生的流入地特征,即非京籍学生就读的到底是哪类学校来看,虽然2001年中央出台的旨在解决流动人口子女就学问题的"两为主"政策提出"以流入地政府为主,以公立学校为主",但该政策并未对就读学校的质量提出要求。因此,考察非京籍学生就读的学校质量对判断非京籍儿童是否具有与京籍儿童相同的受教育机会、维护非京籍儿童受教育的基本权益、促进教育公平和社会公平至关重要。图7-1报告了学校质量与非京籍学生占比的关系。可以看出,学校质量排名越高,非京籍学生占比越低。由此可见,绝大部分非京籍学生就读于质量较差的学校。

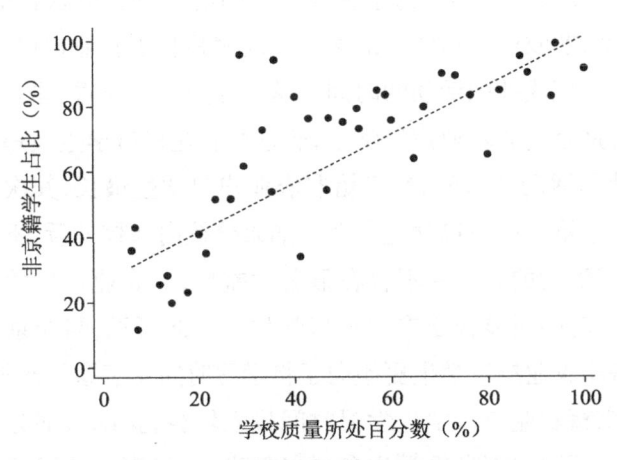

图 7-1 学校质量与非京籍学生占比

由于非京籍农业户口学生和非农业户口学生存在较大差异,故本章还考察了学校质量与非京籍非农业户口学生占比、非京籍农业户口学生占比的关系,分别如图 7-2(A) 和 (B) 所示。随着学校质量的提高,非京籍非农业户口学生占比呈现上升趋势,而非京籍农业户口学生占比则显著降低。因此,即便是非京籍学生内部,农业户口学生和非农业户口学生就读的学校也存在较大差异。非京籍非农业户口学生更容易就读于质量较高的学校,而非京籍农业户口学生普遍就读于质量较低的学校。

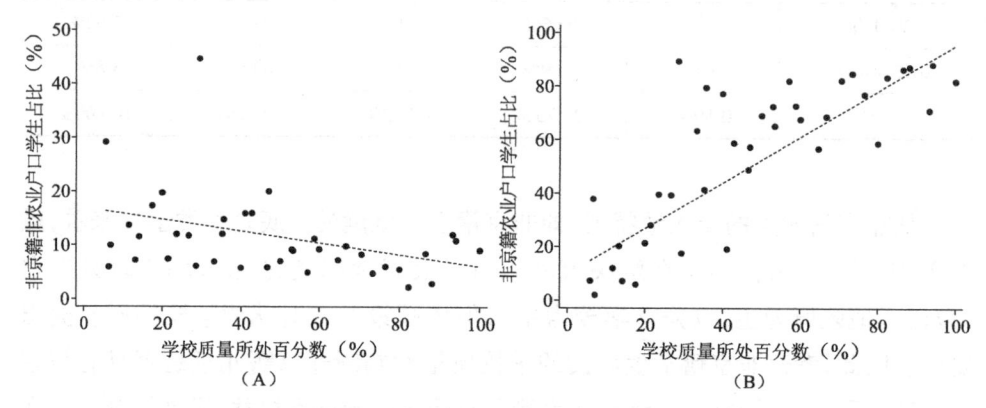

图 7-2 学校质量与不同户口性质非京籍学生占比

(三)学习时间

表 7-5 报告了不同户籍身份学生学习时间的差异。可以看出,无论是京籍还是非京籍学生,非农业户口学生的学习时间明显长于农业户口学生,特别是对参加兴趣班、补习班或社团活动的时间。从写作业的时间看,非京籍非农业户口学生最长,其次是京籍非农业户口学生,非京籍农业户口学生最短。从参加兴趣班、补习班或社团活动的时间看,京籍非农业户口学生最长,其次是非京籍非农业户口学生,非京籍农业户口学生最短。如果分校内和校外看,不同户籍身份学生参加校内社团活动的时间并不存在显著性差异,非农业户口学生参加校外补习班或兴趣班的时间明显长于农业户口学生。由此可见,与非京籍非农业户口学生相比,京籍非农业户口学生更倾向于将学习时间用于参加兴趣班、补习班或社团活动。非京籍农业户口学生学习时间投入较少,且绝大部分时间用于写老师布置的作业。不同户籍身份学生参加兴趣班、补习班或社团活动时间的差异主要体现在校外而非校内。

表 7-5 不同户籍身份学生学习时间的差异

单位:小时

项目	非京籍 非农业户口	非京籍 农业户口	京籍 非农业户口	京籍 农业户口
写作业的时间	11.10	9.21	10.66	10.36
写老师布置的作业的时间	9.06	7.56	8.30	8.20
写家长、补习班布置的作业的时间	2.04	1.65	2.36	2.16
参加兴趣班、补习班或社团活动的时间	5.98	3.66	7.18	4.57
参加校内社团活动的时间	2.17	2.11	2.27	2.01
参加校外补习班或兴趣班的时间	3.80	1.55	4.91	2.56

注:所有数据均进行加权处理。

(四)补习教育

表 7-6 报告了不同户籍身份学生补习教育参与率的差异。从总体看,各类学生补习教育的参与率均超过 90%,但非农业户口学生的参与率更高。从学术类补习教育的参与率看,京籍非农业户口学生更高,其次是非京籍非农业户口学生,再次是京籍农业户口学生,非京籍农业户口学生最低。数学类、语文类和英语类补习教育参与率的情况与之相同。对非学术类补习教育而言,不同户籍身份学生的补习教育参与率差异不大,但非农业户口学生的参与率更高。体育类和手工类补习教育参与率的情况与之类似。但非农业户口学生艺术类补习教育的参与率显著高于农业户口学生。

校内和校外补习教育参与率的差异也非常显著。对各类补习教育而言,不同户籍身份学生校内补习教育参与率的差异不大。相比较而言,非京籍农业户口学生校内非学术类补习教育的参与率较高,而非京籍非农业户口和京籍非农业户口学生校内学术类补习教育的参与率较高。不同户籍身份学生校外补习教育参与率的差异较大。京籍非农业户口学生补习教育参与率最高,其次是非京籍非农业户口学生,再次是京籍农业户口学生,非京籍农业户口学生最低。

托管班也是校外补习教育的一种特殊形式。可以看出,非农业户口学生参加托管班的比重均超过 10%,明显高于农业户口学生。但从周托管时间看,农业户口学生平均每周被托管的时间显著高于非农业户口学生,京籍农业户口学生被托管的时间超过 8 小时。由此可见,尽管农业户口学生托管班的参与率更低,但被托管的时间更长。这是因为:一是非农业户口学生的父母工作可能更加繁忙，导致这些学生参加托管班的比重更大，但由于这些学生的家庭文化资本较为雄厚，往往只是在放学至父母下班前的时间被托管，故周托管时间较短；二是农业户口学生父母虽然在家时间长，但家庭资本较为薄弱，故将子女送到托管班是一种较为普遍的选择。

表7-6 不同户籍身份学生补习教育参与率的差异

项目	非京籍非农业户口	非京籍农业户口	京籍非农业户口	京籍农业户口
补习教育(%)				
补习	96.51	94.87	96.89	92.30
校内	85.85	90.25	85.01	85.42
校外	75.18	47.60	86.96	66.71
学术类补习	60.80	35.92	74.31	52.99
校内	24.09	15.72	22.53	19.37
校外	51.57	25.93	69.31	46.08
非学术类补习	91.31	86.85	91.91	84.18
校内	77.15	83.45	78.99	77.56
校外	59.32	32.08	69.02	45.53
数学类补习	31.54	12.93	47.36	24.95
校内	11.37	4.77	11.50	5.84
校外	25.63	9.44	43.16	21.88
语文类补习	29.01	15.44	34.63	19.99
校内	14.01	7.39	12.71	6.61
校外	17.76	8.98	27.30	15.23
英语类补习	42.10	24.98	60.51	41.83
校内	8.79	7.45	15.60	14.10
校外	39.08	20.29	56.57	36.07
体育类补习	50.05	41.88	48.81	45.07
校内	35.37	37.24	29.04	36.56
校外	24.87	11.69	31.55	15.35
艺术类补习	64.37	48.46	66.45	49.79
校内	39.74	39.48	42.49	35.77
校外	47.47	22.90	53.47	33.03

续表

项目	非京籍非农业户口	非京籍农业户口	京籍非农业户口	京籍农业户口
手工类补习	13.19	14.90	15.84	11.33
校内	10.07	14.13	13.58	10.26
校外	4.77	1.85	4.15	1.82
托管班				
上托管班(%)	10.44	8.71	12.24	9.21
周托管时间(小时)	6.76	7.43	6.20	8.50

注：所有数据均进行加权处理。

(五)学生最希望父母关注的方面

不同户籍身份学生最希望父母关注的方面也存在显著差异。如图7-3所示，希望父母关注学习的学生中农业户口学生占比最高，非京籍和京籍学生占比分别为48.43%和41.28%，而希望关注社会交往的学生中非农业户口学生最高，非京籍和京籍学生占比分别为17.28%和16.48%。希望父母关注物质生活和情感的学生占比在不同户籍身份学生间没有明显差异。由此可见，随着家庭社会经济地位的提高，学生最希望父母关注的方面从学习逐渐向社会交往转变。此外，可以看出，不需要父母关注的学生中京籍非农业户口学生占比为14.70%，但这一比例对非京籍农业户口学生仅为7.69%，这在一定程度上说明京籍非农业户口学生的独立自主意识更强。

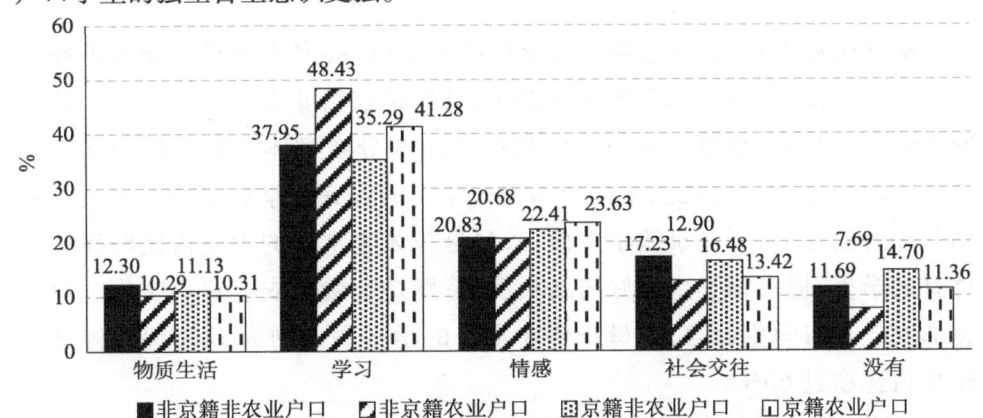

图7-3 不同户籍身份学生最希望父母关注的方面

注：所有数据均进行加权处理。

五、家庭特征的差异

(一)家庭资本

本章从家庭文化资本、政治资本、健康资本和经济资本四个方面考察不同户籍身份学生家庭资本的差异,见表7-7。从文化资本看,非京籍非农业户口学生的父亲学历以大专和大本为主,约占全部非京籍非农业户口学生总数的57.31%;非京籍农业户口学生的父亲学历以初中为主,占比将近50%;京籍非农业户口学生的父亲学历以大本和研究生为主,父亲拥有研究生学历的学生约占京籍非农业户口学生总数的1/3;京籍农业户口学生的父亲学历以高中(包括普高、中专/技校)和大专为主,分别占比37.21%和23.93%。母亲学历的分布情况与父亲基本一致。由此可见,从学生的家庭文化资本看,京籍非农业户口学生最高,其次是非京籍户口学生,京籍非农业户口学生最低。

从政治资本看,京籍非农业户口学生中父亲是共产党员和民主党派的分别占比41.02%和1.22%,母亲是共产党员和民主党派的分别占比28.76%和0.95%,明显高于其他学生群体。非京籍非农业户口学生中父亲和母亲是共产党员或民主党派占比分别为18.41%和7.20%;京籍农业户口学生中父亲和母亲是共产党员或民主党派占比分别为10.81%和5.71%;京籍非农业户口学生中父亲和母亲是共产党员或民主党派占比均不超过10%,明显低于其他学生群体。由此可见,与家庭文化资本的情况类似,京籍非农业户口学生的家庭政治资本最高,京籍非农业户口学生最低。

从健康资本看,对非京籍非农业户口学生而言,父亲和母亲身体不好的学生占比最低,分别为2.52%和3.28%,其次是京籍非农业户口学生和非京籍农业户口学生,京籍农业户口学生中父亲和母亲身体非常不好的学生占比最高均超过5%。因此,不同户籍身份学生的家庭健康资本差异不大。但值得注意的是,对于非京籍学生而言,父母身体非常好的学生占比略高于身体好的学生,但京籍学生刚好与之相反,特别是京籍非农业户口学生。对京籍非农业户口学生而言,父母身体非常好的学生占比约为1/3,但身体好的学生占比超过60%。

经济资本情况与文化资本、政治资本和健康资本的情况不同。从家庭人均年收入看,非京籍非农业户口学生的家庭人均年收入最高,超过7万元,其次是京籍非农业户口学生,约为6.5万元,非京籍农业户口学生和京籍农业户口学生的家庭人均年收入相近,不超过3万元。从学期教育支出看,非京籍非农业户口学生交给学校的日常费用显著高于其他学生群体,主要是因为许多非京籍非农业户口学生选择就读于私立小学,而私立小学学生交给学校的日常费用主要体现为学费。除此之外,对所有类别的教育支出,京籍非农业户口学生的教育支出最高,交给学校的日常费用超过1500元,交给学校的赞助费、择校费或借读费超过1000元,而课外补习班、兴趣班费用甚至突破万元。相比较而言,非京籍学生交给学校的赞助费、择校费或借读费不足100元,非京籍农业户口学生课外补习班、兴趣班费用仅为1925.98元,不足京籍非农业户口学生的1/5。

表 7-7 不同户籍身份学生家庭资本的差异

项目	非京籍非农业户口	非京籍农业户口	京籍非农业户口	京籍农业户口
家庭文化资本				
学历(%)				
父亲				
文盲	0.00	0.29	0.15	0.28
小学	1.34	5.89	0.30	3.73
初中	13.82	45.09	2.55	19.58
中专/技校	9.73	16.03	7.22	25.71
普通高中	7.98	15.88	3.78	11.50
大专	21.72	11.81	16.66	23.93
大本	35.59	4.82	37.70	12.22
研究生	9.83	0.19	31.64	3.04
母亲				
文盲	0.54	0.57	0.25	0.95
小学	1.43	9.74	0.45	2.67
初中	13.11	45.72	2.04	19.17
中专/技校	12.22	16.07	6.47	23.85
普通高中	7.69	14.52	3.61	13.96
大专	28.48	10.31	20.78	25.91
大本	29.86	3.03	42.89	12.88
研究生	6.67	0.03	23.52	0.59

续表

项目	非京籍 非农业户口	非京籍 农业户口	京籍 非农业户口	京籍 农业户口
受教育年限(年)				
父亲	14.27	10.82	16.11	12.58
母亲	13.97	10.41	15.87	12.48
家庭政治资本(%)				
父亲				
共产党员	17.80	7.35	41.02	10.00
民主党派	0.61	0.43	1.22	0.81
群众	81.59	92.22	57.76	89.20
母亲				
共产党员	6.56	0.99	28.76	5.44
民主党派	0.64	0.20	0.95	0.27
群众	92.80	98.81	70.29	94.29
家庭健康资本(%)				
父亲				
非常好	49.66	53.55	33.83	40.72
好	47.82	41.33	62.57	53.31
不好	2.52	5.11	3.59	5.97
母亲				
非常好	49.11	50.75	32.89	42.10
好	47.61	43.59	62.99	51.62
不好	3.28	5.66	4.11	6.28
家庭经济资本(元)				
家庭人均年收入	70699.01	29442.00	64734.32	29303.07
学期教育支出				
交给学校的日常费用	2941.52	1329.99	1647.60	1446.35
交给学校的赞助费、择校费或借读费	43.44	76.62	1088.44	458.63
课外补习班、兴趣班费用	7296.64	1925.98	10349.16	4469.63

注:所有数据均进行加权处理。

(二)家庭关系

本章从亲子同住、亲子关系、亲子沟通、学业参与、亲子活动和家校互动六个方面考察不同户籍身份学生家庭关系的差异,见表7-8。可以看出,不同户籍身份学生家庭关系的差异程度明显小于家庭资本。从亲子同住看,与父亲不同住的学生中,非京籍非农业户口的学生占比略高,与母亲不同住的学生中,京籍农业户口的学生占比略高。从亲子关系看,四个学生群体与父母的亲近程度不存在明显差异。从亲子沟通看,京籍非农业户口学生中与母亲沟通更多的学生占比超过50%,而与父亲沟通更多的学生占比仅为11.99%。由此可见,京籍非农业户口学生相比于其他三个学生群体更倾向于与母亲沟通。从学业参与看,京籍农业户口学生的学业参与得分更高。从亲子活动看,非京籍农业户口学生的亲子活动得分更低。从家校互动看,无论是老师联系家长的情况还是家长联系老师的情况,非农业户口学生的家校互动频率较高,农业户口学生的家校互动频率较低。由此可见,不同户籍学生家庭关系的差异并不明显。

表7-8 不同户籍身份学生家庭关系的差异

项目	非京籍非农业户口	非京籍农业户口	京籍非农业户口	京籍农业户口
亲子同住(%)				
与父亲不同住	14.76	10.35	11.97	12.59
与母亲不同住	5.56	6.46	6.72	7.96
与父母双方均不同住	3.79	3.77	3.54	4.30
与父亲不同住但与母亲同住	11.09	6.65	8.55	8.29
与母亲不同住但与父亲同住	1.77	2.76	3.26	3.66
与父母双方均同住	83.35	86.83	84.65	83.75
亲子关系(%)				
父亲				
非常亲近	71.31	70.99	72.00	73.05
比较亲近	24.20	26.13	24.85	23.75
不亲近	4.49	2.88	3.15	3.20
母亲				
非常亲近	88.20	87.01	88.98	89.42
比较亲近	9.45	11.94	9.96	9.42

续表

项目	非京籍非农业户口	非京籍农业户口	京籍非农业户口	京籍农业户口
不亲近	2.35	1.05	1.05	1.16
亲子沟通				
父子沟通得分	2.17	2.11	2.13	2.10
母子沟通得分	2.46	2.35	2.44	2.42
沟通偏好(%)				
与父亲沟通更多	13.07	13.25	11.99	13.16
差不多	40.38	41.25	35.80	37.92
与母亲沟通更多	46.55	45.51	52.20	48.92
学业参与得分	2.88	2.90	2.91	3.02
亲子活动得分	3.42	3.18	3.38	3.49
家校互动(%)				
家长联系老师的情况				
从来没有	13.41	17.59	13.07	17.7
一次	15.38	18.29	14.19	16.07
二到四次	51.26	47.00	49.92	44.14
五次以上	19.95	17.20	22.82	22.09
老师联系家长的情况				
从来没有	9.60	14.78	13.44	14.78
一次	15.05	15.97	14.69	15.42
二到四次	50.25	43.06	43.34	38.88
五次以上	25.11	26.19	28.53	30.92
老师与家长谈论的内容				
学习	90.19	88.24	84.84	87.74
品行	37.63	32.01	36.16	34.43
心理状况	37.14	30.89	33.41	29.58
身体状况	36.02	28.84	36.13	33.93
交友行为	15.00	12.94	14.79	13.79

注:所有数据均进行加权处理。

六、家长及教师对流动学生的态度

在探讨京籍与非京籍学生在个体和家庭层面的差异后,本章利用教师问卷中的相关问题考察家长及教师对流动学生的态度。这里的流动学生不仅包括非京籍农业户口和非农业户口学生,还包括京籍但非本区户籍的农业户口和非农业户口学生。

(一)流动学生的课程基础

教师问卷中的问题"与本区户籍学生相比,外区户籍学生课程基础是怎样的"能够间接反映非京籍和京籍学生在能力基础上的差异。如图7-4所示,可以看出,约5%的教师认为外区户籍学生的课程基础比本区户籍学生好,超过1/5的数学和英语教师认为外区户籍学生的课程基础比本区户籍学生差很多,这一比例对英语学科高达29.46%。由此可见,流动学生的课程基础相对于本地学生而言更低。

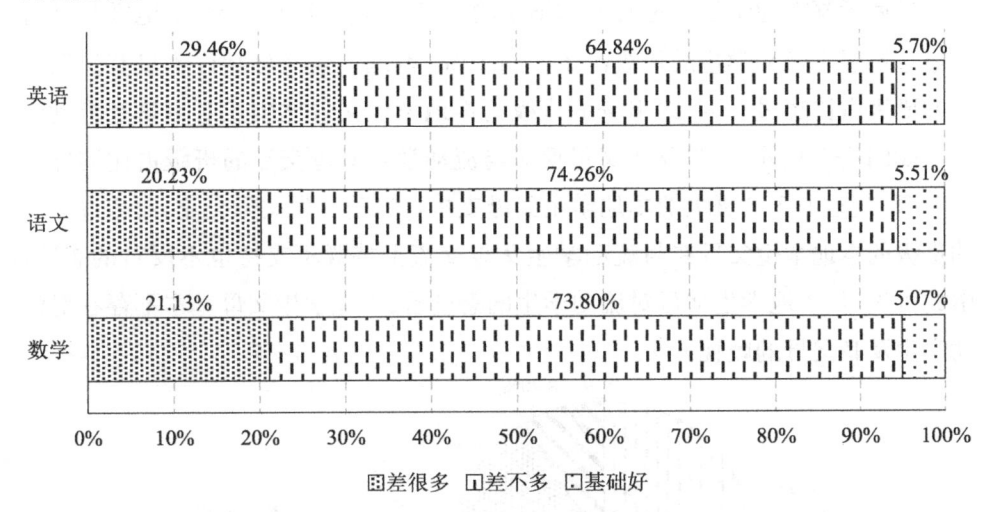

科目	差很多	差不多	基础好
英语	29.46%	64.84%	5.70%
语文	20.23%	74.26%	5.51%
数学	21.13%	73.80%	5.07%

图7-4 不同户籍身份学生的课程基础

注:所有数据均进行加权处理。

(二)流动学生对班级管理的影响

图7-5报告了班里有外区户籍学生对班级管理的影响。可以看出,认为班里有外区户籍学生会增加班级管理难度的教师约占1/3,认为不会影响班级管

理的教师约占2/3。由此可见,鉴于流动学生与本地学生发展的差异性,流动学生的确在一定程度上增加了班级管理的难度。

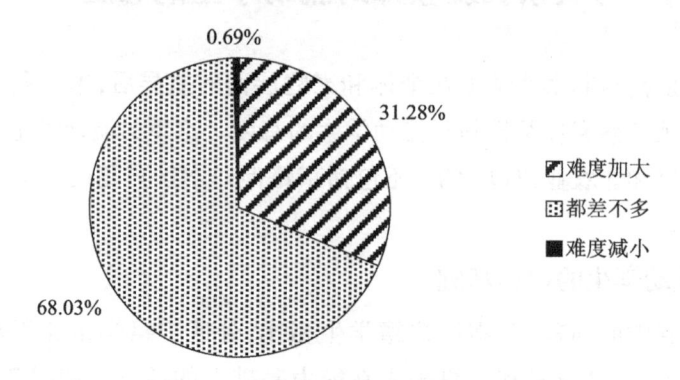

图 7-5 流动学生对班级管理的影响

注:所有数据均进行加权处理。

(三)本地学生父母对流动学生的态度

最后考察本地学生父母对流动学生的态度。如图7-6所示,本地学生父母不愿意班里有流动学生的班级占比不到10%,本地学生父母默许班里有流动学生的班级占比超过一半,约40%的班级的本地学生父母比较意愿班里有流动学生。如图7-7所示,本地学生父母反对与流动学生父母交流的班级占比同样不到10%,超过1/5的班级的本地学生父母支持与流动学生父母交流,而超过70%的班级的本地学生父母在与流动学生父母交流上持既不支持也不反对的态度。由此可见,从本地学生父母对流动学生的态度看,本地学生父母基本不存在对流动学生及其父母的歧视。

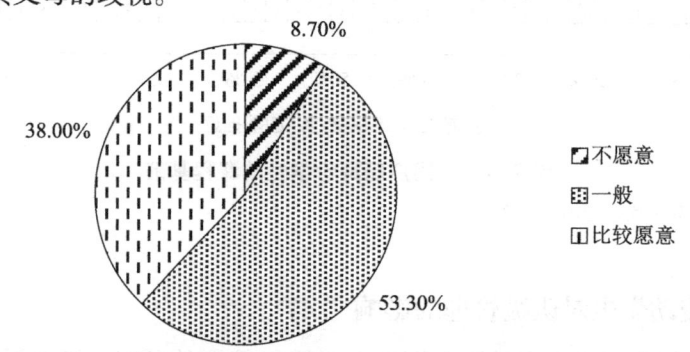

图 7-6 本区学生父母对班里有外区县学生的态度

注:所有数据均进行加权处理。

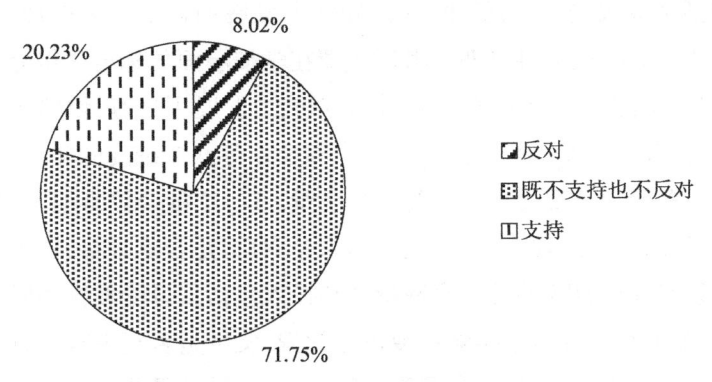

图 7-7　本区县学生父母是否愿意与外区县学生父母交流

注：所有数据均进行加权处理。

七、教育生产过程的差异

(一)模型与方法

教育生产过程是指从教育投入到教育产出的过程,这一过程通常使用教育生产函数(Educational Production Function)体现。教育生产函数的基本模型如下：

$$Y_{icst} = \alpha_0 + \alpha_1 Y_{ics,t-1} + X'_{icst}\beta + D'_{cs}\gamma + \varepsilon_{icst} \quad (7.1)$$

其中，Y_{icst} 和 $Y_{ics,t-1}$ 分别表示学校 s 班级 c 中学生 i 在时期 t 和 $t-1$ 的学生发展情况。X_{icst} 表示学生 i 的个体和家庭特征与投入，D_{cs} 表示班级固定效应，ε_{icst} 为随机误差项。由于式(7.1)中包含 $Y_{ics,t-1}$，故式(7.1)为增值模型(value-added model)。

根据社会化理论，6~17 岁正是人的早期社会化阶段，这是人生中世界观、价值观形成的黄金时期，也是形成自我、完善人格的关键时期。家庭和学校作为社会化的两大主体，对于流动儿童的心智发展和健康成长起着至关重要的作用(王黎芳,2015)。因此，本章重点关注两组估计系数。一是系数矩阵 β，即个体和家庭特征与投入 X_{icst} 的估计系数，通过考察 β 在不同户籍身份学生的教育生产函数中的差异，进而总结不同户籍身份学生教育生产过程的差异。二是系数矩阵 γ，即班级固定效应项 D_{cs} 的估计系数，通过计算和比较 γ 在学校层面的均值，能够在一定程度上识别学校投入对不同户籍身份学生的影响，进而分析学校投入带来的教育增值与学校质量的关系。

Y_{icst}包括学业表现、体质健康、非认知能力发展和日常行为表现。学业表现用数学、语文和英语三个科目期末考试成绩在学校层面的标准化得分均值衡量,体质健康用体质测试综合成绩衡量,非认知能力发展用自尊、情绪控制、行为控制、思维控制、人际交往、学校适应、领导力和合作等八个维度的非认知能力得分均值衡量,日常行为表现用日常行为得分衡量。X_{icst}中的个体特征和投入包括是否是男生、年龄、是否是独生子女、是否是农业户口、是否是京籍、出生体重、学习时间、是否参加各类教育补习。家庭特征和投入包括父母受教育年限较大值、父母双方是否至少有一方是中共党员或民主党派、父母是否至少有一方身体不好、家庭教育支出、学业指导得分、亲子沟通得分、亲子活动得分、是否与父母双方同住等。

(二)不同户籍身份学生教育生产过程的差异

1.学业表现

学业表现影响因素的估计结果见表7-9。首先,是否参加学术类补习和是否参加非学术类补习两个变量的估计系数仅对农业户口学生统计显著,而对其他学生群体不显著。这是因为,农业户口特别是非京籍农业户口学生的课程基础较差,通过学术类补习能够尽快弥补知识漏洞进而提高考试成绩。此外,通过参加非学术类补习,这些学生能够在一定程度上提高诸如自我控制、学校适应和合作等非认知能力,非认知能力发展也能在一定程度上有效提高考试成绩。其次,父母受教育年限较大值的估计系数仅对京籍学生显著为正,家庭教育支出的估计系数同时对非京籍农业户口和京籍非农业户口显著为正。这表明,不同类型的家庭资本对不同户籍身份学生学业表现的影响存在较大差异。家庭文化资本对家庭社会经济地位较低的京籍农业户口学生学业表现的影响更为显著,而家庭经济资本同时影响家庭经济资本最雄厚和最薄弱的两个学生群体的学业表现。所有模型的R^2在0.6以上,说明模型自变量较好地解释了学业成绩的变异。

表7-9 学业表现的影响因素

项目	(1) 总体	(2) 非京籍非农业户口学生	(3) 非京籍农业户口学生	(4) 京籍非农业户口学生	(5) 京籍农业户口学生
前测成绩	0.757*** (0.021)	0.692*** (0.054)	0.738*** (0.026)	0.793*** (0.048)	0.787*** (0.075)

续表

项目	（1） 总体	（2） 非京籍非农业户口学生	（3） 非京籍农业户口学生	（4） 京籍非农业户口学生	（5） 京籍农业户口学生
男生	-0.091＊＊＊ （0.020）	-0.060 （0.064）	-0.116＊＊＊ （0.026）	-0.084＊ （0.044）	-0.038 （0.075）
年龄	0.001 （0.028）	0.092 （0.083）	0.007 （0.033）	-0.018 （0.073）	0.130 （0.107）
独生子女	0.038＊ （0.022）	0.031 （0.066）	0.013 （0.027）	0.068 （0.054）	0.062 （0.097）
农业户口	-0.030 （0.028）				
京籍	-0.076＊＊＊ （0.026）				
出生体重	0.003 （0.010）	-0.015 （0.030）	0.016 （0.014）	0.003 （0.024）	0.012 （0.037）
学习时间	-0.002 （0.001）	-0.003 （0.005）	-0.003 （0.002）	0.001 （0.002）	-0.007 （0.005）
参加学术类补习	0.068＊＊＊ （0.022）	0.068 （0.074）	0.093＊＊＊ （0.029）	0.027 （0.043）	-0.005 （0.073）
参加非学术类补习	0.155＊＊＊ （0.032）	0.184 （0.136）	0.193＊＊＊ （0.043）	0.078 （0.079）	0.193＊ （0.111）
父母受教育年限较大值	0.012＊＊＊ （0.004）	0.020 （0.013）	0.006 （0.005）	0.025＊＊ （0.012）	0.035＊ （0.018）
父母至少一方是中共党员或民主党派	0.045 （0.028）	0.001 （0.077）	0.035 （0.049）	0.069 （0.044）	-0.179 （0.136）
父母双方至少有一方身体不好	-0.018 （0.037）	0.233 （0.166）	-0.036 （0.055）	-0.054 （0.070）	-0.095 （0.113）
家庭教育支出	0.027＊＊＊ （0.009）	0.012 （0.019）	0.105＊＊＊ （0.026）	0.022＊ （0.012）	0.064 （0.047）
学业指导得分	0.006 （0.010）	-0.010 （0.029）	0.005 （0.014）	0.008 （0.021）	-0.003 （0.040）

续表

项目	(1) 总体	(2) 非京籍非农业 户口学生	(3) 非京籍农业 户口学生	(4) 京籍非农业 户口学生	(5) 京籍农业 户口学生
亲子沟通得分	0.038*	0.076	0.017	0.058	0.006
	(0.020)	(0.067)	(0.029)	(0.038)	(0.084)
与父母双方同住	0.012	0.028	0.021	0.021	0.014
	(0.029)	(0.077)	(0.040)	(0.062)	(0.117)
常数项	-0.581*	-1.596*	0.067	-0.738	-2.222**
	(0.320)	(0.887)	(0.365)	(0.860)	(1.095)
R^2	0.611	0.644	0.655	0.616	0.746
样本量	4166	455	2065	1194	452

注:(1)括号内为异方差稳健标准误;(2)*、**和***分别表示在10%、5%和1%的水平上统计显著;(3)所有回归均已加权。

2.体质健康

体质健康影响因素的估计结果见表7-10。首先,是否参加学术类补习的估计系数仅对非京籍非农业户口学生显著为负,但对其他学生群体统计不显著。这是因为非京籍非农业户口学生父母对其学习的重视程度更高,写作业的时间、参加补习班的时间都较长,繁重的学习任务可能在一定程度上影响学生的身体健康状况。而是否参加体育类补习的估计系数对除京籍农业户口学生外的学生群体显著为正,说明参加体育类补习教育能够改善学生的身体健康状况。其次,父母受教育年限较大值的估计系数对京籍非农业户口学生显著为正,父母双方是否至少有一方身体不好的估计系数对京籍农业户口学生显著为负,表明雄厚的家庭文化资本意味着更加健康的生活观念和方式,对改善京籍非农业户口学生体质健康状况比较重要。而对京籍农业户口学会而言,家庭健康资本对学生体质健康状况影响更显著。最后,亲子活动得分的估计系数对非京籍非农业户口学生显著为正,是否与父母双方同住的估计系数对非京籍农业户口学生显著为正,表明更为密切的亲子活动参与有助于改善非京籍学生的体质健康状况。所有模型的 R^2 在0.5~0.8之间,说明模型自变量较好地解释了体质测试综合成绩的变异。

表 7-10 体质健康的影响因素

项目	(1) 总体	(2) 非京籍非农业户口学生	(3) 非京籍农业户口学生	(4) 京籍非农业户口学生	(5) 京籍农业户口学生
前测成绩	0.640*** (0.018)	0.758*** (0.050)	0.577*** (0.029)	0.670*** (0.031)	0.638*** (0.061)
男生	-1.430*** (0.292)	-2.185** (0.900)	-0.825* (0.447)	-1.287** (0.556)	-0.974 (0.974)
年龄	0.707* (0.393)	-0.620 (1.357)	0.809 (0.534)	0.976 (0.812)	2.027 (1.251)
独生子女	-0.064 (0.306)	0.678 (0.803)	-0.308 (0.443)	0.445 (0.596)	-0.305 (1.184)
农业户口	-0.387 (0.404)				
京籍	-0.544 (0.379)				
出生体重	-0.145 (0.149)	-0.286 (0.404)	-0.090 (0.242)	-0.229 (0.279)	-0.324 (0.460)
参加学术类补习	-0.228 (0.318)	-1.828* (0.993)	-0.451 (0.474)	0.093 (0.616)	0.495 (1.052)
参加体育类补习	1.425*** (0.318)	2.158** (0.909)	1.587*** (0.466)	1.282** (0.635)	0.417 (1.043)
父母受教育年限较大值	0.083 (0.063)	0.254 (0.199)	-0.028 (0.081)	0.345** (0.169)	0.368 (0.238)
父母至少有一方是中共党员或民主党派	0.808** (0.388)	0.309 (1.147)	1.183 (0.829)	0.323 (0.569)	-0.365 (1.126)
父母双方至少有一方身体不好	-0.347 (0.587)	-3.196 (2.018)	0.119 (0.867)	0.437 (1.184)	-2.793** (1.364)
家庭教育支出	0.292** (0.121)	0.074 (0.328)	0.699** (0.327)	0.226 (0.158)	0.087 (0.669)
亲子活动得分	0.038 (0.103)	0.541* (0.292)	-0.050 (0.153)	-0.118 (0.207)	0.375 (0.337)

续表

项目	(1) 总体	(2) 非京籍非农业户口学生	(3) 非京籍农业户口学生	(4) 京籍非农业户口学生	(5) 京籍农业户口学生
与父母双方同住	0.760* (0.397)	−0.476 (1.135)	1.303* (0.666)	0.606 (0.660)	0.993 (1.258)
常数项	27.067*** (4.695)	34.119** (15.321)	38.716*** (6.686)	17.008* (9.002)	4.715 (14.351)
R^2	0.538	0.754	0.502	0.605	0.671
样本量	4479	521	2124	1321	513

注:(1)括号内为异方差稳健标准误;(2)*、**和***分别表示在10%、5%和1%的显著性水平上统计显著;(3)所有回归均已加权。

3. 非认知能力发展

非认知能力发展影响因素的估计结果见表7-11。首先,是否参加非学术类补习的估计系数对除京籍农业户口学生外的学生群体显著为正,表明学生参与非学术类补习不仅能有效促进自我控制、合作、学校适应、自尊等非认知能力发展,同时也能进一步改善学业表现。其次,家庭教育支出的估计系数对农业户口学生显著为正,说明家庭经济资本对家庭社会经济地位较低的农业户口学生的非认知能力发展非常重要。最后,亲子沟通得分和亲子活动得分的估计系数在各模型中均显著为正,是否与父母双方同住的估计系数对农业户口学生显著为负,说明和谐的家庭关系,特别是良好的亲子沟通、频繁的亲子互动及父母的长期陪伴能够有效促进学生特别是农业户口学生非认知能力的发展。相比于表7-9和表7-10,表7-11中所有模型的R^2明显更低,这是因为本次问卷调查仅实施一次,故模型中没有控制非认知能力的前测变量。

表7-11 非认知能力发展的影响因素

项目	(1) 总体	(2) 非京籍非农业户口学生	(3) 非京籍农业户口学生	(4) 京籍非农业户口学生	(5) 京籍农业户口学生
男生	−0.112*** (0.012)	−0.131*** (0.038)	−0.116*** (0.018)	−0.099*** (0.021)	−0.130*** (0.036)

续表

项目	(1) 总体	(2) 非京籍非农业户口学生	(3) 非京籍农业户口学生	(4) 京籍非农业户口学生	(5) 京籍农业户口学生
年龄	0.063*** (0.016)	0.108* (0.059)	0.034 (0.023)	0.087** (0.035)	0.022 (0.053)
独生子女	0.008 (0.013)	−0.026 (0.041)	0.018 (0.020)	−0.007 (0.026)	0.005 (0.043)
农业户口	−0.020 (0.017)				
京籍	−0.029* (0.016)				
出生体重	−0.005 (0.006)	−0.012 (0.019)	0.002 (0.009)	−0.016 (0.012)	−0.025 (0.021)
参加学术类补习	0.023* (0.013)	0.101** (0.043)	0.011 (0.020)	0.010 (0.025)	0.052 (0.041)
参加非学术类补习	0.103*** (0.019)	0.151* (0.077)	0.099*** (0.027)	0.125*** (0.043)	0.068 (0.049)
父母受教育年限较大值	0.003 (0.003)	0.005 (0.010)	−0.003 (0.004)	0.008 (0.006)	0.013 (0.008)
父母至少有一方是中共党员或民主党派	0.015 (0.016)	0.026 (0.046)	0.015 (0.034)	0.031 (0.023)	−0.066 (0.060)
父母双方至少有一方身体不好	−0.008 (0.025)	−0.048 (0.086)	−0.031 (0.036)	0.065 (0.049)	−0.031 (0.055)
家庭教育支出	0.005 (0.005)	0.002 (0.013)	0.036** (0.015)	−0.002 (0.006)	0.058* (0.031)
亲子沟通得分	0.175*** (0.014)	0.094** (0.047)	0.189*** (0.020)	0.189*** (0.025)	0.154*** (0.043)
亲子活动得分	0.045*** (0.005)	0.048*** (0.016)	0.040*** (0.007)	0.042*** (0.008)	0.095*** (0.016)
与父母双方同住	0.058*** (0.016)	0.071 (0.052)	0.046* (0.025)	0.036 (0.029)	0.117** (0.050)

续表

项目	(1) 总体	(2) 非京籍非农业户口学生	(3) 非京籍农业户口学生	(4) 京籍非农业户口学生	(5) 京籍农业户口学生
常数项	2.124***	1.885***	2.535***	1.813***	2.196***
	(0.186)	(0.663)	(0.254)	(0.398)	(0.601)
R^2	0.284	0.439	0.346	0.321	0.546
样本量	4914	573	2286	1505	550

注:(1)括号内为异方差稳健标准误;(2)*、**和***分别表示在10%、5%和1%的显著性水平上统计显著;(3)所有回归均已加权。

4. 日常行为表现

日常行为表现影响因素的估计结果见表7-12。首先,父母双方是否至少有一方身体不好的估计系数对非京籍农业户口学生显著为负,说明家庭健康资本对非京籍农业户口学生的日常行为表现存在显著影响。学生父母身体健康能够促使其加强对子女日常行为的监管,从而有助于改善子女的日常行为表现。其次,亲子沟通得分对除非京籍非农业户口学生之外的其他学生群体的影响显著为正,而亲子活动得分的估计系数对非京籍农业户口学生和京籍非农业户口学生显著为正。由于非京籍农业户口和京籍非农业户口学生亲子沟通和亲子活动的频率较低,故帮助这些学生构建和谐的家庭关系能够有效改善学生日常行为表现。但和非认知能力影响因素模型相似,表7-12中的所有模型均没有控制日常行为表现得分的前测变量,故 R^2 较低。

表7-12 学生日常行为表现的影响因素

项目	(1) 总体	(2) 非京籍非农业户口学生	(3) 非京籍农业户口学生	(4) 京籍非农业户口学生	(5) 京籍农业户口学生
男生	−0.116***	−0.100***	−0.104***	−0.132***	−0.094***
	(0.007)	(0.023)	(0.011)	(0.014)	(0.028)
年龄	0.013	0.057*	−0.004	0.027	0.038
	(0.011)	(0.032)	(0.015)	(0.022)	(0.046)
独生子女	0.005	0.013	0.007	−0.017	−0.023
	(0.008)	(0.023)	(0.012)	(0.017)	(0.037)

续表

项目	(1) 总体	(2) 非京籍非农业户口学生	(3) 非京籍农业户口学生	(4) 京籍非农业户口学生	(5) 京籍农业户口学生
农业户口	-0.002 (0.012)				
京籍	0.015 (0.011)				
参加非学术类补习	0.027** (0.013)	0.096* (0.052)	0.027 (0.017)	0.010 (0.025)	0.022 (0.041)
父母受教育年限较大值	0.001 (0.002)	0.001 (0.006)	-0.004 (0.003)	0.006 (0.004)	0.007 (0.006)
父母至少有一方是中共党员或民主党派	-0.013 (0.012)	-0.042 (0.032)	-0.044 (0.027)	-0.002 (0.015)	0.040 (0.034)
父母双方至少有一方身体不好	-0.035* (0.019)	0.014 (0.047)	-0.074** (0.029)	0.004 (0.028)	-0.026 (0.053)
家庭教育支出	0.005* (0.003)	-0.006 (0.007)	0.003 (0.008)	0.006 (0.004)	0.005 (0.020)
亲子沟通得分	0.031*** (0.008)	0.024 (0.026)	0.030** (0.012)	0.034** (0.014)	0.054** (0.027)
亲子活动得分	0.003 (0.003)	0.011 (0.010)	0.009** (0.004)	0.011* (0.006)	0.004 (0.011)
与父母双方同住	0.000 (0.011)	-0.013 (0.030)	-0.003 (0.016)	0.016 (0.021)	-0.003 (0.036)
常数项	4.618*** (0.122)	3.950*** (0.429)	5.033*** (0.160)	4.467*** (0.247)	4.437*** (0.514)
R^2	0.137	0.421	0.222	0.225	0.350
样本量	4914	573	2286	1505	550

注:(1)括号内为异方差稳健标准误;(2)*、**和***分别表示在10%、5%和1%的显著性水平上统计显著;(3)所有回归均已加权。

(三)学校投入对不同户籍身份学生的影响

模型中班级固定效应项的估计系数 γ 能够反映班级投入对学生发展变量的影响,将学校内不同班级固定效应项的估计系数进行平均化处理即可得到学校投入对学生发展变量的影响。在控制学生发展前测变量的情况下,即可得到学校投入带来的学生发展增值。由于行政数据中只包括学业表现和体质健康的前测变量,故本章只关注学业成绩增值和体质测试综合成绩。

1.学业成绩增值与学校质量

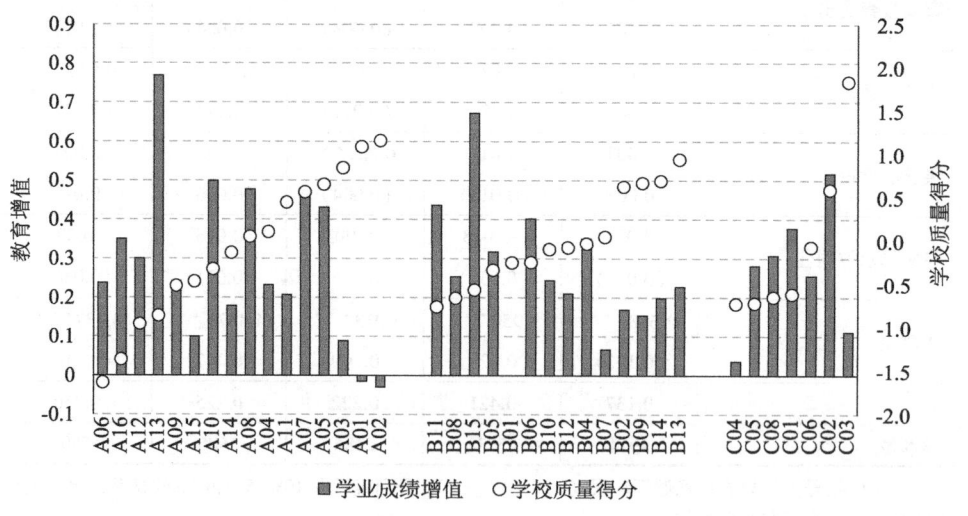

图7-8至图7-11分别展示了各学校非京籍非农业户口学生、非京籍农业户口学生、京籍非农业户口学生和京籍农业户口学生学业成绩增值和学校质量得分之间的关系。可以看出,绝大部分学校给非京籍非农业户口学生和京籍学生带来的学业成绩增值为正,其中给非京籍非农业户口学生带来的学业成绩增值相对更高。但对非京籍农业户口学生而言,各学校学业成绩增值均为负,故学校投入不仅没有改善非京籍农业户口学生的学业表现,反而带来了大幅度的负向的学业成绩增值。从学业成绩增值和学校质量得分的关系看,除非京籍非农业户口学生外,学业成绩增值与学校质量得分的相关系数均接近0,故区内各学校学业成绩增值与学校质量得分几乎不相关。但对非京籍非农业户口学生而言,学业成绩增值与学校质量得分的相关系数为-0.53,故区内各学校学业成绩增值与学校质量得分呈中高度负相关。因此,学校投入给非京籍农业户口学生带来的学业成绩的边际贡献随着学校质量的提高而降低。

图7-8 学业成绩增值(非京籍非农业户口学生)

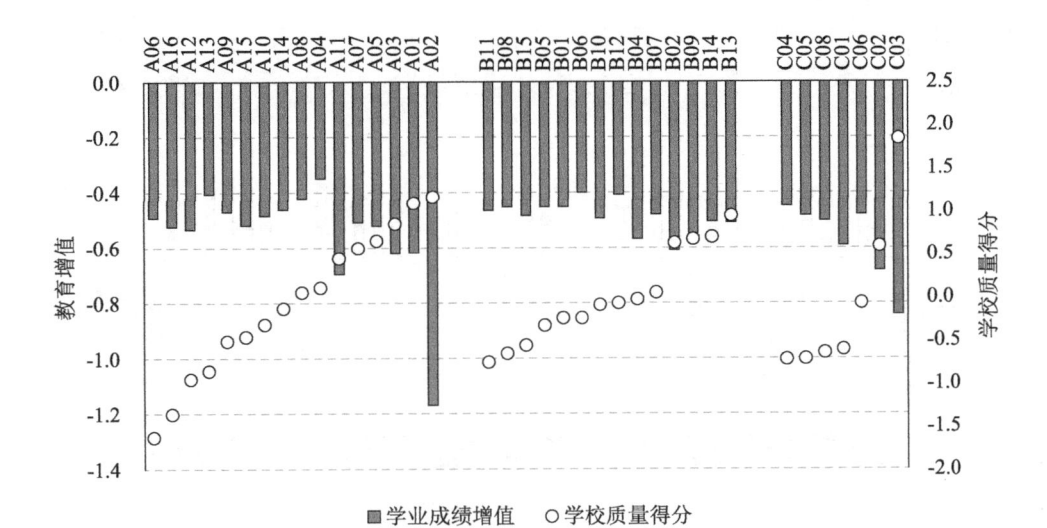

第七章 教育生产过程的户籍身份差异

图 7-9 学业成绩增值（非京籍农业户口学生）

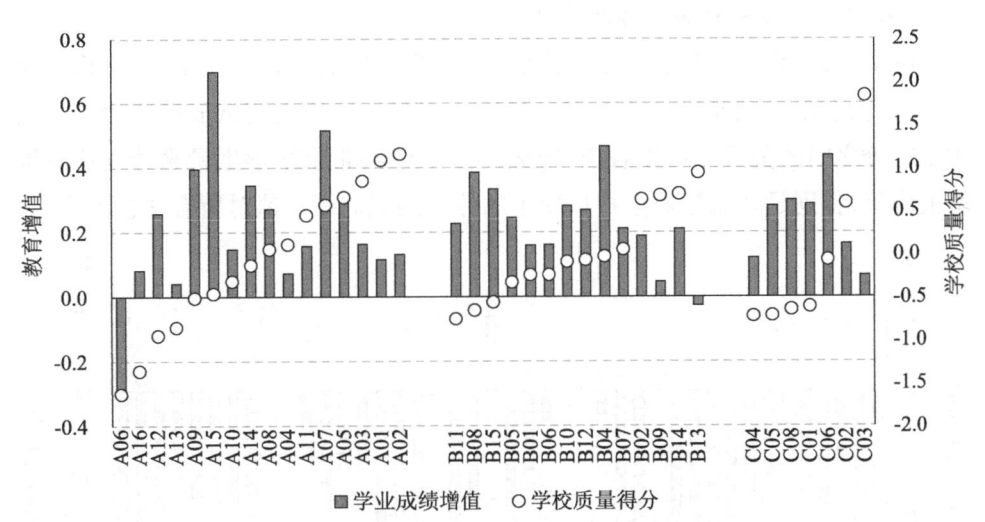

图 7-10 学业成绩增值（京籍非农业户口学生）

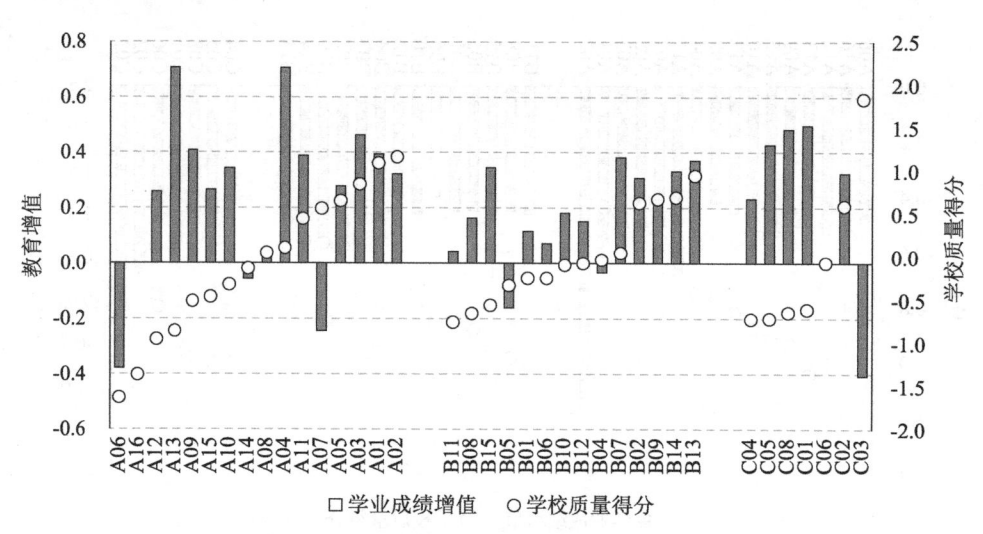

图 7-11 学业成绩增值(京籍农业户口学生)

2.体质测试成绩增值与学校质量

图 7-12 至图 7-15 分别展示了各学校非京籍非农业户口学生、非京籍农业户口学生、京籍非农业户口学生和京籍农业户口学生体质测试成绩增值和学校质量得分之间的关系。可以看出,绝大部分学校给非京籍学生带来的学业成绩增值为负,特别是非京籍农业户口学生的体质测试成绩增值对所有学校均为负,

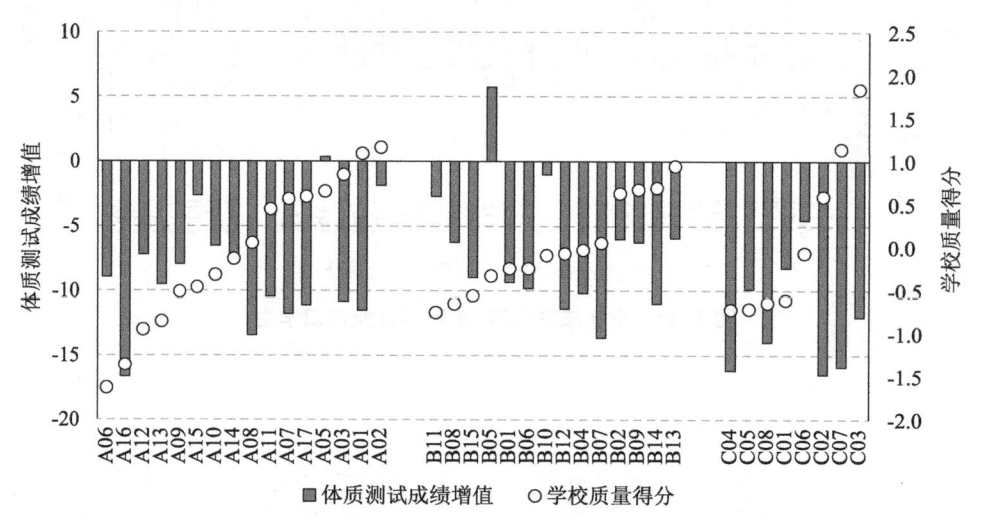

图 7-12 体质测试成绩增值(非京籍非农业户口学生)

且低于零的幅度明显大于其他学生群体。相对于非京籍学生,学校投入给非京籍学生带来的负向的体质测试成绩增值相对较小,部分学校非京籍学生体质测试成绩增值为正。由此可见,学校投入只能改善部分学校京籍学生特别是非农业户口学生的体质健康状况。从学业成绩增值和学校质量得分的关系看,学业成绩增值与学校质量得分的相关系数都在 $-0.3 \sim 0.3$,说明区内各学校学业成绩增值与学校质量得分几乎不相关。

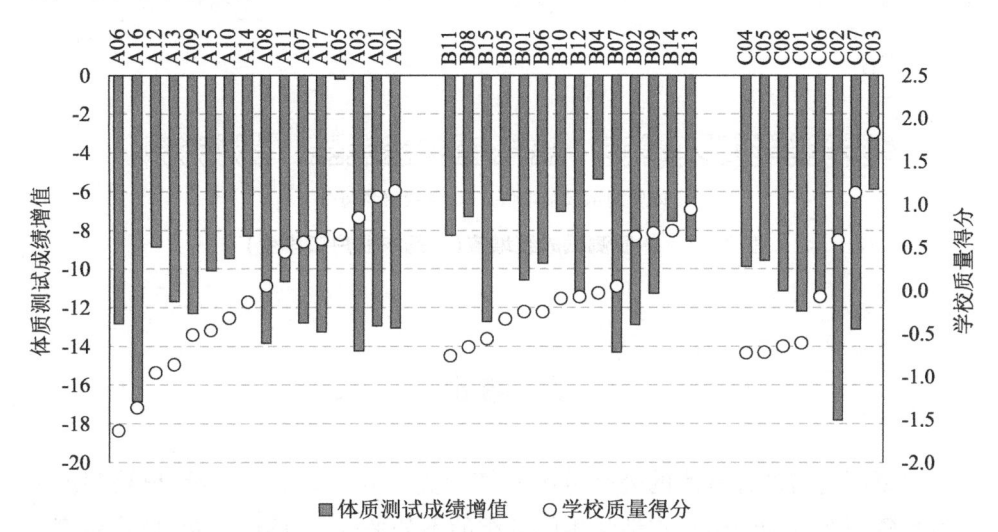

图 7-13 体质测试成绩增值(非京籍农业户口学生)

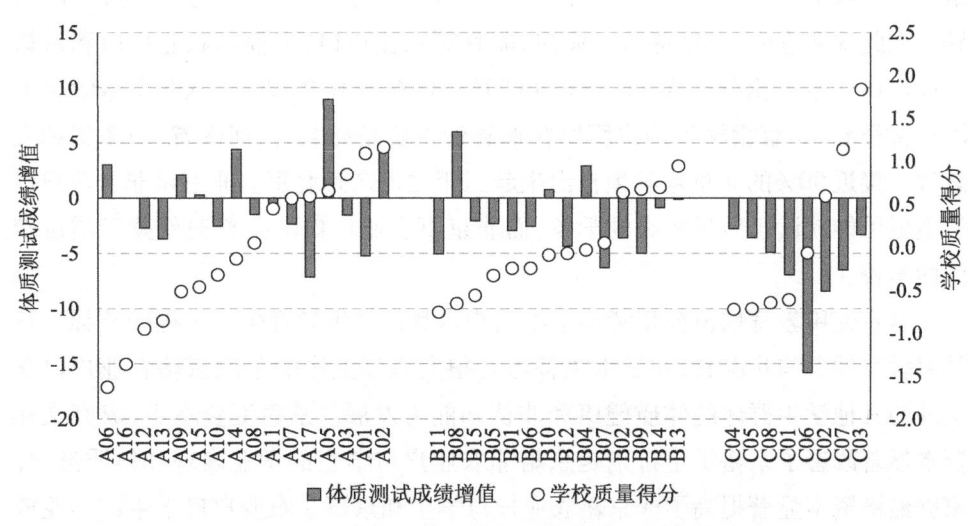

图 7-14 体质测试成绩增值(京籍非农业户口学生)

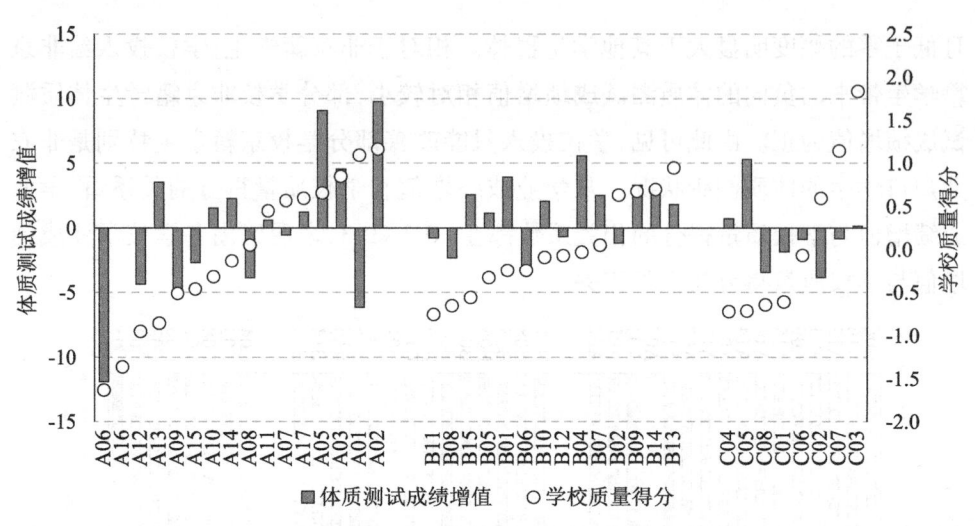

图 7-15 体质测试成绩增值(京籍农业户口学生)

八、结论

户籍制度与教育资源的公平分配密切相关。从户籍所在地看,户籍制度涉及教育资源在流动学生与本地学生间分配的不公平;从户籍性质看,户籍制度涉及城乡教育资源分配的不平等。本章重点考察了非京籍非农业户口学生、非京籍农业户口学生、京籍非农业户口学生和京籍农业户口学生教育生产过程的差异。在此次调查中,非京籍非农业户、非京籍农业户口、京籍非农业户口和京籍农业户口学生占比分比为11.36%、46.27%、33.66%和9.72%。从非京籍学生的流动特征看,非京籍学生的户籍所在地省份主要是河北省、河南省、山东省和安徽省。接近90%的非京籍学生自出生起三年之内来到北京。非京籍非农业户口学生更可能就读于质量较高的学校,而非京籍农业户口学生普遍就读于质量较低的学校。

本章使用教育增值模型考察了不同户籍身份学生教育生产过程的差异。从补习教育的参与状况看,非学术类补习在很大程度上影响了除京籍农业户口学生外的其他学生群体的体质健康和非认知能力发展。从家庭资本看,家庭文化资本显著改善了京籍学生特别是京籍非农业户口学生的学业表现和体质健康。家庭经济资本显著提高了非京籍农业户口学生和京籍非农业户口学生的学业成绩,并在一定程度上改善了非京籍非农业户口学生的体质健康。从家庭关系看,良好的亲子沟通有助于促进学生非认知能力发展并改善其日常行为表现。密切的亲子活动能够在一定程度上改善非京籍非农业户口学生的体质健康状况,并有助于帮助非京籍农业户口学生和京籍非农业户口学生降低不良行为的发生率,从而养成良好的行为习惯。亲子分离对农业户口学生特别是非京籍农业户口学生的体质健康和非认知能力发展产生明显的负向影响。

本章利用教育生产函数中班级固定效应项的估计系数在学校层面的均值,进一步考察了学校投入带来的不同户籍身份学生学业发展增值及其与学校质量的关系。从学业表现看,除非京籍农业户口学生外的其他学生群体的学业成绩增值均为正,非京籍农业户口学生的学业成绩增值明显为负;从体质健康看,绝大部分学校的体质测试成绩增值为负,而非京籍农业户口学生的体质测试成绩增值低于零的幅度最大。由此可见,学校投入并未给学生特别是非京籍农业户口学生带来明显的学业成绩和体质测试成绩增值。从学生发展增值与学校质量得分的关系看,学业成绩增值与学校质量得分对学生总体特别是非京籍农业户口学生呈中高度负相关,但体质测试成绩增值与学校质量得分的相关性较低。因此,更高质量的学校投入并没有给非京籍农业户口学生带来更高的学生发展增值。

本章启示我们:在城乡一体化背景下,不同户籍身份学生教育生产过程的差异关乎教育公平乃至社会公平的实现。一方面,教育生产是极为复杂的生产过程,家庭资本与家庭关系对学生发展的影响对不同户籍身份学生有所差异。和谐的家庭关系、良好的亲子沟通、密切的亲子活动,以及与父母共同生活能够改善非京籍学生的体质健康、促进其非认知能力发展、完善其日常行为表现。因此,关注非京籍学生家庭资本和亲子关系对各方面发展的影响,帮助其形成和谐的家庭关系至关重要。另一方面,非京籍农业户口学生的学业成绩增值和体质测试成绩增值明显低于其他学生群体,且学业成绩增值随着学校质量的提高而减少。因此,出于教育公平的考虑,教育工作者需要特殊关注学校和教师投入对非京籍农业户口学生的影响机制,保障这些学生能够获得与京籍学生相似的学生发展增值。

但需要注意的是,本次调查的对象是普通小学四年级学生,这些学生在2013年9月入学,是2016—2017学年所有年级中学生人数最多的年级。但随着《国家新型城镇化规划2014—2020》和《京津冀协同发展规划纲要》分别在2014年和2015年出台,严控北京市常住人口规模成为北京市社会经济发展规划的重中之重。与此同时,大量民办打工子弟学校被取缔,公办学校的入学门槛提高,这些措施使不符合就读要求的非京籍学生被迫离开北京。❶ 根据北京市教育事业统计资料,2014年小学阶段非京籍学生和外来务工人员随迁子女招生数分别比2013年下降26.25%和37.28%。人口控制政策对就读北京中小学的入学人数产生了巨大影响,并可能在很大程度上改变义务教育阶段学生的户籍结构。因此,要准确把握不同户籍身份学生教育生产过程的差异,需要持续关注非京籍学生的受教育情况。

参考文献

段成荣,2015.我国流动儿童和留守儿童的几个基本问题[M]//孟祥丹,吴惠芳,叶敬忠.中国农村留守人口.北京:社会科学文献出版社.

郭文杰,等,2016.外来务工人员随迁子女群体(流动人口二代)研究报告[M]//北京青年研究会,中国社会科学院社会学研究所,共青团北京市委员会.北京青年社会结构变化与共青团工作改革.北京:社会科学文献出版社.

胡宁,等,2009.北京流动儿童的流动性、社交焦虑及对孤独感的影响[J].应用心理学(2):166-176.

胡玉萍,2017.流动儿童公立学校适应状况及家庭影响因素分析——基于北京市的调查[M]//北京人口发展研究中心.北京人口与社会发展研究报告(2016—2017).北京:社会科学文献出版社.

蔺秀云,等,2009.流动学生学业表现的影响因素[J].北京师范大学学报(社会科学版)(5):41-47.

刘艳,等,2015.北京市昌平区流动儿童心理健康状况调查[M]//北京社会心理研究所.北京社会心态分析报告(2014—2015).北京:社会科学文献出版社.

王黎芳,2015.北京市流动儿童义务教育的发展与现状[M]//殷星辰.北京社会治理发展报告(2014—2015).北京:社会科学文献出版社.

魏佳羽,赵晗,2017.北京义务教育阶段流动儿童教育现状(2013—2016)[M]//魏佳羽,秦红宇.中国流动儿童教育发展报告(2016).北京:社会科学文献出版社.

杨东平,2017.中国流动儿童教育的发展和政策演变[M]//魏佳羽,秦红宇.中国流动儿童教育发展报告(2016).北京:社会科学文献出版社.

---

❶ 赵晗和魏佳羽(2017)详细描述和分析了2013—2016年北京市各区县非京籍学生入学门槛和民办打工子弟学校数量的变化。

张绘,龚欣,尧浩根,2011.流动儿童学业表现及影响因素分析——来自北京的调研证据[J].北京大学教育评论(3):121-136.

LU S, ZHANG S, 2004. Urban/Rural disparity and migrant children's education: An investigation into schools for children of transient workers in Beijing [J].Chinese education & society, 37(5):56-83.

CHEN X, WANG L, WANG Z, 2009. Shyness-sensitivity and social, school and psychological adjustment in rural migrant and urban children in China[J].Child development, 80(5):1499-1513.

第八章 补习教育、学生发展与教育公平

本章考察了补习教育的参与状况、影响因素和实际效果。研究发现,52%和75%的学生分别参与学术类和非学术类补习教育,66%和86%的学生分别参与校内和校外补习教育。家庭经济资本能够显著影响校外补习参与决策,但对校内补习的影响不显著。家庭文化资本和政治资本对补习教育参与决策的影响不大。补习教育能够帮助学生改善学业表现,提高体质健康水平,促进非认知能力发展。但校内外补习教育的效果存在明显差别,家庭资本对补习教育的效果具有微弱的调节作用。政府可通过在学校内开展补习教育以替代私人补习,或为家庭资本较为薄弱学生提供补习教育费用补贴的形式,缓解由家庭资本导致的学生发展的不平等。

一、引言

随着居民生活水平的不断提高和教育竞争压力的日益增大,补习教育(supplementary education)在全世界范围内盛行(陈全功,2012;马克·贝磊和廖青,2012)。中国的补习教育也日趋常态化。据2012年OECD的"国际学生评估项目"(Program for International Student Assessment,PISA)数据,我国上海15~17岁学生中参与数学补习的比例超过70%,而参与语言补习、科学补习和其他补习的比例也都在50%以上(胡咏梅,等,2015)。"中国教育追踪调查"(China Education Panel Survey,CEPS)数据表明,2014年我国义务教育阶段学生参与课外补习的比例为24.6%,但这一比例在直辖市或省会城市高达56.1%(薛海平,2015)。彭湃和周自波(2008)对武汉某区,钱国英和唐丽静(2009)对深圳和武汉,吴岩(2014)对广州,陈彬莉和白晓曦(2015)对北京海淀区的调查结

果均表明,近年来参与补习教育的学生比例至少在60%以上。❶ 如果将艺体类兴趣班纳入到补习教育中,这一比例将会更高(吴思为,等,2010)。由此可见,补习教育在中国大都市规模空前。

在这种背景下,补习教育引发了众多学者的广泛讨论,有共识也有分歧。首要的争论就集中于补习教育的概念。补习教育又被称为影子教育(shadow education)。狭义的补习教育是指在学校常规教育外,针对学生在校所修读科目的收费的补充教育服务,其课程和服务等都跟随或模仿正规教育的课程及考核范围,目的是帮助学生更有效地吸收和掌握课堂知识,提升其学校考试成绩。Bray(1999)将补习教育的特性概括为补充性、私有性和学术性,即补习教育应只包括正规学校所设的学术类科目,同时需要私人为补习服务付费。绝大多数学者使用了狭义的补习教育概念。然而一些学者认为,补习教育不应只包括学术类补习教育,也应将体育、艺术等非学术类补习教育纳入其中(薛海平和丁小浩,2009;薛海平和李静,2016),即使用广义的补习教育概念。原因有二:一是随着居民教育消费模式的转变,非学术类补习教育日益普遍,其参与率逐渐超过学术类补习教育;二是因为部分家长和学生期望从非学术类补习教育中获得类似于学术类补习教育的收益,即提高选拔性考试的成绩。因此,在对不同的研究进行比较时,应首先明确研究者使用的到底是何种概念。本章采用的是广义的补习教育概念,既包括学术类补习教育,也包括非学术类补习教育。

其次是政府对待补习教育应采取的态度。面对如火如荼的补习教育,政府是采取支持或默许的态度,还是采取压制或反对的态度,这取决于补习教育的价值基础、实际效果和社会影响。从价值基础看,补习教育是一种人权,是尽责父母支持自己子女教育的一种自然倾向,这种对子代人力资本的投资是社会资本的自然结果,也与社会福利密切相关。从实际效果看,如果补习教育确实能够提高学生的考试成绩,提高其升学质量,那么在教育竞争维度日趋多样、教育竞争程度日益激烈的环境下,补习教育能够满足民众对教育的基本诉求,政府也应允许补习教育的存在。但如果补习教育增加学生的学习压力,削弱了学生的学习兴趣,降低了教师的教学质量,阻碍了学生全面发展,政府应当采取必要手段对补习教育进行规制。从社会影响看,研究者普遍认为补习教育不仅大幅度增加了家庭经济成本,弱化了家庭情感和亲子关系,还扩大了因家庭资本差异而造成

---

❶ 以上数字均为参与学术类补习教育学生的比例。

的学生发展的不平等,损害了弱势群体学生的自我价值,加剧了教育不公平的程度,长此以往将导致社会阶层分化和固化(彭湃,2008)。但也有研究指出,学生参与补习教育能够将其父母从家庭生产中解放出来,增加劳动供给从而促进经济增长。因此,全面而系统地评估补习教育的实际效果和社会影响就显得格外重要。

最后,其涉及政府、学校系统与私人补习教育的关系。在选拔性考试制度盛行的中国,无论是对学术类还是非学术类补习教育,学生和家长在进行补习参与决策时往往面临着类似于"囚徒困境"的博弈竞争格局,除私人补习机构和教师外,所有人都是输家,而那些社会经济地位较低的学生将处于更加不利的境地(薛海平,2015)。面对这一局面,政府是否有权力或者有义务帮助其达成合作博弈,或是在合作的基础上实现新的纳什均衡的条件是否满足,就成为一个"根本性的、具有政治哲学意义的社会话题"(曾晓东,龙怡,2012)。学校系统和补习教育的性质存在根本差别,前者体现为公共性,而后者体现为私有性。如果学校系统介入补习教育,必将模糊其私有性的界限(马克·贝磊,刘钧燕,2015)。

从上述三个学术争论出发,本章使用2016年"北京市义务教育发展情况调查"数据,考察了补习教育的参与状况、影响因素和实际效果。第一,从补习教育的参与情况看,几乎所有的学生均参与校内外各类补习教育,学术类和非学术类补习教育的参与率分别为52%和75%,校内和校外补习教育的参与率分别为66%和86%。第二,从影响因素看,家庭经济资本能够显著影响校外补习参与决策,但对校内补习参与决策的影响不显著。家庭文化资本和政治资本与补习教育参与决策的影响不大。第三,从实际效果看,补习教育能够在一定程度上改善学生的学业表现,提高学生的体质健康水平,促进学生的非认知能力发展。但校内和校外补习的实际效果存在明显差别。校内艺术类补习教育的实际效果与校外补习相似,但校外学术类和体育类补习教育对学生发展的影响明显大于校内补习。家庭资本对补习教育的实际效果具有微弱的调节作用。对学业成绩和体质健康而言,学术类补习和体育类补习给家庭资本较为雄厚的学生带来的增值更多;但对非认知能力发展而言,非学术类补习教育至少没有使得家庭资本较为雄厚的学生获益更多。

二、文献回顾

补习教育始终受到教育经济学、教育社会学研究者的关注。近年来,有关补习教育的研究大量涌现,如 Stevenson、Baker(1992)对日本的研究,Cheo、Quah(2005)对新加坡的研究,Suryadarma 等(2006)对印度尼西亚的研究,Dang(2007)对越南的研究,Zimmera 等(2010)对美国的研究,Jelani、Tan(2012)对马来西亚的研究等。本章重点关注补习教育在中国特别是大都市的发展情况。从研究内容看,现有研究大致分为两个方面:一是考查学生参与补习教育的影响因素,二是估计补习教育的实际效果。本章从这两个方面对有关中国补习教育的研究进行回顾和评论。

(一)参与补习的影响因素

补习教育的影响因素众多,不同研究者从个体、同伴、家庭、班级、学校和社会等层面探讨了学生参与补习的影响因素。本章重点关注学习基础和家庭资本对补习参与决策的影响。首先,通过考查学生学习基础对参与补习的影响,能够判断补习教育的类型,同时具有丰富的政策内涵。如果学习基础越好的学生参与补习教育的概率越高,那么补习教育主要体现为培优型,表明补习教育复制了学校常规教育的不平等,学生间学业表现的差异被进一步扩大。在实证研究中,学生的学习基础常用初始学业成绩、初始班级排名、学校质量(如是否是重点学校)等衡量。

从研究结果看,两项使用全国代表性样本的研究均发现,补习教育属于培优型。薛海平和丁小浩(2009)使用北京大学教育经济研究所 2004 年"中国城镇居民教育与就业情况调查"数据,发现就读学校质量越好、班级学习成绩越好的学生,参与补习的可能性越大。薛海平(2015)使用 2012 年"中国家庭动态跟踪调查"(Chinese Family Panel Studies,CFPS)数据,发现对义务教育阶段学生而言,排名越靠前的学生参与补习的可能性也越高。还有几项研究表明,补习教育在中国大都市也表现为培优型,如彭湃和周自波(2008)、钱国英和唐丽静(2009)、吴岩(2014)、陈彬莉和白晓曦(2015)。梁亦华(2014)采用半结构性访谈的质性研究方法,通过对 14 名中国香港教师的访谈,发现小学教师认为补习教育之所以盛行,是因为家长希望子女能够领先他人,故补习不是针对劣势学生的补偿教育,而是追求卓越的附加教育。

基于中国中部某省会城市小学2013年和2014年数据,李佳丽和胡咏梅(2017)发现学习基础对参与补习的影响因补习形式的不同而有所差别。一对一补习体现为培优型,而课外辅导班体现为补差型。针对高中阶段和农村地区补习教育的研究结果也大多显示,补习教育表现为补差型。例如,雷万鹏(2005)对北京、江苏、湖北和陕西高中学生的研究,曾满超等(2010)对甘肃、湖南和江苏高中一年级学生的研究,Bray等(2014)对中国香港的研究,薛海平等(2014)对北京、黑龙江、山东、山西、青海和四川义务教育阶段农村留守儿童的研究,以及庞晓鹏等(2017)对陕西榆林农村小学四至五年级学生的研究都表明,就读于重点学校、学业表现较好的学生参与补习的可能性更低。

其次,家庭资本(或家庭社会经济地位)也是影响学生参与补习的重要因素。朱洵(2013)指出,教育领域的社会再生产机制正在转变:家庭资本对教育获得的影响,已逐渐减弱文化资本这一间接手段,而是迅速加强补习教育这一直接手段。如果家庭资本对学生参与补习产生显著的正向影响,那么补习教育和学校常规教育将形成双重社会再生产机制,加剧不同家庭资本学生在教育获得上的社会分层,正常的社会流动将被阻断。许多研究考察了家庭资本与补习参与决策的关系,但并未得到一致的研究结论。

家庭资本中最重要的资本类型是文化资本和经济资本。从文化资本看,分别以父亲或母亲学历表征家庭文化资本的研究大多发现,父亲学历(钱国英和唐丽静,2009;薛海平,2015)或母亲学历(雷万鹏,2005;Bray et al.,2014;陈彬莉和白晓曦,2015)越高,子女参与补习的可能性越大。还有一些研究发现家庭文化资本对学生补习参与决策的影响存在异质性。父亲学历能够显著提高子女参与补习的可能性,但母亲的影响则不显著(庞晓鹏,等,2017)。由于高学历父母对子女的学业指导能够在一定程度上替代对补习教育的需求,故父母的文化资本降低了子女参与补习的可能性。薛海平等(2014)、李佳丽和胡咏梅(2017)分别发现母亲学历或父亲学历对子女参与补习有显著的负向影响。从经济资本看,大多数研究结果表明,家庭收入水平对学生参与补习的影响显著为正(雷万鹏,2005;钱国英和唐丽静,2008;薛海平和丁小浩,2009;Bray et al.,2014;陈彬莉和白晓曦,2015;李佳丽和胡咏梅,2017)。但薛海平(2015)、薛海平等(2014)这两项研究则发现家庭收入水平对学生参与补习的影响并不显著。

还有一些研究对家庭资本和补习参与决策的关系进行了更为深入的探讨。基于2014年CEPS数据,薛海平和李静(2016)用父母学历和家庭藏书量衡量家庭文化资本,用家庭的富裕程度衡量家庭经济资本,用家长的政治面貌衡量家庭政治资本,用父母职业分层衡量家庭外社会资本,用父母对子女的教育期望和家长学业参与频率衡量家庭内社会资本,探讨了不同类型的家庭资本对学生补习参与决策及其补习支出的影响。研究结果表明,经济资本、文化资本和政治资本对参与补习的概率和补习支出均有显著正向影响,但家庭社会资本对补习支出的影响不显著。相比较而言,经济资本的影响最大,其次是文化资本和政治资本。李佳丽等(2016)使用2014年"郑州区域教育质量健康体检与改进提升项目"调查数据,应用威斯康辛(Wisconsin)模型探讨了家庭资本、教育期望和补习教育的关系。研究发现,教育期望在家庭资本与学生补习参与时间之间存在中介作用,家庭资本更多是通过学生的自我教育期望对学生的补习参与时间产生间接影响。

除学生基础和家庭资本外,子女补习参与决策可能因个体特征的不同而存在明显差异。根据教育资源稀释理论和中国家庭教育资源分配的"重男轻女"模式,男生和独生子女参与补习的可能显著高于女生和非独生子女(薛海平等,2014;陈彬莉和白晓曦,2015)。但也有研究发现参与补习的可能性并无显著的性别差异(曾满超,等,2010;薛海平,2015;庞晓鹏,等,2017),甚至女生参与补习的可能性显著高于男生(李佳丽和胡咏梅,2017)。在城乡一体化背景下,有研究比较了流动儿童和本地儿童在补习参与决策上的差异,发现流动儿童参与补习的可能性更低(李佳丽和胡咏梅,2017)。还有一些研究关注了家庭特征对子女补习参与决策的影响。薛海平(2015)、李佳丽和胡咏梅(2017)的研究均发现,父母对子女的教育期望越高,子女参与补习的可能性也越高。陈彬莉和白晓曦(2015)用被访家长与其他家长的互动频率来衡量家长同辈压力,探讨了家长同辈压力对学生参与补习的影响。研究结果表明,竞争压力通过家长网络得到传递并可能被放大,显著提高了子女参与补习的可能性。

(二)补习教育的实际效果

评估中国补习教育实际效果的实证研究在最近几年才逐渐出现。不同研究者对补习教育的实际效果莫衷一是。大多数研究发现,补习教育能够显著提高学生的学业成绩。Liu(2012)使用2001年"台湾地区教育追踪调查"(Taiwan Education PanelSurvey,TEPS)数据中的七年级学生样本,发现补习教育显著提高了学生的分析能力和数学成绩。基于2013年全国六省市"义务教育学生课后活动机制研究"调查数据,薛海平等(2014)的研究结果表明,补习教育对留守儿童和非留守儿童的学业成绩有显著的正向影响。胡咏梅等(2015)使用再加权倾向得分匹配法(Reweighting on PSM, RPSM)发现,参与数学补习能够显著提高其数学成绩。但不同学科的补习时间对数学成绩的影响不同,科学补习与数学补习效果存在"叠加效应"(addictive effect),而语言补习与数学补习效果存在"挤出效应"(crowding out effect)。李佳丽等(2016)的研究结果表明,补习时间对学生学业成绩的影响呈现先升后降的非线性特征。但也有研究发现,补习教育对学业成绩的影响并不显著,特别是对农村学生而言。庞晓鹏等(2017)使用差分倾向得分匹配法(PSM、Difference-in-differences, PSM-DiD)的研究结果表明,在中国农村地区,参与数学补习降低了数学成绩,但不具有统计显著性。可能的原因是,优质师资有限,课外补习的内容、方式不当,或者是补习教师的牟利性动机等。Zhang(2013)使用山东济南高中学生的调查数据也得到了类似的结论。

补习教育的实际效果还可能因补习科目、补习形式和群体特征而存在明显差别。从补习科目看,薛海平(2015)使用倾向得分匹配法(Propensity Score Matching, PSM)发现,参与补习及补习支出对义务教育阶段学生的数学成绩均有显著正影响,但对语文成绩的影响均不显著。可能的原因是,补习教育能通过对学生数学解题思路和题型的短期训练,有效提高学生的数学成绩,而语文成绩的提高主要依赖于学生自己平时的阅读和长期的积累。基于北京市某示范性初中全体学生的追踪调查数据,张羽等(2015)应用多层线性模型(Hierarchical Linear Model, HLM)发现,小学过早、过多参与数学补习虽然能够提高学生升入初中时的初始成绩,但对初中数学成绩的持续增长没有帮助,英语补习的情况与之类似,小学语文补习对初中的语文成绩影响不大。从补习形式看,李佳丽和胡咏梅(2017)发现不同形式的补习教育的实际效果存在显著差异。一对一补习对学生成绩的影响为负,而参加课外辅导班的影响为正。

从群体特征看,胡咏梅等(2015)、李佳丽和胡咏梅(2017)这两项研究均发现,补习教育使家庭社会经济地位较低的学生获益更大。基于威斯康辛模型,李佳丽等(2016)发现,父母和子女的教育期望部分调节了补习教育对学生学业成绩的影响。还有一些研究关注了学校质量和学业基础对补习教育实际效果的影响。薛海平等(2014)的研究发现,学校质量较高、成绩较好的留守儿童参与补习有助于缩小其与非留守儿童的学业成绩差距,但补习教育对缩小学校质量较差、成绩较差的留守儿童与非留守儿童学业成绩的差距作用不大。基于增值模型(Value-added Model, VM), Zhang(2013)将五个好朋友中参与补习的比重、离家最近的补习机构与家的距离作为工具变量(instrumental variable,IV),识别了补习教育与学业成绩的因果关系。研究结果表明,课外补习对来自薄弱学校或成绩较差的城市学生产生了显著的正向影响。李佳丽和胡咏梅(2017)的研究则发现,家庭社会经济地位较低、学习基础较差的学生,以及留守儿童能够从课外辅导班中获得更多的成绩增值。

尽管多项研究考察了补习教育的实际效果,但在研究内容和方法上仍然存在不足之处。在研究内容上,许多研究并没有对补习教育的类型和科目进行区分(如,薛海平,等,2014;李佳丽,等,2016;李佳丽和胡咏梅,2017),故补习教育对学生学业表现的影响机制并不清晰,不同科目的补习对学业表现的提升作用也尚不明确。现有研究只关注学术类补习教育的实际效果,尚无研究探讨非学术类补习教育对学生发展的影响。在评估学术类补习教育的效果时,研究者也只是关注补习教育对学生学业成绩的影响,而没有全面考察对除学业表现外的其他方面的影响。同时,也鲜有研究讨论政府和学校系统提供的补充教育与私人补习教育的关系。因此,已有研究提供的有关补习教育的经验证据对设计合理的制度来引导和规范补习教育行为是远远不够的。

在研究方法上,受到数据的限制,许多研究并没有使用增值模型(如,张羽,等,2015;薛海平,2015;胡咏梅,等,2015;李佳丽,等,2016)。由于补习教育投入是流量,而学业成绩是存量,故如果不控制学生初始学业水平,将会给估计结果带来严重的遗漏变量偏误。为得到补习教育对学生学业表现影响的一致估计量,一些研究应用了PSM方法,但该方法在本质上只是加权的普通最小二乘法(Ordinary Least Square,OLS),只能解决由样本选择偏差带来内生性问题,而无法纠正由遗漏重要解释变量带来的内生性偏误。尽管Zhang(2013)使用IV来纠正遗漏重要解释变量偏误,但IV的测量误差可能比补习教育参与变量本身更大,潜在的弱工具变量问题可能带来更大的估计偏误。此外,Zhang(2013)虽然解决了个体层面的内生性问题,但并没有通过加入固定效应项控制班级和学校层面的内生性偏误,仅控制了部分班级和学校特征。在衡量学业表现时,一些研究采用了看似更加科学的国际通用的认知测试得分(庞晓鹏,等,2017),但以此评估补习教育的实际效果并不全面,因为以应试为目的的补习教育并不旨在提高学生的认知水平,而是提高学生的在校考试成绩。还有一些研究使用学业成绩自评等级,但这种衡量方法主观性强,测量误差大。

三、参与补习教育的影响因素

(一)计量模型

本章使用 logit 模型考察参与补习教育的影响因素,具体形式如式(8.1)所示:

$$\ln\left[\frac{P_i(SE_i=1)}{1-P(SE_i=1)_i}\right] = X_i'\varphi \tag{8.1}$$

其中,SE_i 为虚拟变量,表示学生 i 是否参与补习,如果学生参与补习则 SE_i 取值为 1,否则取值为 0。P_i 为学生 i 参与补习的概率。X 表示自变量,包括前测变量、男生虚拟变量、年龄、流动儿童虚拟变量、父母双方均为农业户口虚拟变量、父母受教育年限较大值、父母至少有一方是党员虚拟变量、人均家庭年收入和班级固定效应。当被解释变量为是否参与学术类补习时,前测变量用 2015—2016 学年第二学期相应科目考试成绩的标准化得分衡量;当被解释变量为是否参与体育类补习时,前测变量用 2015—2016 学年体质测试成绩衡量。φ 为估计系数矩阵。

(二)估计结果

表 8-1 和表 8-2 分别报告了参与学术类和非学术类补习教育的各影响因素的估计系数,主要得到如下三点发现。

第一,学生补习参与决策受到学生发展基础的显著影响。整体来看,补习教育体现为培优型:学习基础越好、体质健康水平越高的学生参与补习教育的可能性越大。但学生发展基础对补习参与决策的影响存在明显的异质性。对于学术类补习教育,前测成绩对参与校内数学类和语文类补习产生显著的负向影响,对参与英语类补习的影响不显著;而前测成绩对参与校外数学类和英语类补习产生显著的正向影响,对参与语文类补习的影响不显著。这表明,学校通过开设兴趣班或社团活动提供的补充教育主要体现为补差型,这种补习教育的可获得性更偏向于发展基础较为薄弱的学生,目的是增强这些学生的学习兴趣,弥补常规教育中对知识和技能掌握的不足,能够缩小学生间学业表现的差异。但校外补习教育主要体现为培优型,发展基础较好的学生更可能选择补习,校外补习教育复制了学校常规教育的不平等,进一步拉大了学生间学业表现的差距。对于非学术类补习,无论是校内还是校外,体育类补习均体现为培优型。也就是说,补习教育在很大程度上扩大了学生间健康人力资本禀赋的差异。

表 8-1 参与学术类补习教育的影响因素分析

项目	数学类 校内外	数学类 仅校内	数学类 仅校外	语文类 校内外	语文类 仅校内	语文类 仅校外	英语类 校内外	英语类 仅校内	英语类 仅校外
前测成绩	0.093* (0.054)	-0.272*** (0.089)	0.146** (0.058)	-0.047 (0.051)	-0.173** (0.075)	-0.007 (0.057)	0.151*** (0.048)	0.112 (0.087)	0.182*** (0.051)
男生	0.410*** (0.098)	0.386** (0.174)	0.361*** (0.102)	0.193** (0.097)	0.009 (0.144)	0.206* (0.110)	0.152* (0.086)	0.066 (0.134)	0.187** (0.090)
年龄	-0.148 (0.152)	0.085 (0.262)	-0.165 (0.162)	-0.295* (0.156)	-0.484** (0.241)	-0.244 (0.182)	-0.120 (0.131)	-0.001 (0.210)	-0.213 (0.142)
流动儿童	-0.262** (0.133)	0.470** (0.224)	-0.330** (0.139)	0.000 (0.131)	0.453** (0.195)	-0.183 (0.146)	-0.298*** (0.111)	-0.202 (0.180)	-0.320*** (0.116)
父母双方均为农业户口	-0.066 (0.150)	-0.600** (0.257)	0.040 (0.161)	-0.212 (0.142)	-0.237 (0.210)	-0.214 (0.172)	0.102 (0.115)	0.201 (0.190)	0.061 (0.121)
父母受教育年限较大值	0.007 (0.024)	-0.083* (0.043)	0.022 (0.026)	-0.010 (0.023)	-0.049 (0.035)	0.010 (0.026)	0.036* (0.020)	0.036 (0.031)	0.021 (0.022)
父母至少有一方是党员	0.126 (0.124)	-0.117 (0.231)	0.195 (0.125)	0.123 (0.127)	0.214 (0.196)	0.048 (0.135)	-0.071 (0.117)	-0.283 (0.198)	0.030 (0.120)
家庭人均年收入	0.196*** (0.067)	0.132 (0.117)	0.172** (0.072)	0.147** (0.070)	0.054 (0.101)	0.221*** (0.081)	0.261*** (0.059)	0.023 (0.089)	0.346*** (0.062)
常数项	-0.464 (1.743)	-3.506 (2.782)	-0.468 (1.865)	1.861 (1.764)	3.820 (2.643)	-0.340 (2.010)	-1.589 (1.511)	-3.917 (2.564)	-1.586 (1.622)
伪 R^2	0.20	0.23	0.16	0.15	0.23	0.11	0.16	0.10	0.18
Chi 方值	461.15	247.45	387.04	353.83	317.50	230.80	480.79	151.44	521.78
样本量	2987	1842	2934	2996	2076	2856	3072	2326	3051

注:括号内为班级层面聚类异方差稳健标准误;*、**和***分别表示在 10%、5% 和 1% 的水平上统计显著。

第二,参与补习的可能性存在明显的个体差异。男生参与学术类和体育类补习的可能性显著高于女生,参与艺术类补习的可能性低于女生,参与数学类补习的可能性的性别差异明显大于语文类和英语类补习,这与男女生的兴趣爱好和思维方式的差异有关。男生更喜欢参加体育活动,更愿意接触如数学等与逻辑思维相关的学习内容,而女生更喜欢参加文艺活动,更愿意接触如语文和英语等与形象思维相关的学习内容。除性别差异外,本地儿童和流动儿童补习教育的参与率也存在较大差异。整体来看,流动儿童参与艺术类补习的可能性显著高于本地儿童,参与其他类补习的可能性与本地儿童无显著差异。这由两方面原因造成。一方面,由于样本中超过90%的流动儿童出生在北京且自出生起就一直在北京上学,与本地儿童的融合程度较高,故本地儿童和流动儿童参与补习的可能性的差异可能不如预期的大;另一方面,由于本地儿童面临着更激烈的学业竞争和更沉重的竞争压力,故本地儿童参与学术类补习的可能性要更高,但参与非学术类补习的可能性更低。本地儿童和流动儿童在参与校外补习可能性上的差异与之类似,但流动儿童参与校内数学类和语文类补习的可能性显著高于本地儿童。这也表明学校提供的补充教育能够缩小在流动儿童在教育获得上与本地儿童的差距。

第三,关注家庭资本对学生补习参与决策的影响。父母受教育年限较大值仅能显著提高学生参与校外艺术类补习的可能性,但对学生参与其他类型的补习教育无显著影响。这表明,家庭的文化资本越高,学生及其家长对艺术素养的培养就越重视,就越有意愿参与艺术类补习。父母政治面貌对学生参与补习的可能性影响不大,说明家庭政治资本并没有显著影响补习参与决策。人均家庭年收入对学生参与校外学术类补习和非学术类补习的影响显著为正,但对校内学术类补习的影响统计不显著。由此可见,由于非学术类补习和校外学术类补习的成本较高,故对这两类补习的参与决策依然受到家庭经济资本的约束。但参与学校提供的补习教育并未受到家庭经济资本的影响。比较这三类家庭资本的影响可以发现,影响学生参与补习教育的最主要因素是家庭经济资本,其次是家庭文化资本。这与薛海平和李静(2017)的研究结果不同,可能是因为补习成本在大都市更高导致学生及其家长补习决策受到强预算约束的缘故。

表8-2 参与非学术类补习教育的影响因素分析

项目	体育类			艺术类		
	校内外	仅校内	仅校外	校内外	仅校内	仅校外
前测成绩	0.029***	0.029***	0.027***			
	(0.004)	(0.005)	(0.005)			
男生	1.257***	1.212***	0.991***	-1.625***	-1.289***	-1.450***
	(0.088)	(0.098)	(0.109)	(0.082)	(0.083)	(0.086)

续表

项目	体育类			艺术类		
	校内外	仅校内	仅校外	校内外	仅校内	仅校外
年龄	0.326***	0.332**	0.098	-0.221*	-0.250**	-0.216
	(0.123)	(0.132)	(0.161)	(0.118)	(0.117)	(0.132)
流动儿童	-0.073	-0.026	-0.018	0.281**	0.107	0.386***
	(0.115)	(0.126)	(0.143)	(0.109)	(0.109)	(0.114)
父母双方均为农业户口	-0.064	-0.078	0.102	-0.163	0.022	-0.325***
	(0.118)	(0.127)	(0.150)	(0.109)	(0.110)	(0.119)
父母受教育年限较大值	0.005	-0.018	0.081***	0.083***	0.057***	0.128***
	(0.020)	(0.022)	(0.025)	(0.019)	(0.020)	(0.021)
父母至少有一方是党员	0.033	0.037	-0.185	0.187*	-0.041	0.180
	(0.116)	(0.128)	(0.138)	(0.111)	(0.113)	(0.112)
人均家庭年收入	0.105*	-0.007	0.132*	0.250***	0.083	0.273***
	(0.055)	(0.061)	(0.076)	(0.052)	(0.052)	(0.056)
常数项	-8.125***	-9.317***	-7.152***	0.241	0.170	-1.418
	(1.511)	(1.851)	(1.915)	(1.381)	(1.364)	(1.525)
伪 R^2	0.16	0.17	0.16	0.19	0.16	0.22
Chi 方值	489.33	471.06	378.76	691.50	544.35	753.43
样本量	3140	3152	2907	3605	3462	3507

注:括号内为班级层面聚类异方差稳健标准误;*、**和***分别表示在10%、5%和1%的水平上统计显著。

四、补习教育对学生发展的影响

(一)研究假设

在考察参与补习的影响因素后,本章进一步探讨补习教育对学生发展的影响。本章首先从理论上建立了一个相对完整的分析框架(见图8-1),然后提出若干研究假设,最后使用数据对提出的研究假设一一验证。

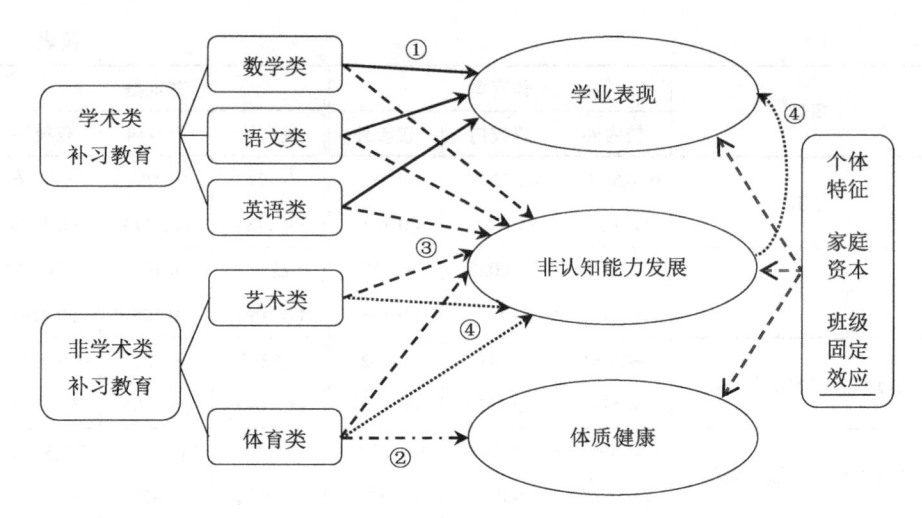

图 8-1 补习教育对学生发展的影响

首先,学术类补习可能提高学生的学业成绩。通过数学类补习提供的针对解题思路和题型的短期训练,学生能够巩固数学基础知识和基本技能,提高分析和解决实际问题的能力,促进数学基本素养和思维方式的形成,最终提高数学考试成绩。语言类补习能够提升独立阅读能力和理解能力,形成较为丰富的积累和良好的语感,进而提高书面语言表达能力,最终提高语言类科目的考试成绩。但学术类补习也有可能无法提高学生的学业成绩,甚至对学业成绩产生负面影响。学科类补习可能降低学生课堂学习的专注度,造成课堂学习的效率下降,也可能增加学生的学习压力,削弱其学习兴趣。教师可能因为学生参与补习而简化教学内容,降低教学质量。由此提出如下假设:

假设①:学术类补习对学生学业成绩的影响显著为正。

其次,体育类补习可能改善学生的体质健康状况。一方面,通过参与体育类补习,学生能够保持良好的身体状态,提高速度、耐力和爆发力,提升心肺功能和腰腹力量,增强身体的协调性、灵活性、柔韧性和伸展性,进而改善身体机能。另一方面,学生参与体育补习,能够掌握更多有关身体健康的知识和科学健身的方法,提高自我保健的意识,养成健康的行为习惯和生活方式,进而改善体质健康状况。由此提出如下假设:

假设②:体育类补习对学生体质健康水平的影响显著为正。

再次,补习教育可能促进学生的非认知能力发展。学术类补习能够使学生在补习中体验获得成功的乐趣,锻炼克服困难的意志,建立自信心。学生可以通过与其他同学的学习交流提高人际沟通和社会交往能力,培养合作精神,使之能够更愉快地参与学校活动并获得学业成功。非学术类补习能够增强学生在体育或文艺活动中的自我表现力,增强其自尊心和自信心。学生在经历挫折和克服困难的过程中,能够提高抗挫折能力和情绪控制能力,形成积极向上、乐观开朗的生活态度。非学术类补习还能增强学生在集体活动中的规则意识、合作意识和竞争意识,增强对自我、群体和社会的责任感,同时增强学生在组织活动中的领导力。由此提出如下假设:

假设③:补习教育对学生非认知能力发展的影响显著为正。

最后,非学术类补习可能通过促进学生非认知能力发展提高其学业成绩。如上文所述,非学术类补习能够促进学生的非认知能力发展。而非认知能力发展能够在一定程度上改善学生的学业表现。如拥有较强自我控制能力的学生往往具有较强的学习持久性、较高的注意力集中程度和较强的在特定情境下(如考试)的情绪调节能力,更容易获得更高的考试分数。人际交往和合作能力越强的学生,越愿意通过与其他同学的合作与交流获取知识和技能。较强的学校适应性也能够促使学生将对班级和学校的热爱转化为学习的动力。由此提出如下假设:

假设④:非认知能力发展是非学术类补习对学生学业成绩影响的中介效应。

(二)计量模型

本章采用似不相关回归(Seemingly Unrelated Regression Estimation,SUR)来估计补习教育对学生发展的影响。之所以采用这种方法,是因为如果多个方程之间存在某种联系,那么将这些方程同时进行联合估计有可能提高估计的效率(陈强,2014)。如在考察学术类补习对学业成绩的影响时,三个回归方程的被解释变量分别为数学、语文和英语成绩,解释变量分别为是否参与数学类、语文类和英语类补习。尽管这三个方程的变量有所不同,但由于同一学生不可观测因素可能同时对数学、语文和英语成绩造成影响,故这三个方程的扰动项应该是相关的。如果将这三个方程同时进行联合估计,则可以提高估计效率。相似的情况还包括估计体育类补习对各项目测试成绩的影响、补习教育对学生各维度非认知能力发展的影响等。单个方程的形式如下:

$$Y_i = \alpha SE_i + X_i' \beta + \varepsilon_i \tag{8.2}$$

其中,Y_i 表示学生 i 的学生发展变量,包括学业表现、体质健康和非认知能力发展,分别用 2016—2017 学年第一学年相应科目考试成绩的标准化得分、2016—

2017学年体质测试结果和此次调查的各维度非认知能力得分来衡量。X 表示控制变量,包括前测变量、男生虚拟变量、年龄、流动儿童虚拟变量、父母双方均为农业户口虚拟变量、父母受教育年限较大值、父母至少有一方是党员虚拟变量、教育支出和班级固定效应,ε_i 为随机误差项。

式(8.2)中的 α 在很大程度上反映了补习教育与学生发展的因果关系,可以被看作补习教育对学生发展的影响。理由主要包括以下三点。首先,由于控制变量中包括了 Y_i 的前测变量,故式(8.2)为增值模型。尽管对于增值模型是否能够有效识别教育投入与学生发展的因果关系,学术界还有很多争议,但 Chetty et al.(2014)的研究表明,在估计教育投入对学生学业成绩的影响时,使用包括学生前测成绩的增值模型只会给估计带来很小的偏差。其次,式(8.2)控制了班级层面固定效应,剔除了班级层面难以观测的异质性带来的内生性问题。最后,学生发展只涉及同一教育层级中邻近的两个学期。由于个体异质性在短期内不易改变,故影响学生发展的难以观测的因素已经包含在前测变量中。因此,相比于以往研究横跨两个教育层级,本章使用的数据在更大程度上避免了个体层面难以观测的异质性带来的内生性问题。综合以上三点,模型中的 α 比较接近补习教育对学生发展的真实影响。

为进一步探讨补习教育与教育公平的关系,本章在式(8.2)的基础上对模型进行了适当扩展。一方面,为考察校内与校外补习教育实际效果的差异,将 SE_i 拆分成两个虚拟变量,即学生 i 是否参与校内补习 SE_i^{in} 和是否参与校外补习 SE_i^{out}:

$$Y_i = \alpha_1 SE_i^{in} + \alpha_2 SE_i^{out} + X_i^{'}\beta + \varepsilon_i \tag{8.3}$$

如果无法拒绝原假设 $H_0:\alpha_1 = \alpha_2$,则说明校内和校外补习的实际效果并不存在显著性差异,这表明从补习效果看,学校系统提供的补习教育能够在一定程度上替代高昂的校外补习;如果 $\alpha_1 > \alpha_2$,则说明校内补习的实际效果大于校外补习;如果 $\alpha_1 < \alpha_2$,则说明校外补习的实际效果小于校外补习。另一方面,为探讨家庭资本对补习教育实际效果的调节作用,在式(8.2)的基础上加入家庭资本分组的虚拟变量 FC_i 及其与是否参与补习虚拟变量的交互项 $FC_i \cdot SE_i$,即:

$$Y_i = \alpha SE_i + \delta_1 FC_i + \delta_2 FC_i \cdot SE_i + X_i^{'}\beta + \varepsilon_i \tag{8.4}$$

本研究将家庭出身、家庭文化资本、家庭政治资本和家庭经济资本等变量进行标准化处理后相加,超过零值的赋值为1,否则赋值为0,由此得到家庭资本分组变量。如果 $\delta_2 > 0$,则说明补习教育对家庭资本较为雄厚的学生的影响更大,即补习教育能够在一定程度上扩大了学生发展的不平等;反之,如果 $\delta_2 < 0$,则说明

补习教育对家庭资本较为薄弱的学生的影响更大,即补习教育能够在一定程度上缩小了学生发展的不平等。

(三)估计结果[1]

1.学术类补习对学生学业成绩的影响

表8-3报告了学术类补习对学生学业成绩的影响。可以看出,数学类、语文类和英语类补习分别使学生提高0.030、0.048和0.150个标准分,但只有英语类补习的估计系数统计显著。这是因为英语知识对小学生来说更困难,更需要借助补习教育实现成绩增值。分校内和校外看,校内补习均没有对学生学业成绩产生显著的正向影响,校内语文类补习甚至降低了学生的语文成绩。这是因为学校提供的学术类补充教育往往是以培养学生学习兴趣为初衷,其补习内容在知识的广度和深度上都不及校外补习。与校内补习不同,校外语文类和英语类补习对学业成绩的影响显著为正,数学类补习的影响尽管统计不显著,但也为正。这表明校外补习的确显著地提高了学生的学业成绩,这种影响对英语更为明显。

表8-3 学术类补习对学生学业成绩的影响

项目	校内外			仅校内			仅校外		
	数学类	语文类	英语类	数学类	语文类	英语类	数学类	语文类	英语类
数学成绩	0.030 (0.033)			−0.083 (0.062)			0.053 (0.036)		
语文成绩		0.048 (0.032)			−0.088* (0.048)			0.091** (0.048)	
英语成绩			0.150*** (0.026)			0.069 (0.043)			0.132*** (0.028)
R^2	0.34						0.34		
Chi方值	1361.72						1365.97		
BP检验	971.74						965.42		
样本量	3398						3393		

注:所有模型还控制前测成绩、男生虚拟变量、年龄、流动儿童虚拟变量、父母双方均为农业户口虚拟变量、父母受教育年限较大值、父母至少有一方是党员虚拟变量、教育支出和班级层面虚拟变量;括号内为班级层面聚类异方差稳健标准误;*、**和***分别表示在10%、5%和1%的水平上统计显著;BP检验报告的是各方程的扰动项之间存在相关检验的LM统计量。

---

[1] 限于篇幅,本研究只报告了SUR估计结果,未报告对应方程的OLS估计结果,同时也没有报告控制变量的估计结果。如有需要,请向作者索取。所有模型的BP检验值均在1%的水平上统计显著,说明回归方程的误差项间存在序列相关,SUR方法的估计效率更高。

2.体育类补习教育对学生体质健康的影响

表 8-4 报告了体育类补习对学生体质健康的影响。本章从身体状态、各项目测试成绩和体质测试综合成绩等三个方面考察参与体育类补习对学生体质健康的影响。首先,本章使用 Probit 模型估计了体育类补习对学生肥胖发生率的影响。研究发现,无论是校内还是校外,参与体育类补习对学生肥胖率的影响为负,但统计不显著。其次,从各项目测试成绩看,体育补习显著提高了学生 50 米跑、跳绳和仰卧起坐等项目的测试成绩,但对肺活量和坐位体前屈的测试成绩没有显著影响。这表明,体育类补习能够有效提高学生的速度、耐力、爆发力和腰腹力量,增强身体的协调性、灵活性、柔韧性和节奏感。最后,本章使用 OLS 模型估计了体育类补习对学生体质测试综合成绩的影响。估计结果表明,体育类补习使得学生的体质测试综合成绩提高 1.244 分。分校内和校外看,校内体育类补习对学生 50 米跑、跳绳和仰卧起坐等项目测试成绩以及体质测试综合成绩的影响强度要明显小于校外补习。

表 8-4 体育类补习对学生体质健康的影响

项目	估计系数 校内外	回归统计量		估计系数 仅校内	估计系数 仅校外	回归统计量	
肥胖	-0.058 (0.072)	伪 R^2 Chi 方值 样本量	0.41 803.67 3147	-0.116 (0.079)	-0.018 (0.089)	伪 R^2 Chi 方值 样本量	0.41 797.97 3132
肺活量	1.140 (9.700)			-3.460 (10.974)	0.521 (12.133)		
50 米跑	-0.127*** (0.027)	R^2 Chi 方值 BP 检验 样本量	0.57 4235.66 587.47 3206	-0.104*** (0.031)	-0.128*** (0.034)	R^2 Chi 方值 BP 检验 样本量	0.57 4221.66 577.84 3190
坐位体前屈	0.011 (0.142)			0.083 (0.160)	0.163 (0.177)		
跳绳	3.676*** (0.859)			2.365** (0.970)	3.769*** (1.069)		
仰卧起坐	1.907*** (0.292)			1.268*** (0.328)	2.209*** (0.362)		

续表

项目	估计系数 校内外	回归统计量		估计系数 仅校内	估计系数 仅校外	回归统计量	
体测成绩	1.244*** (0.331)	R^2 F 值 样本量	0.4 23.28 3588	0.877** (0.367)	1.321*** (0.419)	R^2 F 值 样本量	0.49 23.19 3569

注:所有模型还控制前测变量、男生虚拟变量、年龄、流动儿童虚拟变量、父母双方均为农业户口虚拟变量、父母受教育年限较大值、父母至少有一方是党员虚拟变量、教育支出和班级层面虚拟变量;括号内为班级层面聚类异方差稳健标准误;*、**和***分别表示在10%、5%和1%的水平上统计显著;BP 检验报告的是各方程的扰动项之间存在相关检验的LM统计量。

3.补习教育对学生非认知能力发展的影响

表 8-5 报告了补习教育对学生非认知能力发展的影响。首先,学术类补习对非认知能力的影响体现在除自尊外的其他各维度非认知能力。体育类补习在显著增强学生的自尊心的同时,提高了其领导力和合作能力。艺术类补习对学生各维度非认知能力均有显著影响。其次,分校内和校外看,校内学术类补习非但没有提高学生的非认知能力,反而对学生的自尊、自我控制、人际交往和学校适应产生了显著的负向影响。这可能是由两方面原因导致,一是校内学术类补习并未有效改善学生的学业表现,未能有效增强学生的自尊心和自信心,二是校内学术类补习有可能挤占学生在校互动时间,从而降低人际交往能力和学校适应性。与校内补习不同,校外学术类补习对各维度非认知能力均产生显著的正向影响。第三,体育类补习的情况与学术类补习相似。由于校内体育类补习多以足球、篮球等集体运动项目和社团活动的形式出现,故其对非认知能力的影响主要体现在领导力和合作能力上。但校外体育类补习对除学校适应外的各维度非认知能力均有显著的正向影响,且对领导力和合作能力的影响大于校内补习。最后,无论是校内还是校外,艺术类补习对非认知能力的影响非常显著,且无明显差异。

表 8-5 补习教育对学生非认知能力发展的影响

项目	学术类			体育类			艺术类		
	校内外	仅校内	仅校外	校内外	仅校内	仅校外	校内外	仅校内	仅校外
自尊	0.014 (0.018)	-0.063*** (0.023)	0.035* (0.018)	0.056*** (0.018)	0.029 (0.020)	0.084*** (0.022)	0.100*** (0.018)	0.083*** (0.018)	0.080*** (0.019)

续表

项目	学术类 校内外	学术类 仅校内	学术类 仅校外	体育类 校内外	体育类 仅校内	体育类 仅校外	艺术类 校内外	艺术类 仅校内	艺术类 仅校外
自我控制	0.032** (0.012)	-0.050*** (0.017)	0.050*** (0.014)	0.014 (0.014)	0.011 (0.015)	0.033* (0.017)	0.092*** (0.014)	0.072*** (0.014)	0.067*** (0.015)
人际交往	0.053*** (0.014)	-0.029 (0.018)	0.066*** (0.015)	0.014 (0.014)	0.007 (0.016)	0.049*** (0.018)	0.069*** (0.016)	0.041*** (0.015)	0.069*** (0.015)
学校适应	0.027* (0.016)	-0.034 (0.020)	0.036** (0.016)	0.012 (0.016)	0.022 (0.018)	0.023 (0.020)	0.072*** (0.016)	0.048*** (0.016)	0.055*** (0.017)
领导力	0.052*** (0.018)	-0.034 (0.022)	0.069*** (0.018)	0.059*** (0.018)	0.042** (0.020)	0.083*** (0.022)	0.100*** (0.018)	0.082*** (0.018)	0.076*** (0.019)
合作	0.044*** (0.015)	-0.025 (0.019)	0.055*** (0.015)	0.064*** (0.015)	0.058*** (0.017)	0.076*** (0.019)	0.089*** (0.015)	0.072*** (0.016)	0.079*** (0.016)
R^2	0.15	0.15	0.15	0.16	0.15	0.16			
Chi方值	721.63	733.40	732.24	737.77	753.31	767.27			
BP检验	17220.01	17166.72	16764.38	16642.58	16993.69	16435.30			
样本量	4134	4134	4029	4008	4125	4008			

注:所有模型还控制男生虚拟变量、年龄、流动儿童虚拟变量、父母双方均为农业户口虚拟变量、父母受教育年限较大值、父母至少有一方是党员虚拟变量、教育支出和班级层面虚拟变量;括号内为班级层面聚类异方差稳健标准误;*、**和***分别表示在10%、5%和1%的水平上统计显著;BP检验报告的是各方程的扰动项之间存在相关检验的LM统计量。

4. 非学术类补习对学生学业成绩的影响:非认知能力的中介效应

探讨非认知能力在非学术类补习对学生学业成绩影响的中介作用,主要是考察模型中加入非认知能力后是否参与补习教育虚拟变量的估计系数的变化。估计结果如表8-6所示。可以看出,体育类补习对语文和英语成绩产生显著的正向影响,这种影响主要归功于校外补习,但对数学成绩的影响不显著。艺术类补习对三个科目成绩的影响均显著,但对数学成绩的影响主要归功于校内补习,对英语成绩的影响主要归功于校外补习。在模型中加入非认知能力后,除学校适应和领导力外各维度非认知能力得分对学业成绩的影响也非常显著(估计结果限于篇幅未报告)。非学术类补习的估计系数出现了不同程度的下降,艺术类补习估计系数的下降幅度更为明显,达到20%~30%。由此可见,在非学术类补习对学生学业成绩影响的过程中,非认知能力发挥着重要的中介作用,这种中介效应对艺术类补习更为明显。

表 8-6　非学术类补习教育对学生学业成绩的影响

项目	体育类				艺术类			
数学成绩								
校内外	0.024 (0.030)	0.021 (0.030)			0.123*** (0.030)	0.095*** (0.030)		
仅校内			0.025 (0.034)	0.025 (0.034)			0.094*** (0.031)	0.070** (0.030)
仅校外			0.025 (0.038)	0.012 (0.037)			0.038 (0.033)	0.017 (0.032)
语文成绩								
校内外	0.059** (0.029)	0.052* (0.028)			0.129*** (0.029)	0.093*** (0.028)		
仅校内			0.018 (0.033)	0.015 (0.032)			0.083*** (0.029)	0.053* (0.029)
仅校外			0.090** (0.036)	0.070** (0.035)			0.080*** (0.031)	0.054* (0.030)
英语成绩								
校内外	0.059** (0.028)	0.046 (0.028)			0.142*** (0.028)	0.110*** (0.028)		
仅校内			0.033 (0.032)	0.024 (0.032)			0.035 (0.029)	0.011 (0.029)
仅校外			0.067* (0.035)	0.043 (0.035)			0.134*** (0.030)	0.106*** (0.030)
控制各维度非认知能力得分	否	是	否	是	否	是	否	是
R^2	0.34	0.36	0.34	0.36	0.34	0.36	0.35	0.36
Chi 值	1367.91	1622.47	1364.58	619.39	1442.13	1701.41	1384.74	1630.38
BP 检验	972.53	879.41	968.41	876.17	993.95	898.04	962.80	873.38
样本量	3412	3412	3393	3393	3502	3502	3393	3393

注:所有模型还控制前测变量、男生虚拟变量、年龄、流动儿童虚拟变量、父母双方均为农业户口虚拟变量、父母受教育年限较大值、父母至少有一方是党员虚拟变量、教育支出和班级层面虚拟变量;括号内为班级层面聚类异方差稳健标准误;*、**和***分别表示在10%、5%和1%的水平上统计显著;BP 检验报告的是各方程的扰动项之间存在相关检验的 LM 统计量。

(四)进一步讨论

1. 校内与校外补习实际效果的差异

表 8-7 报告了原假设 $H_0:\alpha_1=\alpha_2$ 的检验结果。结合表 8-5 至表 8-8 的估计结果分析可以看出,除了艺术类补习外,校外补习教育对学生发展的影响显著大于校内补习。从学业成绩看,校内学术类补习并没有显著提高学生的学业成绩,而校外补习显著提高了学生的语言类科目的考试成绩。校外学术类补习对数学和英语成绩的影响显著大于校内补习。对于语言类科目成绩,尽管校内和校外体育类补习的估计系数不存在显著差异,但校外的估计系数大于校内。而对艺术类补习而言,校内补习对数学和语文成绩的影响与校外补习无显著差异,但对英语成绩的影响显著小于校外补习。从体质健康看,校外体育类补习对仰卧起坐项目测试成绩的影响显著大于校内补习,对学生 50 米跑和跳绳等项目测试成绩以及体质测试综合成绩的影响与校内补习的差异虽然统计不显著,但校外体育类补习的估计系数均明显大于校内补习。从非认知能力发展看,校内体育类补习只对学生的领导力和合作能力产生显著影响,而校外补习显著影响了除学校适应外的各维度非认知能力。校内和校外体育类补习对学生自尊和人际交往的影响的差异统计显著。与之不同的是,对于非认知能力的各维度,校内和校外艺术类补习的影响不存在统计显著的差异。

由此可见,校内艺术类补习教育在为学生带来与校外补习教育相似效果的同时,极大地减轻了家庭经济负担,降低了家庭教育成本,有效地缩小了由家庭资本带来的补习教育获得差异进而导致的学生发展的不平等。虽然体育类补习与艺术类补习同属于非学术类补习,但情况与艺术类补习完全不同。校内补习的实际效果只是体现在提高学生的学校适应性和合作能力等方面,且明显比校外补习差,这主要因为校内补习教育的类型和质量尚不能有效满足学生及其家长对体育运动的需求。学校系统开设的往往是足球、乒乓球、羽毛球、武术等明显具有中国特色的大众化的竞技体育项目,但学生及其家长特别是京籍和家庭资本较为雄厚的学生和家长更倾向于参与诸如网球、游泳、击剑、速度滑冰、跆拳道、马术等更为高端的体育运动项目。这些项目对运动着装和装备、运动场地和配套设施、教练员等方面的要求非常严格,成本也比较高。学校难以形成对校外补习教育的有效替代。校内学术类补习的直接目的并不在于改善学生的学业表现,而是增强学生的学习兴趣和积极性,拓宽学生的知识面和视野,开设的课程以趣味知识为主,而校外补习的目标就是通过反复练习强化对学科知识和解题方法的掌握程度以提高学生学业成绩,故校外学术类补习给学生带来的成绩增值大于校内补习也是可以理解的。但问题是,校内学术类补习对学生非认知能力发展产生了明显的负面影响。换言之,校内学术类补习对学生学业成绩的影响不显著可能并不是因为补习教育对学习兴趣的培养尚未转化为学生的学习成绩,而是因为校内补习并未达到预期效果。

表8-7 校内和校外补习实际效果的差异性检验

项目	学术类补习	体育类补习	艺术类补习
学业表现	(表4)	(表7)	(表7)
数学成绩	3.43*	0.00	1.47
语文成绩	8.29***	1.96	0.00
英语成绩	1.38	0.43	5.10**
体质健康		(表5)	
肥胖		0.62	
肺活量		0.05	
50米跑		0.25	
坐位体前屈		0.10	
跳绳		0.84	
仰卧起坐		3.33*	
体测综合成绩		0.56	
非认知能力	(表6)	(表6)	(表6)
自尊	10.56***	3.15*	0.02
自我控制	18.81***	0.82	0.06
人际交往	15.40***	2.85*	1.62
学校适应	6.77***	0.00	0.07
领导力	11.80***	1.72	0.04
合作	9.84***	0.45	0.09

注:表格中所有数值为Chi方值;*、**和***分别表示在10%、5%和1%的水平上统计显著。

2.家庭资本对补习教育实际效果的调节作用

家庭资本对补习教育的实际效果可能存在调节作用。学生拥有的家庭资本不同,补习教育对学生发展的影响可能也不同。从补习教育的实际效果看,如果参与补习使家庭资本较为雄厚的学生获益更多,那么补习教育扩大了学生发展的不平等。反之,如果参与补习使家庭资本较为薄弱的学生获益更多,这说明补习教育缩小了学生发展的不平等,从而促进教育过程和结果公平的实现。式(8.4)的估计结果如表8-8所示。可以看出,无论是对学业成绩还是体质健康,交互项的估计系数要么统计不显著,要么至少在10%的水平上显著为正。这表明,补习教育使得家庭资本较为雄厚的学生获益更多,在一定程度上扩大了学生在学业表现和体质健康水平的不平等。但对非认知能力发展而言,交互项的估计系数要么统计不显著,要么显著为负。这表明,补习教育至少没有使得家庭资本较为雄厚的学生获益更多,有效地维持了甚至在一定程度上缩小了学生在非认知能力发展上的不平等。

表8-8 家庭资本、补习教育与学生发展的不平等

变量	高家庭资本×学术类补习	高家庭资本×体育类补习	高家庭资本×体育类补习	高家庭资本×体育类补习	高家庭资本×艺术类补习
学业表现					
数学成绩	0.040 (0.064)				
语文成绩	0.163*** (0.061)				
英语成绩	0.051 (0.051)				
体质健康					
肺活量		27.231 (18.838)			
50米跑		0.053 (0.052)			
坐位体前屈		−0.116 (0.275)			
跳绳		3.339** (1.658)			
仰卧起坐		−0.545 (0.562)			
体测综合成绩			0.264 (0.624)		

续表

变量	高家庭资本×学术类补习	高家庭资本×体育类补习	高家庭资本×体育类补习	高家庭资本×体育类补习	高家庭资本×艺术类补习
非认知能力					
自尊				0.055	0.001
				(0.034)	(0.033)
自我控制				0.013	0.007
				(0.026)	(0.026)
人际交往				-0.003	-0.012
				(0.027)	(0.027)
学校适应				-0.040	0.025
				(0.030)	(0.030)
领导力				-0.016	-0.055*
				(0.034)	(0.033)
合作				-0.064**	-0.041
				(0.029)	(0.028)
R^2	0.34	0.57	0.49	0.15	0.15
F值			23.03		
Chi方值	1364.03	4241.04		735.46	753.39
BP检验	970.58	590.69		16770.63	16989.17
样本量	3398	3206	3588	4029	4125

注：表格中所有估计系数均为家庭资本分组虚拟变量与是否参与补习虚拟变量交互项的估计系数；所有模型还控制前测变量、男生虚拟变量、年龄、流动儿童虚拟变量、父母双方均为农业户口虚拟变量、父母受教育年限较大值、父母至少有一方是党员虚拟变量、教育支出和班级层面虚拟变量；括号内为班级层面聚类异方差稳健标准误；*、**和***分别表示在10%、5%和1%的水平上统计显著；BP检验报告的是各方程的扰动项之间存在相关检验的LM统计量。

五、研究结论与不足

本章对补习教育的影响因素和实际效果进行了系统而深入研究，主要得到如下发现。首先，本章利用调查数据描述了补习教育参与率，并分析了参与补习的影响因素。超过95%的学生参与校内外各类补习教育，学术类和非学术类补习教育的参与率分别为52%和75%，校内和校外补习教育的参与率分别为86%

和66%。学生和家长的补习参与决策显著受到学生发展基础和家庭资本的影响。从发展基础看,校内学术类补习体现为补差型,但校外学术类补习体现为培优型,校内外的非学术类补习均体现为培优型。从家庭资本看,家庭经济资本能够显著影响校外补习参与决策,但对校内补习参与决策的影响不显著。家庭文化资本和政治资本与补习教育参与决策的影响不大。

其次,本章分析了补习教育在改善学业表现、体质健康和非认知能力发展等方面的实际效果。研究结果表明,对学业成绩而言,学术类补习能够显著提高学生的英语成绩,但对其数学和语文成绩的影响并不显著。对体质健康而言,参与体育类补习显著提高了学生50米跑、跳绳和仰卧起坐等项目的测试成绩和体质测试综合成绩,但没有显著降低肥胖发生率,也没有对肺活量和坐位体前屈等项目的测试成绩产生显著影响。对非认知能力发展而言,参与补习教育能够增强学生的自尊心和学校适应性,提高其自我控制能力、人际交往能力、领导力和合作能力等非认知能力。学生参与非学术类补习还能够通过促进学生非认知能力发展进而提高学生的学业成绩,且非认知能力的中介效应对艺术类补习更为明显。

最后,本章对补习教育的实际效应进行了深入分析。一方面,校内艺术类补习教育的实际效果与校外补习相似,但对学术类和体育类补习而言,校外补习对学生发展的影响明显大于校内补习。由此可见,校内艺术类补习已经形成了对校外补习的有效替代,在减轻家庭教育负担的同时,缓解了由家庭资本带来的补习教育获得差异进而导致的学生不发展的不平等。但校内体育类补习尚未形成对校外补习的有效替代。另一方面,家庭资本对补习教育实际效果的调节作用比较微弱。对非认知能力发展而言,非学术类补习教育至少没有使得家庭资本较为雄厚的学生获益更多,表明补习教育有效维持甚至缩小了学生发展的差异。但对学业成绩和体质健康而言,参与学术类和体育类补习给家庭资本较为雄厚的学生带来的增值更多,表明补习教育扩大了学生在学业表现和体质健康上的差异。

本章具有强烈的政策含义。一方面,从补习教育的实际效果看,补习教育特别是校外补习教育在改善学生学业表现、提高学生体质健康水平、促进学生非认知能力发展等方面发挥着重要作用。校外补习教育作为市场经济的产物,是对学生及其家长日益增长的、日趋多元的教育需求的有效回应。政府和有关部门应正视校外补习教育对学生发展的积极影响,保障市场在校外教育资源配置中发挥基础性作用,不应严厉打击和直接取缔,而是应着力规范补习教育特别是学术类补习教育的办学行为,提高校外补习教育的办学质量,合理控制校外补习教育的办学规模。同时,政府也应引导学生及其家长在进行补习参与决策时以促进学生全面发展为目标,避免过度功利化的价值取向。另一方面,家庭资本在影响学生参与补习教育及调节补习教育的实际效果中发挥着重要作用。家庭资本较为雄厚的学生参与补习教育的可能性更高,从补习教育中的获益也更多。因此,政府应充分认识到补习教育作为一种社会再生产机制,在家庭资本代际流动中的重要作用,以及对教育公平乃至社会公平的冲击,必须处理好学校系统提供的补充教育和校外补习教育的关系。

通过比较校内和校外补习教育的实施效果,本章针对如何缓解补习教育对教育公平的冲击提出了应对策略。可行的做法是,将校外私人补习教育成本公立化,即由学校系统提供补充教育来替代校外私人补习教育,补习成本主要由政府和学校承担,学生及其家长只承担很小一部分。从补习教育的影响因素看,无论是学术类补习还是非学术类补习,家庭经济资本能够显著影响校外补习参与决策,但不会显著影响校内补习参与决策。因此,在校内外补习教育的实施效果相似的条件下,学生参与校内补习在一定程度上能够降低家庭教育负担,从而缓解由家庭经济资本造成的学生发展的不平等。从补习教育的实施效果看,校内艺术补习已经形成了对校外补习的有效替代,但校外体育类补习由于其实际效果远低于校外补习,难以有效替代校外补习。故可行的做法是,政府对家庭资本较为薄弱的学生提供补习教育费用补贴,以帮助其获得高质量的体育类补习教育。

参考文献

陈彬莉,白晓曦,2015.家庭社会经济地位、家长同辈群体压力与城镇小学生补习——基于北京市海淀区小学调查[J].清华大学教育研究(5):102-109.

陈传锋,等,2014.当前中小学生课外学习活动的现状调查与问题分析[J].教育研究(6):109-116.

陈全功,2012.补习教育的地域延展及其社会效应分析[J].比较教育研究(3):42-46.

陈强,2014.高级计量经济学及Stata应用[M].(第二版).北京:高等教育出版社.

顾琰,范亚男,朱莎莎,2009.江苏省小学生课外学习现状调研及对策[J].基础教育(1):55-57.

胡咏梅,范文凤,丁维莉,2015.影子教育是否扩大教育结果的不均等——基于PISA2012上海数据的经验研究[J].北京大学教育评论(3):29-46.

雷万鹏,2005.高中生教育补习支出:影响因素及政策启示[J].教育与经济(1):39-42.

李佳丽,胡咏梅,范文凤,2016.家庭背景、影子教育和学生学业成绩——基于Wisconsin模型的经验研究[J].教育经济评论(4):70-89.

梁亦华,2014.从教师角度看影子教育对师生之影响[J].中国人民大学教育学刊(4):89-99.

马克·贝磊,廖青,2012."影子教育"之全球扩张:教育公平、质量、发展中的利弊谈[J].比较教育研究(2):13-17.

马克·贝磊,刘钧燕,2015.课外补习研究:问题与方法[J].北京大学教育评论(3):2-16.

庞晓鹏,等,2017.农村小学生可以通过课外补习提高学习成绩吗[J].教育经济评论(2):87-101.

彭湃,2008."影子教育":国外关于课外补习的研究与启示[J].比较教育研究(1):61-65.

澎湃,周自波,2008.城市义务教育阶段课外补习研究——基于湖北武汉市H区的抽样调查[J].中小学管理(4):22-25.

钱国英,唐丽静,2009.城市义务教育阶段学生参加课外补习机率的影响因素分析——基于武汉、深圳的调查[J].教育财会研究(3):9-12.

翁秋怡,2017."影子教育"研究述评——需求、效果及公平性讨论[J].教育经济评论(2):115-128.

吴思为,伍新春,赖丹凤,2010.青少年课外学习特点的分析与建议[J].教育学报(2):77-81.

吴岩,2014.教育公平视角下初中阶段教育补习现状研究——以广州市为例[J].教育研究(8):75-84.

薛海平,2015.从学校教育到影子教育:教育竞争与社会再生产[J].北京大学教育评论(3):47-69.

薛海平,丁小浩,2009.中国城镇学生教育补习研究[J].教育研究(1):39-46.

薛海平,李静,2016.家庭资本、影子教育与社会再生产[J].教育经济评论(4):60-81.

薛海平,王东,巫锡炜,2014.课外补习对义务教育留守儿童学业成绩的影响研究[J].北京大学教育评论(3):50-62.

曾满超,丁小浩,沈华,2010.初中生课外补习城乡差异分析——基于甘肃、湖南和江苏3省的初中学生课外补习调查[J].教育与经济(2):7-11.

曾晓东,龙怡,2012.对补习教育体系的争论及其政策意义[J].教育与经济(5):72-76.

张羽,陈东,刘娟娟,2015.小学课外补习对初中学业成绩的影响———基于北京市某初中九年追踪数据的实证研究[J].教育发展研究(15):18-25.

朱洵,2013.教育全球化中的影子教育与文化资本理论[J].清华大学教育研究(4):51-55.

BRAY M,1999. The shadow education system: private tutoring and its implications for planners[M].UNESCO, International Institute for Educational Planning.

CHEO R,QUAH E,2005. Mothers, maids and tutors: an empirical evaluation of their effect on children's academic grades in Singapore[J].Education economics, 13(3):269-285.

CHETTY R, FRIEDMAN J N, Rockoff J E,2014. Measuring the impacts of teachers I: Evaluating bias in teacher value-added estimates[J].The american economic review, 104(9): 2593-2632.

DANG, H. A,2007. The determinants and impact of private tutoringclassesin Vietnam[J].Economics of education review, 26(6):684-699.

HAGGER M S, et al.,2010. Ego depletion and the strength model of self-control: A meta-analysis[J]. Psychological bulletin, 136(4):495-525.

JELANI J, TAN A K G,2012. Determinants of participationand expenditure patterns of private tuition received by primary school students in Penang,Malaysia: An exploratory study[J].Asia pacific journal of education, 32(1):35-51.

LADD G W, KOCHENDERFER B J, Coleman C C,1997. Classroom peer acceptance, friendship, and victimization: Distinct relational systems that contribute uniquely to children's school adjustment?[J].Child development, 68(6):1181-1197.

LIU J,2012. Does cram schooling matter? Who goes to cram schools? Evidence from Taiwan[J].International journal of educational development, 32(1):46-52.

PRATCH L, JACOBOWITZ J, 1997. The psychology of leadership in rapidly changing conditions: A structural psychological approach[J]. Journal of genetic, social and general psychology, monographs, 123(2):169-196.

ROSENBERG M,1965. Self-esteem and the adolescent[J].New England Quarterly, 148(2):177-196.

STEVENSON D L,Baker D P,1992. Shadow education and allocation in formal schooling: Transition to university in Japan[J]. American journal of sociology, 97(6):1639-1657.

SURYADARMA D, et al., 2006. Improvingstudent performance in public primary schools in developing countries:Evidence from Indonesia[J].Education economics, 14(4):401-429.

ZHANG Y,2013. Does private tutoring improve students' national college entrance exam performance? A case study from Jinan, China [J]. Economics of education review, 32(1):1-28.

ZIMMERA R, HAMILTONA L, CHRISTINAA R, 2010. After-school tutoring inthe context of no child left behind: Effectiveness of two programs in thePittsburgh public schools[J].Economics of education review, 29(1):18-28.

第九章 非认知能力发展与学业成绩分布的性别差异

本章探讨了非认知能力发展与学业成绩分布性别差异的关系。研究发现,女生学业成绩存在明显的"地板砖效应"。对学业成绩性别差异的FFL分解结果表明,非认知能力的特征效应和报酬效应能够在很大程度上解释学业成绩分布的性别差异,但二者的方向和相对大小因不同学科和学业成绩分布的不同位置而有所不同。不同维度的非认知能力的特征效应和报酬效应也存在一定差异。因此,逐步提高男生的非认知能力,完善非认知能力对男生学业表现的影响机制,对缩小学业表现性别差异具有重要意义。

一、引言

教育中的性别差异是性别研究中的一个重要话题。劳动力市场表现的性别差异在一定程度上根源于个体在学生时代综合表现的性别差异(Bedard, Ferrall, 2003; Rose, 2003)。学生表现在特定教育阶段的性别差异又往往根源于不同性别学生在该阶段所掌握的技能水平的差异。相关研究表明,非认知能力(non-cognitive skill)在影响学生学业表现的同时,也在决定个体劳动力市场表现中起着十分重要的作用,并受到的研究者的重视(Heckman et al., 2006; Lindqvist, Vestman, 2009)。本章旨在建立非认知能力与学业成绩分布及其性别差异之间的联系,探讨非认知能力发展如何解释学业成绩分布的性别差异。

本章的贡献和创新点主要体现在以下四个方面。首先,受限于数据,以往的研究大多没有注意区分学业表现和学业表现增值的性别差异。[1] 学业表现是存量,是各种投入长期累积的结果,而模型中控制的各种投入是流量,只能反映当期的投入状况,故探讨学业表现增值的性别差异更加符合教育生产的现实情况

---

[1] 关于学业表现和学业表现增值的性别差异,更为详细的探讨请参见:孙志军等(2016)。

和内在逻辑（Koedel et al.，2015）。本章基于教育生产函数增值模型（value-added model），即在控制学业成绩前期表现的前提下，分析了学业成绩分布的影响因素，同时将针对我国学业成绩性别差异的研究从中学延伸至小学，为该研究领域提供了更为丰富的经验证据。其次，以往研究更加关注家庭背景、学校投入、教育体制、社会传统等因素对学业成绩的影响，较少关注禀赋或技能差异如何解释学业成绩的性别差异（Salisbury et al.，1999）。本章重点关注以自尊、自我控制、人际交往、学校适应和合作等维度为代表的非认知能力与学生表现性别差异的关系，丰富了相关领域的研究内容。再次，FFL分解方法常用于研究收入分布的变动（徐舒，2010）或差异。本章将FFL分解方法引入到教育生产函数研究中，将学业成绩分布的性别差异分解为特征效应和报酬效应，探讨在学业成绩的不同分位点上，非认知能力对学业成绩性别差异的影响是由于男女生非认知能力禀赋的差异，还是由于男女生非认知能力对学生学业成绩的不同影响方式，在研究方法上进行了创新。最后，本章将调查数据与行政数据相结合，既充分利用了调查数据中的学生个体信息和家庭背景信息，同时以学生原始的百分制考试成绩衡量学生的学业表现，相比于以往研究使用的学业完成情况（Chaudhuri，Roy，2009）、考试等级（Machin，McNally，2005）和自报的学业表现（Fortin et al.，2015），更加准确可靠。同时，本章使用的是2015—2017学年的数据，为学业表现性别差异提供了最新的经验证据。

本章使用2016年"北京市义务教育发展状况调查"数据，发现女生学业成绩存在明显的"地板砖效应"。FFL分解结果表明，数学和语文成绩分布的性别差异主要由报酬效应解释，而英语成绩主要由特征效应解释，二者的相对大小因不同学科和学业成绩分布的不同位置而有所差异。非认知能力的特征效应和报酬效应能够在很大程度上解释学业成绩分布的性别差异。从非认知能力的特征效应看，对数学和英语成绩主要体现为下侧分位数与中位数的差异，而对语文成绩则主要体现为上侧分位数与中位数的差异。从非认知能力的特征效应看，对于语言类学科成绩而言，在学业成绩分布左端为正，右端为负，但数学成绩的情况与之相反。不同维度的非认知能力的特征效应和报酬效应也存在一定差异。

二、文献回顾

近年来的国外研究发现，男生的阅读成绩落后于女生，但数学和科学成绩高于女生。男生在数学方面的优势在小学阶段就开始确立,在中学教育阶段愈发显著(Dee,2007;Husain,Millimet,2009)。Fryer、Levitt(2010)使用美国 ECLS-K(Early Childhood Longitudinal Study Cohort-Kindergarten)数据的研究表明,学生在进入幼儿园时拥有近乎相同的学业成绩,但随着教育进展,男生的数学成绩逐渐超过女生,但阅读成绩低于女生。Bedard、Cho(2010)使用 1995 年、1999 年和 2003 年 TIMSS(Trends in International Mathematics and Science Study)数据研究了 OECD 国家中小学生学业表现的性别差异,发现无论是四年级和八年级,男生的数学和科学成绩优于女生。但也有研究指出,女生在学业表现的各个方面已经实现了对男生的全面反超。例如,基于英国 1958 年 NCDS(National Child Development Study)数据、1970 年 BCS(British Cohort Study)数据,以及 NPD(National Pupil Database)数据,Machin、McNally(2005)使用是否通过 GCSE(General Certificate of Secondary Education)测试衡量学生表现,发现女生的学业表现从 20 世纪 80 年代落后于男生到 20 世纪 90 年代后逐渐领先男生,女生在语言类科目的领先优势也在不断扩大。Fortin 等(2015)使用美国 1976—2009 年 MTF(Monitoringthe Future)数据,也发现从 20 世纪 80 年代到 20 世纪末,高中女生的学业成绩等级已经从 B 等进步到 A 等,但男生依然滞留在 B 等。

还有一些研究将对男女生学业成绩均值的比较扩展到整个学业成绩分布。Machin、Pekkarinen(2008)使用 2003 年 PISA(Program for International Student Assessment)数据发现男生的数学成绩高于女生,且高分位点的性别差异大于低分位点,但阅读成绩低于女生,且低分位点的性别差异小于高分位点。基于 2006 年和 2009 年 PISA 数据,Bharadwaj 等(2012)也发现,随着分位点的提高,男生在数学成绩上的优势逐渐扩大。Ellison、Swanson(2010)使用 AMC(American Mathematics Competitions)数据和 SAT(Scholastic Assessment Test)数据发现,数学成绩的性别差异在成绩分布的顶端扩大。还有两项研究为揭示我国学生学业表现的性别差异提供了证据。Lai(2010)使用北京市东城区普通初中 1999 届学生的调查数据发现,女生各科学业成绩在小学毕业时均高于男生,这种差异在初中阶段进一步扩大。尽管女生在理科方面的领先优势由于男生的追赶而不断缩小,但在各个分位点上,女生的学业表现均优于男生。与 Lai(2010)的研究类似,基于某地级市 2008—2010 级普通高中学生行政数据,孙志军等(2016)使用高中会考成绩衡量学生的学业表现,发现男生理科成绩的绝对值低于女生,但增值高于女生,但女生文科成绩的绝对值和增值均显著高于男生。随着分位点的提高,男生在理科成绩的绝对值和增值上实现了对女生的赶超,而女生的文科成绩在各个分位点均落后于女生。但尚无研究关注我国小学阶段学业表现的性别差异。

许多研究在试图从家庭背景、学校投入、教育制度和性别文化等视角解释学业表现的性别差异,这些研究的结论有共识,也有分歧。绝大多数研究表明,家庭背景无法解释学业表现的性别差异(Machin,McNally,2005;Bharadwaj et al.,2016)。有一些研究关注学校和班级因素对学业表现性别差异的解释。[1] 例如,王进和陈晓思(2013)利用我国广州市7所初中的调查数据发现,男生学业成绩落后于女生的现象存在于学习环境较差的学校,原因是男生在较差的学校中,容易受到同伴的影响而形成"反学校"的认知、态度和行为。Dee(2007)对教师性别,以及由此导致的"刻板效应"对学业表现性别差异的影响感兴趣,发现师生性别匹配对女生学业成绩的提高幅度更大。Machin、McNally(2005)发现,更好的教学方式有助于帮助相对弱势的学生群体提高学业成绩。但Dickerson et al.(2015)的研究结果表明,数学成绩的性别差异不能通过学校质量和学校内性别差异化的教育投入来解释。Burgess等(2004)也发现,学校是否以学业表现分班、是否性别混班、入学政策和学生资助等学校组织因素没有显著影响学业成绩的性别差异。还有一些研究发现教育评价的形式(Falch,Naper,2013)和教育体制的类型(Bedard,Cho,2010)也会显著影响学业表现的性别差异。利用国际大规模调查数据,一些研究探讨了文化因素与学业表现性别差异的关系。有的研究发现社会性别文化与数学成绩显著相关(Guiso,et al.,2008;Nollenberger,et al.,2016),有的则发现文化传统并不影响学业表现的性别差异(Machin,Pekkarinen,2008;Fryer,Levitt,2010)。

一些研究还关注到了非认知能力发展与学业表现性别差异的关系。这些研究表明,女生较高的非认知能力能够帮助其取得更高的学业成绩。Salisbury等(1999)表明,男生和女生对学习的态度不同。由于男生的注意力较分散,材料组织技能较低,所以对学习更厌倦。基于英国SSLS(Scottish School Leavers Survey)数据库中1994届毕业生样本,Tinklin(2003)使用多层线性模型,发下非认知能力发展的差异是能够解释学业表现性别差异的唯一因素。女生能够进行更精细的学习准备,更具责任心,合作意识和组织能力更强,而男生的竞争性和攻击性更强,自负心理更强,更加粗心。Van Houtte(2004)使用比利时34所中学

---

[1] Salisbury,et al.(1999)对该研究主题进行了较为全面的研究综述。

的调查数据,发现学术文化能够解释学业表现的性别差异,女生比男生拥有更端正的学习态度和更强烈的学习动机,使得女生学业表现更好。基于美国某公立精英学校的调查数据,Duckworth、Seligman(2006)发现男生的学业表现比女生差是因为男生没有女生自律。DiPrete、Jennings(2012)及Cornwell等(2013)均使用美国ECLS-K数据考察了非认知能力与学业表现性别差异的关系,发现男生在学习方法、人际交往和自我控制等方面均弱于女生,因而学业表现也比女生差。

上述研究大多通过比较控制关键解释变量前后性别变量的估计系数,分析学业成绩性别差异的影响因素。这种分析方式只关注了学生禀赋及所掌握的教育资源的性别差异,但假定不同性别学生为实现学业成功而使用这些资源的方式与效率相同。一些研究使用不平等的分解方法探讨潜在影响因素与学业表现群体差异的关系。基于印度北方邦和比哈尔邦农村中小学调查数据,Chaudhuri、Roy(2009)使用Oaxaca-Blinder(OB)分解方法将学业表现的性别差异分解为系数效应(coefficient effect)和特征效应(character effect),发现父母受教育程度和社区基础设施完善程度的系数效应远大于特征效应。换言之,由于家庭背景和社区资源质量对女生学业表现的影响更大,所以较高的父母受教育程度和较好的社区基础设施条件有助于缩小女生在学业表现上的劣势。基于丹麦小学六年级学生的调查数据,Golsteyn、Schils(2014)使用相同的分解方法,研究了智商,以社会技能、工具技能和人格特质为代表的非认知能力如何解释学业表现性别差异。他们发现,数学成绩的性别差异主要由禀赋效应(endowment effect)解释,而语言成绩主要由参数效应(parameter effect)解释。无论是数学还是语言成绩,智商和非认知能力分别在系数效应和禀赋效应中占主体地位。Fortin等(2015)虽然没有探讨学业成绩分布的性别差异,但使用加权的OB分解(实质上是FFL分解)方法探讨了在学业成绩不同分位点上,构成效应(composition effect)和回报效应(response effect)如何解释美国近40年来大学生学业成绩分布的变动,发现教育期望是影响GPA(Grade Point Average)分布变动的最重要因素,且影响的重要性越来越强,非认知能力低第二重要因素,但影响的重要性略微减弱。

三、分解方法

本章使用 FFL 分解方法探讨非认知能力发展与学业成绩分布性别差异的关系。[1] FFL 分解借助 DiNardo 等(1996)的重置权重函数(reweighting function)构造反事实的学业成绩分布,从而把学业成绩分布差异分解为特征效应(character effect)和报酬效应(response effect)[2],再对分布统计量的再集中响应函数(recentered influence function,RIF)进行回归(Firpo et al.,2007)。当分布统计量为分位时,RIF 回归模型能够直接估计协变量对被解释变量的影响,更便于学业成绩分布性别差异的分解。为区别以往的条件分位回归(conditional quantile regression)(Koenker,Bassett,1978),Firpo 等(2009)将 RIF 回归称为无条件分位回归(unconditional quantile regression)。

FFL 分解方法的具体步骤分如下两步。

步骤一:利用 DiNardo 等(1996)的重置权重函数将学业成绩分布的性别差异分解为构成效应和报酬效应。性别 m(为简便,$m=0$ 表示女生,$m=1$ 表示男生)的学业成绩分布记为 $F_m = F(Y_m)$,但为了获得反事实学业成绩分布,我们将性别 m 的学业成绩分布变换成带有协变量的学业成绩分布(学业成绩边际密度函数)。由于学生 i 的学业成绩 Y_{im} 取决于可观测的协变量 X_{im} 和不可观测的因素 ε_{im},则

$$Y_{im} = s_m(X_i, \varepsilon_i) \tag{9.1}$$

其中,s_m 表示教育生产函数(education production function),X_{im} 除包括学生的非认知能力,还包括学生的个体特征、家庭背景特征和班级固定效应。因此,性别 m 的学业成绩分布还可以表达成 $F_m = F(Y_m, X_m, \varepsilon_m)$。

接下来构造要素报酬为女生而协变量分布为男生时的反事实学业成绩边际分布 F_c。我们将女生和男生的随机样本整合为一个样本,则该混合截面样本的学业成绩的边际密度函数乘以重置权重因子 $\omega_c(m, X)$ 就能够得到 F_c。重置权重因子 $\omega_c(m, X)$ 的计算公式为

$$\omega_c(m, X) = \left| \frac{P(X)}{1 - P(X)} \right| \left| \frac{1 - m}{P} \right| \tag{9.2}$$

---

[1] 更为详细的 FFL 分解方法介绍可参见 Firpo et al.(2010)和郭继强等(2011)。

[2] Firpo et al.(2007)在分解工资分布时,将特征效应称为构成效应(composition effect),将报酬效应称为工资结构效应(wagestructure effect)。

其中，$P(X)=\Pr(m=1|X)$ 是指当给定可观测的协变量 X 时个体属于男生的概率，被称为"倾向得分"(propensity score)，通过 Probit 模型得到。$P=\Pr(m=1)$ 表示个体是男生。同样，女生和男生的学业成绩分布 F_0 和 F_1，也可以通过分别施加权重 $\omega_1(t) \equiv \dfrac{t}{P}$ 和 $\omega_0(t) \equiv \dfrac{1-t}{1-P}$ 得到。F_0 和 F_1 也能够分别从女生和男生样本中直接得到。

另外，学业成绩分布也可用分布统计量来刻画，记为 $\nu_m = \nu(F_m)$。于是，在获得反事实学业成绩边际分布 F_c 后，学业成绩分布的性别差异 $\nu(F_0) - \nu(F_1)$ 就可分解为

$$\nu(F_0) - \nu(F_1) = [\nu(F_0) - \nu(F_c)] + [\nu(F_c) - \nu(F_1)] \tag{9.3}$$

公式右边第一项表示特征效应，第二项表示报酬效应。

步骤二：在由步骤一得到 $\nu(F_0)$、$\nu(F_1)$ 和 $\nu(F_c)$ 的基础上，通过再集中影响函数回归获得类似 OB 分解的形式，进而将学业成绩分布的性别差异分解到各个单一协变量上。Firpo 等（2007）利用 Firpo 等（2009）提出的计算协变量分布变动对分布统计函数的偏效应方法，将影响函数(influence function, IF)加回到分布统计中，形成再集中响应函数：

$$RIF(Y_m; \nu_m; F_m) = \nu(F_m) + IF(Y_m; \nu_m; F_m) \tag{9.4}$$

当分布统计为分位时，影响函数 $IF(Y_m; \nu_m; F_m)$ 可以被写成 $\dfrac{\tau - I\{Y_m \leq F_{m_\tau}\}}{f_{Y_m}(F_{m_\tau})}$，其中，$I\{\cdot\}$ 为指示函数(indicator function)，$f_Y(\cdot)$ 为学业成绩边际分布的概率密度函数，F_τ 为学业成绩无条件分布的 τ 分位样本。由此，再集中响应函数 $RIF(Y_m; \nu_m; F_m)$ 可以被写为

$$RIF(Y_m; \nu_m; F_m) = F_{m_\tau} + \dfrac{\tau - I\{Y_m \leq F_{m_\tau}\}}{f_{Y_m}(F_{m_\tau})} \tag{9.5}$$

根据影响函数期望为零的性质和重律期望法则，再集中影响函数条件期望 $t_m^\nu(X)$ 可表示为 $E[RIF(Y_m; \nu_m; F_m)|X]$。Firpo et al.(2009)称之为 RIF 回归模型，用于计算在其他影响因素一定条件下协变量对无条件分布的偏效应。如果 RIF 回归满足参数线性，则可进一步写成：

$$t_m^\nu(X) = E[RIF(Y_m; \nu_m; F_m)|X] = X_m \beta_m^\nu \tag{9.6}$$

根据重律期望法则，$\nu(F_m) = E(X_m \beta_m^\nu) = E(X_m) \beta_m^\nu$，女生的反事实学业成绩分布的分布统计量 $\nu(F_c) = E(X_1 \beta_c^\nu) = E(X_1) \beta_c^\nu$。由于 $\nu(F_0)$、$\nu(F_1)$ 和

$\nu(F_c)$ 都是带有协变量的无条件分布,说明 RIF 回归模型能够直接估计协变量对学业成绩分布的影响。

综上所述,学业成绩分布的性别差异可表达成以各个协变量为基础的特征效应和报酬效应,即:

$$\nu(F_0) - \nu(F_1) = E(X_0)\beta_0^\nu - E(X_1)\beta_1^\nu$$
$$= [E(X_0) - E(X_1)]\beta_0^\nu + E(X_1)[\beta_c^\nu - \beta_1^\nu] + E(X_1)(\beta_0^\nu - \beta_c^\nu)$$
$$= \sum_{k=1}^K [E(X_{0,k}) - E(X_{1,k})]\beta_{0,k}^\nu + \sum_{k=1}^K E(X_{1,k})[\beta_{c,k}^\nu - \beta_{1,k}^\nu] + R_0$$
(9.7)

其中,第一项表示报酬效应细分在各个协变量上的总和,第二项表示特征效应细分在各个协变量上的总和,第三项表示近似误差,包括条件期望线性设定误差(specification error)和加权误差(reweighting error)。在实证中,设定误差为传统 OB 分解与加权回归分解可解释部分的差异,加权误差为传统 OB 分解与加权回归分解不可解释部分的差异。

四、教育投入与产出的性别差异

(一)学业成绩

本章的学业成绩用 2016—2017 学年第一学年数学、语文和英语期末考试成绩在学校层面的标准化得分衡量。表 9-1 报告了学业成绩的性别差异。可以看出,女生的数学、语文和英语成绩分别比男生高 0.093、0.373 和 0.378 个标准分。T 检验结果表明,上述学生表现的性别差异在 1% 的水平上统计显著。这与其他国家的情况有所不同。这些研究大多发现虽然男生语言类科目的学业成绩落后于女生,但在数学成绩上的领先优势在小学阶段就逐渐确立。但在本研究中,男生的数学成绩依然低于女生,尽管这一结果不具有统计显著。

表 9-1 被解释变量描述统计

年 份	女生		男生		差值	T 检验
	均值	样本量	均值	样本量		
2016—2017 学年第一学年数学成绩	0.099	2043	0.006	2313	0.093	3.242***

续表

年 份	女生 均值	女生 样本量	男生 均值	男生 样本量	差值	T检验
2016—2017学年第一学年语文成绩	0.256	1997	−0.116	2264	0.373	13.430***
2016—2017学年第一学年英语成绩	0.235	1984	−0.143	2249	0.378	13.193***

注：各学年数学、语文和英语成绩均为学校层面的标准化成绩；T值来自T检验；***表示在1%的水平上统计显著。

图9-1报告了学生表现不同分位点上学生表现的性别差异。可以看出，无论是数学、语文还是英语成绩，性别差异随着分位点的提高呈明显的下降趋势。因此，女生学业成绩存在明显的"地板砖效应"(floor effect)。对语言类科目成绩而言，女生在学业成绩各分位点上的学业表现均优于男生。从90分位点、50分位点和10分位点看，学业成绩的性别差异在50分位点与10分位点的差值明显大于50分位点与10分位点的差值，且英语成绩的性别差异在50分位点与10分位点的差值大于语文成绩，而在90分位点与50分位点的差值与语文成绩基本相同。75分位点、50分位点和25分位点的情况与之类似。这表明，后进生中男生的学业成绩劣势随学业成绩下降而增加的趋势比绩优生更明显，这种情况对英语成绩体现得更为突出。数学成绩的性别差异在各分位点上均小于语言类科目成绩。对绩优生而言，尽管不存在统计显著的差异，但男生的平均数学成绩甚至超过了女生。

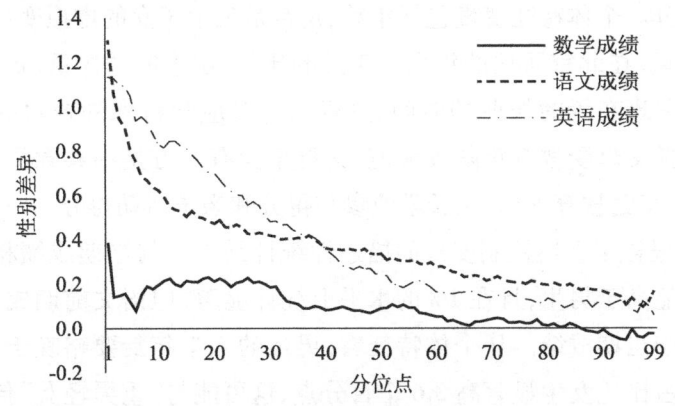

图9-1 不同分位点学业成绩的性别差异

(二)非认知能力

本章涉及的非认知能力包括自尊、自我控制、人际交往、学校适应和合作等五个维度。表9-2报告了自尊、自我控制、人际交往、学校适应和合作得分的性别差异。可以看出,女生的非认知能力得分在各个维度均明显高于男生。其中,性别差异最大的是自我控制和人际交往得分,相差约0.17分,其次是学校适应和合作得分,相差约0.13分,差异最小的是自尊得分,相差约0.11分。T检验结果表明,非认知能力的性别差异在1%的水平上统计显著。由此可见,女生在学生表现和非认知能力发展方面均优于男生。

表9-2 释变量描述统计

项目	女生	男生	差值	T检验
自尊得分	3.322	3.211	0.110	6.954***
自我控制得分	3.273	3.107	0.166	13.509***
人际交往得分	3.471	3.295	0.176	13.950***
学校适应得分	3.683	3.545	0.139	10.066***
合作得分	3.579	3.452	0.129	9.495***
样本量	2113	2400	—	—

注:T值来自T检验;***表示在1%的水平上统计显著。

(三)其他控制变量

控制变量包括前期成绩、个体特征变量、家庭背景变量和班级固定效应。前期成绩用2015—2016学年第二学期数学、语文和英语期末考试成绩在学校层面的标准化得分。个体特征变量包括年龄、是否是独生子女的虚拟变量、是否是京籍的虚拟变量、在北京居住的年数与年龄的比值、出生时的体重、每周写学校老师、家长、补习班布置的作业的时间、是否参与对应学科课外补习的虚拟变量。家庭背景包括父母受教育年限较大值、父母至少有一方是中共党员或民主党派的虚拟变量、家庭教育支出、家长学业参与得分和亲子活动得分。

表9-3报告了上述控制变量的描述性统计结果。与当期成绩相似,女生的前期成绩明显高于男生,且在1%的水平上统计显著,但语文前期成绩的性别差异要明显小于当期成绩。从个体特征看,男生的入学年龄要略晚于女生。男生中独生子女占比比女生显著高3.6个百分点,这可能与"重男轻女"传统观念关。女生中京籍学生占比略高于男生,这可能是男生更容易随父母从外地流动到北

京的缘故(陶然,等,2011)。由于非京籍学生中超过95%的学生出生在北京且自出生起一直在北京上学,故在北京居住的年数与年龄比值的均值高达0.94,且不存在显著的性别差异。对出生体重而言,男生和女生的出生体重均值均高于新生儿标准体重❶,且出生体重的性别差异大于新生儿标准体重。男生每周写作业的时间比女生多0.79个小时,说明男生用于做功课的时间投入比女生多。男生中参与课外补习的比重也高于女生,这与陈彬莉和白晓曦(2015)对北京市海淀区3~4年级学生调研发现的教育补习性别偏好相一致。但本研究发现,这种性别差异仅对与数学相关的教育补习统计显著,而对语言类科目统计不显著。从家庭背景特征看,女生父母的平均受教育年限比男生高0.32年,说明女生家庭的文化资本相对更高。女生的平均教育支出显著高于男生,说明女生家庭的经济资本相对更高,这与Yuan、Zhang(2015)使用中国2002—2006年NBS(National Bureau of Statistics)城镇调查数据的研究结果类似。男生父母至少有一方是中共党员或民主党派所占比重与女生同为21%,表明从平均水平看,家庭的政治资本不存在显著的性别差异。虽然家长学业参与得分不存在显著的性别差异,但女生的亲子活动得分显著高于男生,这在一定程度上表明女生的家庭内社会资本高于男生。

表9-3 制变量描述统计

项目	女生 均值	女生 样本量	男生 均值	男生 样本量	差值	T值/Chi方值
2015—2016学年第二学期数学成绩	0.104	2043	-0.013	2313	0.117	4.065***
2015—2016学年第二学期语文成绩	0.163	1997	-0.065	2264	0.228	7.807***
2015—2016学年第二学期英语成绩	0.219	1984	-0.160	2249	0.379	12.924***
年龄	9.830	2113	9.854	2400	-0.024	-2.299***
独生子女	0.501	2113	0.537	2400	-0.036	-6.288**
京籍	0.419	2113	0.393	2400	0.026	3.351*
在北京居住的年数与年龄的比值	0.942	2113	0.939	2400	0.003	0.590
出生体重(单位:斤)	6.599	2113	6.817	2400	-0.218	-7.437***
每周写作业的时间(单位:小时)	9.762	2113	10.552	2400	-0.790	-3.656***
参加与数学有关的课外补习	0.188	2113	0.214	2400	-0.026	4.642**

---

❶ 男婴的标准体重为6.54斤,女的标准体重为婴6.34斤。

续表

项目	女生 均值	女生 样本量	男生 均值	男生 样本量	差值	T值/Chi方值
参加与语文有关的课外补习	0.143	2113	0.153	2400	-0.010	0.901
参加与英语有关的课外补习	0.336	2113	0.333	2400	0.003	0.062
父母受教育年限较大值(单位:年)	13.523	2113	13.208	2400	0.316	3.113***
父母至少有一方是党员	0.215	2113	0.212	2400	0.003	0.068
孩子教育支出(单位:万元)	0.714	2113	0.640	2400	0.074	2.024**
家长学业参与得分	2.933	2113	2.935	2400	-0.002	-0.079
亲子活动得分	3.342	2113	3.270	2400	0.072	1.742**

注:年龄指学生自出生之日起到2016年12月31日的时间长度;T值和χ^2值分别来自T检验和列联分析;*、**和***分别表示在10%、5%和1%的水平上统计显著。

五、非认知能力与学业成绩分布的性别差异

(一) RIF 回归估计结果

各分位数能够全面反映学业成绩分布情况,以学业成绩分布的分位数为被解释变量的回归能够直接得到各协变量在不同学业成绩水平的边际回报率,故首先报告不同性别学生 RIF 分位数回归结果。被解释变量为数学、语文和英语成绩的估计结果分别如表 9-4A、表 9-4B 和表 9-4C 所示。

首先,学生的数学成绩显著受到自尊和自我控制的正向影响。对于女生,随着分位点的提高,自尊与自我控制对数学成绩的影响逐渐减弱;而对于男生,自尊的影响仅对中高分位点统计显著,自我控制的影响仅对高分位点显著。对比估计系数的大小可以看出,对处于成绩分布低分位点的学生而言,自尊对女生数学成绩的影响更大,而对高分位点学生而言,自尊对男生的影响更大。女生自我控制对数学成绩的影响在各个分位点上均大于男生。对低分位点学生而言,人际交往对男生数学成绩的影响更大。自我控制对女生数学成绩的影响在成绩分布的各个分位点上均明显大于男生,但学校适应和合作对男生的影响均大于女生。

其次,自尊能够显著提高女生的语文成绩,但对男生的影响统计不显著。自

尊能够同时显著提高男生和女生的语文成绩,但人际交往、学校适应和合作的影响对男生和女生均不显著。无论是对男生还是女生,自尊和自我控制对语文成绩的影响在处于成绩低分位点的学生而言更大。对比估计系数的大小可以看出,在成绩分布的各个分位点上,自尊对女生语文成绩的影响明显大于男生。对处于语文成绩低分位点的学生而言,自我控制和合作对男生语文成绩的影响更大。而对于高分位点学生而言,人际交往对女生的影响更大,但学校适应对男生的影响更大。

最后,自我控制是唯一能够显著提高英语成绩的非认知能力。对自尊和自我控制而言,非认知能力对英语的影响随着分位点的提高呈现明显的下降趋势。对比估计系数的大小可以看出,在成绩分布的各个分位点上,自尊、人际交往和学校适应对男生英语成绩的影响更大,但自我控制对女生的影响更大。对处于低分位点的学生而言,合作对男生的影响更大。

表 9-4A　IF 回归结果:被解释变量为数学成绩

变量	女生			男生		
	25 分位数	50 分位数	75 分位数	25 分位数	50 分位数	75 分位数
自尊	0.200**	0.109*	0.039	0.073	0.123**	0.088*
	(0.093)	(0.058)	(0.049)	(0.099)	(0.053)	(0.052)
自我控制	0.351**	0.285***	0.238***	0.152	0.108	0.155**
	(0.148)	(0.088)	(0.076)	(0.130)	(0.074)	(0.069)
人际交往	0.093	0.017	−0.018	0.225**	0.002	0.007
	(0.122)	(0.076)	(0.064)	(0.111)	(0.065)	(0.058)
学校适应	−0.065	−0.041	−0.105*	0.019	0.051	−0.001
	(0.111)	(0.067)	(0.054)	(0.106)	(0.056)	(0.048)
合作	−0.159	−0.147**	0.006	−0.005	0.028	0.055
	(0.116)	(0.075)	(0.063)	(0.113)	(0.064)	(0.055)
样本量	2043	2043	2043	2313	2313	2313

注:所有模型均控制前测成绩(即 2015—2016 学年第二学期成绩)、年龄、独生子女、京籍、在北京居住的年数与年龄的比值、出生体重、每周写作业的时间、参加课外补习、父母受教育年限较大值、父母至少有一方是党员、孩子教育支出、家长学业参与得分、亲子活动得分和班级固定效应;括号内为标准误;*、** 和 *** 分别表示在 10%、5% 和 1% 的水平上统计显著。

表 9-4B　IF 回归结果:被解释变量为语文成绩

变量	女生 25 分位数	女生 50 分位数	女生 75 分位数	男生 25 分位数	男生 50 分位数	男生 75 分位数
自尊	0.228***	0.146***	0.153***	0.066	0.028	0.078
	(0.080)	(0.053)	(0.048)	(0.096)	(0.059)	(0.053)
自我控制	0.332**	0.274***	0.252***	0.408***	0.446***	0.204***
	(0.137)	(0.083)	(0.076)	(0.136)	(0.086)	(0.071)
人际交往	0.002	0.119	0.010	0.055	−0.070	−0.072
	(0.112)	(0.073)	(0.065)	(0.110)	(0.074)	(0.063)
学校适应	0.067	−0.039	−0.004	0.061	−0.012	0.080
	(0.110)	(0.070)	(0.058)	(0.102)	(0.064)	(0.055)
合作	−0.126	−0.033	0.006	0.008	0.003	0.023
	(0.102)	(0.071)	(0.064)	(0.113)	(0.068)	(0.060)
样本量	1997	1997	1997	2264	2264	2264

注:同表 9-4A。

表 9-4C　IF 回归结果:被解释变量为英语成绩

变量	女生 25 分位数	女生 50 分位数	女生 75 分位数	男生 25 分位数	男生 50 分位数	男生 75 分位数
自尊	0.112	0.020	0.018	0.141	0.090	0.050
	(0.088)	(0.049)	(0.041)	(0.112)	(0.062)	(0.039)
自我控制	0.437***	0.231***	0.269***	0.286	0.170**	0.083
	(0.140)	(0.075)	(0.057)	(0.175)	(0.085)	(0.058)
人际交往	0.053	−0.094	−0.103**	0.087	0.044	0.020
	(0.120)	(0.065)	(0.049)	(0.143)	(0.070)	(0.052)
学校适应	0.033	0.073	−0.068*	0.120	0.049	0.050
	(0.109)	(0.058)	(0.041)	(0.129)	(0.066)	(0.045)
合作	−0.159	−0.055	0.045	0.098	−0.052	0.005
	(0.113)	(0.062)	(0.046)	(0.141)	(0.073)	(0.048)
样本量	1984	1984	1984	2249	2249	2249

注:同表 9-4A。

为更全面了解各协变量边际回报率对不同性别学生学业成绩的影响,附图

9-1A、附图 9-1B 和附图 9-1C 报告了非认知能力变量对不同性别学生在不同分位数上的 RIF 回归系数,表 9-5 报告了非认知能力回报在学业成绩分布低、中、高分位点处的性别差异。可以看出,对于数学成绩,女生的自尊回报在成绩分布较低分位点处高于男生,人际交往回报低于男生,但在中高分位点无明显差异。对处于中低分位点的学生而言,女生的自我控制回报高于男生,合作回报低于男生,且这种差异随着分位点的提高呈现逐渐缩小的趋势。而在成绩分布的各分位点处,男生的学校适应回报均高于女生。对于语文成绩,在成绩分布的各分位点处,女生的自尊回报均高于男生,而学校适应回报均低于男生,但合作回报无显著的性别差异。男生的自我控制回报在中低分位点高于女生,而女生的人际交往回报在中高分位点高于男生。对于英语成绩,在成绩分布的各分位点处,男生的人际交往回报和学校适应回报均高于男生,但自尊回报和自我控制回报不存在显著的性别差异。而男生的合作回报仅在成绩分布的低分位点处大于女生。

表 9-5 非认知能力回报在学业成绩分布低、中、高分位点处的性别差异

学科分位点	数学			语文			英语		
	低	中	高	低	中	高	低	中	高
自尊	女	—	—	女	女	女	—	—	—
自我控制	女	女	—	男	男	—	—	—	—
人际交往	男	—	—	—	女	女	—	男	男
学校适应	男	男	男	男	男	男	男	男	男
合作	男	男	—	—	—	—	男	—	—

注:"男"表示男生的非认知能力回报高于女生,"女"表示女生的非认知能力回报高于男生,"—"表示非认知能力回报无显著差异。

(二)FFL 分解结果

虽然从 RIF 分位数回归可以看出非认知能力回报的性别差异,但只有基于 RIF 分位数回归的 FFL 分解才能全面反映非认知能力对学业成绩性别差异的影响。表 9-6 进一步报告了 FFL 分解结果。表 9-6 包括四个部分:第一部分是总差异,反映处于学业成绩分布不同位置的学生学业成绩的性别差异;第二部分是特征效应和报酬效应的总效应,前者是指协变量的性别差异对学业成绩性别差异的解释,后者是指协变量对学业成绩影响的性别差异对学业成绩性别差异的

影响。第三、第四部分分别给出了各协变量的特征效应和报酬效应。在报告FFL分解结果时,不仅给出了非认知能力、前测成绩、个体特征、家庭背景特征和班级固定效应的特征效应和报酬效应,还给出了自尊、自我控制、人际交往、学校适应和合作等不同维度的非认知能力的特征效应和报酬效应。从表9-6中可以得到如下四点结论。

第一,学业成绩分布存在较为明显的性别差异。从75分位点和25分位点的差异看,性别差异最大的是英语成绩,其次是语文成绩,数学成绩分布的性别差异最小。比较学业成绩分布左端(低值)和右端(高值)的性别差异可以看出,学业成绩分布的性别差异主要体现为下侧分位数与中位数的差异,上侧分位数和中位数的差异相对较小。对数学成绩而言,分布左端性别差异占整个学业成绩分布性别差异的比重最大,接近80%,其次是英语成绩,语文成绩最小,但这一比重也超过60%。由此可见,学业成绩分布存在明显的"地板砖效应",且这种效应对数学成绩更为明显。这也印证了第四部分的描述性统计结果。

表9-6 FL分解结果

科目分位点		数学			语文			英语		
		75~25	75~50	50~25	75~25	75~50	50~25	75~25	75~50	50~25
差异	女生	0.905	0.374	0.531	0.843	0.364	0.479	0.800	0.302	0.498
	男生	1.085	0.417	0.668	1.116	0.467	0.649	1.223	0.414	0.809
	差异	-0.180	-0.043	-0.137	-0.273	-0.104	-0.170	-0.423	-0.112	-0.311
效应	特征效应	-0.089	-0.023	-0.065	-0.097	-0.028	-0.069	-0.283	-0.059	-0.224
	报酬效应	-0.104	-0.003	-0.100	-0.126	-0.082	-0.045	-0.206	-0.052	-0.154
特征效应	非认知能力	-0.037	-0.012	-0.025	-0.018	-0.012	-0.007	-0.060	-0.005	-0.054
	自尊	-0.016	-0.007	-0.009	-0.009	0.001	-0.009	-0.012	0.000	-0.012
	自我控制	-0.016	-0.007	-0.009	-0.015	-0.004	-0.011	-0.028	0.008	-0.036
	人际交往	-0.016	-0.005	-0.011	0.001	-0.018	0.020	-0.027	-0.002	-0.025
	学校适应	-0.005	-0.008	0.003	-0.011	0.005	-0.016	-0.016	-0.022	0.006
	合作	0.016	0.015	0.001	0.015	0.004	0.011	0.024	0.012	0.012
	前测成绩	-0.031	-0.007	-0.023	-0.081	-0.023	-0.058	-0.254	-0.057	-0.197
	个体	-0.010	0.003	-0.013	0.009	0.008	0.001	0.007	0.004	0.003
	家庭	0.001	0.001	-0.001	0.002	-0.001	0.003	-0.004	-0.006	0.002
	班级	-0.011	-0.007	-0.004	-0.009	0.000	-0.009	0.027	0.005	0.022

续表

科目分位点		数学			语文			英语		
		75~25	75~50	50~25	75~25	75~50	50~25	75~25	75~50	50~25
报酬效应	非认知能力	-0.794	0.048	-0.842	0.009	-0.170	0.179	0.799	-0.165	0.964
	自尊	-0.606	-0.207	-0.399	-0.596	0.081	-0.676	0.468	0.036	0.432
	自我控制	-0.361	-0.322	-0.039	0.425	0.375	0.050	0.327	0.225	0.102
	人际交往	0.251	-0.285	0.536	0.068	-0.314	0.382	-1.317	-0.269	-1.047
	学校适应	-0.548	0.009	-0.557	-0.245	-0.315	0.070	-0.334	-0.466	0.132
	合作	0.469	0.852	-0.383	0.356	0.003	0.353	1.655	0.309	1.346
	前测成绩	0.000	0.000	0.000	0.001	0.000	0.001	-0.017	-0.010	-0.007
	个体	1.464	-1.748	3.212	1.722	0.256	1.466	-1.215	-1.370	0.155
	家庭	0.133	0.378	-0.245	0.172	-0.177	0.350	-0.145	-0.339	0.195
	班级	0.770	0.136	0.635	-0.384	-0.314	-0.070	-0.532	-0.226	-0.306
	常数项	-1.677	1.183	-2.860	-1.648	0.323	-1.970	0.903	2.057	-1.154
加权误差		0.003	0.000	0.003	0.035	0.007	0.027	0.081	0.026	0.055
模型设定误差		0.198	0.023	0.175	0.338	0.165	0.173	0.427	0.131	0.296

第二,特征效应和报酬效应均能解释学业成绩分布的性别差异,但二者的相对大小因不同学科和学业成绩分布的不同位置而有所差异。数学和语文成绩分布的性别差异主要由报酬效应解释,而英语成绩主要由特征效应解释。对分布左端而言,数学成绩的性别差异主要由报酬效应解释,但语言类科目成绩主要由特征效应解释;而对分布右端而言,特征效应能够解释绝大部分数学成绩的性别差异,但报酬效应对语文成绩性别差异的解释程度达到75%左右。比较学业成绩分布的不同位置可以看出,无论是特征效应还是报酬效应,都主要体现为下侧分位数与中位数的差异。但该结论并不适用于对语文成绩分布的性别差异分解出的报酬效应。

第三,非认知能力的性别异质性能够在一定程度上解释学业成绩分布的性别差异。从分解结果看,绝大部分特征效应体现为前测成绩的性别差异,这说明当前学业成绩的性别差异主要由过去各阶段不断累积的教育成就的性别差异造成的。这种现象对语言类学科成绩尤为明显,这可能是因为语言类学科成绩的获得更依赖于平时的阅读和长期的积累。非认知能力在特征效应是第二重要的因素。这说明,由于女生的非认知能力高于男生,故女生的学业成绩增值也高于男生。对数学、语文和英语成绩而言,非认知能力分别占特征效应的42.18%、18.70%

和 21.05%。由此可见,如果男生拥有与女孩相同的非认知能力,就能在一定程度上缩小学业成绩劣势。比较学业成绩分布的不同位置可以看出,对数学和英语成绩而言,非认知能力的特征效应主要体现为下侧分位数与中位数的差异,而对语文成绩而言,非认知能力的特征效应主要体现为上侧分位数与中位数的差异。

  与特征效应的分解结果不同,前测成绩的报酬效应趋近于零,说明前期学生能力和学习基础对学业成绩的影响并不存在异质性,不会带来学业成绩分布的性别差异。从整个学业成绩分布看,非认知能力的报酬效应对数学成绩为负,对英语成绩为正,对语文成绩虽然为正但非常小。由此可见,如果将非认知能力对女生学业成绩的影响机制施加于男生,有助于缩小其在数学成绩上的劣势,但也会扩大其在英语成绩上的劣势。原因在于,整体来看,非认知能力对女生数学成绩的影响更大,对英语成绩的影响更小。比较学业成绩分布的不同位置可以看出,对于语言类学科成绩,非认知能力在分布左端的报酬效应为正,在分布右端的报酬效应为负,数学成绩的情况与之刚好相反。虽然存在显著的学科差异,但非认知能力对整个学业成绩分布的报酬效应主要体现为下侧分位数与中位数的差异,这与对特征效应的分析结果是一致的。

  第四,不同维度的非认知能力的特征效应和报酬效应有所区别。从特征效应看,非认知能力对数学成绩性别差异影响的特征效应主要体现在自尊、自我控制和人际交往,分布左端的情况与之类似,但分布右端的特征效应主要体现在学校适应。英语成绩的情况与数学成绩大致相同。非认知能力对语文成绩性别差异影响的特征效应主要体现在自尊、自我控制和学校适应,分布左端的情况与之类似,但分布右端的特征主要体现在人际交往。由此可见,自尊与自我控制的禀赋差异在很大程度上解释了学业成绩分布特别是分布左端的性别差异。换言之,如果男生能够提高其自尊心和自我控制能力,就能够改善其在学业表现上的落后态势。对处于分布右端的学生而言,增强男生的学校适应性能够弥补其在数学和英语成绩上的劣势,而提高男生的人际交往能力能够缩小其与女生在语文成绩上的差距。

  从报酬效应看,对数学和语文成绩而言,自尊是非认知能力报酬效应的重要组成部分,特别是对处于分布右端的学生而言。自尊的报酬效应为负,表明如果将自尊对女生学业成绩的影响机制施加于男生,有助于缩小其在数学和语文成绩上的劣势。自我控制的报酬效应对数学成绩为负,但对语言类学科成绩为正。对于分布右端,自我控制报酬效应的方向与非认知能力整体的报酬效应相反。这也表明非认知能力对学业成绩分布性别差异解释的复杂性。人际交往和学校适应的报酬效应在语言类学科成绩分布右端为负,表明对绩优生而言,如果将人际交往和学校适应对女生学业成绩的影响机制施加于男生,有助于缩小其在语言类科目成绩上与女生的差距。合作的报酬效应对语言类科目成绩而言为正,且对分布右端更为明显。对数学成绩而言,合作的报酬效应在分布右端为正,但在分布左端为负。这表明,对于绩优生而言,如果改善合作对女生学业成绩的影响机制,女生在学业表现上的优势能够进一步扩大。

为了更全面地刻画非认知能力对学业成绩性别差异的影响,我们将非认知能力在不同分位数上 RIF 回归分解的结果描绘在同一张图上,如附图 9-2 所示。

首先是非认知能力的特征效应。它在各分位点上均为负,说明男生的非认知能力显著低于女生是男生在整个学业成绩分布上均落后于女生的重要原因。随着分位点的提高,非认知能力的特征效应的绝对值呈下降趋势。对数学和英语成绩而言,非认知能力的特征效应在中位数以下的变化幅度明显大于中位数以上,而语文成绩的情况刚好与之相反,说明非认知能力的特征效应对数学和英语主要体现为下侧分位数与中位数的差异,而对语文成绩而言,而对语文成绩则主要体现为上侧分位数与中位数的差异。

其次是非认知能力的报酬效应。对数学成绩而言,非认知能力的报酬效应在 35 分位数以下为正,35 分位数以上为负。这说明,非认知能力的报酬效应使得女生的下侧分位数更高,同时使女生学业成绩的上侧分位数更低,从而缩小学业成绩的性别差异。对于语言类科目成绩而言,虽然非认知能力的报酬效应随分位点的变动趋势并不明显,但整体来看,中位数以下的报酬效应低于中位数以上的报酬效应。这说明相对于下侧分位数,非认知能力的报酬效应提高女生学业成绩上测分位数的幅度更大(或者是降低女生学业成绩上侧分位数的幅度更小),从而扩大了学业成绩的性别差异。这与对表 9-6 的分析结果一致。

六、结论与讨论

本章探讨了非认知能力对学生学业成绩分布性别差异的影响,主要得到以下结论:

首先,女生在整个学业成绩分布占据绝对优势,并存在明显的"地板砖效应"。学业成绩的性别差异主要体现为下侧分位数和中位数的差异,即男生中后进生的学业成绩落后于女生的幅度要显著高于绩优生。学业成绩分布性别差异最大的是英语成绩,其次是语文成绩,最小的是数学成绩。特征效应和报酬效应均能解释学业成绩分布的性别差异,并主要体现为下侧分位数与中位数的差异,但二者的相对大小因不同学科和学业成绩分布的不同位置而有所差异。对学业成绩分布左端而言,数学成绩的性别差异主要由报酬效应解释,但语言类科目成绩主要由特征效应解释,分布右端的情况与之相反。

其次,非认知能力的性别异质性能够在一定程度上解释学业成绩分布的性别差异。一方面,非认知能力的特征效应均为负,说明如果男生拥有与女生相同的非认知能力,能够缩小其学业成绩劣势。非认知能力的特征效应对数学和英语成绩而言体现为下侧分位数和中位数的差异,而对语文成绩而言体现为上侧分位数和中位数的差异。另一方面,非认知能力的报酬效应对数学成绩为负,而对语言类科目成绩为正,说明如果将非认知能力对女生学业成绩的影响机制施加于男生,有助于缩小其在数学成绩上的劣势,但也会扩大其在语言类科目成绩上的劣势。非认知能力的报酬效应主要体现为下侧分位数与中位数的差异。

最后,不同维度的非认知能力的特征效应和报酬效应有所区别。一方面,在分布左端,非认知能力的特征效应对数学和英语成绩主要体现在自尊、自我控制和人际交往,但在分布右端主要体现在学校适应。对于语文成绩,非认知能力的特征效应在分布左端主要体现在自尊、自我控制和学校适应,但在分布右端主要体现在人际交往。另一方面,对数学和语文成绩而言,自尊是非认知能力报酬效应的重要组成部分,特别是对处于分布右端的学生而言,自尊的报酬效应为负。自我控制的报酬效应对数学成绩为负,但对语言类学科成绩为正。人际交往和学校适应的报酬效应在语言类学科成绩分布右端为负。

本章主要得到如下启示。首先,相关研究表明,由于生理原因,男生的心智成熟较晚,男生的非认知能力发展本来就滞后于女生。男生随着年龄的增长能在一定程度上缩小其在非认知能力上与女生的差距,从而缩小学业成绩的性别差异。但"男孩危机"(boys' crisis)、"性别逆转"(gender reversal)等现象在世界范围内普遍出现,许多研究者将其归因于学生早期非认知能力发展的性别差异。因此,在尊重儿童成长和心理发展等教育规律的同时,提高男生的非认知能力,完善非认知能力对男生学业成绩的影响机制,对缩小男生与女生在学业表现上的劣势至关重要。其次,提高男生的自尊心和自信心,增强自尊心和自信心对学业成绩的影响程度,有助于改善其在学业表现上的落后态势。对优生而言,提高男生的学校适应性和人际交往能力,改善其对男生学业成绩的影响机制,也能够帮助男生提高其学业表现。最后,学业成绩分布、非认知能力特征效应的性别差异主要体现为下侧分位数和中位数的差异。因此,教师应更加关注男生中后进生非认知能力的塑造和提高,使其具备生活和学习所必需的非认知能力,以帮助其实现良好的学业表现。

参考文献

陈彬莉,白晓曦,2015.家庭社会经济地位、家长同辈群体压力与城镇小学生补习——基于北京市海淀区小学调查[J].清华大学教育研究(5):102-109.

郭继强,姜俪,陆利丽,2011.工资差异分解方法述评[J].经济学(季刊)(1):363-414.

李文道,孙云晓,2012.我国男生"学业落后"的现状、成因与思考[J].教育研究(9):38-43.

孙志军,等,2016.谁在学业竞赛中领先?——学业成绩的性别差异研究[J].北京师范大学学报(社会科学版)(3):38-51.

陶然,孔德华,曹广忠,2011.流动还是留守:中国农村流动人口子女就学地选择与影响因素考察[J].中国农村经济(6):37-44.

王进,陈晓思,2013.学校环境与学生成绩的性别差异——一个基于广州市七所初中的实证研究[J].社会(5):159-180.

BEDARD K,CHO I,2010. Early gender test score gaps across OECD countries[J]. Economics of education review, 29(3):348-363.

BEDARD K,FERRALL C,2003. Wage and test score dispersion: Some international evidence[J]. Economics of education review, 22(1):31-43.

BHARADWAJ P,et al.,2016. The gender gap in mathematics: Evidence from Chile[J]. Economic development and cultural change, 65(1):141-166.

BURGESS S,et al.,2004. Girls rock, boys roll: An analysis of the age 14-16 gender gap in English schools[J]. Scottish journal of political economy, 51(2):209-229.

CHAUDHURI K,ROY S,2009. Gender gap in educational attainment: Evidence from rural India[J]. Education economics, 17(2):215-238.

CORNWELL C, MUSTARD D B,VAN PARYS J,2013. Noncognitive skills and the gender disparities in test scores and teacher assessments: Evidence from primary school[J]. Journal of human resources, 48(1):236-264.

DEE T S,2007. Teachers and the gender gaps in student achievement[J]. Journal of human resources, 42(3): 528-554.

DICKERSON A, MCINTOSH S, VALENTE C,2015. Do the maths: An analysis of the gender gap in mathematics in Africa[J]. Economics of education review, 46(7):1-22.

DINARDO J, FORTIN N M,LEMIEUX T,1996. Labor market institutions and the distribution of wages, 1973 - 1992: A semiparametric approach [J]. Econometrica, 64(5):1001-1044.

DIPRETE T A,JENNINGS J L,2012. Social and behavioral skills and the gender gap in early educational achievement[J]. Social science research, 41(1):1-15.

DUCKWORTH A L,SELIGMAN M E P,2006. Self-discipline gives girls the edge: Gender in self-discipline, grades, and achievement test scores[J]. Journal of educational psychology, 98(1):198-208.

ELLISON G,SWANSON A,2010. The gender gap in secondary school mathematics at high achievement levels: Evidence from the American Mathematics Competitions[J]. Journal of economic perspectives, 24(2):109-128.

FALCH T,NAPER L R,2013. Educational evaluation schemes and gender gaps in student achievement[J]. Economics of education review, 36(5):12-25.

FIRPO S, FORTIN N M,LEMIEUX T,2009. Unconditional quantile regressions [J]. Econometrica, 77(3):953-973.

FORTIN N M, OREOPOULOS P, PHIPPS S, 2015. Leaving boys behind: Gender disparities in high academic achievement[J]. Journal of human resources, 50(3):549-579.

FRYER R G, LEVITT S D,2010. An empirical analysis of the gender gap in mathematics[J]. Applied economics, 2(2):210-240.

GOLSTEYN B H H,SCHILS T,2014. Gender gaps in primary school achievement: A decomposition into endowments and returns to IQ and non-cognitive factors [J]. Economics of education review, 41(3):176-187.

GUISO L, et al., 2008. Culture, gender, and math [J]. Science, 320 (5880):1164.

HAGGER M S, et al.,2010. Ego depletion and the strength model of self-control: A meta-analysis[J]. Psychological bulletin, 136(4):495-525.

HECKMAN J J, STIXRUD J,URZUA S,2006. The effects of cognitive and noncognitive abilities on labor market outcomes and social behavior[J]. Journal of labor economics, 24 (3):411-482.

HEDGES L V,NOWELL A,1995. Sex differences in mental test scores, variability, and numbers of high-scoring individuals[J]. Science, 269(5220):41-45.

HUSAIN M,MILLIMET D L,2009. The mythical 'boy crisis'? [J]. Economics of education review, 28(1):38-48.

KOEDEL C, MIHALY K,ROCKOFF J E,2015. Value-added modeling: A review[J]. Economics of education review, 47(4):180-195.

KOENKER R,BASSETT G,1978. Regression quantiles[J]. Econometrica, 46(1):33-50.

LADD G W, KOCHENDERFER B J,COLEMAN C C,1997. Classroom peer acceptance, friendship, and victimization: Distinct relational systems that contribute uniquely to children's school adjustment? [J]. Child development, 68(6):1181-1197.

LAI F,2010. Are boys left behind? The evolution of the gender achievement gap in Beijing's middle schools[J]. Economics of education review, 29(3):383-399.

LINDQVIST E, VESTMAN R,2009. The labor market returns to cognitive and noncognitive ability: Evidence from the Swedish enlistment[J]. American economic journal: applied economics, 3(1):101-128.

MACHIN S, MCNALLY S,2005. Gender and student achievement in English schools[J]. Oxford review of economic policy, 21(3):357-372.

MACHIN S, PEKKARINEN T,2008. Global sex differences in test score variability[J]. Science, 322(5906):1331-1332.

NOLLENBERGER N, RODRÍGUEZ-PLANAS N,SEVILLA A,2016. The math gender gap: The role of culture[J]. American economic review, 106(5):257-261.

ROSE H,2006. Do gains in test scores explain labor market outcomes? [J]. Economics of education review, 25(4):430-446.

ROSENBERG M,1965. Self-esteem and the adolescent[J]. New england quarterly, 148(2):177-196.

SALISBURY J, REES G, GORARD S, 1999. Accounting for the differential attainment of boys and girls at school[J]. School leadership & management, 19(4): 403-426.

TINKLIN T, 2003. Gender differences and high attainment [J]. British educational research journal, 29(3):307-325.

VANHOUTTE M, 2004. Why boys achieve less at school than girls: The difference between boys' and girls' academic culture[J]. Educational studies, 30(2): 159-173.

YUAN C, ZHANG L, 2015. Public education spending and private substitution in urban china[J]. Journal of development economics, 115(7):124-139.

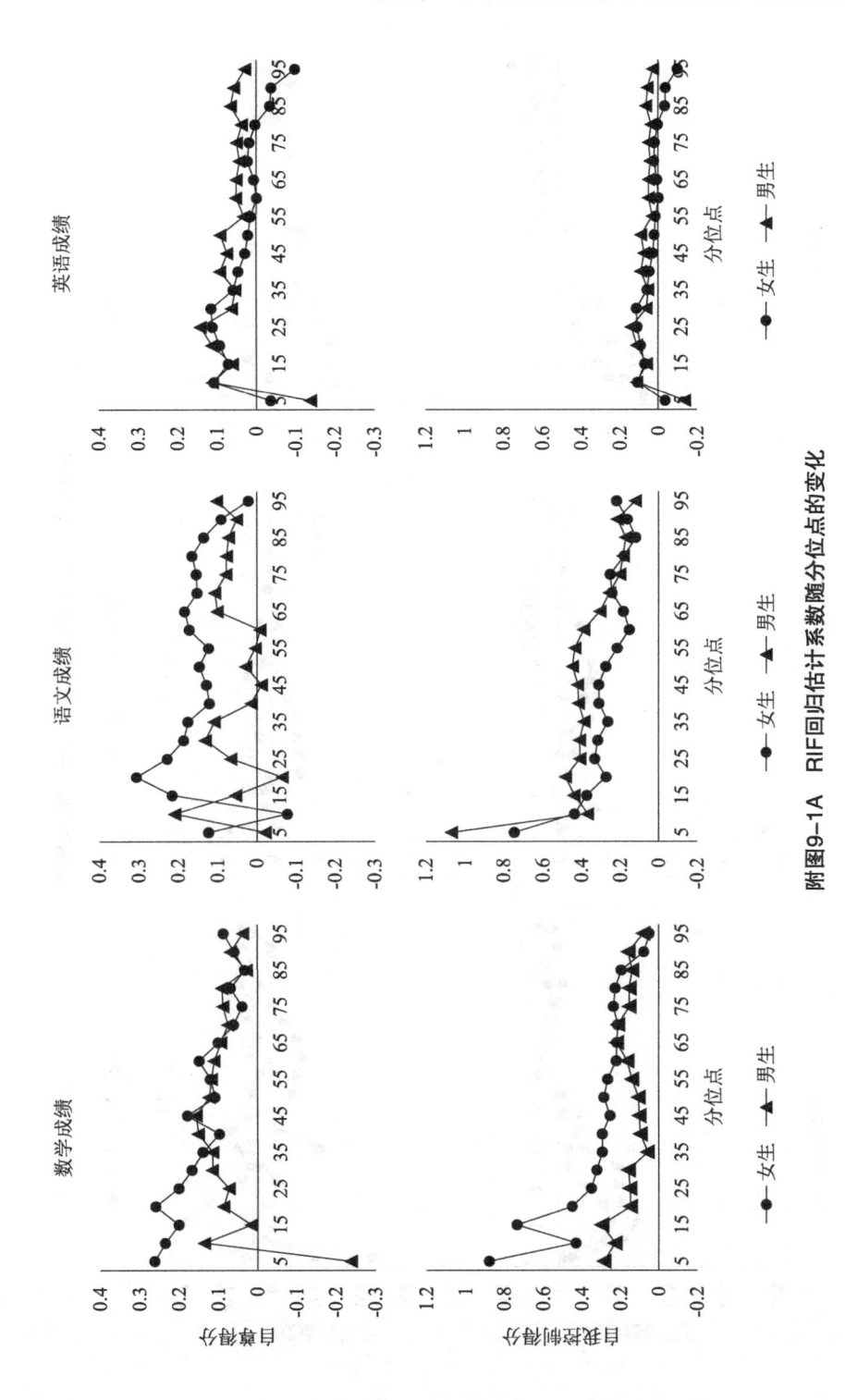

第九章 非认知能力发展与学业成绩分布的性别差异

附图9-1A RIF回归估计系数随分位点的变化

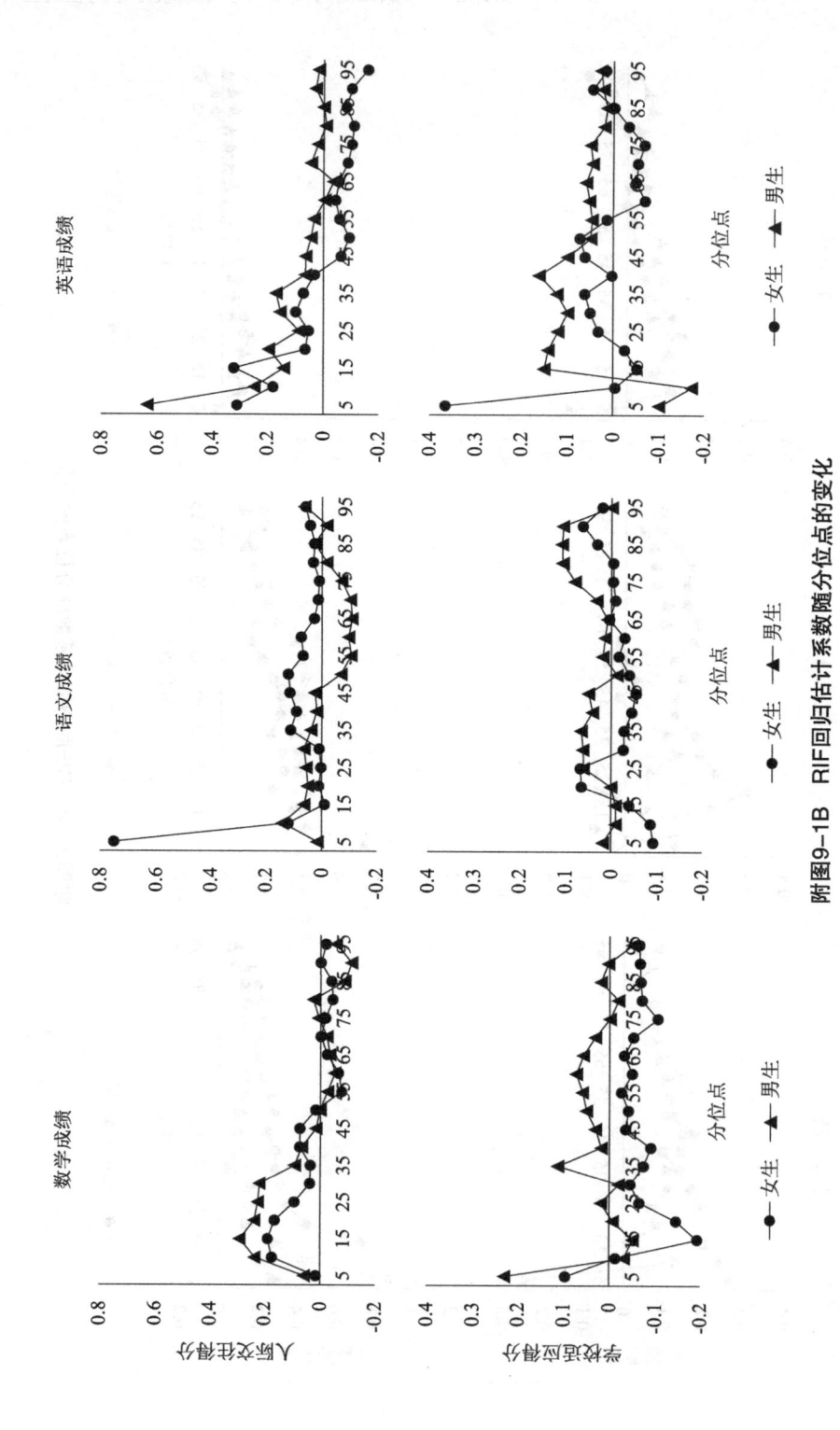

附图9-1B RIF回归估计系数随分位点的变化

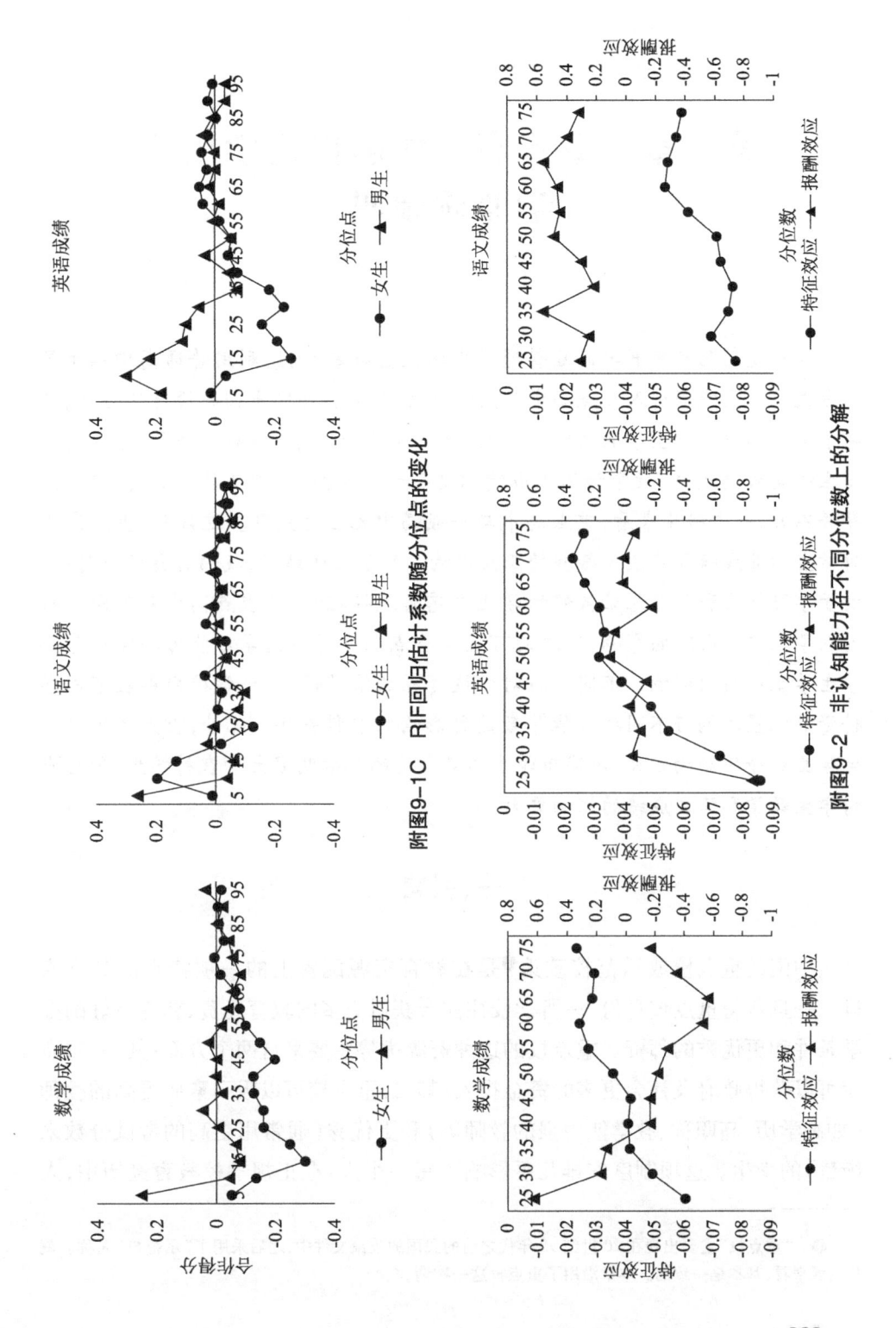

第九章 非认知能力发展与学业成绩分布的性别差异

附图9-1C RIF回归估计系数随分位点的变化

附图9-2 非认知能力在不同分位数上的分解

— 263 —

第十章 重点高中能够提高学生的学业成绩吗

本章使用北京市F县两届普通高中学生全样本数据,利用普通高中招生录取方式对学生能否进入重点高中产生的外生影响,根据断点回归设计的原理,研究了重点高中对学生学业成绩的影响。估计结果表明,就理科生来看,重点高中学生的高考总成绩、数学和语文成绩都要高于一般高中,但从数值上看,这一差异并不大;就文科生来看,重点高中与一般高中无显著差别。这说明,重点高中对学生学业成绩仅产生了微弱的正面影响。对于上述结果,我们需要谨慎对待。由于学习能力和学习基础较好的学生更愿意选择理科,故重点高中对不同学科类别学生学业成绩的影响,反映的可能是重点高中对不同学习能力和学业基础学生学业成绩的影响。不同学科对学校资源的依赖性不同、学校内部在不同学科资源配置的偏好不同也可能导致这种影响的学科差异。此外,重点高中对女生学业成绩的影响更大,对城市学生高考成绩的影响明显大于农村学生,但对农村学生数学和语文成绩的影响更大。

一、引言

中国的重点校或示范校政策[1]是在教育资源配置上的一项特别的制度安排。一旦获得重点校身份,一所学校往往会获得更多的教育经费、拥有更好的办学条件和更优秀的师资。重点校的这种资源优势主要来自两个方面:其一,重点校可以获得政府及社会更多的资金投入;其二,重点校可以吸引素质更高的教师(如高学历、高职称、教学能力强的教师等)和更优秀(通常用更高的考试分数来衡量)的学生。这项制度安排几乎影响了每一个人:在正规学校教育经历中,人

---

[1] "重点校"主要出现在20世纪90年代之前的我国的政策文件中,之后采用了"示范校"名称。就其内涵来看,基本是一致的。本章沿用了重点校这一称谓。

们被分配到重点校和非重点校。学校教育的一个重要的经济价值是提高个体的教育成就从而提升其进入劳动力市场后的生产力(具体可以用更高的收入来衡量)。那么,具有更多资源优势的重点学校是否会实现这种价值?本章以普通高中为研究对象,用学生学业成绩来衡量教育成就,考察这一效应。要回答的最直接的问题是,重点高中能否提高学生的学业成绩?这也有助于我们理解重点校这一资源配置方式是否是有效。

对这一问题的回答,人们通常采用的一个简单方式是比较重点高中和非重点高中学生高考成绩上的差异。众所周知,这一方式也备受指责:重点高中学生的学习能力和学生基础本来就比非重点高中好,其高考成绩高,那是很自然的事情。这道出了测量重点高中因果效应的一个难点:除去学校的影响外,还有学生先天能力、原先的学习基础、学习动机、家庭环境等其他往往难以观测到的因素影响高考成绩,而正如前面提到的,在这些方面表现更好的学生,往往会选择进入重点高中。这一难点也就是计量经济学中所说的自选择问题:那些影响高考成绩的不可观测因素同时也会决定学生能否进入重点高中,从而在估计重点高中效果时得到一个有偏差(往往会高估)的估计结果。

我国高中录取制度会使得学生在重点和非重点高中的分配上产生一个外生的变化,这让我们可以通过构建一个自然实验的"场景",解决上述难题。具体而言,高中的录取方式是根据学生的中考成绩,划定一个分数线来录取,而重点高中的录取线明显要高于非重点高中。可以假定,录取分数线上下一个比较小的范围内,学生的其他特征是相似的,唯一不同的是,高于录取线的进入重点高中,低于的则进入非重点高中,这样,那些进入非重点高中的学生就可以作为进入重点高中的学生的一个良好❶的"控制组"。这一研究思路也是近些年来研究者所广泛采用的断点回归设计。

在理论和文献背景上,本章的主题属于基于教育生产函数框架对学校资源与学生学业成就关系的研究。1966年美国"科尔曼报告"的研究发现,教育产出的差异主要来自家庭背景,而非学校资源投入。这一结果激发了经济学领域数以千计的针对学校资源与学生学业成就之间关系的研究,并在理论和实证模型上将其归结为教育生产函数。学校资源投入与学生学业成绩之间是否真的存在因果关系?为学校和教育"花的钱是有用的吗?(Does Money Matter?)"。围绕这些问题的大量研究并没有得到稳定的、一致的结果(Hanushek,1997,2003)。

---

❶ 即这些非重点高中的学生在其他特征上与重点高中学生是相似的,这正符合随机实验设计的思想。

从方法上看,就如前文所述,回答这一问题面临的一个难题是,学生会根据不可观测的特征选择学校,而这些不可观测特征又会影响学业成绩,这种自选择带来内生性问题会造成 OLS 估计结果的偏差❶。已有许多"高质量"的研究采用各种方法来解决这一识别问题。其中一种典型的研究方法是:利用入学机制对学生在不同学校的随机分配❷,将每所学校作为整体,分析上一所"好学校"能否在学业成绩上给学生带来更多增值❸。比如,Cullen 等(2005)等人利用美国芝加哥地区入学采用的彩票机制(lottery assignment to schools)来构建工具变量,研究学生转入一所好学校能否提高学业成绩,结果并没有发现好学校给学生带来额外的增值;而 Hastings、Weinstein(2007)利用美国北卡罗来纳州夏洛特梅克伦堡县(Charlotte-Mecklenburg)的数据研究发现,学生转到一所好学校提高了其学业成绩。还有几项研究采用了断点回归设计的方法。比如 Pop-Eleches、Urquiola (2013)依据罗马尼亚中学的入学制度构建了大约2000个断点,发现学生就读一所好学校会提高其大学入学考试成绩,这一效果对于那些中学入学成绩比较高的学生更为明显。Jackson(2010)根据特立尼达和多巴哥初中入学机制,通过模拟断点构建工具变量的二阶段估计结果表明,好学校给学生带来的增值高于差学校,且对女孩的增值要远远大于男孩。这两项研究都认为好学校能够提升学生的学业成绩,同时也存在异质性。然而,Clark(2007)利用英国数据的研究,以及 Abdulkadiroğlu 等(2014)利用美国纽约数据的研究则没有发现与此相同的结果。由此可见,就如大量的学校资源与学生学业成绩之间关系的研究文献揭示的那样,在这一问题上,并没有一致的结果和结论。

---

❶ 除去这一问题之外,关于学校资源与学生学业成绩之间关系的研究还面临着模型设定等原因造成的偏差。主要有,第一,一般关于教育生产函数的计量模型无法包括全部学校投入,模型中控制的学校投入变量往往只能反映学校投入的某些方面,而那些不可观测的学校投入又有可能对学生的学业成就起到相当大的作用;第二,由于测量误差的存在,可获得的数据描述的学校投入也并不能准确而真实地衡量教育质量的差异;第三,学校投入并不是完全可加可分的,而是交互影响学生的学业成就,这个三个方面的问题会造成遗漏重要解释变量偏差和测量误差偏差。详细的讨论参见:Hanushek(1979,1986)、Haveman、Wolfe(1995)、Todd、Wolpin(2007)。

❷ 也就是说,现实中学校在教育资源等各方面是不同,"好学校(better school)"是客观存在的,当学生不是随机的分配到这些学校中,而是根据观测和不可观测的特征(如初始学业成绩、先天能力、家庭背景)选择进入时,就形成的所谓自选择问题;当存在某种入学政策,会将学生随机分配到各类学校中时,就产生一个外生的差异。在相关研究中,学校录取以分数线为标准,在分数线上下一个范围内,学生特征是相似的,但是却进入了不同的学校,这种差异就是外生政策导致的差异。关于"制度带来外生变化构造研究设计"的这一方法传统,参见:Campbell(1969)。

❸ 其他的文献则是研究教育资源的某一方面(如教师质量、学校支出、同辈群体、物质条件等)与学生学业成绩之间关系。

应用中国的微观调查数据,采用学校教育生产函数的框架分析学校资源与学生学业成绩之间关系的研究已经有些文献。如马晓强等人(2006)利用河北省保定市90所普通高中学校的学生成绩数据,薛海平等人(2008)和孙志军等人(2009)利用"甘肃基础教育调查研究"项目2004年调查数据,胡咏梅和杜育红(2008,2009)、胡咏梅和卢珂(2010)利用"西发项目"影响力评价课题的基线调查数据,丁延庆和薛海平(2013)利用2006年昆明市高中调查数据对教育生产函数的估计。在方法上这些研究大多采用的是多层线性模型,存在着模型设定、自选择等问题造成的估计偏差,且各项研究结果反映出的学校投入对学生学业成就的影响并不一致。还有几项研究采用自然实验的方法来识别了学校资源与学生学业成绩间的因果关系。比如 Lai(2011)等人使用北京东城区的数据利用由基于彩票的公开招生制度(lottery-based open enrollment system)所构造的自然实验方法,得到了学校固定效应的无偏估计。他们发现,学校固定效应是学生学业表现的重要决定因素,且学校固定效应与教师职称高度相关。而 Dee、Lan(2015)基于内蒙古高中学生数据采用断点回归设计的方法,发现学生是否就读于重点高中并没有影响其会考成绩和高考成绩,并认为这可能是由污名效应(stigma effect)和教师的重视程度所致[1]。

综上所述,本章的贡献主要有两个。第一,中国的重点高中政策为我们提供了一个能够较好地代理学校资源的制度变量。从政策评估的角度看,这可以为分析重点高中的政策效果提供一些证据;从理论和文献背景来看,可以为"为教育和学校花的钱是有用的吗?"这一问题提供中国的经验证据。第二,高中的录取政策使我们可以沿着"制度带来外生变化构造研究设计"这一方法传统,解决这类研究中普遍面临的识别因果关系的难题,从而得到学校资源与学生学业成就之间更为准确的关系。

---

[1] 前者是指那些通过缴纳择校费进入重点高中的学生为了避免背负差生等名声而较少与正常录取的学生进行交流,从而限制其学业成绩的提高;后者是指以高考为目的的教师没有动机重视学习基础较差的择校生。

二、制度背景

(一)重点高中政策

重点学校是我国特定历史时期为发展基础教育而进行政策设计的产物,是一种有目的、有计划的政府行为,并已经演变成一种制度化的、稳定的教育模式,意在通过政策干预优先发展重点学校以"快出人才、多出人才、出好人才",推动基础教育的普及向高质量、高效率方向发展,并对基础教育的普及起到示范和引导的作用。

我国重点学校的兴办始于1953年5月,中共中央政治局举行会议讨论教育工作,毛泽东提出、会议决定"要办重点中学";同年6月,教育部出台了《关于有重点地办好一些中学和师范学校的意见》,这是中华人民共和国成立以来最早关于重点学校制度建设的政策文本,重点学校的实践和探索大幕就此拉开。1962年12月,教育部出台《关于有重点地办好一批全日制中小学的通知》,重点学校政策初步形成。1977年5月邓小平在谈到"尊重知识,尊重人才"问题时指出:"办教育要两条腿走路,既注意普及,又注意提高,要办重点小学、重点中学、重点大学"。1978年1月,教育部颁发《关于办好一批重点中小学试行方案》,在全国确定了20所部署重点中小学名单,使重点学校问题在不到一年的时间里完成了从策略构思层面向政策施行层面的转换。1980年10月,教育部颁发《关于分期分批办好重点中小学的决定》,将办好重点中小学提升为战略措施。

20世纪90年代,"重点高中"的提法被明确改为"示范高中"。1994年,国务院在颁布《关于"中国教育改革和发展纲要"的实施意见》中用"示范性高中"取代"重点高中"。实施意见提出:"每个县要面向全县重点办好一两所中学,全国重点建设1000所左右实验性、示范性的高中。"1995年,原国家教委发出《关于评价验收1000所左右示范性普通高级中学的通知》,提出根据有计划、有步骤、分期分批建设的原则,将于1997年前后,分三批评价验收1000所左右示范性高中。根据国家教委1995年颁布的《示范性普通高级中学评估验收标准》,"示范性高中是指全面贯彻教育方针,办学思想端正,积极开展教育教学改革,教师素质和办学条件好,管理水平和教育质量高,办学有特色,学生德智体全面发展,有较长的办学历史,在省(自治区、直辖市)内、外有较高声誉的普通高级中学"。该文件对重点高中在班级数量和规模、校园和校舍占地面积、实验室和图书馆资源、体育运动场地、教育经费来源和生均教育经费、教师的学历和职称、课程设置和教学改革等方面的标准做出了严格的规定和要求。因此,如果某普通高中通过了国家教委关于示范性普通高中的验收,说明该高中的各项学校投入均已达到相应标准,其学校资源投入要显著优于一般高中。

(二)普通高中招生录取制度

由于重点高中政策的初衷就是"把最优秀的人集中在重点中学",通过更为优质的学校资源投入培养学生,以达到"快出人才、多出人才、出好人才"的目的,那么十分有限的教育资源就要求我们制定详细的标准、设计严格的考试来甄别与选拔义务教育阶段的优秀学生。根据2005年教育部出台《关于基础教育课程改革实验区初中毕业考试与普通高中招生制度改革的实施意见》,该文件明确指出:"普通高中招生要坚持学生自愿、综合衡量、择优录取的原则。学业考试成绩和综合素质的评价结果应成为普通高中招生的主要依据。"初中毕业生学业考试❶是义务教育阶段的终结性考试,目的是全面、准确地反映初中毕业学生在学科学习方面所达到的水平,其考试结果既是衡量学生是否达到毕业标准的主要依据,也是高中阶段学校招生的重要依据。初中毕业生综合素质评价的结果包括综合性评语和等级两部分,它在学生的自我评价和学生互评的基础上,以实证性材料和数据为基础,由班级评价工作小组进行评定,实质上是一种主观性评价。但在实践中,这种评价方式对学生的区分度较小,且无法保证客观和公正,易于"暗箱操作",难以在实质上成为普通高中招生的可操作性的合理依据。因此,初中毕业生学业考试成绩(即中考成绩)就成为普通高中招生录取的唯一可操作性依据。

目前,一般情况下,普通高中录取分为提前招生录取、"名额分配"录取和统一招生录取三个阶段进行❷。能够参与提前招生录取的一般为省(自治区、直辖市)教委批准的普通高中特长班、中外合作办学项目和特色高中改革试验项目。"名额分配"录取是指,重点高中部分名额分配由各普通初中根据初三毕业生人数按比例推荐,但仍需参加该省(自治区、直辖市)统一的高级中等学校招生考试。统一招生录取是受众群体最为广泛的招生录取方式,即按照中考成绩,从高分到低分,依照志愿顺序,择优录取,被提前招生录取和"名额分配"录取的考生不再参加统一招生录取。一般来说,在统一招生录取阶段,重点高中将会根据本

---

❶ 这里的"初中毕业生学业考试"即"高级中等学校招生考试",简称"中考"。
❷ 普通高中招生录取的具体方式在不同地区差别较大,因此,在介绍这部分内容时,以本书的研究对象F县为例。

年度的招生计划确定该学校的统招线和择校线。如果学生的中考成绩高于重点高中的统招线,那么该生就有资格进入重点高中;如果学生的中考成绩低于重点高中的统招线但高于重点高中的择校线,那么该生只有在交纳一定数额的择校费或赞助费后才有资格进入重点高中;如果学生的中考成绩低于重点高中的择校线,那么该生没有资格进入重点高中。

三、研究设计

(一)基本思路与方法

如上文所述,在现行的普通高中招生录取方式下,以中考成绩为条件的上重点高中的学生比重的分布不会是连续的,而是会出现跳跃。这个不连续性存在两种情况,从而形成了断点回归的两种估计思路。第一种情况是重点高中严格按照分数线录取,而且所有学生都会服从这一安排,即如果学生中考成绩高于录取线,就会被重点高中录取,否则,就不被录取。这种情况下学生上重点高中的可能性会在录取线处发生一个由 0 到 1 的跳跃:低于录取线的学生上重点高中的比例为 0,高于的则为 1。具有这种特征的断点估计被称为清晰断点回归设计(Sharp RD,SRD)。但是,现实中的高中录取并非完全遵循这种严格的录取机制。一些高于录取线的学生,由于个人偏好、误填志愿等因素,可能没有读重点高中。同时,一些低于录取线的学生,可以利用各种条件进入重点高中(如"条子生""关系生")。此外,录取线上统招线和择校线之分也会使得严格录取机制在一定范围内失效。在这种情况下,不连续性或跳跃不是表现为由 0 至 1 的改变,而是在录取线附近,那些中考成绩高于录取线的学生上重点高中的概率,要明显高于那些低于录取线的学生。具有这种特征的断点估计被称为模糊断点回归设计(Fuzzy RD,FRD),在计量经济学文献上已经被充分讨论过(Hahn et al.,2001;Chen,Van der Klaauw,2008;Imbens,Lemieux,2008;Lee,Lemieux,2010)。本章采用的就是这种估计策略。

FRD 的估计策略其实就是构建工具变量采用二阶段最小二乘法(2SLS)的估计方法。基本研究思路如下:由于学生个体特征、选择偏好等不可观测因素既影响学生是否上重点高中,又影响学生的高中学业成绩,那么是否上重点高中在一般的 OLS 估计模型中就是一个内生变量,这样估计出来的重点高中对学生学业成绩的影响是有偏且不一致的,如果能够为是否上重点高中找到一个合适的工具变量,并采用 2SLS 估计,就可以解决这一问题。由于普通高中招生录取制度对于学生来说是外生的,我们就可以考虑用学生的中考成绩是否达到重点高中的录取线作为工具变量。然而,对于所有学生来讲,这个工具变量依然是一个内生变量,因为学生的能力因素既与学生的中考成绩是否达到重点高中录取线相关,又与学生的高中学业成绩相关。但是,以中考成绩为条件的学生上重点高中的概率分布是不连续的,存在着跳跃点(即录取线),如果我们把样本限制在重点高中录取线附近的学生,这部分学生的不可观测特征是大致相似的,同时在这个小的区域内比较好的控制住中考成绩,那么这部分学生是否上重点高中就是被随机决定的。这样,我们再利用工具变量的思想,把高于和低于重点高中录取线的人作为处理组和控制组,从而估计出重点高中对高中学业成绩的影响。

具体来说,设 x_i 为学生 i 的中考成绩,在 RD 中称为驱动变量,x_0 为重点高中录取线;虚拟变量 D 为是否上重点高中,值定义为:上重点高中 = 1,否则 = 0;Y_i 为学生 i 的高中学业成绩,是我们关心的结果变量;ρ 衡量重点高中对学业成绩的影响。在局部连续性的假设下,只要上重点高中的概率有跳跃,给定带宽 $h > 0$,在重点高中的录取线周围区域 $[x_0 - \delta, x_0 + \delta]$,可以得到重点高中对学生高中学业成绩的效应,即:

$$\rho = \frac{\lim_{h \to 0} E(Y_i | x_0 < x_i < x_0 + h) - \lim_{\delta \to 0} E(Y_i | x_0 - h < x_i < x_0)}{\lim_{h \to 0} E(D_i | x_0 < x_i < x_0 + h) - \lim_{\delta \to 0} E(D_i | x_0 - h < x_i < x_0)} \quad (10.1)$$

以上式计算的 ρ 是局部平均处理效应(Local Average Treatment Effect, LATE)(Imbens, Angrist, 1994),采用的方法是非参数估计。需要注意的是,我们在这里识别的仅仅是上重点高中对于"顺从者(compliers)"的处理效应,这里的"顺从者"是指高于重点高中录取分数就上重点高中而低于重点高中录取分数线就不上重点高中的那部分学生。

在经验研究实践中,针对断点回归的上述非参数估计方法并未得到广泛应用,大部分应用性的断点回归设计仍然采用参数估计方法。在 FRD 框架下,上述非参估计方法实质上等价于下面的二阶段局部多项式参数估计方法:

第一阶段回归的基本模型为:

$$D_i = \gamma_0 + \gamma_1 T_i + \gamma_2 k(x_i - x_0) + \gamma_3 T_i \cdot k(x_i - x_0) + \gamma_4 Z_i + \mu_i \quad (-h \leqslant x_i - x_0 \leqslant h, h > 0) \quad (10.2)$$

第二阶段回归的基本模型为:

$$Y_i = \alpha_0 + \rho D_i + \alpha_2 k(x_i - x_0) + \alpha_3 T_i \cdot k(x_i - x_0) + \alpha_4 Z_i + \sigma_i \quad (-h \leqslant x_i - x_0 \leqslant h, h > 0) \quad (10.3)$$

上述估计得到的 ρ 即是两阶段最小二乘估计量。关于变量、模型设定和参数的选取，做以下几点说明。

第一，T 表示是否高于录取线，作为内生变量 D 的工具变量，值定义为：是 = 1，否则 = 0。为最大限度地避免因遗漏能力因素和原先的学习基础而导致的内生性问题对估计结果的影响，同时提高驱动变量和结果变量关于中考成绩在录取线附近的拟合程度以提高估计效率，参考 H 即关于中心化处理以后的中考成绩标准分的多项式。为允许上 eckman、Robb(1985)的方法，引入"控制函数" $k(x_i - x_0)$，重点高中的概率在断点两侧都可以出现斜率的变化，Imbens、Lemieux(2008)建议将工具变量 T_i 和中心化处理后的中考成绩 $x_i - x_0$ 的交互项 $T_i \cdot k(x_i - x_0)$ 作为控制变量包括在式(10.2)中。此外，我们假定在学业成绩方面，重点高中对学习能力和学习基础不同（即中考成绩不同）的学生的影响是同质的，故式(10.3)不包括处理变量 D_i 和 $x_i - x_0$ 的交互项 $D_i \cdot k(x_i - x_0)$，而是控制 $T_i \cdot k(x_i - x_0)$ 以提高估计的效率。Z_i 为其他控制变量。从理论上讲，为了达到一致的估计量是不需要这些控制变量的，在断点回归设计中加入控制变量仅为提高估计效率(Lee，Lemieux，2010)，故是否加入控制变量以及加入多少控制变量并不影响我们对处理效应的估计。

第二，对于多项式次数的选取，用于检验截面有效性的赤池信息准则(Akaike Information Criterion，AIC)是一种有效且可行的方法，它可以权衡所估计模型的复杂度和此模型拟合的优良性(Blacket et al.，2007)。这个方法还有两个更为简洁的替代方法：一种是直接考察经自由度调整后的拟合优度，即调整的 R^2，调整的 R^2 值最大的回归模型中多项式的次数就是最佳次数；二是加入更高阶的多项式，直到这些多项式不再具有统计意义上的联合显著性。本章主要通过后两种方法选取多项式的次数。一般而言，两阶段回归可以选取相同的多项式次数(Lee，Lemieux，2010)。

第三，局部多项式回归估计系数的精确程度随带宽值(h)的增加而下降，对处理效应的估计可能在较大的带宽值下出现偏误，因此带宽 h 的选取对局部多项式回归估计尤为重要。Ludwig、Miller(2007)提出了应用交叉验证留一法(Leave one out cross validation，LOOCV)选择带宽值，他们认为最优带宽值即使得 Y 的预测值和实际值差值的平方的平均值最小的带宽值；Imbens、Lemieux(2008)进一步指出，在 FRD 框架下，最优带宽为结果变量回归和处理变量回归分别决定的最优带宽的最小值。但是以上方法非常繁琐，在实践中，我们往往根据前人的研究选择带宽的经验值,比如 Hahn 等(2001)认为最优带宽应该与 $N^{-1/5}$（N 为样本量,下同）成比例,Imbens、Lemieux(2008)则认为最优宽带应该与 $N^{-1/2}$ 成比例,Ludwig、Miller(2007)选择的宽带只涵盖断点左右两侧各 5% 的样本。Imbens、Lemieux(2008)建议两个阶段的回归选取相同的带宽值。

(二)FRD 有效性检验

上述 FRD 的估计方法依赖于几个假定条件,具体估计中需要对这些假定进行检验,才能最终说明 FRD 估计结果是有效的。这些假定及相应的检验方法如下。

第一,断点估计的稳健性和对带宽变化的敏感性。这可以通过报告不同带宽值下的局部多项式估计加以考察。

第二,驱动变量(中考成绩)在断点处的连续性假定及检验。如果中考成绩被学生个体"精确地控制"(precise control),那么中考成绩的分布就会在重点高中录取分数线处出现断点。如果中考成绩存在完全的选择性,那么中考成绩就会存在选择性偏差,从而导致断点设计无效。McCrary(2008)指出,检验驱动变量连续性的一种方法是检验驱动变量密度函数的连续性,对于每个个体来说,驱动变量的密度是连续的,那么对于总体来说,驱动变量的边缘概率密度也是连续的。如果在断点处,驱动变量的概率密度未出现跳点,这就在某种程度上为驱动变量未受到个体"精确地控制"提供了最为直接的证据。因此,我们通过考察中考成绩的概率密度来检验模型设计是否满足驱动变量的连续性假定。

第三,其他会影响结果 Y 的控制变量在断点处的连续性假定及检验。如果还有其他影响结果 Y 的控制变量在断点处发生跳跃,那么上述估计结果也包含了这些变量的影响,而不完全是重点高中的影响。也就是说,如果断点设计是有效的,那么工具变量仅仅通过学生是否上重点高中影响学生的高中学业成绩,我们不应该看到其他变量在录取线上有任何跳跃。对此,检验的方式是,一方面,可以直观地通过图形分析观察每个控制变量在驱动变量的各个取值上的条件期望值,如果每个个体的这些特征变量都是连续的,那么总体也应该是连续的;如果这些控制变量在断点附近的期望值是平滑的,那么就满足控制变量的连续性假定。另一方面,Lee(2008)曾为我们提供了一个可操作的连续性检验方法,以考察控制变量是否在断点处有断点,有关这种检验的基本估计方程如下,对于第 k 个控制变量来说:

$$Z_i = \beta_0 + \beta_1 D_i + \beta_3 k(x_i - x_0) + \beta_4 T_i \cdot k(x_i - x_0) + \varepsilon_i \quad (10.4)$$

如果 β_1 的估计系数不具有统计显著性,则满足连续性假定。但后来,Lee、Lemieux(2010)指出,以上方法存在的最大问题是,某些控制变量取值可能随机地在断点处具有统计显著的差异,因此十分有必要将多个控制变量的检验合并成一个检验,来考察各个控制变量对应的方程中的 β_1 是否联合显著地异于 0。实现上述目的的一个简单做法就是似不相关回归(Seemingly Unrelated Regression,SUR)方法。和 Lee(2008)的方法类似,假设模型中有 k 个控制变量,首先估计以下方程组:

$$Z_{k\times i} = \beta_{k0} + \beta_{k1}D_i + \beta_{k3}k(x_i - x_0) + \beta_{k4}D_i \cdot k(x_i - x_0) + \varepsilon_{k\times i} \quad (10.5)$$

然后检验 $\hat{\beta}_{k1}$ 是否联合显著地异于 0。在不存在断点的原假设下,Wald 统计量为 $N\hat{\beta}'_{k1}\hat{V}^{-1}\hat{\beta}_{k1}$ 符合自由度为 k 的 χ^2 分布,其中,$\hat{V}$ 是 $\hat{\beta}_{k1}$ 渐进方差的一致估计。

第四,为了说明估计得到的显著的重点高中录取线处的跳跃点不是由于样本或模型设定的缘故,我们在重点高中录取分数线前后取点,进行了与前面类似的局部多项式估计,看是否在这些假想的断点处还能估计出显著的结果,以验证我们断点设计的有效性。

四、数据、变量与断点的识别

(一)数据与样本筛选

本章所用数据来源于我国北京市的一个县(F县)。该县共有 17 所普通高级中学,其中重点高中有 4 所。我们获得了 2009 届和 2010 届该县全部学校的 7660 名高中毕业生的个体层面数据,以及对应这两届学生各重点高中在当年的录取线。个体层面数据包括学生中考综合成绩、高考综合成绩、高考数学和语文成绩、科类(文理科、特长生)、性别、高考时年龄、户口性质等信息。但是有些信息并不完整,比如,一些学生的中考成绩缺失,有的学生类别不太合适纳入分析中。为此,需要对样本进行初步筛选。表 10-1 列出了样本筛选考虑的一些基本信息。

表 10-1 样本筛选

单位:人

届别	学生总数	异地借读F县高考	缺失中考成绩	特长生	极端值	有效样本
2009 届	4395	25	1184	53	16	3117
2010 届	3265	26	421	31	11	2776
总计	7660	51	1605	84	27	5893

首先,样本中只包括在 F 县参加高考的个体,所以高中在 F 县借读但回原籍地参加高考的个体不包含在本样本中;其次,我们剔除了中考成绩数据缺失的个体,缺失的原因可能是不完整记录、缺考、初中在异地借读等;再次,我们剔除了高中在异地借读但回 F 县参加高考的个体,这部分样本虽然包含中考成绩和高考成绩等数据,但缺失所在高中的具体信息;最后,由于特长生与其他学生有显著的系统性差异,这部分学生应从样本中剔除。除此之外,还有一些成绩为 0 的极端值,也从样本中将其剔除。经过上述处理后,最终得到的有效学生样本为 5893 个。

样本结构能够提供关于断点回归是否适用于该研究最基本的证据。如果超过录取线没有上重点和未超过录取线却上了重点高中的学生所占比重过大,就会使得分数线两侧上重点高中的学生比重的分布并没有比较明显的跳跃,这会使得断点回归设计失效。因此,我们有必要对 F 县 2009 届和 2010 届的样本结构进行必要的说明。如表 10-2 所示,无论是分届别看还是总体看,重点高中学生低于 4 所重点高中统招线最低分和择校线最低分的学生所占比重分别低于 30%和 10%,一般高中学生高于 4 所重点高中统招线最低分和择校线最低分的学生所占比重分别低于 40%和 60%,故本章使用的样本是有效的(Park et al., 2015)。

表 10-2 样本结构

届别	统招线最低分	择校线最低分	重点高中学生(人)	重点高中学生低于统招线最低分(人)	重点高中学生低于择校线最低分(人)	一般高中学生高于统招线最低分(人)	一般高中学生高于择校线最低分(人)
2009 届	454	436	179(57.72)	459(25.51)	161(8.95)	347(26.33)	722(54.78)
2010 届	451	433	187(67.47)	300(16.02)	158(8.44)	301(33.33)	477(52.82)
合计	—	—	367(62.31)	759(20.67)	319(8.69)	648(29.18)	119(53.98)

注:括号内为百分比。

(二)变量及数据的描述统计

在 FRD 研究设计中的结果变量 Y 是高考成绩,包括综合成绩、数学和语文成绩。核心解释变量 D 为学生是否就读重点高中,其系数衡量了重点高中的效果(处理效应)。驱动变量 X 是中考成绩,衡量断点的虚拟变量 T 为中考成绩是否超过重点高中录取线。

中考成绩和高考成绩是本章的两个重要变量。F县中考成绩为数学、语文、英语、物理、化学和体育六个科目成绩的加总,满分为580分。高考成绩为数学、语文、英语、文科综合或理科综合四个科目成绩的加总,满分为750分,其中数学和语文各120分。表10-3列出了各类成绩的平均值和标准差。从中可以看出,无论是中考还是高考成绩,重点高中的都要大大高于一般高中。比如就理科生的高考成绩来看,2009届和2010届重点高中的学生比一般高中分别高了98分和135分,如前文所述,这一差异既包含了重点高中的影响,也包含其他因素的影响,以此作为重点高中对学生学业成绩的效果,就可能会存在较大的偏差。

表10-3 学生考试成绩描述统计

单位:分

项目		重点高中		一般高中		全部高中	
		平均值	标准差	平均值	标准差	平均值	标准差
2009届理科 (N=2266)	中考成绩	474.9	18.1	433.3	20.5	460.3	27.4
	高考成绩	448.1	65.8	349.8	66.0	413.6	80.9
	高考数学成绩	102.7	17.9	76.6	23.1	93.5	23.5
	高考语文成绩	96.8	11.0	86.2	11.2	93.0	12.2
2009届文科 (N=851)	中考成绩	465.4	21.9	425.6	24.5	441.0	30.5
	高考成绩	457.3	65.0	381.0	73.6	410.4	79.6
	高考数学成绩	101.8	19.2	76.5	27.0	86.2	27.4
	高考语文成绩	99.2	11.5	89.2	12.2	93.0	12.9
2010届理科 (N=2028)	中考成绩	475.4	19.6	432.0	20.4	464.2	27.4
	高考成绩	431.4	89.4	296.4	91.7	396.7	107.6
	高考数学成绩	88.7	19.0	65.6	18.9	82.8	21.5
	高考语文成绩	103.6	10.6	92.0	10.7	100.6	11.8
2010届文科 (N=748)	中考成绩	469.6	21.4	422.9	25.4	445.7	33.2
	高考成绩	432.0	90.9	310.1	91.1	369.6	109.5
	高考数学成绩	99.2	20.9	78.5	21.8	88.6	23.7
	高考语文成绩	107.0	11.3	94.4	10.9	100.6	12.7

由于我们是将两届学生混合在一起进行估计,不同届学生的考试成绩原始分不具有可比性,在后面的实际分析中,采用的是中考和高考成绩标准化后的分数。其中,中考成绩标准分 $std(HS_{ij})$ 的计算公式为:

$$std(HS_{ij}) = \frac{HS_{ij} - \overline{HS_j}}{sd(HS_j)} \qquad (10.6)$$

其中，HS_{ij}表示第j届第i个学生的中考成绩，$\overline{HS_j}$表示第j届全部普通高中学生中考成绩的平均值，$sd(HS_j)$表示全部普通高中学生中考成绩的标准差。

高考成绩标准化得分的定义如式（10.7）所示。与式（10.6）唯一的区别是，各项的角标都增加了p。由于高中阶段要进行文理分科，文科学生和理科学生在知识内容和考核范围上存在很大区别，因此，学生高考成绩的标准化需要在各自学科领域内进行：

$$std(CS_{ipj}) = \frac{CS_{ipj} - \overline{CS_{pj}}}{std(CS_{pj})} \qquad (10.7)$$

表10-4 其他控制变量描述统计

届别	男生	城市户口	高考时年龄
2009届	1426（45.75）	987（31.67）	18.61（0.59）
2010届	1209（43.55）	940（33.86）	18.45（0.58）
合计	2635（44.71）	1927（32.70）	18.54（0.59）

注：男生和城市户口的单位是人，括号内为百分比；高考时年龄的单位是岁，括号内为标准差。

除此之外，本章将学生性别、户口和高考年龄作为模型中的其他控制变量。这些变量的描述性统计如表10-4所示。总体来说，男生所占比重约为45%，城市户口学生约为32%，学生高考平均年龄约为18.5岁，且两届学生的样本结构大体相同。

（三）断点识别

应用断点回归设计的关键条件之一是：驱动变量的期望值在断点两侧必须存在跳跃点。图10-1分别给出了理科生和文科生中心化处理后的中考成绩标准分与上重点高中的学生所占比重的关系图，其中，左图和右图的横轴分别是以统招线和择校线做中心化处理后的中考成绩标准分，纵轴均为重点高中的学生所占比重，灰色曲线为局部多项式回归拟合线。如左图所示，无论对于理科生还是文科生来说，在统招线处，上重点高中的学生所占比重从20%骤然上升至60%左右，出现了十分明显的跳跃。这说明，在统招线处，存在断点。而从右图来看，无论对于理科生还是文科生来说，在择校线处附近，上重点高中的学生所占比重集中于10%～20%，没有出现十分明显的跳跃，故不存在断点。因而，后文的分析将以统招线作为断点。

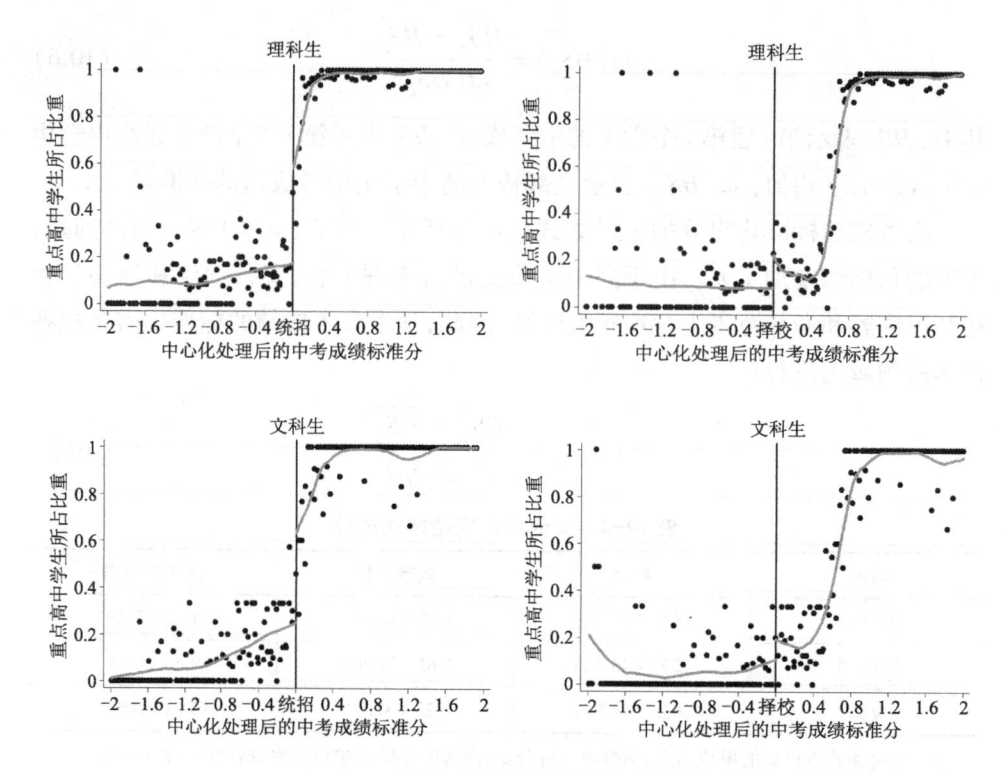

图 10-1 断点示意图

应用断点回归设计的另一关键条件是:结果变量的期望值在断点两侧也必须存在跳跃点。只有统招线两侧重点高中学生和一般高中学生的学业成绩存在跳跃点,才有可能说明学业成绩的差异是由是否上重点高中所致。图 10-2 给出了中心化处理后的中考成绩标准分和高考成绩标准分的基本关系,横轴均为以统招线做中心化处理后的中考成绩标准分,纵轴从上至下依次为高考综合成绩、数学成绩和语文成绩的标准化得分,实心点和空心点分别代表重点高中和一般高中,实线和虚线分别为重点高中和一般高中学生中心化处理后的中考成绩标准分和高考成绩标准分的局部多项式回归拟合线。

根据图 10-2,在每幅图的重点高中统招线(即断点)处附近,实线均位于虚线之上,这表明在中考成绩相同的学生中,重点高中学生的高考综合成绩、数学成绩和语文成绩在平均水平上都高于一般高中学生。此外,还可以发现,重点高中理科生的高考成绩超出一般高中的幅度要大于文科生,重点高中学生与一般高中学生差异最大的是高考综合成绩,其次是数学成绩,最小的是语文成绩。

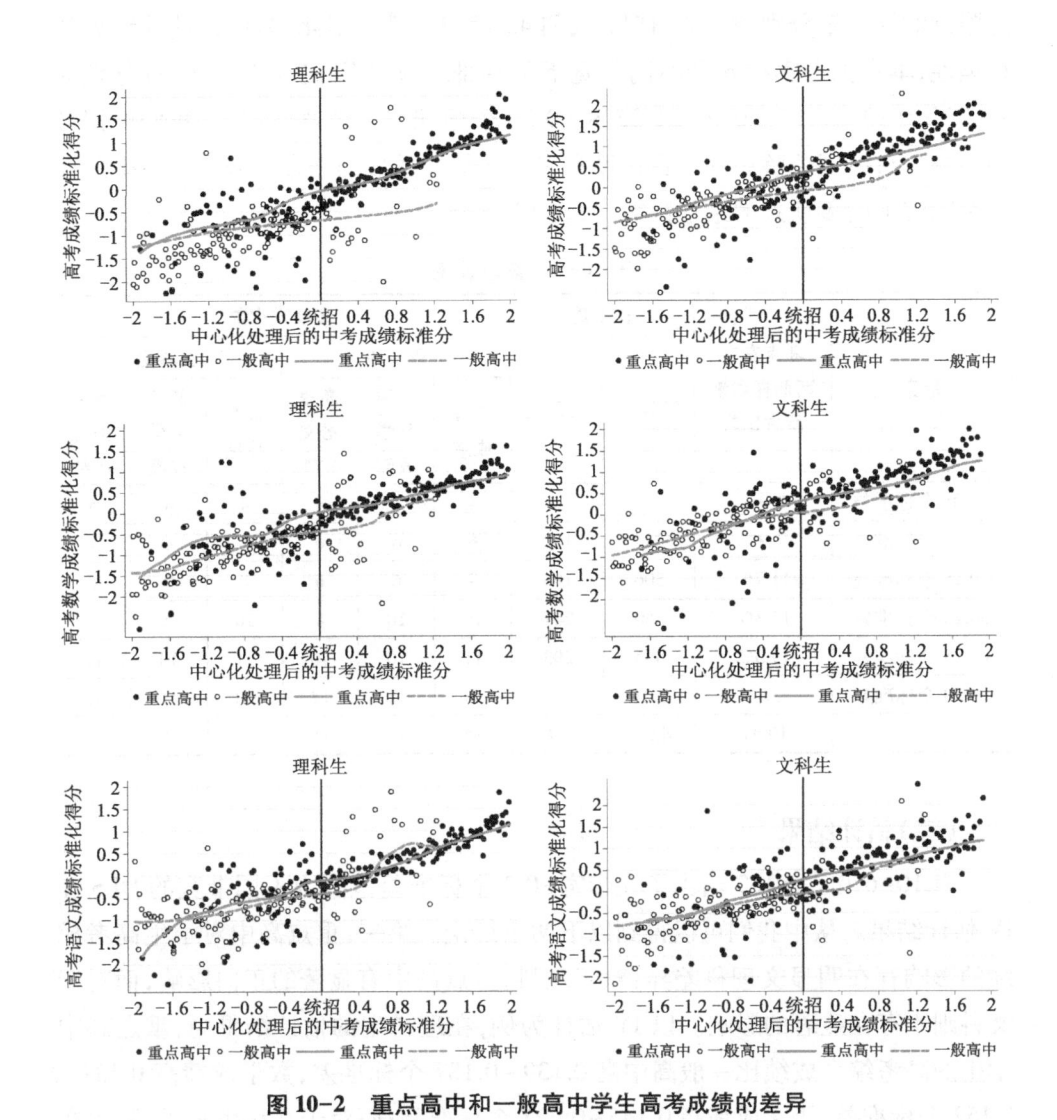

图 10-2 重点高中和一般高中学生高考成绩的差异

五、研究结果

（一）带宽与多项式次数的选取

局部多项式回归的关键之一是确定多项式的次数和带宽。按照经验原则，局部多项式回归所涵盖的断点附近的样本量应该在总样本量的 2.6%~35.2% 之间，如果对应到本章中，理科生样本和文科生样本的局部多项式回归所涵盖的断点附近的样本量分别为 112~1511 人和 42~563 人[1]。据此,为保证估计结果的稳健性,本章拟考察在 6 个不同带宽下的局部多项式回归,这六个带宽分别为 ±0.05、±0.10、±0.15、±0.20、±0.25 和 ±0.30 个标准差。带宽确定后,我们根据各回归方程自由度调整后的拟合优度和多项式估计系数的联合显著性检验确定在每个宽带下的多项式的最佳次数,如表 10-5 所示。

表 10-5 参数设定

带宽	断点左右两侧样本量所占比重	样本量		多项式次数					
				理科生			文科生		
		理科生	文科生	高考成绩	高考数学成绩	高考语文成绩	高考成绩	高考数学成绩	高考语文成绩
±0.05 个标准差	3.9%	158	71	4	4	4	4	4	4
±0.10 个标准差	7.9%	334	130	6	6	6	7	6	7
±0.15 个标准差	11.7%	506	184	9	6	6	8	9	6
±0.20 个标准差	15.3%	660	241	10	10	8	10	10	10
±0.25 个标准差	19.3%	845	293	11	10	10	11	10	10
±0.30 个标准差	23.1%	1016	343	13	12	12	12	11	12
全部	100%	4294	1599	14	15	15	17	15	15

(二)估计结果

表 10-6 和表 10-7 给出了在带宽 ±0.3 个标准差范围内不同带宽的 OLS 和 IV 估计结果。从中我们可以得到以下两条结论。第一,重点高中对学生高考成绩的影响存在明显文理科差异:对于理科,重点高中有显著的正向影响,而对于文科则不存在显著的影响。以 IV 估计为例,在理科生的估计结果中,重点高中学生的高考综合成绩比一般高中高 0.139~0.187 个标准差,数学成绩高 0.131~0.152 个标准差,语文成绩高 0.145~0.221 个标准差;而对于文科生来讲,除去在第一个带宽值处的数学成绩外,其他带宽下重点高中学生的高考综合成绩、数学成绩和语文成绩与一般高中学生都不具有统计显著性的差异。

---

[1] 研究主要参考三种最优带宽经验确定原则:根据 Hahn 等(2001)提出的 $N^{-2/5} - N^{-2/5}$ 原则,断点左右两侧样本所占比重为 6.2%~35.2%,对应在本章中,理科生和文科生的样本量分别为 266~1511 人和 99~563 人;根据 Imbens、Lemieux(2008)提出的 $N^{-1/2}$ 原则,断点左右两侧样本所占比重为 2.6%,对应在本章中,理科生和文科生的样本量分别为 112 人和 42 人;根据 Ludwig、Miller(2007)提出的 10% 原则,断点左右两侧样本所占比重为 10%,对应在本章中,理科生和文科生的样本量分别为 429 人和 160 人。参见:Lee、Lemieux(2010)。

第二，比较数学成绩与语文成绩的结果，重点高中对学生高考语文成绩影响的估计系数要略高于对高考数学成绩影响的估计系数，但这并不能说明重点高中对学生语文学习的促进作用比对数学学习的促进作用更大，因为高考语文成绩和高考数学成绩具有不同的标准差。如表10-3所示，高考数学成绩的标准差在22分左右，而高考语文成绩的标准差在12分左右，这样对于理科生来说，重点高中能够使其高考数学成绩提高2.9~3.4分，而只能使其语文成绩提高1.7~2.7分，相比较而言，重点高中对理科生的高考数学成绩影响更大。

总体来说，在不同的带宽下，两种估计方法带来的估计系数虽然数值上因为所取带宽的不同而稍有差异，但在方向上保持一致，且估计数值没有较大波动，因此，我们的估计结果是比较稳健的。

表10-6 断点回归估计结果 I(理科生)

		带宽	±0.05	±0.10	±0.15	±0.20	±0.25	±0.30	全部样本
OLS估计	高考成绩	重点高中	0.147 (0.116)	0.122* (0.071)	0.191*** (0.065)	0.190*** (0.060)	0.166*** (0.053)	0.150*** (0.051)	0.213*** (0.040)
		调整的 R^2	0.442	0.568	0.595	0.604	0.614	0.631	0.704
	高考数学成绩	重点高中	0.355** (0.147)	0.087 (0.103)	0.162* (0.087)	0.189** (0.083)	0.180** (0.073)	0.141** (0.071)	0.222*** (0.050)
		调整的 R^2	0.219	0.251	0.301	0.321	0.388	0.391	0.519
	高考语文成绩	重点高中	0.097 (0.151)	0.126 (0.103)	0.226*** (0.086)	0.232*** (0.078)	0.183*** (0.073)	0.149*** (0.070)	0.089** (0.050)
		调整的 R^2	0.115	0.148	0.158	0.181	0.195	0.203	0.433
IV估计	高考成绩	重点高中	0.128 (0.117)	0.115 (0.071)	0.187*** (0.065)	0.184*** (0.060)	0.158*** (0.054)	0.139*** (0.051)	0.115*** (0.040)
		调整的 R^2	0.440	0.568	0.594	0.603	0.613	0.630	0.702
	高考数学成绩	重点高中	0.338** (0.148)	0.081 (0.103)	0.152* (0.087)	0.184** (0.083)	0.171** (0.073)	0.131* (0.071)	0.135** (0.050)
		调整的 R^2	0.216	0.251	0.301	0.320	0.388	0.390	0.517
	高考语文成绩	重点高中	0.087 (0.151)	0.122 (0.103)	0.221*** (0.086)	0.226*** (0.078)	0.178** (0.073)	0.145** (0.070)	0.038 (0.050)
		调整的 R^2	0.115	0.147	0.157	0.181	0.194	0.203	0.433

注：所有估计系数均为变量"是否上重点高中"的估计系数；*、**和***分别表示估计系数在10%、5%和1%的水平上统计显著；括号中为异方差稳健的标准误。

表 10-7　断点回归估计结果 II（文科生）

带宽			±0.05	±0.10	±0.15	±0.20	±0.25	±0.30	全部样本
OLS估计	高考成绩	重点高中	−0.241 (0.146)	−0.094 (0.095)	−0.050 (0.087)	−0.070 (0.079)	−0.048 (0.072)	0.009 (0.068)	−0.011 (0.053)
		调整的 R^2	0.529	0.577	0.576	0.601	0.603	0.622	0.702
	高考数学成绩	重点高中	0.195 (0.175)	0.044 (0.117)	0.060 (0.102)	0.049 (0.092)	0.058 (0.089)	0.065 (0.084)	−0.004 (0.065)
		调整的 R^2	0.273	0.282	0.341	0.320	0.332	0.315	0.532
	高考语文成绩	重点高中	−0.242 (0.181)	0.008 (0.139)	−0.005 (0.123)	−0.030 (0.110)	0.011 (0.102)	0.080 (0.097)	−0.007 (0.065)
		调整的 R^2	0.265	0.168	0.167	0.174	0.227	0.238	0.467
IV估计	高考成绩	重点高中	−0.051 (0.163)	0.004 (0.096)	0.042 (0.088)	0.020 (0.079)	0.003 (0.072)	0.047 (0.068)	0.043 (0.053)
		调整的 R^2	0.511	0.574	0.576	0.600	0.603	0.623	0.702
	高考数学成绩	重点高中	0.315* (0.180)	0.095 (0.119)	0.103 (0.104)	0.092 (0.093)	0.092 (0.089)	0.093 (0.084)	0.030 (0.065)
		调整的 R^2	0.294	0.285	0.343	0.322	0.333	0.316	0.532
	高考语文成绩	重点高中	−0.142 (0.190)	0.063 (0.140)	0.046 (0.124)	0.016 (0.111)	0.038 (0.103)	0.101 (0.098)	0.014 (0.066)
		调整的 R^2	0.252	0.169	0.167	0.174	0.228	0.236	0.467

注：所有估计系数均为变量"是否上重点高中"的估计系数；*、**和***分别表示估计系数在10%、5%和1%的水平上统计显著；括号中为异方差稳健的标准误。

（三）有效性检验结果

1.驱动变量连续性检验结果

图10-3给出了理科生和文科生的中心化处理后的中考成绩标准分的密度函数图，横轴是中心化处理后的中考成绩标准分，纵轴是频率。如图10-3所示，无论是对于理科生还是对于文科生，中心化处理后的中考成绩标准分的密度函数图在统招线处均未出现跳跃点，故符合驱动变量的连续性假定。实际上，从理论上讲，中考成绩也没有被学生个体精确控制的可能，因为重点高中统招线是在中考结束后根据重点高中招生指标和学生成绩排名共同确定的，学生在中考前并无任何参照。

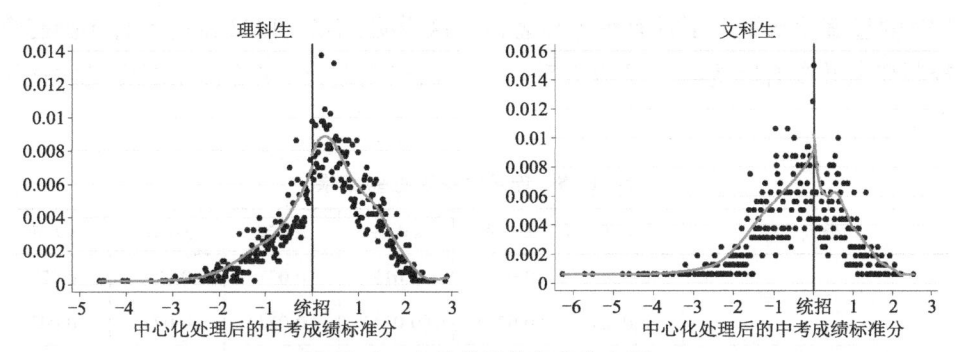

图 10-3　中考成绩的密度分布图

2. 控制变量连续性检验结果

图 10-4 给出了各控制变量在中考成绩上的分布,横轴为以统招线为中心中心化处理后的中考成绩标准分,纵轴从左至右依次为男生所占比重、城镇学生所占比重和高考时平均年龄。如图 10-4 所示,直观地讲,三个控制变量在统招线附近并没有明显的跳跃,而是连续的,基本符合连续性假定。表 10-8 给出的对式(10.5)的估计结果表明,SUR 回归下的联合显著性检验均未能拒绝是否上重

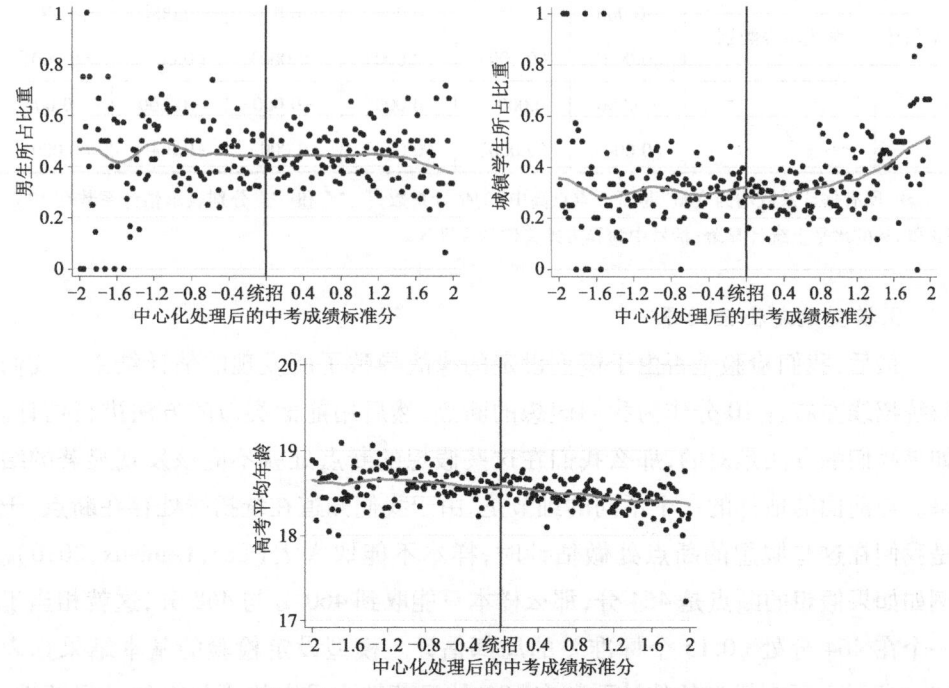

图 10-4　各控制变量在中考成绩上的分布

点高中的估计系数为 0 的原假设,而 IV 估计系数不是统计显著地为 0,就是在 10% 的显著性水平上不具有统计显著性。这说明,年龄、户口和高考时年龄三个控制变量并没有因为学生是否上重点高中而产生差异,即符合控制变量的连续性假定。

表 10-8 连续性假定检验结果

	带宽	±0.05	±0.10	±0.15	±0.20	±0.25	±0.30
OLS 估计	性别	0.009 (0.022)	0.018 (0.024)	0.015 (0.024)	0.021 (0.024)	0.023 (0.025)	0.022 (0.025)
	学生城乡类别	0.210*** (0.021)	0.237*** (0.022)	0.246*** (0.022)	0.261*** (0.023)	0.263*** (0.023)	0.269*** (0.023)
	高考年龄	−0.051** (0.026)	−0.044 (0.028)	−0.049* (0.028)	−0.048* (0.029)	−0.052* (0.029)	−0.053* (0.029)
	Chi 方值	0.16	0.56	0.41	0.73	0.89	0.78
	p 值	0.688	0.455	0.522	0.394	0.345	0.379
IV 估计	性别	0.000 (0.000)	0.000 (0.000)	−0.000** (0.000)	0.000 (0.000)	−0.000 (0.000)	0.000 (0.000)
	学生城乡类别	−0.000 (0.000)	−0.000 (0.000)	0.000 (0.000)	0.000 (0.000)	0.000 (0.000)	−0.000 (0.000)
	高考年龄	−0.000 (0.000)	−0.000** (0.000)	0.000 (0.000)	−0.000 (0.000)	−0.000 (0.000)	−0.000 (0.000)

注:所有估计系数均为变量"是否上重点高中"的估计系数;*、**和***分别表示估计系数在 10%、5% 和 1% 的水平上统计显著;括号中为异方差稳健的标准误。

3. 模型设定检验结果

最后,我们检验是否由于模型设定的缘故导致了所发现的估计结果。我们取统招线左右各 10 分作为我们假想的断点,然后用前面类似的方法进行估计。如果我们的方法是对的,那么我们在这些假想的断点处就不应该发现显著的结果。与前面的估计的一个不同细节是,由于我们知道在统招线处存在断点,于是我们在这些假想的断点处做估计时,样本不能取太大(Lee,Lemieux,2010)。例如如果假想的断点是 464 分,那么样本只能取到 460 分与 468 分,这就相当于一个在 464 分处 ±0.15 个标准差的局部估计。模型设定检验的基本结果如表 10-9 所示。所有模型的估计系数在 10% 的显著性水平上均不具有统计显著性,也就是说在10%的显著性水平上,这些估计系数都与0无差异,这充分说明,我们的断点设计是合适且有效的。

表10-9 模型设定检验结果

假想断点位置		理科生			文科生		
		高考成绩	高考数学成绩	高考语文成绩	高考成绩	高考数学成绩	高考语文成绩
统招线+10分	重点高中	0.180 (0.190)	0.146 (0.203)	-0.092 (0.162)	-0.159 (0.201)	0.135 (0.224)	0.280 (0.177)
	调整的 R^2	0.040	0.024	0.069	0.058	0.071	0.175
样本量		708			147		
统招线-10分	重点高中	0.109 (0.116)	-0.018 (0.140)	0.098 (0.130)	0.000 (0.148)	-0.120 (0.170)	0.036 (0.148)
	调整的 R^2	0.015	0.002	0.048	0.034	0.009	0.061
样本量		351			185		

注:所有估计系数均为变量"是否上重点高中"的估计系数;*、**和***分别表示估计系数在10%、5%和1%的水平上统计显著;括号中为异方差稳健的标准误。

六、分析与讨论

(一)学科差异从何而来

由于我国普通高中遵循着文理分科制度,且高考中的数学试题和综合试题存在显著的学科类别差异,因此我们分文理科对重点高中与学生学业成绩的因果关系进行了识别。研究发现,重点高中理科生的学业成绩显著高于一般高中,但文科生与一般高中无显著差异。基于F的教育教学现状,这可能由以下两点原因所致。首先,理科生和文科生对学校资源投入的依赖性不同。一般来说,理科生对学校投入的依赖性更强,其学业成绩的提高更需要教师的引领和帮助,而文科生对学校投入的依赖性较弱,教师在学生学习过程中主要起到辅助的作用。由于重点高中学校资源投入要明显优于一般高中,因此重点高中显著提高了理科生的高考成绩,却没有对文科生产生显著的影响。

其次,重点高中和一般高中学校内部在文理科生资源配置上的偏好不同。由于高考属于高利害性考试(High stake tests),高考成绩及升学率指标对高中学校教育教学发展具有极强的指挥棒作用,那么学校按照比较优势的原理,将本学校的优势资源投入到具有比较优势的学生群体。因此,重点高中本着"追高求优"的原则,会更加注重理科生的发展,故更为优质的学校资源会流向理科生。与之相反,一般高中本着"拔优求稳"的原则,会更加注重文科生的发展,故一般高中更为优质的学校资源会流向文科生,因此,学校资源流向的倾向性不同,扩大了重点学校与一般学校的理科生学业成绩的差异,而缩小了两类学校文科生学业成绩的差异,这也会造成重点高中对理科生高考成绩影响显著而对文科生高考成绩影响不显著的结果。

正是由于这个原因,在低于重点高中统招线且偏向于理科的学生可能更倾向于上重点高中而不上一般高中,而在重点高中统招线附近偏向于文科的学生可能更倾向于选择一般高中,则学生这种基于学科考虑的选校偏好就有可能造成OLS估计值高估重点高中对理科生高考成绩的影响,但低估重点高中对文科生高考成绩的影响[1],详见表10-6和表10-7。

(二)影响理科生还是绩优生

实际上,上述分析是在命题"重点高中对学生学业成绩的影响存在学科差异"成立的前提下得到的。而该命题成立的先决条件之一就是不同学科类别的学生群体同质[2]。验证该先决条件是否被满足的可行方法是:特征变量不同取值下两个群体学生的数量比例应当是近似相等的。以中考成绩为例,图10-5报告了中考成绩与学生文理科分布的关系。横轴为中心化处理后的中考成绩标准分,纵轴为文科生所占比重。我们发现,文科生所占比重在统招线附近存在明显的断点,且中考成绩越高,最终选择文科的学生比重越小,这表明学习能力和学习基础较好的学生更愿意选择理科。换言之,学生的学科类别对中考成绩是非随机的,与学习能力和学习基础相关。这种现象在重点高中和一般高中均存在。因此,表10-6的估计系数不仅反映了重点高中对理科生学业成绩的影响,也在一定程度上反映了重点高中对学习能力和学习基础相对较好的学生学业成绩的影响,表10-7的估计系数不仅反映了重点高中对文科生学业成绩的影响,也在一定程度上反映了重点高中对学习能力和学习基础相对较差的学生学业成绩的

---

[1] 遗漏重要解释变量(如学生的选校偏好)将导致OLS估计可能产生来自两个方向的偏误,如果遗漏的重要解释变量与上重点高中成正相关,那么OLS估计将会产生向上的偏误,如果遗漏的重要解释变量与上重点高中成负相关,那么OLS估计将会产生向下的偏误。

[2] 换言之,学生的学科类别是外生,并不是内生选择的结果。

影响。因此,我们需要谨慎对待关于"重点高中对学生学业成绩影响存在学科差异"的判断和分析。

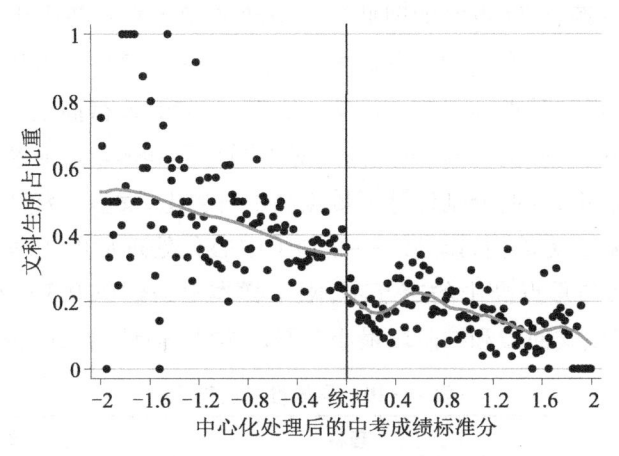

图 10-5 中考成绩与学生学科类别

遗憾的是,基于已有的数据和分析,我们难以区分这两种影响。这里,我们仅提出一个可能的解决策略。学生非随机地选择学科类别,就如同劳动者非随机地选择到不同的部门工作。重点高中对不同学科类别学生学业成绩的影响不同,就如同不同部门的工资决定机制不同。因此,估计重点高中对学生学业成绩的影响,就如同估计不同部门的教育回报率,二者共同面临的都是样本选择问题。Lee(1983)、Maddala(1983)、Durbin、McFadden(1984)、Dahl(2002)等研究为解决多元样本选择偏差问题提供了思路。在本文的研究背景下,其基本步骤是:在第一阶段用多元 logit 或 probit 模型针对全部学生估计其选择不同学科类别的选择方程(选定某一学科为对照组),得到学生选择各个学科类别的概率,并由此构造选择偏差修正项。在第二阶段将选择偏差修正项作为解释变量加入仅包括某一学科类别的估计方程中,从而得到重点高中对每个学科类别学生学业成绩的影响。Heckman(1990)指出,选择方程中必须至少有一个不出现在第二阶段估计方程中的连续变量作为识别变量(Identifying variables)以满足非线性假定。由于本章使用的行政数据提供的变量有限,我们没有找到合适的识别变量(如学生的兴趣爱好等)。

(三)影响是同质还是异质

断点回归设计得到是局部平均处理效应,其估计结果具有多大的普适性值得探讨,特别是当处理效应存在异质性的时候。这个问题在本章中尤为突出。由于断点右侧即高于录取线的学生在重点高中很可能是差生,从而获得低于平均水平的教育资源,而断点左侧即低于录取线的学生在一般高中很可能是绩优生,从而获得高于平均水平的教育资源。因此,将重点高中的差生与一般高中的绩优生比较,以得到重点高中对学生学业成绩的影响,值得商榷。

此外,正如引言所提到的,重点高中对不同特征群体学业成绩的影响也可能存在异质性。这里,我们分别估计了重点高中对男生、女生、城市学生、农村学生学业成绩的影响。为简便,模型统一控制了中心化处理后的中考成绩标准分的6阶多项式及其与重点高中的交互项,限于样本量,选择±0.3个标准差的带宽值,采用局部多项式回归和二阶段最小二乘的方法,估计结果如表10-10所示。

表10-10 异质性检验结果

带宽		理科			文科		
		高考成绩	高考数学成绩	高考语文成绩	高考成绩	高考数学成绩	高考语文成绩
男生	重点高中	0.197 (0.121)	0.075 (0.137)	0.167 (0.123)	0.110 (0.236)	0.161 (0.268)	0.150 (0.242)
	调整的 R^2	0.138	0.145	0.034	0.022	0.031	0.069
	样本量	497			89		
女生	重点高中	0.333*** (0.100)	0.364*** (0.116)	0.258** (0.102)	-0.192* (0.110)	-0.080 (0.107)	-0.030 (0.113)
	调整的 R^2	0.098	0.090	0.049	0.094	0.043	0.063
	样本量	519			254		
城市学生	重点高中	0.364*** (0.130)	0.247 (0.151)	0.198 (0.146)	0.132 (0.163)	0.086 (0.152)	-0.018 (0.182)
	调整的 R^2	0.103	0.105	0.055	0.067	0.058	0.025
	样本量	284			122		
农村学生	重点高中	0.229** (0.099)	0.260** (0.114)	0.205** (0.092)	-0.228* (0.125)	0.001 (0.135)	0.101 (0.117)
	调整的 R^2	0.110	0.102	0.092	0.128	0.059	0.177
	样本量	732			221		

注:所有估计系数均为变量"是否上重点高中"的估计系数;*、**和***分别表示估计系数在10%、5%和1%的水平上统计显著;括号中为异方差稳健的标准误。

就文科而言,几乎所有的估计系数在10%的水平上统计不显著,表明重点高中并没有显著提高学生的学业成绩,这与表10-6和表10-7的估计结果一致。对女生和农村学生来说,重点高中的平均高考成绩甚至比一般高中分别低0.192个标准差和0.228个标准差,由于这些学生的平均数学成绩和语文成绩与一般高中学生并无显著性差异,因此他们的英语成绩和综合成绩可能显著低于一般高中学生。

就理科而言,重点高中对学生学业成绩影响的异质性则体现得更为明显。分性别来看,无论是高考成绩总分还是数学或语文成绩,男生样本的估计系数均不显著,而对女生来说,重点高中却能够显著提高其高考成绩0.333个标准差、数学成绩0.364个标准差和语文成绩0.258个标准差,这说明重点高中对女生学业成绩的影响更大❶。分城乡来看,对城市学生来说,重点高中学生平均高考成绩比一般高中高0.368个标准差,但在数学成绩和语文成绩方面,二者并无显著差异。而对农村学生来说,重点高中却能够显著提高其高考成绩0.229个标准差、数学成绩0.260个标准差和语文成绩0.205个标准差。相比较而言,重点高中对城市学生高考成绩的影响要明显大于农村学生,但对农村学生数学和语文成绩的影响更大,这说明重点高中对城市学生的影响可能主要体现在英语和综合成绩上。

除基准回归外,我们还通过改变多项式次数(4阶多项式)、选择其他带宽值(±0.15个标准差)等方式对估计结果进行了稳健性检验。检验结果表明,不同多项式次数和带宽值组合下的估计结果基本一致。

七、研究结论与不足

现实中人们更多的是观察到重点高中的学生学业平均成绩高于一般高中,但是,学生的学业成绩既受到学校的影响,也受到个人先天能力以及家庭背景等因素的影响,从而用观察到的重点高中和一般高中学生学业成绩的差异并不能完全衡量重点高中的影响。本书利用我国普通高中招生录取方式对学生能否进入重点高中产生的外生影响,以及根据断点回归设计的原理,试图将重点高中对学生学业成绩的影响从诸多影响因素中分离出来,得到更为准确的估计。

---

❶ 这与Jackson(2010)的估计结果基本一致。Jackson(2010)使用特立尼达和多巴哥中学数据,研究发现好学校对女孩的成绩增值是男孩的约3倍。虽然本章没有得到如此大的性别差异,但仍然发现,好学校对女生的成绩增值明显大于男生。

本章使用F县2009届和2010届普通高中学生全样本数据的估计发现,第一,对理科生来说,就读重点高中会使其高考总成绩和数学成绩显著提高0.15个标准差左右,语文成绩则会显著提高0.2个标准差左右,转化为样本的实际分数,高考总成绩、数学和语文成绩提高的幅度分别约为14分、3分和2分。而样本中理科生重点高中比一般高中的平均高考总成绩、数学和语文成绩分别高了约1.5、2.3和1.1个标准差(转为实际分数,分别约为110分、24分和11分)。两者对照,说明重点高中对学生学业成绩的实际影响仅占10%左右。第二,对文科生来说,就读重点高中没有显著提高其高考总成绩、数学和语文成绩。我们的估计通过断点回归设计所要求的连续性和模型设定检验,结果是比较稳健的。

对于上述结果,我们需要谨慎对待。由于学习能力和学习基础较好的学生更愿意选择理科。因此,重点高中对不同学科类别学生学业成绩的影响,反映的可能是重点高中对不同学习能力和学业基础学生学业成绩的影响。多元样本选择模型可能是区别这两种影响的一个可行策略。其次,我们发现不同学科对学校资源的依赖性不同、学校内部在不同学科资源配置的偏好不同也可能导致重点高中对学生学业成绩的影响存在学科差异。最后,重点高中对学生学业成绩的影响存在异质性。分性别看,重点高中对女生学业成绩的影响更大。分城乡看,重点高中对城市学生高考成绩的影响明显大于农村学生,但对农村学生数学和语文成绩的影响更大。

参考文献

丁延庆,薛海平,2009a.高中教育的一个生产函数研究[J].华中师范大学学报(人文社会科学版)(2):122-128.

丁延庆,薛海平,2009b.从效率视角对我国基础教育阶段公办学校分层的审视——基于对昆明市公办高中的教育生产函数研究[J].北京大学教育评论(4):35-49.

胡咏梅,杜育红,2008.中国西部农村初级中学教育生产函数的实证研究[J].教育与经济(3):1-7.

胡咏梅,杜育红,2009.中国西部农村小学教育生产函数的实证研究[J].教育研究(7):58-67.

胡咏梅,卢珂,2010.教育资源投入对学生学业成绩的影响力评价——基于西部地区基础教育发展项目的研究[J].教育学报(6):67-76.

刘世清,苏苗苗,胡美娜,2013.从重点/示范到多样化:普通高中发展的价值转型与政策选择[J].华东师范大学学报(教育科学版)(1):39-43.

马晓强,彭文蓉,萨丽·托马斯,2006.学校效能的增值评价——对河北省保定市普通高中学校的实证研究[J].教育研究(10):77-84.

孙志军,刘泽云,孙百才,2009.家庭、学校与儿童的学习成绩——基于甘肃省农村地区的研究[J].北京师范大学学报(社会科学版)第5期,第103-115.

薛海平,闵维方,2008.中国西部教育生产函数研究[J].教育与经济(2):18-25.

ABDULKADIROGĞLU A, ANGRIST J D, PATHAK P A, 2014. The elite illusion: Achievement effects at Boston and New York exam schools[J]. Econometrica, 82(1):137-196.

ANGRIST J D, LAVY V, 1999. Using Maimonides' rule to estimate the effect of class size on scholastic achievement[J]. The quarterly journal of economics, 114(2):533-575.

BLACK D, et al., 2007. Evaluating the bias of the regression discontinuity design using experimental data, Working Paper, University of Chicago.

CAMPBELL D T, 1969. Reforms and experiments[J]. American psychologist, 24(4):409-429.

CHEN S, VAN DER KLAAUW W, 2008. The work disincentive effects of the Disability Insurance Program in the 1990S[J]. Journal of econometrics, 142(2):757-784.

CULLEN J, JACOB B, LEVITT S, 2005. The impact of school choice on student outcomes: An analysis of the Chicago public schools[J]. Journal of public economics, 89(5):729-60.

DAHL G B, 2002. Mobility and the returns to education: Testing a Roy Model with multiple markets[J]. Econometrica, 70(6):2367-2420.

DEE T, LAN X, 2015. The achievement and course-taking effects of magnet schools: Regression-discontinuity evidence from urban China[J]. Economics of education review, 47(4):128-142.

DUBIN J A, MCFADDEN D L, 1984. An econometric analysis of residential electric appliance holdings and consumption[J]. Econometrica, 52(2):345-362.

HAHN J, TODD P, VAN DER KLAAUW W, 2001. Identification and estimation of treatment effects with a regression discontinuity design[J]. Econometrica, 69(1): 201-209.

HANUSHEK E A, 1979. Conceptual and empirical issues in the estimation of educational production functions[J]. Journal of human resources, 14(3): 351-388.

HANUSHEK E A, 1986. The economics of schooling: Production and efficiency in public schools[J]. Journal of economic literature, 24(3): 1141-1177.

HANUSHEK E A, 1997. Assessing the effects of school resources on student performance: An Update [J]. Educational evaluation and policy analysis, 19(2): 141-164.

HANUSHEK E A, 2003. The failure of input-based schooling policies[J]. The economic journal, 113(485): 64-98.

HASTINGS J S, WEINSTEIN J M, 2007. No child left behind: Estimating the impact on choices and student outcomes [J]. Nber working papers, 14(40): 163-175.

HAVEMAN R, WOLFE B, 1995. The determinants of children's attainments: A review of methods and findings [J]. Journal of economic literature, 33(4): 1829-1878.

HECKMAN J J, ROBB R, 1985. Alternative methods for evaluating the impact of interventions: An overview[J]. Journal of econometrics, 30(1): 239-267.

HECKMAN J J, 1990. Varieties of Selection Bias [J]. American economic review, 80(2): 313-318.

IMBENS G W, ANGRIST J D, 1994. Identification and estimation of local average treatment effects[J]. Econometrica, 62(2): 467-476.

IMBENS G W, LEMIEUX T, 2008. Regression discontinuity designs: A guide to practice[J]. Journal of econometrics, 142(2): 615-635.

JACKSON C K, 2010. Do students benefit from attending better schools? Evidence from rule-based student assignments in Trinidad and Tobago[J]. The economic journal, 120(12): 1399-1429.

LAI F, SADOULET E, DE JANVRY A, 2011. The contribution of school quality and teacher qualifications to student performance: Evidence from a natural experiment in Beijing Middle Schools[J].Journal of human resources, 46(1):123-153.

LEE D S,2008. Randomized experiments from non-random selection in US house elections[J].Journal of econometrics, 142(2):675-697.

LEE D S,LEMIEUX T,2010. Regression discontinuity designs in economics[J]. Journal of economic literature, 48(2):281-355.

LEE L F,1983. Generalized econometric models with selectivity[J].Econometrica, 51(2):507-512.

LUDWIG J, MILLER D L, 2007. Does Head Start improve children's life chances? Evidence from a regression discontinuity design[J].The quarterly journal of economics, 122(1):159-208.

MADDALA G S,1983. Limited-Dependent and Qualitative Variables in Economics[M].New York: Cambridge University Press, 257-291.

MCCRARY J,2008. Manipulation of the running variable in the regression discontinuity design: A density test[J].Journal of econometrics, 142(2):698-714.

PARK A,et al,2015. Magnet high schools and academic performance in China: A regression discontinuity design[J].Journal of comparative economics, 43(4):825-843.

POP-ELECHES C,URQUIOLA M,2013. Going to a better school: Effects and behavioral responses[J]. American economic review, 103(4):1289-1324.

TODD P E,WOLPIN K I,2007. The production of cognitive achievement in children: Home, school, and racial test score gaps[J]. Journal of human capital, 1(1):91-136.

附录一 中国各省市基础教育投入指数

表1 2007—2015年各省市基础教育投入指数

年份 省市	2007	2008	2009	2010	2011	2012	2013	2014	2015
北京	0.746	0.781	0.802	0.815	0.845	0.870	0.899	0.927	0.930
天津	0.597	0.625	0.644	0.646	0.683	0.719	0.745	0.735	0.720
河北	0.620	0.634	0.640	0.655	0.665	0.675	0.673	0.677	0.676
山西	0.594	0.596	0.610	0.613	0.630	0.640	0.656	0.675	0.691
内蒙古	0.646	0.660	0.670	0.682	0.690	0.706	0.721	0.742	0.758
辽宁	0.619	0.654	0.662	0.669	0.672	0.703	0.710	0.709	0.707
吉林	0.618	0.630	0.657	0.659	0.674	0.690	0.701	0.724	0.743
黑龙江	0.605	0.624	0.642	0.635	0.642	0.674	0.693	0.716	0.729
上海	0.747	0.710	0.718	0.677	0.748	0.761	0.793	0.809	0.828
江苏	0.572	0.601	0.632	0.652	0.692	0.712	0.730	0.733	0.740
浙江	0.621	0.654	0.667	0.675	0.703	0.718	0.729	0.745	0.756
安徽	0.538	0.574	0.584	0.598	0.615	0.640	0.670	0.669	0.681
福建	0.586	0.604	0.631	0.641	0.668	0.686	0.692	0.690	0.699
江西	0.573	0.590	0.606	0.591	0.613	0.618	0.635	0.642	0.653
山东	0.585	0.599	0.610	0.620	0.649	0.662	0.679	0.677	0.683
河南	0.536	0.558	0.571	0.587	0.604	0.617	0.632	0.631	0.640
湖北	0.538	0.552	0.559	0.589	0.596	0.644	0.663	0.684	0.704
湖南	0.581	0.607	0.617	0.624	0.629	0.644	0.647	0.636	0.641
广东	0.535	0.539	0.541	0.551	0.579	0.608	0.639	0.666	0.684
广西	0.506	0.534	0.547	0.565	0.573	0.588	0.599	0.597	0.612
海南	0.561	0.585	0.608	0.608	0.636	0.658	0.691	0.698	0.744
重庆	0.539	0.559	0.573	0.577	0.591	0.623	0.626	0.639	0.659
四川	0.539	0.561	0.566	0.577	0.610	0.631	0.645	0.659	0.672
贵州	0.519	0.541	0.553	0.572	0.574	0.609	0.625	0.634	0.652
云南	0.546	0.562	0.578	0.597	0.618	0.631	0.647	0.649	0.654
陕西	0.570	0.601	0.617	0.632	0.660	0.687	0.698	0.708	0.727
甘肃	0.540	0.572	0.592	0.600	0.621	0.640	0.671	0.652	0.697
青海	0.581	0.600	0.600	0.615	0.661	0.654	0.661	0.687	0.725
宁夏	0.574	0.607	0.613	0.615	0.619	0.641	0.663	0.671	0.682
新疆	0.572	0.598	0.610	0.631	0.639	0.651	0.671	0.678	0.679

表2　2007—2015年各省市基础教育投入排名

省市＼年份	2007	2008	2009	2010	2011	2012	2013	2014	2015
北京	2	1	1	1	1	1	1	1	1
天津	9	8	7	9	6	3	3	5	11
河北	5	6	9	7	10	11	14	17	22
山西	10	18	16	18	17	20	21	18	16
内蒙古	3	3	3	2	5	6	6	4	3
辽宁	6	4	5	5	8	7	7	9	12
吉林	7	7	6	6	7	8	8	7	6
黑龙江	8	9	8	11	14	12	10	8	8
上海	1	2	2	3	2	2	2	2	2
江苏	17	13	10	8	4	5	4	6	7
浙江	4	5	4	4	3	4	5	3	4
安徽	25	21	22	21	22	21	17	20	20
福建	11	12	11	10	9	10	11	12	14
江西	16	19	19	23	23	26	26	25	26
山东	12	16	17	15	13	13	13	16	18
河南	27	26	25	25	25	27	27	29	29
湖北	26	27	27	24	26	17	19	14	13
湖南	14	10	13	14	18	18	23	27	28
广东	28	29	30	30	28	29	25	21	17
广西	30	30	29	29	30	30	30	30	30
海南	20	20	18	19	16	14	12	11	5
重庆	24	25	24	27	27	25	28	26	24
四川	23	24	26	26	24	24	24	22	23
贵州	29	28	28	28	29	28	29	28	27
云南	21	23	23	22	21	23	22	24	25
陕西	19	14	12	12	12	9	9	10	9
甘肃	22	22	21	20	19	22	15	23	15
青海	13	15	20	17	11	15	20	13	10
宁夏	15	11	14	16	20	19	18	19	19
新疆	18	17	15	13	15	16	16	15	21

表3 2007—2015年各省市基础教育投入效率指数

省市\年份	2007	2008	2009	2010	2011	2012	2013	2014	2015
北京	0.594	0.637	0.663	0.700	0.752	0.783	0.844	0.885	0.901
天津	0.474	0.500	0.533	0.539	0.574	0.609	0.642	0.665	0.656
河北	0.358	0.371	0.379	0.391	0.400	0.412	0.425	0.437	0.455
山西	0.335	0.349	0.360	0.367	0.381	0.400	0.427	0.446	0.469
内蒙古	0.387	0.408	0.428	0.448	0.470	0.499	0.523	0.541	0.571
辽宁	0.414	0.440	0.451	0.449	0.467	0.497	0.517	0.529	0.547
吉林	0.400	0.412	0.421	0.423	0.434	0.462	0.473	0.502	0.531
黑龙江	0.390	0.405	0.417	0.404	0.418	0.445	0.475	0.495	0.515
上海	0.622	0.653	0.669	0.680	0.698	0.723	0.738	0.758	0.788
江苏	0.390	0.412	0.439	0.465	0.498	0.531	0.567	0.582	0.600
浙江	0.435	0.450	0.469	0.482	0.502	0.533	0.563	0.587	0.610
安徽	0.312	0.325	0.338	0.354	0.377	0.410	0.428	0.442	0.458
福建	0.367	0.383	0.401	0.411	0.440	0.455	0.476	0.490	0.496
江西	0.324	0.334	0.344	0.348	0.362	0.383	0.409	0.416	0.428
山东	0.360	0.372	0.381	0.391	0.411	0.429	0.453	0.471	0.487
河南	0.304	0.314	0.321	0.329	0.340	0.355	0.378	0.387	0.395
湖北	0.348	0.356	0.363	0.384	0.374	0.429	0.456	0.479	0.494
湖南	0.359	0.372	0.384	0.388	0.398	0.424	0.427	0.432	0.442
广东	0.369	0.377	0.384	0.392	0.408	0.430	0.455	0.480	0.504
广西	0.306	0.318	0.329	0.342	0.355	0.369	0.377	0.389	0.406
海南	0.337	0.347	0.369	0.390	0.414	0.452	0.483	0.477	0.519
重庆	0.333	0.342	0.355	0.363	0.383	0.408	0.421	0.434	0.460
四川	0.310	0.323	0.339	0.352	0.367	0.394	0.414	0.432	0.455
贵州	0.287	0.300	0.307	0.318	0.333	0.354	0.373	0.398	0.429
云南	0.328	0.339	0.351	0.366	0.378	0.400	0.417	0.427	0.451
陕西	0.334	0.352	0.376	0.387	0.411	0.449	0.467	0.494	0.514
甘肃	0.307	0.325	0.338	0.348	0.376	0.402	0.423	0.444	0.470
青海	0.359	0.377	0.391	0.407	0.437	0.453	0.467	0.491	0.509
宁夏	0.355	0.371	0.378	0.389	0.401	0.423	0.441	0.453	0.483
新疆	0.356	0.371	0.404	0.399	0.416	0.434	0.458	0.472	0.490

表4 2007—2015年各省市基础教育投入效率排名

省市\年份	2007	2008	2009	2010	2011	2012	2013	2014	2015
北京	2	2	2	1	1	1	1	1	1
天津	3	3	3	3	3	3	3	3	3
河北	15	16	16	15	18	20	22	22	24
山西	20	20	21	21	21	24	20	19	20
内蒙古	9	8	7	7	6	6	6	6	6
辽宁	5	5	5	6	7	7	7	7	7
吉林	6	6	8	8	10	8	11	8	8
黑龙江	7	9	9	11	11	13	10	9	10
上海	1	1	1	2	2	2	2	2	2
江苏	8	7	6	5	5	5	4	5	5
浙江	4	4	4	4	4	4	5	4	4
安徽	25	26	26	24	23	21	19	21	22
福建	11	10	11	9	8	9	9	12	14
江西	24	24	24	27	27	27	27	27	28
山东	12	13	15	14	15	16	17	17	17
河南	29	29	29	29	29	29	28	30	30
湖北	18	18	20	20	25	17	15	14	15
湖南	13	14	14	18	19	18	21	25	26
广东	10	12	13	13	16	15	16	13	13
广西	28	28	28	28	28	28	29	29	29
海南	19	21	19	16	13	11	8	15	9
重庆	22	22	22	23	20	22	24	23	21
四川	26	27	25	25	26	26	26	24	23
贵州	30	30	30	30	30	30	30	28	27
云南	23	23	23	22	22	25	25	26	25
陕西	21	19	18	19	14	12	12	10	11
甘肃	27	25	27	26	24	23	23	20	19
青海	14	11	12	10	9	10	13	11	12
宁夏	17	17	17	17	17	19	18	18	18
新疆	16	15	10	12	12	14	14	16	16

表5 2007—2015年各省市基础教育投入公平指数

年份 省市	2007	2008	2009	2010	2011	2012	2013	2014	2015
北京	0.899	0.924	0.940	0.930	0.939	0.958	0.953	0.969	0.959
天津	0.720	0.750	0.754	0.752	0.791	0.828	0.849	0.805	0.783
河北	0.882	0.897	0.901	0.920	0.929	0.937	0.920	0.917	0.898
山西	0.853	0.843	0.860	0.859	0.879	0.879	0.885	0.904	0.913
内蒙古	0.904	0.912	0.911	0.916	0.909	0.913	0.919	0.943	0.945
辽宁	0.824	0.869	0.872	0.888	0.877	0.909	0.903	0.890	0.868
吉林	0.837	0.848	0.893	0.895	0.915	0.918	0.930	0.946	0.955
黑龙江	0.819	0.844	0.866	0.866	0.866	0.902	0.911	0.937	0.942
上海	0.871	0.768	0.767	0.675	0.799	0.799	0.849	0.861	0.869
江苏	0.755	0.791	0.825	0.839	0.887	0.892	0.894	0.884	0.880
浙江	0.806	0.859	0.864	0.869	0.903	0.904	0.895	0.903	0.903
安徽	0.763	0.823	0.829	0.842	0.853	0.869	0.912	0.896	0.904
福建	0.806	0.825	0.860	0.871	0.897	0.918	0.908	0.890	0.903
江西	0.822	0.846	0.868	0.834	0.863	0.853	0.861	0.868	0.877
山东	0.810	0.826	0.838	0.850	0.886	0.895	0.905	0.884	0.879
河南	0.769	0.801	0.820	0.844	0.868	0.878	0.887	0.875	0.884
湖北	0.727	0.748	0.755	0.795	0.817	0.860	0.870	0.889	0.915
湖南	0.802	0.842	0.849	0.860	0.859	0.864	0.867	0.839	0.841
广东	0.701	0.701	0.699	0.709	0.750	0.787	0.822	0.851	0.864
广西	0.706	0.749	0.766	0.789	0.792	0.808	0.821	0.806	0.818
海南	0.785	0.824	0.848	0.827	0.858	0.864	0.900	0.919	0.968
重庆	0.744	0.777	0.790	0.791	0.799	0.837	0.832	0.844	0.858
四川	0.769	0.799	0.794	0.802	0.853	0.868	0.877	0.885	0.889
贵州	0.751	0.783	0.799	0.826	0.815	0.864	0.877	0.870	0.874
云南	0.765	0.785	0.806	0.827	0.858	0.863	0.877	0.872	0.858
陕西	0.805	0.849	0.858	0.878	0.908	0.924	0.929	0.922	0.940
甘肃	0.774	0.818	0.847	0.851	0.867	0.877	0.920	0.860	0.924
青海	0.803	0.823	0.809	0.822	0.884	0.855	0.855	0.884	0.942
宁夏	0.793	0.843	0.847	0.842	0.837	0.859	0.885	0.889	0.882
新疆	0.788	0.825	0.817	0.863	0.862	0.868	0.884	0.884	0.867

表6 2007—2015年各省市基础教育投入公平排名

省市\年份	2007	2008	2009	2010	2011	2012	2013	2014	2015
北京	2	1	1	1	1	1	1	1	2
天津	28	27	29	28	29	27	26	30	30
河北	3	3	3	2	2	2	4	7	14
山西	5	11	9	12	11	12	16	8	10
内蒙古	1	2	2	3	4	6	6	3	4
辽宁	7	4	5	5	12	7	11	12	23
吉林	6	7	4	4	3	4	2	2	3
黑龙江	9	9	7	9	15	9	8	4	5
上海	4	26	26	30	27	29	27	24	22
江苏	24	22	18	18	8	11	14	19	18
浙江	11	5	8	8	6	8	13	9	13
安徽	23	18	17	16	22	15	7	10	11
福建	12	14	10	7	7	5	9	11	12
江西	8	8	6	19	16	25	24	23	20
山东	10	13	16	14	9	10	10	16	19
河南	20	20	19	15	13	13	15	20	16
湖北	27	29	28	25	24	22	22	13	9
湖南	15	12	12	11	18	19	23	28	28
广东	30	30	30	29	30	30	29	26	25
广西	29	28	27	27	28	28	30	29	29
海南	18	16	13	21	19	18	12	6	1
重庆	26	25	25	26	26	26	28	27	26
四川	21	21	24	24	21	16	20	15	15
贵州	25	24	23	22	25	20	19	22	21
云南	22	23	22	20	20	21	21	21	27
陕西	13	6	11	6	5	3	3	5	7
甘肃	19	19	14	13	14	14	5	25	8
青海	14	17	21	23	10	24	25	17	6
宁夏	16	10	15	17	23	23	17	14	17
新疆	17	15	20	10	17	17	18	18	24

表7 2007—2015年各省市基础教育财力投入指数

省市\年份	2007	2008	2009	2010	2011	2012	2013	2014	2015
北京	0.355	0.431	0.471	0.548	0.658	0.738	0.883	0.951	0.934
天津	0.225	0.260	0.338	0.330	0.402	0.462	0.518	0.562	0.521
河北	0.070	0.086	0.097	0.112	0.125	0.144	0.145	0.152	0.180
山西	0.077	0.087	0.104	0.111	0.130	0.160	0.173	0.181	0.208
内蒙古	0.130	0.155	0.189	0.211	0.243	0.284	0.302	0.316	0.360
辽宁	0.168	0.200	0.204	0.155	0.200	0.236	0.241	0.237	0.247
吉林	0.102	0.129	0.158	0.147	0.167	0.220	0.224	0.247	0.282
黑龙江	0.122	0.146	0.167	0.132	0.151	0.213	0.215	0.240	0.279
上海	0.400	0.451	0.498	0.521	0.575	0.614	0.643	0.665	0.709
江苏	0.125	0.140	0.174	0.194	0.237	0.280	0.317	0.326	0.346
浙江	0.177	0.192	0.224	0.236	0.261	0.289	0.320	0.347	0.369
安徽	0.061	0.070	0.083	0.097	0.129	0.171	0.183	0.188	0.203
福建	0.096	0.110	0.137	0.147	0.180	0.205	0.225	0.237	0.233
江西	0.073	0.078	0.091	0.084	0.108	0.156	0.189	0.184	0.193
山东	0.086	0.094	0.106	0.121	0.155	0.189	0.199	0.206	0.225
河南	0.060	0.071	0.074	0.078	0.098	0.122	0.131	0.139	0.139
湖北	0.075	0.084	0.104	0.103	0.113	0.158	0.174	0.200	0.226
湖南	0.086	0.108	0.123	0.117	0.130	0.173	0.174	0.175	0.190
广东	0.121	0.126	0.128	0.134	0.154	0.177	0.193	0.207	0.237
广西	0.060	0.067	0.077	0.090	0.104	0.133	0.136	0.143	0.167
海南	0.079	0.095	0.117	0.155	0.209	0.278	0.314	0.258	0.328
重庆	0.083	0.091	0.117	0.118	0.148	0.191	0.193	0.206	0.237
四川	0.065	0.081	0.105	0.107	0.120	0.158	0.166	0.183	0.209
贵州	0.056	0.069	0.074	0.083	0.104	0.130	0.136	0.149	0.178
云南	0.070	0.078	0.095	0.105	0.119	0.154	0.165	0.163	0.198
陕西	0.075	0.096	0.133	0.136	0.177	0.246	0.241	0.250	0.257
甘肃	0.066	0.090	0.096	0.102	0.119	0.171	0.174	0.184	0.214
青海	0.121	0.138	0.162	0.191	0.237	0.255	0.243	0.279	0.286
宁夏	0.090	0.116	0.115	0.130	0.157	0.186	0.207	0.206	0.251
新疆	0.112	0.134	0.160	0.180	0.200	0.218	0.243	0.249	0.277

表8 2007—2015年各省市基础教育财力投入排名

年份 省市	2007	2008	2009	2010	2011	2012	2013	2014	2015
北京	2	2	2	1	1	1	1	1	1
天津	3	3	3	3	3	3	3	3	3
河北	24	22	23	20	22	27	27	27	27
山西	19	21	22	21	19	22	24	24	22
内蒙古	6	6	6	5	5	5	7	6	5
辽宁	5	4	5	9	10	10	10	13	14
吉林	12	11	11	12	13	11	13	11	9
黑龙江	8	7	8	15	17	13	14	12	10
上海	1	1	1	2	2	2	2	2	2
江苏	7	8	7	6	7	6	5	5	6
浙江	4	5	4	4	4	4	4	4	4
安徽	27	28	27	26	21	20	20	20	23
福建	13	14	12	11	11	14	12	14	17
江西	22	25	26	28	27	25	19	22	25
山东	16	18	19	17	15	16	16	16	19
河南	28	27	30	30	30	30	30	30	30
湖北	20	23	21	24	26	24	21	19	18
湖南	15	15	15	19	20	19	22	25	26
广东	9	12	14	14	16	18	17	15	15
广西	29	30	28	27	28	28	29	29	29
海南	18	17	16	10	8	7	6	8	7
重庆	17	19	17	18	18	15	18	17	16
四川	26	24	20	22	23	23	25	23	21
贵州	30	29	29	29	29	29	28	28	28
云南	23	26	25	23	25	26	26	26	24
陕西	21	16	13	13	12	9	11	9	12
甘肃	25	20	24	25	24	21	23	21	20
青海	10	9	9	7	6	8	8	7	8
宁夏	14	13	18	16	14	17	15	18	13
新疆	11	10	10	8	9	12	9	10	11

表 9　2007—2015 年各省市基础教育人力投入指数

省市\年份	2007	2008	2009	2010	2011	2012	2013	2014	2015
北京	0.801	0.819	0.833	0.838	0.875	0.855	0.859	0.868	0.870
天津	0.802	0.828	0.842	0.854	0.863	0.870	0.868	0.870	0.865
河北	0.656	0.672	0.687	0.697	0.704	0.711	0.721	0.733	0.735
山西	0.595	0.613	0.627	0.639	0.644	0.661	0.682	0.696	0.707
内蒙古	0.709	0.737	0.757	0.780	0.795	0.807	0.820	0.826	0.833
辽宁	0.725	0.752	0.768	0.800	0.804	0.824	0.840	0.853	0.865
吉林	0.739	0.749	0.755	0.762	0.764	0.775	0.781	0.795	0.803
黑龙江	0.711	0.729	0.748	0.752	0.768	0.779	0.815	0.825	0.832
上海	0.813	0.821	0.825	0.825	0.824	0.825	0.824	0.830	0.832
江苏	0.656	0.682	0.708	0.734	0.755	0.773	0.796	0.808	0.815
浙江	0.671	0.689	0.709	0.723	0.739	0.757	0.774	0.788	0.800
安徽	0.613	0.635	0.656	0.672	0.685	0.701	0.712	0.721	0.729
福建	0.626	0.647	0.668	0.680	0.715	0.722	0.738	0.753	0.756
江西	0.610	0.628	0.642	0.655	0.669	0.679	0.697	0.710	0.718
山东	0.653	0.670	0.684	0.687	0.696	0.702	0.714	0.717	0.728
河南	0.589	0.603	0.621	0.634	0.640	0.652	0.672	0.677	0.687
湖北	0.661	0.669	0.676	0.679	0.686	0.716	0.730	0.745	0.749
湖南	0.640	0.654	0.672	0.684	0.692	0.699	0.699	0.704	0.708
广东	0.601	0.621	0.637	0.653	0.668	0.684	0.702	0.721	0.729
广西	0.566	0.591	0.612	0.629	0.644	0.656	0.667	0.678	0.685
海南	0.605	0.619	0.643	0.657	0.678	0.695	0.712	0.719	0.729
重庆	0.616	0.633	0.643	0.650	0.659	0.670	0.684	0.697	0.709
四川	0.595	0.617	0.635	0.647	0.658	0.674	0.689	0.701	0.713
贵州	0.568	0.585	0.602	0.617	0.628	0.648	0.662	0.681	0.701
云南	0.619	0.641	0.660	0.679	0.691	0.706	0.721	0.731	0.741
陕西	0.603	0.626	0.647	0.663	0.669	0.689	0.706	0.731	0.739
甘肃	0.563	0.591	0.614	0.630	0.654	0.668	0.688	0.708	0.723
青海	0.651	0.680	0.693	0.704	0.703	0.701	0.701	0.710	0.719
宁夏	0.682	0.691	0.705	0.701	0.706	0.708	0.707	0.709	0.711
新疆	0.653	0.669	0.673	0.680	0.698	0.713	0.725	0.734	0.736

表10 2007—2015年各省市基础教育人力投入排名

省市\年份	2007	2008	2009	2010	2011	2012	2013	2014	2015
北京	3	3	2	2	1	2	2	2	1
天津	2	1	1	1	2	1	1	1	3
河北	12	12	12	12	12	13	14	13	15
山西	25	26	26	26	27	27	27	27	27
内蒙古	7	6	5	5	5	5	5	5	4
辽宁	5	4	4	4	4	4	3	3	2
吉林	4	5	6	6	7	7	8	8	8
黑龙江	6	7	7	7	6	6	6	6	5
上海	1	2	3	3	3	3	4	4	6
江苏	11	10	9	8	8	8	7	7	7
浙江	9	9	8	9	9	9	9	9	9
安徽	20	19	19	19	19	18	16	16	17
福建	17	17	17	16	10	10	10	10	10
江西	21	21	23	22	21	23	23	20	22
山东	14	13	13	13	15	16	15	19	19
河南	27	27	27	27	29	29	28	30	29
湖北	10	14	14	17	18	11	11	11	11
湖南	16	16	16	14	16	19	22	24	26
广东	24	23	24	23	23	22	20	17	16
广西	29	28	29	29	28	28	29	29	30
海南	22	24	21	21	20	20	17	18	18
重庆	19	20	22	24	24	25	26	26	25
四川	26	25	25	25	25	24	24	25	23
贵州	28	30	30	30	30	30	30	28	28
云南	18	18	18	18	17	15	13	14	12
陕西	23	22	20	20	22	21	19	15	13
甘肃	30	29	28	28	26	26	25	23	20
青海	15	11	11	10	13	17	21	21	21
宁夏	8	8	10	11	11	14	18	22	24
新疆	13	15	15	15	14	12	12	12	14

表 11 2007—2015 年各省市基础教育物力投入指数

年份 省市	2007	2008	2009	2010	2011	2012	2013	2014	2015
北京	0.626	0.662	0.686	0.714	0.724	0.755	0.791	0.837	0.900
天津	0.395	0.411	0.420	0.433	0.458	0.495	0.539	0.563	0.583
河北	0.349	0.355	0.355	0.363	0.372	0.381	0.410	0.427	0.449
山西	0.333	0.345	0.349	0.352	0.369	0.380	0.427	0.460	0.493
内蒙古	0.322	0.332	0.339	0.352	0.372	0.405	0.448	0.481	0.521
辽宁	0.348	0.367	0.381	0.391	0.397	0.430	0.469	0.497	0.529
吉林	0.359	0.359	0.349	0.361	0.370	0.392	0.413	0.463	0.507
黑龙江	0.338	0.340	0.337	0.329	0.335	0.343	0.396	0.420	0.435
上海	0.654	0.687	0.684	0.695	0.696	0.731	0.747	0.779	0.824
江苏	0.389	0.414	0.434	0.467	0.502	0.540	0.588	0.612	0.639
浙江	0.458	0.470	0.473	0.485	0.507	0.553	0.595	0.627	0.661
安徽	0.263	0.269	0.276	0.294	0.316	0.359	0.388	0.417	0.441
福建	0.378	0.390	0.399	0.406	0.425	0.438	0.466	0.481	0.498
江西	0.288	0.295	0.300	0.306	0.309	0.315	0.342	0.353	0.373
山东	0.341	0.353	0.354	0.365	0.382	0.396	0.446	0.489	0.509
河南	0.263	0.269	0.269	0.277	0.282	0.293	0.330	0.345	0.359
湖北	0.309	0.314	0.309	0.369	0.324	0.413	0.464	0.492	0.505
湖南	0.351	0.354	0.358	0.362	0.374	0.400	0.408	0.416	0.428
广东	0.386	0.383	0.388	0.390	0.403	0.427	0.469	0.513	0.544
广西	0.293	0.297	0.298	0.306	0.316	0.317	0.328	0.345	0.367
海南	0.326	0.327	0.345	0.356	0.356	0.384	0.424	0.453	0.499
重庆	0.302	0.302	0.307	0.322	0.344	0.364	0.385	0.399	0.433
四川	0.270	0.272	0.276	0.303	0.322	0.350	0.385	0.411	0.444
贵州	0.238	0.245	0.246	0.255	0.266	0.284	0.321	0.364	0.409
云南	0.294	0.298	0.297	0.315	0.324	0.339	0.365	0.387	0.413
陕西	0.325	0.334	0.349	0.361	0.388	0.413	0.455	0.501	0.545
甘肃	0.292	0.294	0.303	0.313	0.355	0.368	0.407	0.438	0.472
青海	0.304	0.312	0.319	0.328	0.371	0.404	0.457	0.483	0.522
宁夏	0.293	0.306	0.315	0.335	0.340	0.375	0.409	0.446	0.487
新疆	0.304	0.309	0.379	0.336	0.351	0.370	0.406	0.434	0.457

表12 2007—2015年各省市基础教育物力投入排名

省市＼年份	2007	2008	2009	2010	2011	2012	2013	2014	2015
北京	2	2	1	1	1	1	1	1	1
天津	4	5	5	5	5	5	5	5	5
河北	10	10	11	11	13	17	17	20	20
山西	14	13	13	17	16	18	14	15	16
内蒙古	17	16	17	16	12	11	12	13	10
辽宁	11	8	8	7	8	7	6	8	8
吉林	8	9	14	14	15	15	16	14	12
黑龙江	13	14	18	20	22	25	22	21	23
上海	1	1	2	2	2	2	2	2	2
江苏	5	4	4	4	4	4	4	4	4
浙江	3	3	3	3	3	3	3	3	3
安徽	28	28	28	28	26	23	23	22	22
福建	7	6	6	6	6	6	8	12	15
江西	26	25	24	26	28	28	27	28	28
山东	12	12	12	10	10	14	13	10	11
河南	29	29	29	29	29	29	28	30	30
湖北	18	18	21	9	23	10	9	9	13
湖南	9	11	10	12	11	13	19	23	25
广东	6	7	7	8	7	8	7	6	7
广西	23	24	25	25	27	27	29	29	29
海南	15	17	16	15	17	16	15	16	14
重庆	21	22	22	22	20	22	24	25	24
四川	27	27	27	27	25	24	25	24	21
贵州	30	30	30	30	30	30	30	27	27
云南	22	23	26	23	24	26	26	26	26
陕西	16	15	15	13	9	9	11	7	6
甘肃	25	26	23	24	18	21	20	18	18
青海	19	19	19	21	14	12	10	11	9
宁夏	24	21	20	19	21	19	18	17	17
新疆	20	20	9	18	19	20	21	19	19

表13 2007—2015年各省市基础教育财力投入城乡差异指数

年份 省市	2007	2008	2009	2010	2011	2012	2013	2014	2015
北京	0.910	0.964	0.976	0.938	0.989	0.992	0.990	0.979	0.943
天津	0.550	0.618	0.655	0.624	0.640	0.760	0.790	0.692	0.593
河北	0.889	0.939	0.929	0.961	0.980	0.986	0.943	0.921	0.882
山西	0.925	0.879	0.922	0.895	0.912	0.886	0.916	0.921	0.943
内蒙古	0.923	0.935	0.906	0.913	0.899	0.912	0.929	0.961	0.965
辽宁	0.826	0.895	0.890	0.923	0.843	0.941	0.910	0.821	0.742
吉林	0.758	0.812	0.912	0.896	0.930	0.930	0.974	0.984	0.990
黑龙江	0.716	0.786	0.834	0.799	0.822	0.890	0.872	0.915	0.933
上海	0.877	0.702	0.713	0.644	0.654	0.637	0.731	0.721	0.732
江苏	0.733	0.749	0.783	0.795	0.862	0.890	0.884	0.811	0.812
浙江	0.798	0.849	0.843	0.861	0.885	0.890	0.877	0.840	0.826
安徽	0.687	0.812	0.802	0.840	0.841	0.855	0.966	0.869	0.872
福建	0.709	0.771	0.844	0.860	0.876	0.933	0.927	0.837	0.863
江西	0.824	0.843	0.948	0.855	0.859	0.799	0.861	0.841	0.857
山东	0.725	0.765	0.790	0.820	0.871	0.854	0.910	0.775	0.744
河南	0.765	0.820	0.853	0.888	0.910	0.905	0.911	0.810	0.814
湖北	0.619	0.677	0.711	0.720	0.761	0.786	0.822	0.841	0.906
湖南	0.775	0.852	0.842	0.844	0.834	0.815	0.844	0.722	0.722
广东	0.563	0.558	0.567	0.567	0.604	0.658	0.728	0.721	0.739
广西	0.639	0.725	0.735	0.758	0.754	0.779	0.799	0.691	0.699
海南	0.695	0.770	0.842	0.775	0.782	0.801	0.885	0.873	0.989
重庆	0.623	0.645	0.710	0.719	0.768	0.847	0.851	0.826	0.817
四川	0.746	0.822	0.817	0.806	0.841	0.868	0.890	0.876	0.872
贵州	0.654	0.734	0.768	0.826	0.758	0.855	0.886	0.807	0.775
云南	0.752	0.792	0.826	0.846	0.887	0.880	0.900	0.840	0.785
陕西	0.799	0.883	0.901	0.916	0.933	0.942	0.968	0.914	0.939
甘肃	0.705	0.821	0.865	0.883	0.884	0.882	0.990	0.767	0.937
青海	0.786	0.893	0.796	0.772	0.973	0.878	0.950	0.908	0.986
宁夏	0.759	0.852	0.845	0.867	0.835	0.897	0.964	0.837	0.786
新疆	0.718	0.833	0.908	0.953	0.920	0.882	0.943	0.902	0.830

表 14 2007—2015 年各省市基础教育财力投入城乡差异排名

省市\年份	2007	2008	2009	2010	2011	2012	2013	2014	2015
北京	3	1	1	3	1	1	1	2	6
天津	30	29	29	29	29	28	28	29	30
河北	4	2	3	1	2	2	9	5	11
山西	1	7	4	8	7	13	12	4	5
内蒙古	2	3	7	6	9	7	10	3	4
辽宁	6	4	9	4	17	4	14	20	25
吉林	14	17	5	7	5	6	3	1	1
黑龙江	20	19	17	21	22	11	22	6	9
上海	5	26	26	28	28	30	29	28	27
江苏	17	23	23	22	15	10	20	21	20
浙江	9	10	14	12	11	12	21	15	17
安徽	24	16	20	17	18	19	5	12	12
福建	21	20	13	13	13	5	11	17	14
江西	7	11	2	14	16	25	23	14	15
山东	18	22	22	19	14	21	15	24	24
河南	12	15	11	9	8	8	13	22	19
湖北	28	27	27	26	25	26	26	13	10
湖南	11	8	15	16	21	23	25	26	28
广东	29	30	30	30	30	29	30	27	26
广西	26	25	25	25	27	27	27	30	29
海南	23	21	16	23	23	24	19	11	2
重庆	27	28	28	27	24	22	24	19	18
四川	16	13	19	20	19	18	17	10	13
贵州	25	24	24	18	26	20	18	23	23
云南	15	18	18	15	10	16	16	16	22
陕西	8	6	8	5	4	3	4	7	7
甘肃	22	14	10	10	12	15	2	25	8
青海	10	5	21	24	3	17	7	8	3
宁夏	13	9	12	11	20	9	6	18	21
新疆	19	12	6	2	6	14	8	9	16

表15 2007—2015年各省市基础教育人力投入城乡差异指数

年份 省市	2007	2008	2009	2010	2011	2012	2013	2014	2015
北京	0.870	0.896	0.906	0.918	0.889	0.930	0.914	0.948	0.955
天津	0.796	0.823	0.824	0.837	0.867	0.875	0.850	0.868	0.884
河北	0.825	0.830	0.843	0.858	0.870	0.883	0.865	0.888	0.886
山西	0.713	0.732	0.742	0.758	0.779	0.802	0.792	0.825	0.836
内蒙古	0.861	0.872	0.890	0.902	0.907	0.887	0.887	0.917	0.914
辽宁	0.841	0.871	0.884	0.916	0.867	0.869	0.856	0.888	0.894
吉林	0.866	0.866	0.870	0.874	0.889	0.893	0.869	0.900	0.906
黑龙江	0.827	0.828	0.845	0.864	0.861	0.884	0.892	0.923	0.921
上海	0.815	0.787	0.791	0.794	0.903	0.891	0.893	0.918	0.926
江苏	0.752	0.787	0.806	0.832	0.858	0.859	0.853	0.896	0.887
浙江	0.713	0.812	0.824	0.836	0.850	0.861	0.842	0.887	0.892
安徽	0.787	0.813	0.829	0.835	0.845	0.852	0.843	0.882	0.890
福建	0.768	0.773	0.792	0.810	0.859	0.862	0.838	0.872	0.887
江西	0.758	0.787	0.796	0.790	0.808	0.830	0.789	0.824	0.826
山东	0.814	0.822	0.830	0.844	0.871	0.888	0.871	0.925	0.923
河南	0.755	0.772	0.788	0.806	0.827	0.840	0.835	0.874	0.883
湖北	0.766	0.768	0.776	0.802	0.814	0.833	0.823	0.856	0.863
湖南	0.795	0.808	0.820	0.841	0.842	0.849	0.831	0.880	0.886
广东	0.725	0.727	0.735	0.753	0.805	0.823	0.823	0.880	0.894
广西	0.688	0.708	0.732	0.747	0.787	0.794	0.792	0.836	0.847
海南	0.775	0.793	0.809	0.819	0.839	0.857	0.861	0.913	0.924
重庆	0.774	0.786	0.793	0.805	0.792	0.813	0.794	0.834	0.845
四川	0.734	0.752	0.760	0.777	0.799	0.816	0.810	0.846	0.857
贵州	0.753	0.770	0.786	0.799	0.817	0.836	0.826	0.866	0.887
云南	0.722	0.741	0.755	0.767	0.793	0.810	0.817	0.848	0.854
陕西	0.745	0.769	0.781	0.801	0.842	0.863	0.852	0.890	0.911
甘肃	0.713	0.727	0.758	0.760	0.791	0.810	0.822	0.857	0.868
青海	0.747	0.742	0.765	0.795	0.819	0.786	0.737	0.825	0.891
宁夏	0.771	0.820	0.825	0.804	0.825	0.824	0.803	0.887	0.903
新疆	0.756	0.751	0.708	0.737	0.769	0.808	0.793	0.832	0.841

表16 2007—2015年各省市基础教育人力投入城乡差异排名

省市\年份	2007	2008	2009	2010	2011	2012	2013	2014	2015
北京	1	1	1	1	4	1	1	1	1
天津	9	7	11	9	8	8	12	19	20
河北	6	5	6	6	6	7	7	11	18
山西	27	27	27	27	29	28	27	28	29
内蒙古	3	2	2	3	1	5	4	5	6
辽宁	4	3	3	2	7	9	9	10	11
吉林	2	4	4	4	3	2	6	7	8
黑龙江	5	6	5	5	9	6	3	3	5
上海	7	14	18	22	2	3	2	4	2
江苏	21	16	14	12	11	13	10	8	16
浙江	28	11	10	10	12	12	14	13	12
安徽	11	10	8	11	13	15	13	14	14
福建	15	18	17	14	10	11	15	18	17
江西	17	15	15	23	22	20	29	30	30
山东	8	8	7	7	5	4	5	2	4
河南	19	19	19	15	17	17	16	17	21
湖北	16	22	22	18	21	19	19	22	23
湖南	10	12	12	8	14	16	17	16	19
广东	25	28	28	28	23	22	20	15	10
广西	30	30	29	29	28	29	28	25	26
海南	12	13	13	13	16	14	8	6	3
重庆	13	17	16	16	26	24	25	26	27
四川	24	23	24	24	24	23	23	24	24
贵州	20	20	20	20	20	18	18	20	15
云南	26	26	26	25	25	26	22	23	25
陕西	23	21	21	19	15	10	11	9	7
甘肃	29	29	25	26	27	25	21	21	22
青海	22	25	23	21	19	30	30	29	13
宁夏	14	9	9	17	18	21	24	12	9
新疆	18	24	30	30	30	27	26	27	28

表17 2007—2015年各省市基础教育物力投入城乡差异指数

省市\年份	2007	2008	2009	2010	2011	2012	2013	2014	2015
北京	0.917	0.913	0.938	0.935	0.938	0.951	0.956	0.979	0.979
天津	0.815	0.810	0.784	0.795	0.867	0.850	0.906	0.856	0.872
河北	0.931	0.922	0.930	0.940	0.937	0.943	0.954	0.943	0.926
山西	0.920	0.916	0.916	0.924	0.947	0.950	0.948	0.965	0.959
内蒙古	0.930	0.928	0.938	0.934	0.922	0.939	0.941	0.952	0.956
辽宁	0.805	0.843	0.843	0.825	0.920	0.916	0.944	0.959	0.968
吉林	0.886	0.867	0.898	0.913	0.926	0.932	0.947	0.955	0.968
黑龙江	0.915	0.918	0.920	0.936	0.914	0.933	0.970	0.973	0.973
上海	0.922	0.813	0.796	0.587	0.839	0.869	0.922	0.944	0.948
江苏	0.779	0.836	0.885	0.891	0.942	0.928	0.943	0.944	0.939
浙江	0.908	0.915	0.926	0.909	0.974	0.961	0.966	0.981	0.990
安徽	0.816	0.842	0.856	0.853	0.873	0.901	0.927	0.936	0.951
福建	0.941	0.932	0.944	0.943	0.956	0.958	0.959	0.959	0.959
江西	0.885	0.908	0.860	0.857	0.922	0.929	0.932	0.938	0.948
山东	0.890	0.889	0.895	0.885	0.917	0.943	0.934	0.953	0.969
河南	0.788	0.810	0.821	0.838	0.869	0.889	0.916	0.941	0.954
湖北	0.795	0.800	0.779	0.863	0.875	0.961	0.963	0.969	0.976
湖南	0.837	0.866	0.885	0.895	0.900	0.926	0.925	0.916	0.914
广东	0.814	0.818	0.794	0.808	0.840	0.881	0.916	0.952	0.960
广西	0.791	0.814	0.830	0.862	0.834	0.851	0.872	0.891	0.907
海南	0.886	0.907	0.894	0.888	0.952	0.935	0.953	0.973	0.992
重庆	0.835	0.899	0.867	0.849	0.836	0.851	0.851	0.873	0.914
四川	0.826	0.823	0.803	0.824	0.919	0.922	0.932	0.934	0.938
贵州	0.847	0.844	0.843	0.853	0.870	0.900	0.921	0.938	0.958
云南	0.820	0.821	0.836	0.868	0.893	0.898	0.914	0.927	0.936
陕西	0.871	0.895	0.893	0.916	0.951	0.968	0.966	0.962	0.971
甘肃	0.904	0.907	0.918	0.911	0.925	0.939	0.948	0.956	0.968
青海	0.878	0.834	0.867	0.897	0.860	0.900	0.878	0.919	0.948
宁夏	0.851	0.858	0.871	0.854	0.853	0.857	0.887	0.942	0.957
新疆	0.892	0.892	0.834	0.899	0.898	0.913	0.917	0.918	0.931

表18 2007—2015年各省市基础教育物力投入城乡差异排名

年份 省市	2007	2008	2009	2010	2011	2012	2013	2014	2015
北京	6	7	3	4	7	5	6	2	3
天津	24	29	29	29	24	30	26	30	30
河北	2	3	4	2	8	7	7	17	26
山西	5	5	8	6	5	6	9	6	13
内蒙古	3	2	2	5	11	9	14	13	16
辽宁	26	19	21	26	13	18	12	9	10
吉林	12	15	9	8	9	13	11	11	8
黑龙江	7	4	6	3	16	12	1	3	5
上海	4	27	27	30	28	26	20	15	19
江苏	30	21	13	14	6	15	13	16	22
浙江	8	6	5	10	1	3	3	1	2
安徽	23	20	19	23	21	20	18	22	18
福建	1	1	1	1	2	4	5	8	12
江西	14	8	18	20	12	14	16	20	20
山东	11	14	10	16	15	8	15	12	7
河南	29	28	25	25	23	24	24	19	17
湖北	27	30	30	18	20	2	4	5	4
湖南	19	16	14	13	17	16	19	27	27
广东	25	25	28	28	27	25	23	14	11
广西	28	26	24	19	30	29	29	28	29
海南	13	10	11	15	3	11	8	4	1
重庆	20	11	17	24	29	28	30	29	28
四川	21	23	26	27	14	17	17	23	23
贵州	18	18	20	22	22	22	21	21	14
云南	22	24	22	17	19	23	25	24	24
陕西	16	12	12	7	4	1	2	7	6
甘肃	9	9	7	9	10	10	10	10	9
青海	15	22	16	12	25	21	28	25	21
宁夏	17	17	15	21	26	27	27	18	15
新疆	10	13	23	11	18	19	22	26	25

表 19 2007—2015 年各省市幼儿园教育投入指数

省市\年份	2007	2008	2009	2010	2011	2012	2013	2014	2015
北京	0.706	0.732	0.743	0.748	0.746	0.808	0.850	0.891	0.905
天津	0.640	0.650	0.620	0.597	0.630	0.657	0.679	0.689	0.703
河北	0.538	0.546	0.541	0.555	0.573	0.582	0.574	0.587	0.615
山西	0.485	0.509	0.507	0.509	0.508	0.540	0.550	0.575	0.606
内蒙古	0.548	0.554	0.573	0.561	0.591	0.620	0.620	0.684	0.730
辽宁	0.551	0.594	0.590	0.573	0.577	0.609	0.641	0.674	0.679
吉林	0.559	0.572	0.579	0.576	0.580	0.614	0.625	0.658	0.685
黑龙江	0.527	0.535	0.547	0.545	0.546	0.610	0.666	0.702	0.722
上海	0.715	0.761	0.713	0.716	0.748	0.769	0.781	0.827	0.842
江苏	0.500	0.541	0.550	0.574	0.578	0.591	0.625	0.671	0.678
浙江	0.601	0.609	0.596	0.594	0.624	0.649	0.670	0.716	0.741
安徽	0.432	0.434	0.450	0.455	0.487	0.499	0.521	0.556	0.571
福建	0.454	0.445	0.460	0.458	0.523	0.536	0.541	0.566	0.568
江西	0.428	0.457	0.471	0.447	0.504	0.531	0.543	0.546	0.559
山东	0.507	0.515	0.520	0.514	0.547	0.578	0.596	0.633	0.655
河南	0.412	0.435	0.435	0.455	0.477	0.494	0.508	0.533	0.551
湖北	0.478	0.477	0.471	0.495	0.498	0.543	0.563	0.586	0.604
湖南	0.469	0.479	0.501	0.516	0.534	0.583	0.575	0.578	0.608
广东	0.497	0.488	0.489	0.499	0.504	0.532	0.575	0.606	0.629
广西	0.364	0.371	0.383	0.406	0.431	0.452	0.480	0.501	0.523
海南	0.472	0.488	0.483	0.481	0.556	0.573	0.624	0.646	0.730
重庆	0.467	0.507	0.501	0.468	0.464	0.495	0.512	0.547	0.573
四川	0.423	0.444	0.443	0.454	0.451	0.486	0.503	0.527	0.552
贵州	0.379	0.387	0.394	0.409	0.434	0.467	0.489	0.535	0.604
云南	0.395	0.403	0.411	0.430	0.448	0.479	0.498	0.532	0.558
陕西	0.475	0.494	0.503	0.535	0.572	0.621	0.632	0.673	0.709
甘肃	0.483	0.484	0.501	0.488	0.531	0.561	0.575	0.608	0.635
青海	0.396	0.423	0.456	0.472	0.571	0.513	0.460	0.535	0.607
宁夏	0.423	0.434	0.428	0.436	0.490	0.514	0.533	0.559	0.604
新疆	0.467	0.460	0.418	0.448	0.510	0.535	0.533	0.563	0.569

表20 2007—2015年各省市幼儿园教育投入排名

省市\年份	2007	2008	2009	2010	2011	2012	2013	2014	2015
北京	2	2	1	1	2	1	1	1	1
天津	3	3	3	3	3	3	3	5	8
河北	8	8	10	9	9	12	16	15	15
山西	13	12	12	14	19	17	18	18	18
内蒙古	7	7	7	8	5	6	11	6	5
辽宁	6	5	5	7	8	9	6	7	10
吉林	5	6	6	5	6	7	8	10	9
黑龙江	9	10	9	10	14	8	5	4	6
上海	1	1	2	2	1	2	2	2	2
江苏	11	9	8	6	7	10	9	9	11
浙江	4	4	4	4	4	4	4	3	3
安徽	22	25	23	22	24	24	23	22	23
福建	21	22	21	21	17	18	20	19	25
江西	23	21	20	26	20	21	19	24	26
山东	10	11	11	13	13	13	12	12	12
河南	26	24	25	23	25	26	25	27	29
湖北	15	19	19	16	22	16	17	16	21
湖南	18	18	16	12	15	11	14	17	16
广东	12	15	17	15	21	20	13	14	14
广西	30	30	30	30	30	30	29	30	30
海南	17	16	18	18	12	14	10	11	4
重庆	20	13	15	20	26	25	24	23	22
四川	24	23	24	24	27	27	26	29	28
贵州	29	29	29	29	29	29	28	26	19
云南	28	28	28	28	28	28	27	28	27
陕西	16	14	13	11	10	5	7	8	7
甘肃	14	17	14	17	16	15	15	13	13
青海	27	27	22	19	11	23	30	25	17
宁夏	25	26	26	27	23	22	22	21	20
新疆	19	20	27	25	18	19	21	20	24

表 21　2007—2015 年各省市幼儿园教育投入效率指数

年份 省市	2007	2008	2009	2010	2011	2012	2013	2014	2015
北京	0.667	0.703	0.689	0.677	0.698	0.774	0.849	0.850	0.862
天津	0.536	0.552	0.570	0.509	0.538	0.570	0.625	0.639	0.625
河北	0.364	0.374	0.371	0.378	0.399	0.403	0.407	0.421	0.444
山西	0.375	0.391	0.386	0.380	0.391	0.394	0.412	0.421	0.443
内蒙古	0.461	0.473	0.471	0.455	0.475	0.510	0.529	0.561	0.598
辽宁	0.486	0.522	0.505	0.421	0.443	0.484	0.510	0.523	0.543
吉林	0.423	0.443	0.449	0.433	0.443	0.504	0.505	0.534	0.550
黑龙江	0.426	0.445	0.461	0.383	0.413	0.467	0.491	0.519	0.542
上海	0.648	0.664	0.682	0.674	0.676	0.684	0.703	0.729	0.750
江苏	0.370	0.395	0.408	0.421	0.446	0.478	0.512	0.537	0.558
浙江	0.447	0.453	0.458	0.450	0.479	0.515	0.546	0.583	0.601
安徽	0.321	0.318	0.326	0.331	0.357	0.368	0.379	0.392	0.393
福建	0.332	0.329	0.341	0.325	0.366	0.381	0.404	0.431	0.420
江西	0.320	0.328	0.331	0.316	0.344	0.377	0.410	0.397	0.417
山东	0.362	0.365	0.371	0.363	0.390	0.411	0.442	0.455	0.473
河南	0.317	0.332	0.331	0.337	0.348	0.349	0.365	0.371	0.387
湖北	0.370	0.364	0.359	0.342	0.343	0.384	0.406	0.417	0.436
湖南	0.354	0.366	0.369	0.361	0.384	0.430	0.424	0.417	0.436
广东	0.421	0.427	0.417	0.415	0.424	0.445	0.471	0.471	0.491
广西	0.292	0.296	0.298	0.307	0.333	0.344	0.343	0.358	0.376
海南	0.363	0.367	0.367	0.372	0.429	0.478	0.544	0.470	0.570
重庆	0.325	0.332	0.334	0.311	0.329	0.359	0.373	0.393	0.420
四川	0.308	0.315	0.317	0.323	0.332	0.363	0.377	0.393	0.422
贵州	0.274	0.287	0.293	0.307	0.322	0.334	0.345	0.371	0.408
云南	0.345	0.351	0.346	0.353	0.364	0.385	0.395	0.412	0.432
陕西	0.373	0.381	0.410	0.404	0.420	0.458	0.469	0.503	0.521
甘肃	0.377	0.395	0.391	0.381	0.405	0.432	0.436	0.446	0.467
青海	0.382	0.399	0.403	0.391	0.446	0.406	0.379	0.393	0.429
宁夏	0.365	0.364	0.361	0.355	0.370	0.393	0.427	0.430	0.462
新疆	0.361	0.371	0.364	0.368	0.380	0.387	0.400	0.418	0.431

表22 2007—2015年各省市幼儿园教育投入效率排名

省市\年份	2007	2008	2009	2010	2011	2012	2013	2014	2015
北京	1	1	1	1	1	1	1	1	1
天津	3	3	3	3	3	3	3	3	3
河北	17	15	16	15	15	17	19	18	16
山西	12	13	14	14	16	18	17	17	17
内蒙古	5	5	5	4	5	5	6	5	5
辽宁	4	4	4	7	7	7	8	8	9
吉林	8	8	8	6	9	6	9	7	8
黑龙江	7	7	6	12	13	10	10	9	10
上海	2	2	2	2	2	2	2	2	2
江苏	15	11	11	8	6	8	7	6	7
浙江	6	6	7	5	4	4	4	4	4
安徽	25	27	27	24	23	25	25	27	28
福建	23	25	23	25	21	23	21	15	24
江西	26	26	26	27	25	24	18	23	26
山东	19	19	15	18	17	15	13	13	13
河南	27	23	25	23	24	28	28	28	29
湖北	14	20	21	22	26	22	20	20	19
湖南	21	18	17	19	18	14	16	21	18
广东	9	9	9	9	11	12	11	11	12
广西	29	29	29	29	27	29	30	30	30
海南	18	17	18	16	10	9	5	12	6
重庆	24	24	24	28	29	27	27	25	25
四川	28	28	28	26	28	26	26	24	23
贵州	30	30	30	30	30	30	29	29	27
云南	22	22	22	21	22	21	23	22	20
陕西	13	14	10	10	12	11	12	10	11
甘肃	11	12	13	13	14	13	14	14	14
青海	10	10	12	11	7	16	24	26	22
宁夏	16	21	20	20	20	19	15	16	15
新疆	20	16	19	17	19	20	22	19	21

表 23　2007—2015 年各省市幼儿园教育投入公平指数

省市＼年份	2007	2008	2009	2010	2011	2012	2013	2014	2015
北京	0.745	0.761	0.796	0.818	0.793	0.842	0.852	0.932	0.949
天津	0.745	0.749	0.669	0.684	0.722	0.743	0.733	0.738	0.782
河北	0.711	0.718	0.711	0.732	0.747	0.760	0.740	0.754	0.786
山西	0.594	0.627	0.629	0.638	0.625	0.686	0.689	0.728	0.769
内蒙古	0.635	0.635	0.674	0.667	0.708	0.729	0.711	0.807	0.863
辽宁	0.616	0.667	0.676	0.724	0.711	0.734	0.773	0.826	0.816
吉林	0.695	0.701	0.709	0.719	0.716	0.725	0.746	0.782	0.819
黑龙江	0.627	0.624	0.634	0.708	0.679	0.753	0.841	0.885	0.902
上海	0.782	0.858	0.743	0.758	0.821	0.854	0.859	0.925	0.934
江苏	0.630	0.686	0.691	0.727	0.709	0.704	0.737	0.804	0.798
浙江	0.756	0.766	0.734	0.738	0.769	0.782	0.795	0.848	0.882
安徽	0.542	0.550	0.574	0.579	0.616	0.631	0.663	0.721	0.748
福建	0.576	0.562	0.579	0.591	0.680	0.691	0.678	0.701	0.715
江西	0.537	0.586	0.612	0.578	0.665	0.685	0.676	0.695	0.700
山东	0.653	0.666	0.669	0.665	0.704	0.745	0.749	0.811	0.838
河南	0.508	0.537	0.539	0.573	0.606	0.639	0.651	0.695	0.716
湖北	0.585	0.591	0.584	0.647	0.654	0.702	0.721	0.756	0.772
湖南	0.585	0.593	0.633	0.672	0.684	0.736	0.726	0.739	0.779
广东	0.572	0.549	0.560	0.583	0.583	0.618	0.680	0.740	0.767
广西	0.435	0.447	0.467	0.506	0.530	0.559	0.616	0.644	0.670
海南	0.581	0.609	0.599	0.589	0.684	0.668	0.704	0.823	0.890
重庆	0.608	0.683	0.668	0.625	0.599	0.632	0.652	0.702	0.727
四川	0.538	0.573	0.568	0.585	0.570	0.608	0.628	0.660	0.682
贵州	0.485	0.486	0.495	0.511	0.547	0.600	0.632	0.700	0.800
云南	0.445	0.455	0.476	0.507	0.532	0.572	0.601	0.653	0.685
陕西	0.577	0.607	0.597	0.665	0.724	0.785	0.796	0.843	0.896
甘肃	0.589	0.573	0.612	0.595	0.656	0.689	0.713	0.770	0.802
青海	0.410	0.448	0.508	0.554	0.696	0.619	0.541	0.678	0.786
宁夏	0.481	0.503	0.495	0.517	0.611	0.636	0.639	0.688	0.746
新疆	0.573	0.550	0.472	0.528	0.641	0.684	0.667	0.708	0.707

表24 2007—2015年各省市幼儿园教育投入公平排名

省市\年份	2007	2008	2009	2010	2011	2012	2013	2014	2015
北京	4	3	1	1	2	2	2	1	1
天津	3	4	10	9	6	8	11	17	16
河北	5	5	4	4	4	5	9	14	14
山西	13	12	14	15	21	17	17	18	19
内蒙古	8	11	8	11	10	11	15	9	7
辽宁	11	9	7	6	8	10	6	6	10
吉林	6	6	5	7	7	12	8	11	9
黑龙江	10	13	12	8	16	6	3	3	3
上海	1	1	2	2	1	1	1	2	2
江苏	9	7	6	5	9	13	10	10	13
浙江	2	2	3	3	3	4	5	4	6
安徽	22	23	21	22	22	24	22	19	21
福建	19	21	20	18	15	15	19	22	25
江西	24	18	16	23	17	18	20	25	27
山东	7	10	9	13	11	7	7	8	8
河南	25	25	24	24	24	21	24	24	24
湖北	15	17	19	14	19	14	13	13	18
湖南	16	16	13	10	14	9	12	16	17
广东	21	24	23	21	26	26	18	15	20
广西	29	30	30	30	30	30	28	30	30
海南	17	14	17	19	13	20	16	7	5
重庆	12	8	11	16	25	23	23	21	23
四川	23	19	22	20	27	27	27	28	29
贵州	26	27	27	28	28	28	26	23	12
云南	28	28	28	29	29	29	29	29	28
陕西	18	15	18	12	5	3	4	5	4
甘肃	14	20	15	17	18	16	14	12	11
青海	30	29	25	25	12	25	30	27	15
宁夏	27	26	26	27	23	22	25	26	22
新疆	20	22	29	26	20	19	21	20	26

表 25 2007—2015 年各省市小学教育投入指数

省市\年份	2007	2008	2009	2010	2011	2012	2013	2014	2015
北京	0.816	0.844	0.870	0.890	0.910	0.921	0.929	0.953	0.938
天津	0.713	0.754	0.763	0.769	0.793	0.822	0.815	0.808	0.791
河北	0.710	0.710	0.718	0.720	0.722	0.727	0.728	0.744	0.752
山西	0.669	0.679	0.702	0.710	0.721	0.733	0.745	0.763	0.776
内蒙古	0.719	0.730	0.745	0.766	0.778	0.796	0.799	0.814	0.826
辽宁	0.662	0.689	0.699	0.715	0.738	0.748	0.745	0.772	0.772
吉林	0.721	0.729	0.745	0.745	0.753	0.763	0.762	0.789	0.805
黑龙江	0.698	0.702	0.717	0.721	0.716	0.734	0.756	0.778	0.789
上海	0.806	0.717	0.698	0.678	0.728	0.734	0.752	0.786	0.814
江苏	0.677	0.695	0.721	0.734	0.775	0.771	0.777	0.768	0.760
浙江	0.696	0.717	0.737	0.745	0.759	0.770	0.771	0.791	0.799
安徽	0.569	0.606	0.620	0.641	0.662	0.706	0.724	0.729	0.743
福建	0.682	0.709	0.733	0.747	0.755	0.764	0.759	0.765	0.763
江西	0.625	0.628	0.623	0.622	0.638	0.661	0.676	0.681	0.710
山东	0.615	0.625	0.640	0.649	0.673	0.690	0.698	0.713	0.721
河南	0.579	0.599	0.617	0.626	0.630	0.657	0.670	0.689	0.700
湖北	0.611	0.626	0.636	0.668	0.649	0.698	0.719	0.755	0.768
湖南	0.639	0.655	0.658	0.659	0.664	0.690	0.691	0.694	0.693
广东	0.567	0.580	0.600	0.625	0.661	0.694	0.713	0.750	0.757
广西	0.551	0.581	0.605	0.622	0.652	0.664	0.652	0.680	0.694
海南	0.635	0.653	0.689	0.691	0.696	0.715	0.733	0.745	0.774
重庆	0.597	0.617	0.631	0.657	0.679	0.707	0.698	0.712	0.750
四川	0.599	0.638	0.638	0.659	0.679	0.695	0.694	0.712	0.722
贵州	0.542	0.554	0.573	0.604	0.600	0.679	0.696	0.715	0.719
云南	0.580	0.608	0.633	0.663	0.675	0.688	0.710	0.729	0.734
陕西	0.659	0.689	0.706	0.710	0.735	0.761	0.765	0.788	0.792
甘肃	0.583	0.622	0.642	0.667	0.688	0.712	0.730	0.741	0.761
青海	0.662	0.671	0.676	0.697	0.717	0.723	0.754	0.776	0.797
宁夏	0.615	0.634	0.630	0.668	0.695	0.725	0.730	0.725	0.749
新疆	0.625	0.648	0.654	0.665	0.671	0.682	0.703	0.719	0.729

表 26 2007—2015 年各省市小学教育投入排名

省市\年份	2007	2008	2009	2010	2011	2012	2013	2014	2015
北京	1	1	1	1	1	1	1	1	1
天津	5	2	2	2	2	2	2	3	8
河北	6	7	8	9	11	13	17	17	18
山西	11	13	11	11	12	12	12	13	10
内蒙古	4	3	4	3	3	3	3	2	2
辽宁	13	11	12	10	8	9	13	10	12
吉林	3	4	3	6	7	7	7	5	4
黑龙江	7	9	9	8	14	11	9	8	9
上海	2	5	13	15	10	10	11	7	3
江苏	10	10	7	7	4	4	4	11	16
浙江	8	6	5	5	5	5	5	4	5
安徽	27	26	26	25	24	19	18	20	21
福建	9	8	6	4	6	6	8	12	14
江西	18	20	25	28	28	29	28	29	27
山东	20	22	19	24	21	23	24	24	25
河南	26	27	27	26	29	30	29	28	28
湖北	21	21	21	17	27	20	19	14	13
湖南	15	15	16	22	23	24	27	27	30
广东	28	29	29	27	25	22	20	15	17
广西	29	28	28	29	26	28	30	30	29
海南	16	16	14	14	15	16	14	16	11
重庆	23	24	23	23	18	18	23	25	19
四川	22	18	20	21	19	21	26	26	24
贵州	30	30	30	30	30	27	25	23	26
云南	25	25	22	20	20	25	21	19	22
陕西	14	12	10	12	9	8	6	6	7
甘肃	24	23	18	18	17	17	16	18	15
青海	12	14	15	13	13	15	10	9	6
宁夏	19	19	24	16	16	14	15	21	20
新疆	17	17	17	19	22	26	22	22	23

表 27 2007—2015 年各省市小学教育投入效率指数

省市\年份	2007	2008	2009	2010	2011	2012	2013	2014	2015
北京	0.659	0.705	0.748	0.788	0.827	0.850	0.882	0.911	0.893
天津	0.536	0.564	0.602	0.633	0.677	0.704	0.725	0.738	0.715
河北	0.457	0.463	0.465	0.467	0.463	0.471	0.487	0.504	0.520
山西	0.392	0.408	0.430	0.444	0.463	0.484	0.524	0.546	0.569
内蒙古	0.457	0.475	0.507	0.544	0.571	0.602	0.632	0.646	0.671
辽宁	0.459	0.483	0.501	0.520	0.534	0.555	0.576	0.592	0.606
吉林	0.511	0.518	0.523	0.529	0.533	0.550	0.560	0.596	0.633
黑龙江	0.478	0.487	0.497	0.499	0.497	0.513	0.555	0.580	0.603
上海	0.699	0.704	0.700	0.706	0.713	0.733	0.732	0.752	0.771
江苏	0.480	0.504	0.534	0.556	0.575	0.594	0.622	0.616	0.617
浙江	0.477	0.498	0.523	0.540	0.545	0.569	0.598	0.619	0.637
安徽	0.363	0.381	0.399	0.420	0.441	0.483	0.500	0.513	0.529
福建	0.459	0.487	0.506	0.517	0.537	0.545	0.559	0.566	0.571
江西	0.355	0.362	0.376	0.386	0.395	0.411	0.438	0.454	0.469
山东	0.415	0.425	0.434	0.446	0.468	0.481	0.509	0.530	0.539
河南	0.353	0.358	0.366	0.374	0.381	0.401	0.431	0.447	0.455
湖北	0.426	0.433	0.437	0.491	0.438	0.507	0.538	0.564	0.569
湖南	0.428	0.430	0.436	0.439	0.443	0.467	0.477	0.488	0.496
广东	0.421	0.431	0.456	0.476	0.499	0.522	0.545	0.566	0.579
广西	0.373	0.387	0.403	0.420	0.431	0.447	0.461	0.475	0.497
海南	0.378	0.398	0.439	0.474	0.486	0.512	0.541	0.548	0.565
重庆	0.393	0.408	0.437	0.461	0.489	0.514	0.521	0.537	0.563
四川	0.353	0.371	0.392	0.415	0.427	0.455	0.478	0.499	0.512
贵州	0.307	0.326	0.343	0.362	0.381	0.419	0.455	0.493	0.529
云南	0.369	0.383	0.402	0.425	0.436	0.466	0.499	0.514	0.544
陕西	0.411	0.434	0.460	0.471	0.499	0.543	0.567	0.588	0.599
甘肃	0.352	0.374	0.395	0.417	0.456	0.481	0.519	0.547	0.580
青海	0.421	0.435	0.447	0.466	0.485	0.523	0.556	0.591	0.617
宁夏	0.380	0.398	0.412	0.430	0.444	0.478	0.506	0.523	0.561
新疆	0.401	0.416	0.492	0.459	0.466	0.490	0.518	0.536	0.552

表 28 2007—2015 年各省市小学教育投入效率排名

省市\年份	2007	2008	2009	2010	2011	2012	2013	2014	2015
北京	2	1	1	1	1	1	1	1	1
天津	3	3	3	3	3	3	3	3	3
河北	11	11	12	15	19	23	24	24	25
山西	20	19	21	20	18	18	16	17	15
内蒙古	10	10	7	5	5	4	4	4	4
辽宁	9	9	9	8	8	7	7	8	9
吉林	4	4	6	7	9	8	9	7	6
黑龙江	6	7	10	10	12	14	12	11	10
上海	1	2	2	2	2	2	2	2	2
江苏	5	5	4	4	4	5	5	6	7
浙江	7	6	5	6	6	6	6	5	5
安徽	25	25	25	24	23	19	22	23	23
福建	8	8	8	9	7	9	10	13	14
江西	26	28	28	28	28	29	29	29	29
山东	16	17	20	19	16	20	20	20	22
河南	28	29	29	29	29	30	30	30	30
湖北	13	14	18	11	24	16	15	14	16
湖南	12	16	19	21	22	24	26	27	28
广东	15	15	14	12	11	12	13	12	13
广西	23	23	23	25	26	27	27	28	27
海南	22	21	16	13	14	15	14	15	17
重庆	19	20	17	17	15	13	17	18	18
四川	27	27	27	27	27	26	25	25	26
贵州	30	30	30	30	30	28	28	26	24
云南	24	24	24	23	25	25	23	22	21
陕西	17	13	13	14	10	10	8	10	11
甘肃	29	26	26	26	20	21	18	16	12
青海	14	12	15	16	15	11	11	9	8
宁夏	21	22	22	22	21	22	21	21	19
新疆	18	18	11	18	17	17	19	19	20

表 29 2007—2015 年各省市小学教育投入公平指数

年份 省市	2007	2008	2009	2010	2011	2012	2013	2014	2015
北京	0.973	0.984	0.993	0.993	0.992	0.992	0.975	0.994	0.982
天津	0.890	0.945	0.923	0.905	0.908	0.941	0.905	0.877	0.868
河北	0.964	0.958	0.970	0.973	0.981	0.983	0.969	0.984	0.983
山西	0.947	0.950	0.973	0.977	0.979	0.981	0.966	0.981	0.983
内蒙古	0.981	0.984	0.982	0.989	0.986	0.990	0.966	0.982	0.982
辽宁	0.864	0.895	0.897	0.910	0.942	0.941	0.914	0.951	0.938
吉林	0.931	0.940	0.968	0.960	0.972	0.977	0.963	0.982	0.977
黑龙江	0.918	0.918	0.936	0.942	0.935	0.954	0.957	0.975	0.975
上海	0.913	0.731	0.697	0.650	0.743	0.734	0.772	0.820	0.856
江苏	0.875	0.887	0.909	0.911	0.976	0.947	0.932	0.920	0.904
浙江	0.915	0.935	0.950	0.951	0.974	0.971	0.943	0.963	0.960
安徽	0.775	0.831	0.841	0.862	0.882	0.930	0.948	0.944	0.957
福建	0.905	0.931	0.959	0.977	0.972	0.983	0.959	0.963	0.954
江西	0.895	0.895	0.869	0.858	0.881	0.911	0.914	0.908	0.950
山东	0.816	0.825	0.847	0.852	0.878	0.900	0.886	0.895	0.902
河南	0.805	0.840	0.869	0.877	0.879	0.912	0.909	0.932	0.946
湖北	0.797	0.820	0.834	0.844	0.860	0.889	0.901	0.947	0.967
湖南	0.849	0.879	0.879	0.880	0.886	0.912	0.905	0.900	0.890
广东	0.712	0.728	0.744	0.774	0.824	0.865	0.880	0.935	0.936
广西	0.729	0.776	0.807	0.824	0.873	0.882	0.844	0.884	0.891
海南	0.892	0.907	0.940	0.908	0.907	0.919	0.924	0.943	0.983
重庆	0.800	0.827	0.824	0.853	0.868	0.899	0.874	0.887	0.936
四川	0.845	0.905	0.883	0.904	0.930	0.936	0.909	0.924	0.931
贵州	0.778	0.782	0.803	0.846	0.819	0.938	0.937	0.936	0.909
云南	0.792	0.833	0.864	0.901	0.913	0.911	0.920	0.943	0.924
陕西	0.908	0.944	0.951	0.949	0.970	0.979	0.963	0.987	0.985
甘肃	0.814	0.871	0.889	0.918	0.921	0.943	0.940	0.935	0.942
青海	0.902	0.907	0.905	0.928	0.948	0.924	0.951	0.960	0.977
宁夏	0.851	0.870	0.847	0.905	0.947	0.972	0.955	0.928	0.936
新疆	0.850	0.880	0.816	0.870	0.875	0.874	0.888	0.902	0.906

表30 2007—2015年各省市小学教育投入公平排名

省市\年份	2007	2008	2009	2010	2011	2012	2013	2014	2015
北京	2	2	1	1	1	1	1	1	5
天津	14	5	11	16	17	13	22	29	29
河北	3	3	4	5	3	3	2	3	2
山西	4	4	3	3	4	5	4	6	3
内蒙古	1	1	2	2	2	2	3	4	6
辽宁	16	14	14	13	12	14	19	11	17
吉林	5	7	5	6	7	7	6	5	7
黑龙江	6	10	10	9	13	10	8	7	9
上海	8	29	30	30	30	30	30	30	30
江苏	15	16	12	12	5	11	15	22	25
浙江	7	8	8	7	6	9	12	9	11
安徽	28	23	23	22	20	17	11	13	12
福建	10	9	6	4	8	4	7	8	13
江西	12	15	18	23	21	23	18	23	14
山东	21	25	22	25	23	24	26	26	26
河南	23	21	19	20	22	20	21	19	15
湖北	25	26	24	27	27	26	24	12	10
湖南	19	18	17	19	19	21	23	25	28
广东	30	30	29	29	28	29	27	18	20
广西	29	28	27	28	25	27	29	28	27
海南	13	12	9	14	18	19	16	15	4
重庆	24	24	25	24	26	25	28	27	18
四川	20	13	16	17	14	16	20	21	21
贵州	27	27	28	26	29	15	14	16	23
云南	26	22	20	18	16	22	17	14	22
陕西	9	6	7	8	9	6	5	2	1
甘肃	22	19	15	11	15	12	13	17	16
青海	11	11	13	10	10	18	10	10	8
宁夏	17	20	21	15	11	8	9	20	19
新疆	18	17	26	21	24	28	25	24	24

表31 2007—2015年各省市初中教育投入指数

年份 省市	2007	2008	2009	2010	2011	2012	2013	2014	2015
北京	0.732	0.756	0.776	0.810	0.839	0.854	0.879	0.908	0.934
天津	0.587	0.624	0.665	0.676	0.717	0.758	0.776	0.758	0.755
河北	0.592	0.628	0.648	0.668	0.679	0.689	0.702	0.696	0.704
山西	0.575	0.585	0.617	0.620	0.640	0.655	0.677	0.695	0.708
内蒙古	0.618	0.651	0.660	0.675	0.704	0.726	0.746	0.748	0.773
辽宁	0.615	0.650	0.683	0.702	0.727	0.763	0.763	0.756	0.760
吉林	0.590	0.630	0.660	0.669	0.689	0.708	0.720	0.739	0.764
黑龙江	0.577	0.605	0.639	0.627	0.642	0.677	0.713	0.715	0.741
上海	0.705	0.708	0.716	0.613	0.767	0.785	0.814	0.816	0.842
江苏	0.562	0.597	0.630	0.676	0.719	0.758	0.794	0.797	0.796
浙江	0.596	0.657	0.675	0.702	0.739	0.755	0.776	0.770	0.782
安徽	0.538	0.585	0.604	0.626	0.653	0.685	0.714	0.716	0.728
福建	0.577	0.604	0.631	0.655	0.692	0.716	0.728	0.718	0.729
江西	0.593	0.619	0.629	0.622	0.645	0.649	0.682	0.683	0.688
山东	0.593	0.611	0.627	0.641	0.667	0.688	0.710	0.720	0.742
河南	0.555	0.576	0.597	0.610	0.620	0.646	0.679	0.661	0.670
湖北	0.547	0.568	0.595	0.612	0.629	0.695	0.719	0.734	0.756
湖南	0.611	0.644	0.656	0.654	0.660	0.669	0.687	0.662	0.672
广东	0.495	0.501	0.506	0.515	0.547	0.581	0.617	0.653	0.681
广西	0.538	0.567	0.589	0.602	0.599	0.626	0.640	0.616	0.626
海南	0.560	0.596	0.614	0.616	0.602	0.677	0.705	0.690	0.732
重庆	0.528	0.547	0.570	0.595	0.616	0.663	0.679	0.664	0.674
四川	0.543	0.567	0.589	0.605	0.623	0.646	0.687	0.692	0.710
贵州	0.514	0.545	0.558	0.585	0.584	0.617	0.642	0.628	0.640
云南	0.540	0.580	0.588	0.606	0.625	0.658	0.664	0.655	0.651
陕西	0.552	0.594	0.625	0.635	0.664	0.695	0.719	0.731	0.750
甘肃	0.519	0.569	0.591	0.601	0.639	0.657	0.674	0.676	0.710
青海	0.572	0.627	0.640	0.648	0.690	0.700	0.729	0.733	0.763
宁夏	0.617	0.651	0.659	0.671	0.680	0.693	0.701	0.713	0.714
新疆	0.557	0.611	0.644	0.656	0.657	0.693	0.702	0.700	0.712

表32 2007—2015年各省市初中教育投入排名

省市\年份	2007	2008	2009	2010	2011	2012	2013	2014	2015
北京	1	1	1	1	1	1	1	1	1
天津	12	11	5	4	6	5	4	5	10
河北	10	9	10	9	12	15	18	18	22
山西	15	20	19	19	20	24	25	19	21
内蒙古	3	4	6	6	7	7	7	7	5
辽宁	5	6	3	3	4	3	6	6	8
吉林	11	8	7	8	10	9	10	8	6
黑龙江	13	15	13	16	19	18	14	15	13
上海	2	2	2	21	2	2	2	2	2
江苏	17	17	15	5	5	4	3	3	3
浙江	7	3	4	2	3	6	5	4	4
安徽	26	21	21	17	17	17	13	14	16
福建	14	16	14	11	8	8	9	13	15
江西	9	12	16	18	18	25	22	22	23
山东	8	13	17	14	13	16	15	12	12
河南	20	23	22	23	25	26	23	26	27
湖北	22	25	23	22	22	12	12	9	9
湖南	6	7	9	12	15	20	20	25	26
广东	30	30	30	30	30	30	30	28	24
广西	25	26	26	26	28	28	29	30	30
海南	18	18	20	20	27	19	16	21	14
重庆	27	28	28	28	26	21	24	24	25
四川	23	27	25	25	24	27	21	20	19
贵州	29	29	29	29	29	29	28	29	29
云南	24	22	27	24	23	22	27	27	28
陕西	21	19	18	15	14	11	11	11	11
甘肃	28	24	24	27	21	23	26	23	20
青海	16	10	12	13	9	10	8	10	7
宁夏	4	5	8	7	11	14	19	16	17
新疆	19	14	11	10	16	13	17	17	18

表 33 2007—2015 年各省市初中教育投入效率指数

年份 省市	2007	2008	2009	2010	2011	2012	2013	2014	2015
北京	0.531	0.559	0.588	0.647	0.736	0.726	0.775	0.833	0.882
天津	0.410	0.440	0.489	0.531	0.577	0.624	0.646	0.659	0.658
河北	0.318	0.342	0.365	0.390	0.408	0.420	0.439	0.443	0.462
山西	0.285	0.302	0.318	0.329	0.351	0.377	0.422	0.451	0.487
内蒙古	0.332	0.365	0.399	0.427	0.454	0.488	0.523	0.540	0.574
辽宁	0.376	0.407	0.440	0.476	0.511	0.553	0.575	0.587	0.613
吉林	0.348	0.363	0.381	0.395	0.427	0.460	0.484	0.522	0.563
黑龙江	0.334	0.354	0.368	0.384	0.407	0.429	0.485	0.506	0.529
上海	0.559	0.589	0.613	0.629	0.646	0.689	0.715	0.743	0.786
江苏	0.349	0.378	0.417	0.467	0.525	0.576	0.625	0.644	0.664
浙江	0.411	0.428	0.456	0.491	0.530	0.569	0.596	0.617	0.644
安徽	0.263	0.283	0.302	0.329	0.363	0.415	0.447	0.466	0.492
福建	0.316	0.336	0.362	0.395	0.430	0.455	0.475	0.485	0.500
江西	0.306	0.317	0.328	0.336	0.356	0.377	0.411	0.425	0.439
山东	0.356	0.375	0.383	0.398	0.419	0.450	0.485	0.514	0.536
河南	0.274	0.289	0.303	0.314	0.333	0.358	0.395	0.408	0.417
湖北	0.295	0.314	0.337	0.355	0.375	0.456	0.493	0.529	0.548
湖南	0.338	0.357	0.374	0.383	0.402	0.429	0.435	0.444	0.453
广东	0.298	0.307	0.316	0.328	0.350	0.382	0.421	0.470	0.507
广西	0.269	0.290	0.306	0.325	0.336	0.353	0.365	0.379	0.401
海南	0.275	0.289	0.312	0.340	0.377	0.411	0.445	0.466	0.497
重庆	0.292	0.299	0.317	0.338	0.366	0.400	0.418	0.437	0.464
四川	0.270	0.286	0.311	0.331	0.362	0.395	0.428	0.452	0.486
贵州	0.252	0.269	0.275	0.287	0.303	0.327	0.350	0.380	0.420
云南	0.278	0.294	0.311	0.331	0.347	0.372	0.396	0.407	0.431
陕西	0.275	0.301	0.333	0.358	0.394	0.448	0.477	0.510	0.539
甘肃	0.247	0.266	0.285	0.305	0.342	0.370	0.410	0.441	0.473
青海	0.304	0.330	0.358	0.391	0.432	0.471	0.502	0.528	0.546
宁夏	0.329	0.350	0.365	0.385	0.405	0.434	0.449	0.473	0.502
新疆	0.318	0.346	0.375	0.391	0.434	0.461	0.494	0.509	0.539

表34 2007—2015年各省市初中教育投入效率排名

省市＼年份	2007	2008	2009	2010	2011	2012	2013	2014	2015
北京	2	2	2	1	1	1	1	1	1
天津	4	3	3	3	3	3	3	3	4
河北	13	14	13	13	13	18	19	23	24
山西	21	20	20	24	24	25	22	21	20
内蒙古	11	8	7	7	7	7	7	7	7
辽宁	5	5	5	5	6	6	6	6	6
吉林	8	9	9	10	11	10	13	10	8
黑龙江	10	11	12	15	14	16	11	14	14
上海	1	1	1	2	2	2	2	2	2
江苏	7	6	6	6	5	4	4	4	3
浙江	3	4	4	4	4	5	5	5	5
安徽	28	28	28	25	21	19	17	18	19
福建	15	15	15	9	10	12	15	15	17
江西	16	17	19	21	23	24	25	26	26
山东	6	7	8	8	12	13	12	11	13
河南	25	25	27	28	29	28	28	27	29
湖北	19	18	17	18	19	11	10	8	9
湖南	9	10	11	16	16	17	20	22	25
广东	18	19	22	26	25	23	23	17	15
广西	27	24	26	27	28	29	29	30	30
海南	23	26	23	19	18	20	18	19	18
重庆	20	22	21	20	20	21	24	25	23
四川	26	27	25	22	22	22	21	20	21
贵州	29	29	30	30	30	30	30	29	28
云南	22	23	24	23	26	26	27	28	27
陕西	24	21	18	17	17	14	14	12	12
甘肃	30	30	29	29	27	27	26	24	22
青海	17	16	16	11	9	8	8	9	10
宁夏	12	12	14	14	15	15	16	16	16
新疆	14	13	10	12	8	9	9	13	11

表 35 2007—2015 年各省市初中教育投入公平指数

年份 省市	2007	2008	2009	2010	2011	2012	2013	2014	2015
北京	0.934	0.954	0.963	0.973	0.941	0.981	0.983	0.983	0.986
天津	0.765	0.808	0.842	0.822	0.856	0.892	0.906	0.857	0.852
河北	0.865	0.913	0.931	0.947	0.950	0.958	0.964	0.948	0.946
山西	0.865	0.868	0.916	0.911	0.929	0.933	0.932	0.940	0.930
内蒙古	0.903	0.938	0.922	0.922	0.953	0.965	0.969	0.956	0.971
辽宁	0.855	0.893	0.926	0.928	0.942	0.973	0.951	0.925	0.906
吉林	0.833	0.898	0.938	0.943	0.951	0.955	0.956	0.956	0.966
黑龙江	0.821	0.856	0.910	0.871	0.877	0.924	0.942	0.924	0.953
上海	0.851	0.826	0.818	0.597	0.888	0.881	0.913	0.889	0.897
江苏	0.774	0.817	0.843	0.885	0.912	0.940	0.963	0.949	0.928
浙江	0.782	0.885	0.893	0.913	0.947	0.940	0.955	0.924	0.920
安徽	0.813	0.886	0.906	0.923	0.943	0.956	0.980	0.965	0.965
福建	0.838	0.872	0.900	0.914	0.954	0.978	0.980	0.950	0.957
江西	0.879	0.921	0.929	0.908	0.934	0.921	0.954	0.940	0.937
山东	0.829	0.847	0.871	0.883	0.915	0.926	0.934	0.925	0.947
河南	0.836	0.863	0.891	0.905	0.906	0.933	0.963	0.915	0.922
湖北	0.798	0.821	0.852	0.868	0.883	0.934	0.945	0.938	0.964
湖南	0.883	0.931	0.938	0.925	0.918	0.909	0.940	0.881	0.890
广东	0.692	0.696	0.696	0.701	0.745	0.780	0.814	0.836	0.856
广西	0.808	0.845	0.872	0.880	0.861	0.899	0.916	0.853	0.851
海南	0.844	0.903	0.915	0.892	0.827	0.943	0.964	0.914	0.967
重庆	0.765	0.794	0.823	0.852	0.865	0.927	0.940	0.892	0.885
四川	0.817	0.848	0.868	0.879	0.884	0.896	0.945	0.932	0.935
贵州	0.775	0.822	0.840	0.884	0.866	0.907	0.935	0.876	0.861
云南	0.803	0.867	0.865	0.881	0.904	0.944	0.932	0.904	0.871
陕西	0.829	0.887	0.917	0.912	0.933	0.943	0.962	0.951	0.960
甘肃	0.792	0.873	0.896	0.896	0.937	0.943	0.938	0.911	0.946
青海	0.840	0.923	0.921	0.904	0.947	0.929	0.956	0.939	0.981
宁夏	0.905	0.952	0.953	0.957	0.955	0.952	0.954	0.952	0.927
新疆	0.796	0.876	0.913	0.922	0.881	0.926	0.910	0.891	0.884

表36 2007—2015年各省市初中教育投入公平排名

省市\年份	2007	2008	2009	2010	2011	2012	2013	2014	2015
北京	1	1	1	1	10	1	1	1	1
天津	28	28	26	28	28	28	29	28	29
河北	7	7	5	3	5	5	5	9	13
山西	6	17	11	13	14	16	25	11	16
内蒙古	3	3	8	8	3	4	4	4	3
辽宁	8	10	7	5	9	3	15	16	21
吉林	14	9	3	4	4	7	11	3	5
黑龙江	17	20	14	25	24	22	18	17	10
上海	9	24	29	30	20	29	27	25	22
江苏	27	27	25	19	17	14	8	8	17
浙江	25	13	18	11	6	13	12	18	20
安徽	19	12	15	7	8	6	3	2	6
福建	12	16	16	10	2	2	2	7	9
江西	5	6	6	14	12	23	14	10	14
山东	16	22	21	21	16	20	23	15	11
河南	13	19	19	15	18	17	7	19	19
湖北	22	26	24	26	22	15	16	13	7
湖南	4	4	4	6	15	24	19	26	23
广东	30	30	30	29	30	30	30	30	28
广西	20	23	20	23	27	26	26	29	30
海南	10	8	12	18	29	12	6	20	4
重庆	29	29	28	27	26	19	20	23	24
四川	18	21	22	24	21	27	17	14	15
贵州	26	25	27	20	25	25	22	27	27
云南	21	18	23	22	19	9	24	22	26
陕西	15	11	10	12	13	11	9	6	8
甘肃	24	15	17	17	11	10	21	21	12
青海	11	5	9	16	7	18	10	12	2
宁夏	2	2	2	2	1	8	13	5	18
新疆	23	14	13	9	23	21	28	24	25

表37 2007—2015年各省市高中教育投入指数

年份 省市	2007	2008	2009	2010	2011	2012	2013	2014	2015
北京	0.706	0.755	0.786	0.788	0.850	0.865	0.909	0.946	0.938
天津	0.509	0.521	0.551	0.574	0.617	0.650	0.716	0.716	0.684
河北	0.609	0.615	0.614	0.639	0.655	0.670	0.660	0.658	0.631
山西	0.612	0.593	0.588	0.588	0.620	0.614	0.629	0.647	0.659
内蒙古	0.640	0.643	0.656	0.674	0.649	0.646	0.679	0.699	0.696
辽宁	0.621	0.655	0.646	0.660	0.635	0.672	0.684	0.652	0.643
吉林	0.591	0.574	0.609	0.613	0.640	0.644	0.668	0.684	0.698
黑龙江	0.598	0.624	0.626	0.630	0.641	0.657	0.646	0.684	0.680
上海	0.741	0.693	0.748	0.741	0.780	0.797	0.845	0.843	0.845
江苏	0.555	0.584	0.626	0.629	0.678	0.701	0.706	0.704	0.733
浙江	0.580	0.645	0.654	0.652	0.675	0.688	0.692	0.712	0.720
安徽	0.587	0.622	0.617	0.626	0.623	0.627	0.667	0.648	0.659
福建	0.610	0.623	0.654	0.655	0.665	0.683	0.694	0.685	0.709
江西	0.596	0.610	0.655	0.637	0.645	0.626	0.622	0.643	0.639
山东	0.625	0.642	0.646	0.666	0.691	0.685	0.698	0.661	0.639
河南	0.560	0.577	0.586	0.610	0.650	0.636	0.637	0.628	0.628
湖北	0.518	0.529	0.524	0.569	0.599	0.632	0.638	0.651	0.674
湖南	0.577	0.610	0.623	0.642	0.643	0.640	0.633	0.627	0.623
广东	0.601	0.600	0.589	0.583	0.609	0.626	0.645	0.656	0.671
广西	0.539	0.566	0.565	0.585	0.578	0.579	0.599	0.590	0.603
海南	0.560	0.580	0.606	0.611	0.678	0.644	0.674	0.708	0.739
重庆	0.571	0.585	0.598	0.580	0.584	0.594	0.592	0.621	0.628
四川	0.563	0.563	0.562	0.562	0.638	0.654	0.655	0.669	0.675
贵州	0.598	0.622	0.630	0.628	0.634	0.620	0.623	0.635	0.650
云南	0.616	0.599	0.621	0.626	0.658	0.647	0.663	0.649	0.658
陕西	0.564	0.586	0.589	0.615	0.641	0.657	0.663	0.646	0.672
甘肃	0.571	0.583	0.605	0.606	0.600	0.606	0.667	0.587	0.664
青海	0.611	0.590	0.578	0.601	0.650	0.652	0.652	0.672	0.707
宁夏	0.583	0.633	0.659	0.614	0.566	0.578	0.625	0.651	0.651
新疆	0.615	0.629	0.661	0.690	0.686	0.665	0.700	0.696	0.678

表38 2007—2015年各省市高中教育投入排名

省市\年份	2007	2008	2009	2010	2011	2012	2013	2014	2015
北京	2	1	1	1	1	1	1	1	1
天津	30	30	29	28	24	14	3	3	10
河北	11	13	17	10	10	8	17	15	26
山西	8	18	24	24	23	26	25	22	19
内蒙古	3	5	5	4	13	16	10	7	9
辽宁	5	3	9	6	20	7	9	17	23
吉林	16	26	18	19	18	18	12	11	8
黑龙江	13	9	13	12	16	11	20	10	11
上海	1	2	2	2	2	2	2	2	2
江苏	27	22	12	13	6	3	4	6	4
浙江	19	4	8	8	7	4	8	4	5
安徽	17	12	16	16	22	22	14	21	18
福建	10	10	7	7	8	6	7	9	6
江西	15	14	6	11	14	23	28	24	25
山东	4	6	10	5	3	5	6	14	24
河南	26	25	25	21	12	20	23	26	28
湖北	29	29	30	29	27	21	22	19	14
湖南	20	15	14	9	15	19	24	27	29
广东	12	16	22	26	25	24	21	16	16
广西	28	27	27	25	29	29	29	29	30
海南	25	24	19	20	5	17	11	5	3
重庆	22	21	21	27	28	28	30	28	27
四川	24	28	28	30	19	12	18	13	13
贵州	14	11	11	14	21	25	27	25	22
云南	6	17	15	15	9	15	15	20	20
陕西	23	20	23	17	17	10	16	23	15
甘肃	21	23	20	22	26	27	13	30	17
青海	9	19	26	23	11	13	19	12	7
宁夏	18	7	4	18	30	30	26	18	21
新疆	7	8	3	3	4	9	5	8	12

表39 2007—2015年各省市高中教育投入效率指数

年份 省市	2007	2008	2009	2010	2011	2012	2013	2014	2015
北京	0.557	0.610	0.655	0.705	0.762	0.789	0.878	0.948	0.958
天津	0.444	0.474	0.501	0.513	0.530	0.559	0.598	0.654	0.655
河北	0.328	0.337	0.349	0.361	0.374	0.392	0.406	0.417	0.430
山西	0.341	0.349	0.357	0.366	0.374	0.393	0.396	0.408	0.420
内蒙古	0.339	0.360	0.378	0.402	0.419	0.432	0.445	0.452	0.478
辽宁	0.373	0.384	0.394	0.409	0.425	0.440	0.453	0.459	0.468
吉林	0.354	0.362	0.365	0.372	0.374	0.386	0.391	0.405	0.425
黑龙江	0.361	0.371	0.381	0.382	0.389	0.408	0.414	0.425	0.437
上海	0.586	0.655	0.685	0.712	0.758	0.781	0.794	0.798	0.828
江苏	0.391	0.402	0.425	0.444	0.473	0.507	0.539	0.562	0.590
浙江	0.445	0.457	0.467	0.472	0.482	0.501	0.531	0.553	0.577
安徽	0.333	0.345	0.355	0.367	0.383	0.403	0.413	0.422	0.439
福建	0.393	0.410	0.429	0.438	0.451	0.465	0.490	0.505	0.517
江西	0.347	0.361	0.377	0.389	0.398	0.411	0.423	0.429	0.434
山东	0.347	0.363	0.378	0.394	0.405	0.414	0.416	0.421	0.435
河南	0.306	0.314	0.322	0.330	0.343	0.355	0.359	0.364	0.365
湖北	0.342	0.346	0.353	0.363	0.376	0.400	0.416	0.436	0.452
湖南	0.355	0.372	0.394	0.403	0.410	0.422	0.420	0.424	0.429
广东	0.383	0.387	0.394	0.395	0.404	0.411	0.425	0.450	0.469
广西	0.325	0.332	0.342	0.349	0.359	0.368	0.375	0.380	0.387
海南	0.369	0.372	0.387	0.402	0.404	0.439	0.437	0.458	0.484
重庆	0.354	0.361	0.364	0.370	0.379	0.392	0.403	0.403	0.425
四川	0.344	0.355	0.365	0.371	0.377	0.394	0.401	0.413	0.432
贵州	0.340	0.341	0.345	0.349	0.359	0.365	0.370	0.376	0.392
云南	0.360	0.369	0.380	0.390	0.399	0.410	0.411	0.410	0.428
陕西	0.323	0.335	0.345	0.354	0.369	0.387	0.398	0.413	0.436
甘肃	0.307	0.321	0.331	0.338	0.349	0.370	0.369	0.379	0.389
青海	0.358	0.374	0.389	0.412	0.433	0.440	0.454	0.470	0.464
宁夏	0.374	0.395	0.397	0.410	0.414	0.413	0.413	0.416	0.434
新疆	0.381	0.387	0.403	0.411	0.423	0.430	0.448	0.449	0.457

表40 2007—2015年各省市高中教育投入效率排名

省市\年份	2007	2008	2009	2010	2011	2012	2013	2014	2015
北京	2	2	2	2	1	1	1	1	1
天津	4	3	3	3	3	3	3	3	3
河北	26	26	25	25	24	24	21	19	21
山西	22	22	22	23	23	22	25	24	26
内蒙古	24	20	17	12	10	10	10	10	8
辽宁	10	10	9	10	8	8	8	8	10
吉林	16	17	20	19	25	26	26	25	25
黑龙江	12	14	14	18	18	18	17	15	15
上海	1	1	1	1	2	2	2	2	2
江苏	6	6	6	5	5	4	4	4	4
浙江	3	4	4	4	4	5	5	5	5
安徽	25	24	23	22	19	19	18	17	14
福建	5	5	5	6	6	6	6	6	6
江西	18	18	18	17	17	15	13	14	19
山东	19	16	16	15	13	13	16	18	17
河南	30	30	30	30	30	30	30	30	30
湖北	21	23	24	24	22	20	15	13	13
湖南	15	12	11	11	12	12	14	16	22
广东	7	9	10	14	14	16	12	11	9
广西	27	28	28	27	28	28	27	27	29
海南	11	13	13	13	15	9	11	9	7
重庆	17	19	21	21	20	23	22	26	24
四川	20	21	19	20	21	21	23	21	20
贵州	23	25	27	28	27	29	28	29	27
云南	13	15	15	16	16	17	20	23	23
陕西	28	27	26	26	26	25	24	22	16
甘肃	29	29	29	29	29	27	29	28	28
青海	14	11	12	7	7	7	7	7	11
宁夏	9	7	8	9	11	14	19	20	18
新疆	8	8	7	8	9	11	9	12	12

表41 2007—2015年各省市高中教育投入公平指数

省市\年份	2007	2008	2009	2010	2011	2012	2013	2014	2015
北京	0.856	0.899	0.917	0.871	0.937	0.942	0.941	0.944	0.917
天津	0.574	0.567	0.602	0.634	0.705	0.741	0.834	0.779	0.713
河北	0.889	0.893	0.880	0.918	0.935	0.948	0.915	0.899	0.832
山西	0.884	0.837	0.819	0.811	0.867	0.836	0.861	0.886	0.898
内蒙古	0.941	0.926	0.935	0.946	0.879	0.861	0.914	0.946	0.915
辽宁	0.870	0.926	0.898	0.910	0.844	0.903	0.916	0.846	0.819
吉林	0.829	0.786	0.852	0.855	0.906	0.903	0.945	0.962	0.971
黑龙江	0.835	0.876	0.871	0.879	0.893	0.905	0.878	0.943	0.923
上海	0.896	0.731	0.810	0.770	0.802	0.812	0.897	0.887	0.863
江苏	0.719	0.766	0.827	0.814	0.882	0.896	0.873	0.847	0.877
浙江	0.715	0.832	0.841	0.832	0.867	0.875	0.854	0.871	0.863
安徽	0.841	0.898	0.880	0.886	0.862	0.851	0.921	0.874	0.879
福建	0.827	0.837	0.879	0.872	0.878	0.902	0.898	0.864	0.902
江西	0.844	0.860	0.934	0.885	0.891	0.842	0.820	0.858	0.843
山东	0.903	0.920	0.914	0.937	0.977	0.956	0.980	0.900	0.843
河南	0.814	0.840	0.849	0.889	0.957	0.917	0.916	0.892	0.891
湖北	0.694	0.712	0.695	0.775	0.821	0.863	0.860	0.865	0.895
湖南	0.798	0.847	0.851	0.882	0.875	0.857	0.846	0.829	0.817
广东	0.819	0.813	0.784	0.770	0.813	0.840	0.865	0.861	0.874
广西	0.753	0.799	0.788	0.822	0.798	0.789	0.823	0.800	0.819
海南	0.751	0.788	0.825	0.821	0.953	0.849	0.910	0.959	0.993
重庆	0.788	0.808	0.832	0.790	0.789	0.796	0.781	0.839	0.832
四川	0.782	0.771	0.759	0.753	0.898	0.914	0.909	0.925	0.919
贵州	0.856	0.904	0.914	0.908	0.910	0.874	0.876	0.894	0.909
云南	0.873	0.829	0.863	0.863	0.917	0.883	0.916	0.888	0.889
陕西	0.804	0.837	0.832	0.876	0.913	0.928	0.928	0.880	0.907
甘肃	0.835	0.845	0.879	0.874	0.852	0.843	0.965	0.796	0.938
青海	0.863	0.807	0.767	0.791	0.868	0.864	0.850	0.875	0.949
宁夏	0.792	0.871	0.920	0.819	0.717	0.744	0.836	0.886	0.868
新疆	0.850	0.871	0.920	0.969	0.950	0.901	0.953	0.944	0.899

表42 2007—2015年各省市高中教育投入公平排名

省市\年份	2007	2008	2009	2010	2011	2012	2013	2014	2015
北京	10	5	5	15	5	3	5	5	7
天津	30	30	30	30	30	30	27	30	30
河北	4	7	9	4	6	2	11	9	25
山西	5	15	23	23	20	25	21	15	13
内蒙古	1	2	1	2	15	18	12	3	8
辽宁	7	1	8	5	23	8	10	25	28
吉林	16	25	15	17	10	9	4	1	2
黑龙江	15	8	13	11	12	7	17	6	5
上海	3	28	24	28	26	26	16	13	21
江苏	27	27	21	22	14	12	19	24	18
浙江	28	18	18	18	19	14	23	19	22
安徽	13	6	10	8	21	20	7	18	17
福建	17	17	12	14	16	10	15	21	11
江西	12	11	2	9	13	23	29	23	23
山东	2	3	7	3	1	1	1	8	24
河南	19	14	17	7	2	5	9	11	15
湖北	29	29	29	26	24	17	22	20	14
湖南	21	12	16	10	17	19	25	27	29
广东	18	20	26	27	25	24	20	22	19
广西	25	23	25	19	27	28	28	28	27
海南	26	24	22	20	3	21	13	2	1
重庆	23	21	19	25	28	27	30	26	26
四川	24	26	28	29	11	6	14	7	6
贵州	9	4	6	6	9	15	18	10	9
云南	6	19	14	16	7	13	8	12	16
陕西	20	16	20	12	8	4	6	16	10
甘肃	14	13	11	13	22	22	2	29	4
青海	8	22	27	24	18	16	24	17	3
宁夏	22	9	4	21	29	29	26	14	20
新疆	11	10	3	1	4	11	3	4	12

附录二　北京市义务教育发展状况调查问卷

北京市义务教育发展状况调查（学生）

亲爱的同学：

你好！北京市义务教育发展状况调查由北京师范大学首都教育经济研究院执行。2016—2017学年第一学年，我们将对北京市学生及其家长、班主任和学校领导进行调查。经过科学抽样，我们选中了你所在班级的所有同学作为调查对象。因此，请你根据自己平时的想法和实际情况，认真回答问卷中的问题。

回答选择题时，请在选中的选项数字上画圆圈"○"；回答填空题时，请在中括号内的横线处写上文字或数字。

A 部分

A1.你的性别是：1.男　　2.女

A2.你的出生年月日是：年月日

A3.你是否是本地人？1.是　　2.否

A4.你在家里有独立的书桌吗？1.有　　2.没有

A5.你家里有电脑和网络吗？

1.都有　　2.有电脑、无网络　　3.有网络、无电脑　　4.都没有

A6.你的活动时间安排：（没有请填0）

A6a.你平均每天写老师布置的作业大约用_____小时。

A6b.你平均每周写家长、补习班布置的作业大约用_____小时。

A6c.你平均每周参加校内的兴趣班/补习班/社团_____小时。

A6d.你平均每周参加校外的兴趣班/补习班（不包括托管班）_____小时。

A7.你参加了哪些校内兴趣班或辅导班?(多选)

0.没参加　1.奥数/数独　2.普通数学　3.语文/阅读/作文/诵读　4.英语　5.绘画/书法　6.音乐/乐器/舞蹈/戏曲　7.棋类/魔方　8.体育　9.手工　10.科技/科普/创新　11.表演/主持/影视/魔术　12.其他(请注明)

A8.你参加了哪些校外兴趣班或辅导班(不包括托管班)?(多选)

0.没参加　1.奥数/数独　2.普通数学　3.语文/阅读/作文/诵读　4.英语　5.绘画/书法　6.音乐/乐器/舞蹈/戏曲　7.棋类/魔方　8.体育　9.手工　10.科技/科普/创新　11.表演/主持/影视/魔术　12.其他(请注明)

A8a.你放学后是否上托管班?　1.是(平均每周上_____小时)　　2.否

A9.你是否和父亲住在一起?　1.是　　2.否

A9a.你是否和母亲住在一起?　1.是　　2.否

A10.你和父亲的关系怎么样?

1.非常亲近　　2.比较亲近　　3.不亲近　　4.根本不亲近

A10a.你和母亲的关系怎么样?

1.非常亲近　　2.比较亲近　　3.不亲近　　4.根本不亲近

A11.上个星期,你的父母有没有每天检查你的作业?

1.没有　　2.一到两天　　3.三到四天　　4.几乎每天

A12.上个星期,你的父母有没有每天指导你的功课?

1.没有　　2.一到两天　　3.三到四天　　4.几乎每天

A13.你最希望父母在哪个方面对你更加关注?

1.物质生活　　2.学习　　3.情感　　4.社会交往　　5.没有

A14.你父母是否经常与你讨论以下问题?

事项	父亲			母亲		
	从不	偶尔	经常	从不	偶尔	经常
学校发生的事情	1	2	3	1	2	3
你与同学的关系	1	2	3	1	2	3
你与老师的关系	1	2	3	1	2	3
你的心事或烦恼	1	2	3	1	2	3

A15.上个月,你与父母一起从事下列活动的频率大概是

活动	从未做过	一次	两次	四次	八次	八次以上
读书	1	2	3	4	5	6
参观博物馆/动物园/科技馆	1	2	3	4	5	6
外出看演出/体育比赛/电影等	1	2	3	4	5	6

B 部分

B1.你现在是什么学生干部?(多选)

0.不是学生干部　1.班长或大队委　2.副班长　3.学习、文艺、体育、劳动、纪律、宣传等班委或中队委　4.课代表　5.小组长或小队委

B2.你上学期是否获得三好学生或优秀学生干部的称号? 1.是　　2.否

B3.过去一个月,你有没有下列行为?

事项	从不	偶尔	有时	经常	总是
逃课、迟到和早退	1	2	3	4	5
骂人、说脏话	1	2	3	4	5
打架	1	2	3	4	5
欺负弱小同学	1	2	3	4	5
抽烟、喝酒	1	2	3	4	5
抄袭作业、考试作弊	1	2	3	4	5
上网吧、游戏厅	1	2	3	4	5

C 部分

下面是一些关于你在日常生活中的行为表现的说法。请你仔细阅读后,根据该句话与你自己的实际情况相符合的程度,在相应的数字上画圆圈"○"。

项目	非常符合	符合	不符合	非常不符合
1.我在集体活动中能够表现自己	1	2	3	4
2.当我不小心伤害或得罪人时,我会道歉	1	2	3	4
3.总的来说,我觉得自己是一个失败者	1	2	3	4

续表

项目	非常符合	符合	不符合	非常不符合
4.我能够快速做出自己的选择	1	2	3	4
5.当我不高兴或心烦时,我容易对他人很不礼貌	1	2	3	4
6.别人在说话时,我会认真的倾听	1	2	3	4
7.我愿意参加集体活动	1	2	3	4
8.我在学校很快乐	1	2	3	4
9.我感到我有许多好的品质	1	2	3	4
10.上课前即使我玩得很兴奋,上课时我也能马上平静下来	1	2	3	4
11.即便做事遇到困难,我也会坚持	1	2	3	4
12.在家里,我能抛开厌烦情绪专心做作业	1	2	3	4
13.我能像大多数人一样把事情做好	1	2	3	4
14.我在考试中从不作弊	1	2	3	4
15.我希望我能为自己赢得更多尊重	1	2	3	4
16.学习时,我经常不能坚持很久	1	2	3	4
17.在和同学们一起玩或做事时,他们会听我的意见	1	2	3	4
18.一考试我就紧张	1	2	3	4
19.我能带领伙伴们一起活动	1	2	3	4
20.我能与其他同学分享物品	1	2	3	4
21.我时常感到自己很没用	1	2	3	4
22.当事情变得困难、复杂时,我会退缩	1	2	3	4
23.我有独立的思考能力,对事情有自己的看法或见解	1	2	3	4
24.我能够听取别人的意见	1	2	3	4
25.我敢于挑战做事过程中遇到的困难	1	2	3	4
26.我做事通常不是很理智	1	2	3	4
27.整体来看,我对自己是满意的	1	2	3	4
28.课堂中,我对老师所讲的内容不感兴趣时,照样会用心听	1	2	3	4
29.我喜欢在学校学新东西	1	2	3	4
30.我不止一次出现过作业拖拉、抄袭的情况	1	2	3	4
31.一高兴起来,我就会大喊大叫	1	2	3	4
32.我有时感到自己没用	1	2	3	4

续表

项目	非常符合	符合	不符合	非常不符合
33.别人都应该接受我的想法或做法	1	2	3	4
34.一个人在家时,我能控制自己看电视、玩电脑的时间	1	2	3	4
35.我常根据一时的冲动来办事	1	2	3	4
36.别人在说话时,我常打断	1	2	3	4
37.我会鼓励别人	1	2	3	4
38.我感到自己没有什么值得自豪的地方	1	2	3	4
39.我在学校经常感到没劲	1	2	3	4
40.课堂上,我能尽量忘记不愉快的事用心学习	1	2	3	4
41.只要一玩电脑游戏,我便会控制不住不停地玩	1	2	3	4
42.只要发生突发事件,我便不知道该如何处理	1	2	3	4
43.我喜欢我们的班级	1	2	3	4
44.我遵守集体活动的规则	1	2	3	4
45.在学校里,一有机会我就和同学一起做事情	1	2	3	4
46.我对自己持有一种肯定的态度	1	2	3	4
47.我在集体活动中能够发挥应有的作用	1	2	3	4
48.我感到自己是一个有价值的人,至少与其他人差不多	1	2	3	4
49.很多时候,我不想去上学	1	2	3	4
50.我会从别人的角度看问题	1	2	3	4

请你再次检查是否所有题目全部填写完毕!

问卷到此结束,谢谢你的参与和支持!祝你生活愉快,学业有成!

北京市义务教育发展状况调查(家长)

亲爱的家长:

您好!北京市义务教育发展状况调查由北京师范大学首都教育经济研究院执行。2016—2017学年第一学年,我们将对北京市各区县学生及其家长、班主任和学校领导进行调查。经过科学抽样,我们选中了您的孩子和您作为调查对象。因此,请您理解并协助我们完成这份问卷,对您的理解、支持和帮助,我们深表谢意。

回答选择题时,请在选中的选项数字上画圆圈"○";回答填空题时,请在中括号内的横线处写上文字或数字。

A 部分:孩子的基本情况(非常重要,麻烦您认真填写)

A1.孩子的出生年月日(阳历)是:　　年　　月　　日

A2.孩子出生的户口所在地是:　　省(直辖市/自治区)　　市区(县)

A3.孩子现在的户口所在地是:　　省(直辖市/自治区)　　市区(县)

A4.孩子目前的居住地是:　　省(直辖市/自治区)　　市区(县)

A5.孩子出生时的户口类型是:1.农业户口　　2.非农户口　　3.居民户口

A6.孩子现在的户口类型是:1.农业户口(跳至 A8)　　2.非农户口　　3.居民户口

A7.孩子是哪年获得非农户口或居民户口的?□□□□年(自最初就是请填出生年份)

A8.孩子是从哪年来到北京的?□□□□年(自出生至今一直在这里请填出生年份)

A9.根据出生证,孩子出生时的体重是:　　斤(单位是"斤",保留1位小数)

A10.这个孩子是否是独生子女? 1.是(跳至 B 部分)　　2.否

A11.这个孩子有□个哥哥,□个姐姐,□个弟弟,□个妹妹(没有请填0)。

B 部分:孩子的教育情况

B1.孩子是否上过幼儿园(含托儿所、学前班)? 1.是　　2.否(跳至 B3)

B2.孩子上的最后一所幼儿园的性质是：1.公立幼儿园　　2.民办幼儿园

B3.家人平均每天辅导孩子学习或兴趣培养花费的时间是：　小时(没有请填 0)

B4.孩子上学期的教育支出：

项目	费用
a.交给学校的日常费用(主要包括教辅材料费、校服费、餐费和活动费)	元(没有请填 0)
a.交给学校的赞助费/择校费/借读费	元(没有请填 0)
c.课外辅导班/兴趣班费用	元(没有请填 0)

B5.为了让孩子上这所学校,您家有没有做下列这些事情？（多选）

1.就近入学或电脑派位

2.单位协议学校或子弟学校

3.通过学业考试或特长考级推优

4.找朋友帮忙、给领导送礼或缴纳择校费

B6.给孩子报名这所学校时,您家都准备了什么证件？（多选）

1.户口本　2.房产证　3.租赁合同　4.居住证　5.暂住证　6.社保满一年　7.计划生育证　8.营业执照或雇佣证明　9.其他（请注明）

B7.这学期以来,孩子的家长主动联系过老师的情况：

1.从来没有　　2.一次　　　　3.二到四次　　4.五次及以上

B8.这学期以来,孩子的老师主动联系过家长的情况：

1.从来没有　　2.一次　　　　3.二到四次　　4.五次及以上

B9.这学期以来,孩子家长与老师联系时,主要谈什么内容？（多选）

1.没谈过　　2.学习　　　3.品行　　　4.心理状况　　5.身体状况

6.交友行为

C 部分:孩子的父母信息(非常重要,麻烦您认真填写)

请如实填写孩子父亲和母亲的相关信息,在表格里填上符合实际情况的数字或文字。

项目	父亲	母亲
C1.他/她的出生年	□□□□	□□□□
C2.他/她目前的居住地是(填写省、市、县):		
C3.他/她目前的户口登记地是(填写省、市、县):		
C4.他/她目前的工作地是(填写省、市、县):		
C5.他/她目前的户口类型是:1.农业户口　2.非农户口	□	□
C6.他/她的政治面貌是:1.共产党员　2.民主党派　3.群众	□	□
C7.他/她的最高学历是:1.文盲　2.小学　3.初中　4.中专/技校/职高　5.普通高中　6.大专　7.大本　8.硕士　9.博士	□	□
C8.与同龄人相比,他/她目前的健康状况是: 1.非常好　2.好　3.不太好　4.非常不好	□	□

D 部分:家庭和社区其他信息

D1.您家共有几口人?　□□人

D2.您家过去 12 个月的总收入约为:＿＿＿元。

D3.您家所在的地区类型是:

1.中心城区　　2.边缘城区　　3.城乡接合部　　4.城区以外的镇　　5.农村

D4.您家周围的邻居大多数是:1.本地人口　　2.外来流动人口

E 部分:联系方式(非常重要,请确保我们能够通过下述方式联系到您!)

孩子父亲的联系方式:E1.手机号码＿＿＿＿＿＿＿　　E2.QQ 号＿＿＿＿＿＿

孩子母亲的联系方式:E3.手机号码＿＿＿＿＿＿＿　　E4.QQ 号＿＿＿＿＿＿

其他联系方式请注明:E5.＿＿＿＿＿＿＿＿

问卷到此结束,非常感谢您的支持！祝您身体健康,万事如意！

北京市义务教育发展状况调查(班主任)

尊敬的老师：

您好！北京市义务教育发展状况调查由北京师范大学首都教育经济研究院执行。2016—2017学年第一学年，我们将对北京市各区县学生及其家长、班主任和学校领导进行调查。经过科学抽样，我们选中了您负责的班级作为调查对象。因此，请您理解并协助我们完成这份问卷，对您的理解、支持和帮助，我们深表谢意！

回答选择题时，请在选中的选项数字上画圆圈"○"；回答填空题时，请在中括号内的横线处写上文字或数字。

Q0. 在您担任班主任的这个班级里，您教授的科目是(多选)：
1. 数学　　　2. 语文　　　3. 英语　　　4. 物理/化学/生物
5. 历史/地理/政治　　　6. 其他(请注明)

A 部分

请您根据实际情况填写这个班级的班主任，以及语文、数学和英语三个科目任课教师的信息，在表格里填上符合他情况的数字。

	班主任	语文	数学	英语
A1. 他/她的性别是：1. 男　2. 女	□	□	□	□
A2. 他/她的出生年是：	□□□□	□□□□	□□□□	□□□□
A3. 他/她的最高学历是： 1. 高中及以下　2. 大学专科　3. 大学本科　4. 硕士研究生　5. 博士研究生	□	□	□	□
A4. 他/她是否是师范类院校或专业毕业？ 1. 是　2. 否	□	□	□	□
A5. 他/她的教龄有多少年？(　年)				
A6. 他/她在本学校的教龄有多少年？(　年)				

续表

	班主任	语文	数学	英语
A7.他/她在此学校是否属于事业编制？ 1.是　　2.否	□	□	□	□
A8.他/她目前在教学方面的职称是： 0.没有职称　1.三级教师　2.二级教师　3.一级教师 4.高级教师　5.正高级教师	□	□	□	□
A9.他/她是否当过班主任？1.是　2.否	□	□	□	□
A10.他/她因教学成绩获得的最高荣誉级别是： 0.没有　1.国家级　2.省级　3.市级　4.区县级 5.校级	□	□	□	□
A11.他/她是哪一年接手这个班的教学工作的？	□□□□	□□□□	□□□□	□□□□

B 部分

B1.您是哪一年接手这个班的班主任工作的：□□□□年

B2.在您最初接手这个班的班主任工作时,和本校同年级的其他班相比,您这个班的学习成绩处于什么样的水平？

1.最差的　　2.中下等　　3.中等　　4.中上等　　5.最好的

B3.和本校同年级的其他班相比,目前您这个班的学习成绩处于什么样的水平？

1.最差的　　2.中下等　　3.中等　　4.中上等　　5.最好的

B4.您上周的总课时是：□□课时

B5.您上周花在备课上的时间是：□□课时(不需要备课请填00)

B6.您上周花在批改作业、试卷上的时间是：□□课时(不需要批改作业、试卷请填00)

B7.您与同事在教学方面花较多时间讨论的是:(多选)

1.教材内容　2.教学方法　3.试卷编制　4.学生管理　5.其他(请注明)

B8.与本区县户籍学生相比,外区县户籍学生课程基础是怎样的？

外区县比本区县学生	差很多	差不多	基础好
语文	1	2	3
数学	1	2	3
英语	1	2	3

B9.您认为班里有外区县户籍学生对班级管理的影响会是:
1.难度加大　　2.都差不多　　3.难度减小

B10.您认为本区县户籍学生父母支持还是反对班里有外区县户籍学生?
1.非常反对　　2.比较反对　　3.既不支持也不反对　　4.比较支持
5.非常支持

B11.您认为本区县户籍学生的父母愿意与外区县户籍学生的父母交流吗?
1.很不愿意　　2.不太愿意　　3.一般　　4.比较愿意　　5.非常愿意

B12.您对学校下列方面是否满意?

项目	很不满意	不太满意	一般	比较满意	很满意
薪酬待遇	1	2	3	4	5
学校管理方式	1	2	3	4	5
学校硬件设施	1	2	3	4	5
学生素质	1	2	3	4	5

B13.您是否对教师这个行业感到厌倦?
1.从不　　2.偶尔　　3.有时　　4.经常

B14.做完这一个班的班主任后,您未来是否还愿意再当班主任?
1.很不愿意　　2.不太愿意　　3.一般　　4.比较愿意　　5.非常愿意

B15.如果重新选择,您还会选择在这所学校任教吗?
1.不会　　2.不一定　　3.肯定会

B16.如果重新选择,您还会选择做小学教师吗?
1.不会　　2.不一定　　3.肯定会

B17.如果重新选择,您还会选择教师这个职业吗?
1.不会　　2.不一定　　3.肯定会

问卷到此结束,非常感谢您的支持!祝您身体健康,工作顺利!

北京市义务教育发展状况调查(校领导)

尊敬的学校领导:

您好!

北京市义务教育发展状况调查由北京师范大学首都教育经济研究院执行。2016—2017学年第一学年,我们将对北京市各区县学生及其家长、班主任和学校领导进行调查。经过科学抽样,我们选中了您所在学校作为调查对象。因此,请您理解并协助我们完成这份问卷,对您的理解、支持和帮助,我们深表谢意!

注意:1.所有问题仅针对小学部的情况;

2.回答选择题时,请在选中的选项数字上画圆圈"○";回答填空题时,请在中括号内的横线处写上文字或数字。

A 部分:学校基本信息

A1.学校的办学性质属于:

1.公立　　2.民办公助　　3.普通民办　　4.民办打工子弟

A2.学校小学部是否招收外区县户籍学生? 1.招收　　2.不招收

A3.从办学情况看,学校小学部目前在本区县排名:

1.最差　　2.中下　　3.中间　　4.中上　　5.最好

A4.学校小学部是否有如下场馆或设施:

场馆/设施	没有	有,但是设备有待改善	有,且设备良好
实验室	1	2	3
电脑教室	1	2	3
学生活动室	1	2	3
心理咨询室	1	2	3
学生餐厅	1	2	3
体育馆	1	2	3
游泳池	1	2	3

A5.学校小学部是否有图书馆/图书室？1.没有　　2.有,藏书＿＿册

A6.学校可供小学部学生使用的电脑有多少台？＿＿台

A7.学校小学部编排班级的标准是什么？（多选）

1.入学考试成绩　　　　　　2.学生户籍所在地

3.随机或平均分配　　　　　4.其他标准（请注明＿＿＿＿）

A8.学校小学部今年的生均教育支出是:＿＿元/生（没有请填0）

A9.学校小学部上学期收取的费用（包括书本教辅费、校服费和餐费等）:＿＿元/生

A10.学校小学部外区县户籍学生是否也有生均费？

1.有,与本区县户籍学生一样　　　2.有,比本区县户籍生低

3.没有生均费　　　　　　　　　　4.学校没有外区县户籍学生

A11.学校小学部各类经费来源占全部经费来源的比例状况：

项目	比例
中央财政拨款	%
北京市财政拨款	%
本区县级财政拨款	%
向学生收取的费用	%
其他	%

A12.学校周边是否有以下场所？（多选）

1.居民区　2.网吧　3.图书馆　4.小卖部　5.街边小吃摊　6.公共交通站　7.游戏厅

B 部分:学校学生基本信息

B1.学校小学部所有年级的学生总数：＿＿人。

B2.学校小学部各类学生占比：（单位是%,没有请填0,六个数字之和为100%）

项目	农业户口	非农户口
本区县户籍	%	%
本省其他区县户籍	%	%
外省户籍	%	%

B3.平均来说,学校小学部学生家长的教育程度在本区县内属于

1.最低　　2.中下　　3.中间　　4.中上　　5.最高

B4.平均来说,学校小学部学生家长的收入在本区县内属于

1.最低　　2.中下　　3.中间　　4.中上　　5.最高

C 部分:学校教师基本信息

C1.学校小学部所有年级的专任教师总数为　　　人,其中男教师　　　人。

C2.学校小学部教师的教龄分布情况(单位是%,没有请填0,三个数字之和为100%)

项目	0~4 年	5~9 年	10 年以上
教师占比(%)			

C3.学校小学部教师的学历分布情况(单位是%,没有请填0,五个数字之和为100%)

项目	高中及以下	大学专科	大学本科	硕士研究生	博士研究生
教师占比(%)					

问卷到此结束,非常感谢您的支持!祝您身体健康,工作顺利!